1.001
QUESTÕES
COMENTADAS
ESA
ESCOLA DE SARGENTOS DAS ARMAS

Proteção de direitos

Todos os direitos autorais desta obra são reservados e protegidos pela Lei nº 9.610/98. É proibida a reprodução de qualquer parte deste material didático, sem autorização prévia expressa por escrito do autor e da editora, por quaisquer meios empregados, sejam eletrônicos, mecânicos, videográficos, fonográficos, reprográficos, microfílmicos, fotográficos, gráficos ou quaisquer outros que possam vir a ser criados. Essas proibições também se aplicam à editoração da obra, bem como às suas características gráficas.

Diretor Presidente	Evandro Guedes
Diretor Editorial	Javert Falco
Diretor de Marketing	Jadson Siqueira
Gerente Editorial	Mariana Passos
Gerente de Produtos	Fábio Oliveira
Equipe Editorial	Fátima Rodrigues
	Lucilene Santos de Sousa
	Mateus Ruhmke Vazzoller
	Patricia Quero
Coordenação Editoração	Alexandre Rossa
Arte e Produção	Nara Azevedo
	Daniela Pavan
Capa	Alexandre Rossa

Dados Internacionais de Catalogação na Publicação (CIP)
Angélica Ilacqua CRB-8/7057

M581

    1001 Questões – ESA - 2021 / Equipe de professores Alfacon. -- 1. ed. -- Cascavel, PR : AlfaCon, 2021.
    464 p.

Bibliografia
ISBN 978-65-5918-099-8

1. Serviço público - Brasil - Concursos 2. Ministério da Defesa. Exército Brasileiro. Escola de Sargentos das Armas - Concursos 3. Língua portuguesa 4. Matemática 5. História 6. Geografia 7. Língua inglesa

21-1375   CDD 351.81076

Índices para catálogo sistemático:
1. Serviço público - Brasil - Concursos

Atualizações e erratas

Esta obra é vendida como se apresenta. Atualizações - definidas a critério exclusivo da Editora AlfaCon, mediante análise pedagógica - e erratas serão disponibilizadas no site www.alfaconcursos.com.br/codigo, por meio do código disponível no final do material didático. Ressaltamos que há a preocupação de oferecer ao leitor uma obra com a melhor qualidade possível, sem a incidência de erros técnicos e/ou de conteúdo. Caso ocorra alguma incorreção, solicitamos que o leitor, atenciosamente, colabore com sugestões, por meio do setor de atendimento do AlfaCon Concursos Públicos.

Data de fechamento 1ª impressão:
05/02/2021

 Dúvidas?
Acesse: www.alfaconcursos.com.br/atendimento
Rua: Paraná, nº 3193, Centro – Cascavel/PR
CEP: 85810-010
 SAC: (45) 3037-8888

APRESENTAÇÃO

A 1.001 Questões Comentadas foi criada para lhe auxiliar durante seus estudos para concursos públicos nas áreas Policial, Militar, Tribunal, Administrativa e Fiscal.

Esta obra que está em suas mãos é voltada ao Concurso da **Escola de Sargentos das Armas – ESA** e, nela, a distribuição do conteúdo leva em consideração o peso de cada disciplina e a frequência com a qual ela é cobrada em praticamente todas as provas de concursos públicos. Assim, temos a seguinte disposição:

Português	300
Matemática	300
História do Brasil	150
Geografia do Brasil	150
Inglês	101

O AlfaCon é especialista em concursos públicos e comprova que é essencial dominar as principais disciplinas, fazendo com que o candidato tenha um aproveitamento superior em relação aos seus concorrentes. O fato de incluir as áreas específicas, com certeza, fará diferença para o caminho de sua aprovação.

A edição 2021 do Passe Já - ESA traz para o concurseiro um conteúdo robusto e de qualidade, composto por 1.001 questões gabaritadas e comentadas por renomados professores e especialistas, facilitando a compreensão das disciplinas abordadas e auxiliando em sua fixação.

Para agregar ainda mais valor aos seus estudos, disponibilizamos gratuitamente uma série de conteúdos exclusivos on-line, que ajudarão o concurseiro em aspectos que costumam ser pontos de atenção durante as provas. Nosso leitor terá acesso ao Plano de estudos para a Escola de Sargentos das Armas, Matemática Básica e Língua Portuguesa e Redação Básicas.

Esperamos que você aproveite muito este material.
Bons estudos e muito sucesso!

Se liga no vídeo!

O **AlfaCon Notes** é um aplicativo perfeito para registrar suas **anotações de leitura**, deixando seu estudo **mais prático**. Viva a experiência Alfacon Notes. Para instalar, acesse o Google Play ou a Apple Store.

Cada tópico de seu livro contém **um Código QR** ao lado.

Escolha o tópico e faça a leitura do Código QR utilizando o aplicativo AlfaCon Notes para registrar sua anotação.

Pronto para essa **nova experiência?** Então, baixe o App **AlfaCon Notes** e crie suas anotações.

Acesse seu material complementar:

1 Acesse o site **www.alfaconcursos.com.br** para se cadastrar **gratuitamente** ou para efetuar seu login.

2 Digite o código abaixo na aba **Regastar código**. Seu código estará disponível por 120 dias a partir do primeiro acesso.

3 Após a validação do código, você será redirecionado para a página em que constam seus materiais (cursos on-line, mentoria, atualizações, material complementar e erratas). Todo esse conteúdo está disponível gratuitamente.

Mais que um livro, é uma experiência!

COMO ESTUDAR PARA UM CONCURSO PÚBLICO!

Para se preparar para um concurso público, não basta somente estudar o conteúdo. É preciso adotar metodologias e ferramentas, como plano de estudo, que ajudem o concurseiro em sua organização.

As informações disponibilizadas são resultado de anos de experiência nesta área e apontam que estudar de forma direcionada traz ótimos resultados ao aluno.

CURSO ON-LINE GRATUITO

- Como montar caderno
- Como estudar
- Como e quando fazer simulados
- O que fazer antes, durante e depois de uma prova!

Ou pelo link: alfaconcursos.com.br/cursos/material-didatico-como-estudar

ORGANIZAÇÃO

Organização é o primeiro passo para quem deseja se preparar para um concurso público.

Conhecer o conteúdo programático é fundamental para um estudo eficiente, pois os concursos seguem uma tendência e as matérias são previsíveis. Usar o edital anterior - que apresenta pouca variação de um para outro - como base é uma boa opção.

Quem estuda a partir desse núcleo comum precisa somente ajustar os estudos quando os editais são publicados.

PLANO DE ESTUDO

Depois de verificar as disciplinas apresentadas no edital, as regras determinadas para o concurso e as características da banca examinadora, é hora de construir uma tabela com seus horários de estudo, na qual todas as matérias e atividades desenvolvidas na fase preparatória estejam dispostas.

PASSO A PASSO

VEJA AS ETAPAS FUNDAMENTAIS PARA ORGANIZAR SEUS ESTUDOS

PASSO 1
Selecionar as disciplinas que serão estudadas.

PASSO 2
Organizar sua rotina diária: marcar pontualmente tudo o que é feito durante 24 horas, inclusive o tempo que é destinado para dormir, por exemplo.

PASSO 3
Organizar a tabela semanal: dividir o horário para que você estude 2 matérias por dia e também destine um tempo para a resolução de exercícios e/ou revisão de conteúdos.

PASSO 4
Seguir rigorosamente o que está na tabela, ou seja, destinar o mesmo tempo de estudo para cada matéria. Por exemplo: 2h/dia para cada disciplina.

PASSO 5
Reservar um dia por semana para fazer exercícios, redação e também simulados.

Esta tabela é uma sugestão de como você pode organizar seu plano de estudo. Para cada dia, você deve reservar um tempo para duas disciplinas e também para a resolução de exercícios e/ou revisão de conteúdos. Fique atento ao fato de que o horário precisa ser determinado por você, ou seja, a duração e o momento do dia em que será feito o estudo é você quem escolhe.

TABELA SEMANAL

SEMANA	SEGUNDA	TERÇA	QUARTA	QUINTA	SEXTA	SÁBADO	DOMINGO
1							
2							
3							
4							

SUMÁRIO

PORTUGUÊS 09
MATEMÁTICA 133
HISTÓRIA DO BRASIL 287
GEOGRAFIA DO BRASIL 349
INGLÊS 415

As questões deste volume foram selecionadas de exames anteriores da ESA (Escola de Sargentos das Armas – Banca: Exército Brasileiro). Para complementar o estudo, apresentamos, ainda, questões dos mesmos temas solicitados no edital ESA de provas de concursos públicos das seguintes bancas:

AERONÁUTICA	LEGALLE (Legalle Concursos)
AOCP (Assessoria em Organização de Concursos Públicos)	MACKENZIE (Universidade Presbiteriana Mackenzie)
CEPUERJ (Centro de Produção da UERJ)	MARINHA (Marinha do Brasil)
CESPE/CEBRASPE (Centro de Seleção e de Promoção de Eventos/Centro Brasileiro de Pesquisa em Avaliação e Seleção e de Promoção de Eventos)	MGS (Minas Gerais Administração e Serviços)
CETREDE (Centro de Treinamento e Desenvolvimento)	MPE-GO (Ministério Público de Goiás)
CEV-URCA (Comissão Executiva do Vestibular – Universidade Regional do Cariri)	PUC-Campinas (Pontifícia Universidade Católica de Campinas)
CONSULPLAN	PUC-PR (Pontifícia Universidade Católica do Paraná)
CONSULTEC (Consultoria em Projetos Educacionais e Concursos)	PUC-RJ (Pontifícia Universidade Católica do Rio de Janeiro)
COPESE (Comissão Permanente de Seleção)	PUC-SP (Pontifícia Universidade Católica de São Paulo)
COPEVE (Comissão Permanente do Vestibular)	QUADRIX (Instituto Quadrix de Responsabilidade Social)
COSEAC (Coordenação de Seleção Acadêmica)	UDESC (Universidade do Estado de Santa Catarina)
CPCON (Comissão Permanente de Concursos)	UECE-CEV (Universidade Estadual do Ceará - Comissão Executiva do Vestibular)
ESAF (Escola de Administração Fazendária)	UERR (Universidade Estadual de Roraima)
EXÉRCITO (Exército Brasileiro)	UFAC (Universidade Federal do Acre)
FAAP (Fundação Armando Álvares Penteado)	UFC (Universidade Federal do Ceará)
FCC (Fundação Carlos Chagas)	UFMG (Universidade Federal de Minas Gerais)
FEPESE (Fundação de Estudos e Pesquisas Socioeconômicos)	UFPR (Núcleo de Concursos - Universidade Federal do Paraná)
FGV (Fundação Getúlio Vargas)	UFRGS (Universidade Federal do Rio Grande do Sul)
FUNCAB (Fundação Professor Carlos Antonio Bittencourt)	UFRJ (Universidade Federal do Rio de Janeiro)
FUNDEP (Fundação de Desenvolvimento da Pesquisa)	UFRR (Universidade Federal de Roraima)
FUVEST (Fundação Universitária para o Vestibular)	UNESP (Universidade Estadual Paulista Júlio de Mesquita Filho)
IBADE (Instituto Brasileiro de Apoio e Desenvolvimento Executivo)	UNICEUB (Centro Universitário de Brasília)
IBGP (Instituto Brasileiro de Gestão e Pesquisa)	UNIFOR (Universidade de Fortaleza)
IDECAN (Instituto de Desenvolvimento Educacional, Cultural e Assistencial Nacional)	UNIOESTE (Concursos UNIOESTE – Universidade Estadual do Oeste do Paraná)
INEP (Instituto Nacional de Estudos e Pesquisas Educacionais Anísio Teixeira)	UPENET/IAUPE (Universidade de Pernambuco - UPE)
ITAME (Itame Consultoria e Concursos)	VUNESP (Vestibular da Universidade Estadual Paulista)

PORTUGUÊS

1. **(ESA)** Sobre a pontuação do período: "nesse julgamento, porém, deve-se considerar até que ponto a imersão digital dos mais jovens compromete sua socialização e, mais importante, o seu rendimento escolar.", marque a resposta correta.
   a) "Porém" está entre vírgulas porque é uma oração intercalada.
   b) A vírgula depois da conjunção aditiva "e" marca uma ênfase.
   c) "Porém" está entre vírgulas porque é uma conjunção coordenativa deslocada.
   d) "Mais importante" está entre vírgulas por estar na ordem, inversa.
   e) Há vírgula sempre depois da conjunção coordenativa "porém".

   A conjunção porém, na ordem direta, estaria no começo da oração. Quando está deslocada, deve ser isolada por vírgulas.

   GABARITO: C.

2. **(ESA)** Assinale a sequência que completa corretamente o seguinte período:

   A casa de Teresa fica _____ seis quilômetros. _____ seis meses não a vejo, mas dizem que ela voltará daqui _____ um ano.
   a) há, há, a.
   b) a, há, a.
   c) há, a, há.
   d) há, a; a.
   e) a, a, a.

   Antes de numeral que indica distância, não ocorre crase.
   Verbo "haver" indicando tempo transcorrido.
   Antes de numeral que indica ano/tempo futuro, não ocorre crase.

   GABARITO: B.

3. **(ESA)** Assinale a alternativa em que a figura de linguagem corresponde à frase relacionada:
   a) "Preferimos o desconforto do estômago vazio." (catacrese)
   b) "Às vezes, dá até vontade de desistir." (metonímia)
   c) "Reunir todos é um problema, principalmente no Natal e no Ano Novo." (ironia)
   d) "Aquele o surpreendeu e foi morar longe." (antítese)
   e) "Família é prato difícil de preparar." (metáfora)

   Metáfora consiste em uma comparação sem o elemento comparativo (família = prato).

   GABARITO: E.

4. **(ESA)** Assinale a alternativa que apresenta a correta análise dos termos respectivamente destacados na frase:

   "Beltrano veio **no ponto**, é o mais brincalhão e comunicativo, **unanimidade**."
   a) Objeto indireto e predicativo do sujeito.
   b) Objeto direto e aposto.

c) Adjunto adverbial e predicativo do sujeito.
d) Adjunto adverbial e predicativo do objeto.
e) Adjunto adnominal e aposto

"No ponto" é adjunto adverbial de modo.

GABARITO: C.

5. **(ESA)** Na oração: "Conheci, pois, Ari Ferreira, quando comecei a trabalhar em Clínica Médica, portanto em 1924", os termos sublinhados, ambos, têm função morfológica de:
a) Conjunções explicativas.
b) Conjunções adversativas.
c) Conjunções aditivas.
d) Conjunções conclusivas.
e) Conjunções alternativas.

A conjunção "pois", posposta ao verbo, tem valor de conclusão, assim como a conjunção "portanto".

GABARITO: D.

6. **(ESA)** Leia os versos a seguir, e assinale a alternativa que os analisa corretamente:
Vozes veladas, veludosas vozes,
Volúpias dos violões, vozes veladas,
Vagam nos velhos vórtices de vozes
Dos ventos, vivas, vãs, vulcanizadas.
a) Os versos decassílabos apresentam os paradoxos característicos do Barroco.
b) A expressão objetiva aponta para a racionalidade dos poetas do Realismo.
c) A linguagem dos versos materializa no texto a visão bucólica do Arcadismo.
d) As metáforas insólitas traduzem a crítica social própria do Modernismo.
e) Combinação vocabular provoca a ênfase na sonoridade típica do Simbolismo.

Uma das características do simbolismo é a sonoridade das palavras. No trecho, a repetição do som /v/ marca a aliteração.

GABARITO: E.

7. **(ESA)** Com relação ao plural de adjetivos compostos, assinale a alternativa que apresenta uma forma incorreta:
a) Institutos afro-asiáticos.
b) Letras anglo-germânicas.
c) Uniformes verdes-olivas.
d) Canários amarelo-ouro.
e) Consultórios médico-cirúrgicos.

Na alternativa C, apenas o primeiro elemento varia.

GABARITO: C.

1001 - Questões Comentadas - ESA

8. **(ESA)** A respeito da regência verbal dos verbos nacionais na língua portuguesa, sabe-se que alguns possuem dupla regência. Assinale aquele que admite apenas uma regência:
    a) Carecer.
    b) Chamar.
    c) Aspirar.
    d) Assistir.
    e) Esquecer.
    O verbo "carecer" é verbo transitivo indireto.
    GABARITO: A.

9. **(ESA)** Assinale a alternativa em que todas as palavras são consideradas paroxítonas na escrita:
    a) Publica – astronauta – viajaram – história.
    b) Paris – Brasil – Londres – Munique.
    c) Brasília – Amazônia – Califórnia – Júpiter.
    d) Universidade – significado – Singapura – país.
    e) Rubrica – satélites – fenômeno – planetário.
    Na alternativa A, todas as palavras apresentam a tonicidade na penúltima sílaba, e são paroxítonas: pu-bli-ca (verbo) – as-tro-nau-ta – vi-a-ja-ram – his-tó-ria.
    GABARITO: A.

10. **(ESA)** Assinale a alternativa em que todas as palavras possuam encontros consonantais:
    a) Samba, clima, apto.
    b) Exceção, mundo, sonda.
    c) Mnemônico, obturar, subdelegado.
    d) Jejum, aquilo, chave
    e) Sucção, istmo, chave.
    A: há encontro consonantal em "clima" e "apto". Já em "samba" há dígrafo vocálico.
    B: há dígrafo consonantal em "exceção" e dígrafos vocálicos em "mundo", "sonda".
    C: há encontro consonantal em todas as palavras. Confirme: mnemônico, obturar, subdelegado.
    D: há dígrafo vocálico em "je-jum" e dígrafo consonantal em "aquilo" e "chave".
    E: está errada, pois há encontro consonantal em "sucção" e "istmo" e há dígrafo consonantal em "chave".
    GABARITO: C.

11. **(ESA)** Assinale a alternativa em que as regras de acentuação, nos conjuntos de palavras, foram empregadas de acordo com a norma padrão:
    a) Taínha, juiz e juízes
    b) Panacéia, apto, décadas

c) Taxímetro, pangeia, baú.
d) Imã, apto, bíceps
e) Herói, jaú, geléia.
   A) "tainha".
   B) "panaceia".
   D) "ímã".
   E) "geleia".
   GABARITO: C.

12. **(ESA)** Pequei, Senhor, mas não porque hei pecado, de vossa alta clemência me despido; porque quanto mais tenho delinquido, vos tenho a perdoar mais empenhado.

    Gregório de Matos Guerra. Soneto (fragmento) Disponível em: <www.dominiopublico.gov.br> (acesso em 15/03/2018)

    Nessa estrofe, o eu lírico expressa uma construção de linguagem típica do Barroco, conhecida como:
    a) Maneirismo.
    b) Cubismo.
    c) Gongorismo.
    d) Cultismo.
    e) Conceptismo.

    No Conceptismo, o eu lírico utiliza um jogo de ideias, de raciocínio lógico, como é visto na estrofe. O eu lírico utiliza tal jogo para barganhar o perdão divino.
    GABARITO: E.

13. **(ESA)** No trecho "Vive-se uma era na qual se obtém qualquer conteúdo em segundos, que pode ser replicado em minutos – mas dificilmente será assimilado.", a palavra "assimilado" apresenta os significados de:
    a) Marcado, assinalado.
    b) Fixado, apreendido.
    c) Tornado distinto, assemelhado.
    d) Perseguido, importunado.
    e) Espalhado, fragmentado.

    O verbo "assimilar" tem como sinônimos: adquirir, adoptar, absorver, apropriar-se, aprender, apreender, compreender, integrar, captar, entender, incorporar.
    GABARITO: B.

14. **(ESA)** No período "Há boas razões para crer que se iniciou uma reação em cadeia", o se adquire função pronominal. O período em que o se é um elemento com outro valor morfossintático é:
    a) "Quando muito se compadecem do destino dos ursos polares".
    b) Se isso não for capaz de chocar o leitor".

Português

c) "Já a água do mar /.../, escura, absorve radiação e se aquece."
d) "A muralha de ar enregelante que se assenta sobre o polo".
e) "Numa época em que o sol não se levanta, bateu o recorde de temperaturas positivas".
No item B, o pronome SE tem função de conjunção subordinativa condicional.
GABARITO: B.

15. (ESA) São substituições, gramaticalmente, válidas ao modo imperativo, exceto:
a) Direita, volver!
b) A senhora me traz o documento amanhã.
c) Se você se calasse!?
d) Direi uma palavra aos que me ajudarem.
e) Mãos ao alto!
O verbo "ajudar" está flexionado na 3ª pessoa do plural do infinitivo pessoal.
GABARITO: D.

16. (ESA) Na frase "Vive-se uma era na qual se obtém qualquer conteúdo em segundos", o se ligado ao verbo "viver" tem o mesmo valor em:
a) Ainda se via num mundo de incertezas.
b) eu pai tranquilizou-se quando cheguei.
c) Ele arrependeu-se da vida que levava.
d) Fez-se novo silêncio dentro do quarto.
e) A mãe queixava-se baixinho.
A palavra "se" em ambos os casos têm função de índice de indeterminação do sujeito.
GABARITO: D.

17. (ESA) Quanto ao processo de formação de palavras, escreva V ou F conforme sejam Verdadeiras ou Falsas as assertivas. Logo, assinale a alternativa que tenha a sequência correta.
Bicicleta, automóvel, sociologia – Hibridismo.
Embora, agricultura, maldizente – Composição.
Ponteira, sozinho, bombeiro – Derivação.
a) F, F, V.
b) V, V, F.
c) V, F, F.
d) F, V, V.
e) V, V, V.
   I. Bi (latim) + ciclo (grego) + eta (francês) = bicicleta
   II. Auto (grego) + móvel (latim)
   III. Socio (latim) + logia (grego)
GABARITO: E.

18. **(ESA)** Analise os exemplos que seguem quanto a figura de linguagem e marque a alternativa correta.
    (1) João é meu irmão. Pedro, primo.
    (2) Que noite escura!
    (3) Os brasileiros somos alegres.
    a) (1) pleonasmo; (2) zeugma; (3) metáfora.
    b) (1) zeugma; (2) pleonasmo; (3) silepse.
    c) (1) comparação; (2) pleonasmo; (3) onomatopeia.
    d) (1) metáfora; (2) zeugma; (3) silepse.
    e) (1) zeugma; (2) antítese; (3) onomatopeia.
    (1) João é meu irmão. Pedro, primo. (omissão do verbo "é")
    (2) Que noite escura! (toda noite é escura)
    (3) Os brasileiros somos alegres. (silepse de pessoa)
    GABARITO: B.

19. **(ESA)** No período "As pessoas que ele vai atender são especiais", a palavra "que" exerce a função de:
    a) Pronome relativo.
    b) Pronome indefinido.
    c) Conjunção aditiva.
    d) Conjunção explicativa.
    e) Pronome interrogativo.
    O pronome "que" pode ser substituído pelo pronome relativo "as quais".
    GABARITO: A.

20. **(ESA)** Marque a alternativa em que o sinal indicativo da crase foi empregado de acordo com a norma culta da língua portuguesa:
    a) Iremos àquela reunião após o almoço.
    b) Após a gravidez, começou à praticar ioga.
    c) Pedi à ela que tivesse calma.
    d) Ele não fica próximo à pessoas que falam demais.
    e) Ela irá embora daqui à quinze minutos.
    O verbo "ir" exige a preposição "a", portanto a crase ocorre.
    GABARITO: A.

21. **(ESA)** Quanto ao sujeito, assinale a alternativa cujo termo destacado esteja corretamente identificado.
    a) **Quem** disse isso? – Sujeito oculto.
    b) **Ficamos** algum tempo sem falar. – Sujeito simples.
    c) Era verão e fazia calor. – Sujeito indeterminado.
    d) **A menina** foi resgatada pelo bombeiro. – Sujeito composto.
    e) Falam por mim **os abandonados de justiça, os simples de coração**. – Sujeito composto.

"Os abandonados de justiça, os simples de coração" é sujeito do verbo "falam".
Como tem dois núcleos, o sujeito é composto.
GABARITO: E.

22. **(ESA)** Destaque a alternativa em que as regras de acentuação foram empregadas adequadamente.
    a) Coroo, jibóia, plateia.
    b) Assembléia, cauíla, feiúra.
    c) Heróico, ideia, bocaiúva.
    d) Baiúca, boiuna, perdoo.
    e) Abençoo, heroico, fiéis.
    Analisando cada alternativa, temos:
    A: Coroo, jiboia, plateia.
    B: Assembleia, cauila, feiura.
    C: Heroico, ideia, bocaiuva.
    D: Baiuca, boiuna, perdoo.
    E: Abençoo, heroico, fiéis.
    GABARITO: E.

23. **(ESA)** Em todas as alternativas, há orações subordinadas adverbiais, exceto:
    a) Estude bastante, porque amanhã haverá uma prova.
    b) Estudou tanto que teve um ótimo desempenho na prova.
    c) Você terá um excelente desempenho desde que estude.
    d) Os alunos realizaram a prova assim que chegaram na escola.
    e) Não compareceu à aula ontem porque viajou.
    a) A oração iniciada pela conjunção coordenativa "porque" é uma Oração Coordenada Sindética Explicativa, pois está justificando a ideia contida na primeira oração.
    b) A oração iniciada pela conjunção subordinativa "que" é uma Oração Subordinada Adverbial Consecutiva, pois expressa uma consequência do fato mencionado na oração principal.
    c) A oração iniciada pela conjunção subordinativa "desde que" é uma Oração Subordinada Adverbial Condicional, pois expressa uma condição para que ocorra o fato expresso na oração principal.
    d) A oração iniciada pela conjunção subordinativa "assim que" é uma Oração Subordinada Adverbial Temporal, pois expressa o momento de ocorrência do fato expresso na oração principal.
    e) A oração iniciada pela conjunção subordinativa "porque" é uma Oração Subordinada Adverbial Causal, pois indica a causa do efeito expresso na oração principal.
    GABARITO: A.

24. **(ESA)** São exemplos de verbos impessoais:
    a) Alvorecer, chover, anoitecer e trovejar.
    b) Amar, morrer, crescer e ser.
    c) Haver, fazer, parecer e ser.
    d) Correr, jogar, cantar e partir.
    e) Anoitecer, chuviscar, nevar e falar.
    a) São fenômenos da natureza.
    b) A alternativa contém verbos de ação e estado, não podendo ser classificados como impessoais.
    c) A alternativa contém verbos de estado, não podendo ser classificados como impessoais.
    d) A alternativa contém verbos de ação, não podendo ser classificados como impessoais.
    e) A alternativa possui um item que não pode ser classificado como impessoal por ser um verbo de ação.
    GABARITO: A.

25. **(ESA)** Destaque a alternativa em que o termo sublinhado seja um objeto indireto:
    a) Vou descobrir mundos.
    b) Já tenho seis gatos em casa
    c) Não recebo dinheiro há muito tempo.
    d) Não quero que fiques triste.
    e) Cantava para os amigos.
    O termo sublinhado completa o verbo com o auxílio de uma preposição, sendo, portanto, um objeto indireto.
    A) Objeto direto.
    B) Objeto direto.
    C) Objeto direto.
    D) Oração substantiva.
    GABARITO: E.

26. **(ESA)** São exemplos de verbos da 2ª conjugação:
    a) Cantar, ficar, remar e amar.
    b) Compor, depor, dever e temer.
    c) Sorrir, partir, dormir.
    d) Remar, receber, dever e dormir.
    e) Fugir, ir, dormir e sorrir.
    Os verbos compor e depor são derivados de "poer", portanto pertencem à segunda conjugação como os verbos dever e temer.
    A) todos os verbos citados são da primeira conjugação.
    C) os verbos sorrir, partir e dormir pertencem à terceira conjugação.
    D) a alternativa mistura verbos de diferentes conjugações.
    E) os verbos são todos da terceira conjugação.
    GABARITO: B.

27. **(ESA)** Assinale a alternativa que analisa correta, sintática e respectivamente os termos destacados na frase seguinte: "**Pertencem**-te todos os documentos."

a) Pronome oblíquo – sujeito.
b) Objeto direto – objeto indireto.
c) Objeto indireto – objeto direto.
d) Objeto direto – sujeito.
e) Objeto indireto – sujeito.

1º) O pronome oblíquo "te" pode assumir tanto a função de objeto direto, quanto de objeto indireto. Para chegar à resposta correta, é necessário que o candidato analise a predicação verbal, isto é, verifique se verbo que o pronome está complementando é transitivo direto ou indireto. O verbo "pertencer" é transitivo indireto. Exemplos: O livro pertence à biblioteca. O carro pertence a João.

2º) A oração está na ordem indireta. Se a colocarmos na ordem direta, ficará assim: "Todos os documentos pertencem-te.". Isso torna mais fácil a identificação do sintagma nominal "Todos os documentos" como sujeito da oração. Outro dado que auxilia a identificação do sujeito é a observação da concordância verbal.

GABARITO: E.

28. **(ESA)** Assinale a alternativa em que a concordância foi efetuada conforme a norma padrão.

a) **Devem haver** outras formas de executar a missão.
b) Queria voltar a estudar, mas **faltava**-lhe recursos.
c) Não **se admitirá** exceções.
d) **Basta**-lhe duas ou três oportunidades para vencer.
e) **Fazia** dez anos que ele não vinha a São Paulo.

O verbo "fazer" no sentido de tempo decorrido é impessoal, devendo ficar sempre na terceira pessoa do singular.

a) Quando um verbo auxiliar ("devem") se junta a um verbo impessoal ("haver" no sentido de "existir"), ele também fica no singular. O correto é: "Deve haver outras formas de executar a missão."

b) Como regra geral, o verbo e sujeito devem concordar, mesmo que a frase esteja na ordem indireta. O correto é: "Queria voltar a estudar, mas faltavam-lhe recursos".

c) Como regra geral, o verbo e sujeito devem concordar, mesmo que a frase esteja na ordem indireta. O correto é: "Não se admitirão exceções".

d) Como regra geral, o verbo e sujeito devem concordar, mesmo que a frase esteja na ordem indireta. O correto é: "Bastam-lhe duas ou três oportunidades para vencer".

GABARITO: E.

29. **(ESA)** Assinale a alternativa em que os vocábulos estejam acentuados pela mesma razão.

a) Parabéns, álbuns.
b) Exército, jóquei.
c) Hífen, também.

d) Chapéu, herói.

e) Lápis, país.

As palavras chapéu e herói são acentuadas devido à regra dos ditongos abertos.

GABARITO: D.

30. **(ESA)** Marque a única alternativa em que as palavras não se formam pelo processo de composição.

a) Beija-flor; pernalta.

b) Amanhecer; desalmado.

c) Embora; segunda-feira.

d) Pé-de-meia; aguardente.

e) Tira-teima; madrepérola.

"Amanhecer" e "desalmado" se formam por derivação parassintética.

GABARITO: B.

31. **(ESA)** Interesse pelas zonas profundas da mente e pela loucura; desejo de transcendência e integração cósmica; linguagem vaga, fluida que busca sugerir em vez de nomear. Essas são características que identificam as obras de autores:

a) Naturalistas.

b) Parnasianistas.

c) Simbolistas.

d) Quinhentistas.

e) Realistas.

As características do simbolismo envolvem, sobretudo, os aspectos místicos, espirituais, intuitivos e transcendentais da literatura simbolista. Os escritores simbolistas buscavam compreender diversos aspectos da alma humana, compondo obras que exaltassem a realidade subjetiva.

GABARITO: C.

32. **(ESA)** Assinale a alternativa que preenche, de acordo com a norma padrão, as lacunas da seguinte frase: "O professor se referia _____ alunas dispostas _____ vencer qualquer obstáculo do dia _____ dia."

a) às – a – a

b) às – a – à

c) às – à – a

d) as – à – à

e) as – a – à

Antes de verbo e entre palavras repetidas não ocorre crase. O verbo referir é transitivo indireto.

GABARITO: A.

33. **(ESA)** Assinale a alternativa em que o sinal indicativo de crase foi empregado de acordo com a norma culta.
a) Depois do acidente, passou à praticar esportes.
b) Aquele aluno dedica-se à várias atividades extracurriculares.
c) Os convidados chegaram ao local após às dez horas.
d) O turista dirigiu-se à essa instituição para obter orientações.
e) Esta é a obra à qual o jornalista se referiu em seu comentário.

O pronome relativo "a qual" recebe acento grave devido ao verbo referir, que é transitivo indireto.

GABARITO: E.

34. **(ESA)** Assinale a alternativa em que há erro no emprego da vírgula:
a) Carla, leia o primeiro parágrafo para nós.
b) Isabel, aluna aplicada do terceiro ano, faltou à aula de Cálculo.
c) Belo Horizonte, 13 de abril de 2015.
d) Márcia trouxe para a sala de aula seus cadernos, livros, réguas, lápis e borracha.
e) Márcia, comprou, os últimos livros da Livraria Virtual.

Não se separa o sujeito do verbo por vírgula.

GABARITO: E.

35. **(ESA)** Assinale a palavra cujo prefixo apresente o mesmo valor semântico do prefixo componente de desatentos.
a) Antibiótico.
b) Importação.
c) Insatisfeito.
d) Adjacência.
e) Antebraço.

O prefixo "in-", com valo de negação, tem o mesmo valor de "des".

GABARITO: C.

36. **(ESA)** Os dois vocábulos em destaque nos enunciados a seguir possuem função morfológica e sintática idênticas.

Assinale a alternativa que apresenta corretamente essas funções. "Há pai que nunca viu o próprio filho. Marido que nunca viu a própria mulher."
a) Pronome relativo; objeto direto.
b) Conjunção subordinativa integrante; objeto direto.
c) Pronome relativo; sujeito.
d) Conjunção coordenativa explicativa; adjunto adnominal.
e) Preposição; sujeito.

Em ambas as orações o pronome relativo "que" (pode ser trocado por O QUAL) exerce função de sujeito.

GABARITO: C.

37. (ESA) O desafio consiste em garantir o abastecimento às grandes cidades brasileiras nos próximos anos, **uma vez que** é previsto crescimento populacional e, consequentemente, aumento das demandas de consumo. A conjunção em negrito:
    a) Conecta orações integrantes.
    b) Inicia uma oração coordenativa.
    c) Expressa causa.
    d) Denota finalidade
    e) É indicadora de explicação

    A conjunção "uma vez que" estabelece uma relação de causa com a oração principal.

    GABARITO: C.

38. (ESA) No período: "Nós nos tornamos pavões exibicionistas.", encontra-se a seguinte figura de linguagem (figura de palavra):
    a) Comparação.
    b) Eufemismo.
    c) Prosopopeia.
    d) Onamatopeia.
    e) Metáfora.

    Ocorre uma comparação implícita entre "nós" e "pavões".

    GABARITO: E.

39. (ESA) "Essa foi a razão por que dedicou sua vida aos livros". A classificação da oração destacada é:
    a) Subordinada adjetiva restritiva.
    b) Subordinada adjetiva explicativa
    c) Coordenada sindética explicativa
    d) Subordinada adverbial causal
    e) Subordinada adverbial consecutiva.

    As orações subordinadas adjetivas restritivas são introduzidas por um pronome relativo (por que = pela qual).

    GABARITO: A.

40. (ESA) Assinale a alternativa em que ocorra algum erro de concordância nominal:
    a) Saiba que você cometeu um crime de lesa-majestade.
    b) Estejam alerta, pois o inimigo não manda aviso.
    c) Há menos indecisão do que parece.
    d) Permitam-me que as deixe só.
    e) Ele sentiu que precisava ficar a sós.

"Sós", concordando com o pronome "as".
GABARITO: D.

41. **(ESA)** Em todos os períodos há uma oração subordinada substantiva, exceto:
   a) "Eu queria saber qual era o meu lote."
   b) "Sei que um dia abrirão as asas para o voo necessário."
   c) "Nem me lembrava das angústias e dos sofrimentos"
   d) "Espero que escrevas a minha história."
   e) "Seu desejo era se tornar escritora."
   No item B ocorre um período simples.
   GABARITO: C.

Texto para as próximas 2 questões:

Quem casa quer casa
Calor do cão, dias de cão

Fernando Martins

Às noites abafadas e mal dormidas seguem manhãs secas e tardes tórridas. Sem trégua para o corpo, quem não rogou por chuva ou sombra nesta estação atipicamente escaldante? E quem, sem encontrar o frescor que procura, não praguejou: "Calor do cão!"? Mas o verão de 2013/2014 não será marcado tão-somente pelos recordes de temperatura. O ar está mais do que quente. Está carregado de uma perigosa escalada de corrosão do tecido social: briga de torcidas em Joinville; rebelião e assassinatos em presídio do Maranhão; criação de grupos de justiceiros no Rio; incêndios em série de ônibus em São Paulo; a ação dos *blackblocs* e a morte do repórter cinematográfico Santiago Andrade. Os tempos que correm são dias de cão. Calor do cão e dias de cão. Não é coincidência que as duas expressões se encontrem nesta época de temperaturas inclementes. Elas foram forjadas juntas há mais de dois milênios, sob o sol mediterrâneo. Os gregos antigos perceberam haver uma relação entre o calor escaldante e o humor humano. Erraram na causa. Mas criaram um vigoroso simbolismo.

Para eles, a explicação estava nos céus e não na natureza do homem. O cachorro em questão era a constelação do Cão Maior e sua principal estrela, Sírius, a mais brilhante do firmamento (próxima às Três Marias). Os gregos notaram que Sírius, também conhecida como Estrela Cão, sumia por cerca de 70 dias. E, pouco antes do verão, voltava a aparecer no leste já na alta madrugada.

A conclusão a que aqueles homens chegaram foi de causa e efeito: a estrela com maior fulgor se aproximava do sol nascente e o esquentava. Sírius provocava, então, a estação cálida, o calor do cão. Os gregos acreditavam ainda que aquele período era marcado pela influência maligna do astro celeste: fraqueza de ânimo, tentações da carne e pestilências. Eram os dias de cão.

O Ocidente herdou as duas expressões e as manteve vivas de geração após geração. Elas, afinal, continuam a dizer muito. O homem é essencialmente o mesmo desde sempre. Sofre os efeitos da natureza, a despeito da civilização que construiu. E o abafamento do clima continua a ser um potencial catalisador de comportamentos extremados, bestiais.

Talvez seja exagero dizer que o verão brasileiro é a causa dos dias de cão. Mas, se não há explicações certeiras para o diagnóstico, ao menos é possível recorrer a metáforas climáticas para apontar o remédio. É hora de esfriar os ânimos. De andar pela sombra.

Ou, para quem preferir, é tempo de procurar alguma luz na escuridão, como a das estrelas na noite escura. E de lembrar que os homens e suas paixões vão passar, mas que elas continuarão lá no alto – milênio após milênio.

Disponível em http:// www.gazetadopovo.com.br/colunistas/conteudo.phtml?tl=1&id.Acesso em 24/04/2014

42. **(ESA)** A expressão "dias de cão" só não se refere:
 a) A dias tipicamente escaldantes atualmente.
 b) À série de fatos vinculados à corrosão social e citados no texto.
 c) À época de temperaturas inclementes.
 d) À influência maligna da constelação de Cão Maior.
 e) Ao verão de 2013-2014.

 a) O verão de 2013-2014, segundo o texto, está marcado pelos recordes de temperatura, o que é atípico.
 b) Fatos vinculados à corrosão social são mencionados no texto e logo em seguida, tem-se o trecho do texto "Os tempos que correm são dias de cão".
 c) As temperaturas referidas no texto são, de fato, atípicas, logo, inclementes.
 d) Dias de cão tem a ver com a influência daquela constelação, segundo os gregos antigos; o texto faz alusão a isso no 3º parágrafo.
 e) O verão de 2013-2014, segundo o texto, é marcado pelos recordes de temperatura
 GABARITO: A.

43. **(ESA)** Assinale o trecho em que o autor dá a entender que as expressões "calor do cão e dias de cão" não surgiram atualmente:
 a) "Às noites abafadas e mal dormidas seguem manhãs secas e tórridas".
 b) "Não é coincidência que as duas expressões se encontram nesta época de temperaturas inclementes".
 c) "Elas foram forjadas há mais de dois milênios, sob o sol mediterrâneo."
 d) "Talvez seja exagero dizer que o verão brasileiro é a causa dos dias de cão."
 e) "Ou, para quem preferir, é tempo de procurar alguma luz na escuridão, como a das estrelas na noite escura."

 A negação da atualidade das expressões está na explicação de que elas foram forjadas há mais de dois milênios.

 O conteúdo das frases colocadas como opção de resposta nas outras alternativas não tem relação com o fato de as expressões "calor do cão e dias de cão" não terem surgido atualmente.
 GABARITO: C.

44. **(ESA)** Assinale a alternativa correta quanto à regência verbal:
   a) O bom cidadão obedece as leis e os regulamentos.
   b) O caçador visou ao alvo, disparou o tiro, mas não acertou.
   c) Assistimos o desfile cívico ao lado do palanque das autoridades.
   d) Lembrei a resposta correta no último minuto de prova.
   e) O estabelecimento de ensino já informou aos alunos das notas das provas finais.

   O verbo lembrar, quando não é pronominal, exige complemento sem preposição.

   O verbo obedecer exige complemento com a preposição a. "O bom cidadão obedece às leis e aos regulamentos."

   O verbo "visar", no sentido de "mirar", exige complemento sem preposição. "O caçador visou o alvo..."

   O verbo "assistir", no sentido de "ver", "presenciar", exige complemento com a preposição a.

   O verbo "informar", pede dois complementos, um sem e outro com preposição.

   Na frase da questão os dois complementos aparecem preposicionados. Seriam corretas as construções: "O estabelecimento de ensino já informou aos alunos as notas..." ou "O estabelecimento de ensino já informou os alunos das notas..."

   GABARITO: D.

45. **(ESA)** A alternativa que apresenta uma oração na voz passiva é:
   a) Come-se bem neste restaurante.
   b) Precisa-se de operários.
   c) A maior parte das reservas florestais foi destruída.
   d) O menino feriu-se.
   e) Poucos viram o acidente.

   A única oração com voz passiva é a da alternativa C, uma vez que a locução verbal "foi destruído" não apresenta uma ação realizada pelo sujeito da oração.

   GABARITO: C.

46. **(ESA)** O tipo de sujeito presente na oração "Todas as profissões têm sua visão do que é felicidade" é:
   a) Sujeito oculto.
   b) Sujeito indeterminado.
   c) Sujeito simples.
   d) Sujeito composto.
   e) Oração sem sujeito.

   A oração possui um sujeito simples, pois há apenas um termo presente na oração que pode ser identificado como o executor da ação verbal.

   a) Há um termo presente na frase que pode ser identificado como sujeito; portanto, não é um caso de sujeito oculto.

   b) Há um termo presente na frase que pode ser identificado como sujeito; portanto não é um caso de sujeito indeterminado.

d) Há apenas um termo presente na frase que pode ser identificado como sujeito; portanto, não é um caso de sujeito composto.

e) Há um termo na frase que pode ser identificado como sujeito; portanto, não é um caso de oração sem sujeito.

GABARITO: C.

47. **(ESA)** No período "Tinha o coração grosso, queria responsabilizar alguém pela sua desgraça", os vocábulos em destaque são, respectivamente:
a) Adjetivo e Substantivo.
b) Pronome indefinido e Adjetivo.
c) Pronome adjetivo e Substantivo.
d) Substantivo e Adjetivo.
e) Advérbio de intensidade e Substantivo.

A palavra "grosso" atribui uma característica a "coração", sendo, portanto, um adjetivo. A palavra "desgraça" é um substantivo que exerce uma nominativa na frase.

GABARITO: A.

48. **(ESA)** Marque a opção cuja palavra apresente um prefixo com o mesmo significado do prefixo destacado na palavra "inverdades":
a) Afônico.
b) Iminente.
c) Encéfalo.
d) Anteposto.
e) Introvertido.

O prefixo "a" indica ausência ou negação, como o prefixo "in", em inverdades.

GABARITO: A.

49. **(ESA)** Na frase: "Faria isso mil vezes novamente, se fosse preciso", encontra-se a seguinte figura de linguagem:
a) Metáfora.
b) Hipérbole.
c) Eufemismo.
d) Antítese.
e) Personificação.

A hipérbole caracteriza-se pelo exagero.

GABARITO: B.

1001 - Questões Comentadas - ESA

50. **(ESA)** Marque a alternativa que apresenta informação correta sobre autor e obra representativos da literatura brasileira:
a) Aluísio de Azevedo escreveu "O Cortiço", obra em que fica evidente a zoomorfização das personagens.
b) Machado de Assis escreveu "Dom Casmurro", romance idealista sobre a experiência do amor inacessível.
c) Raul Pompéia escreveu "Lira dos Vinte Anos", e é um representante do mal-do-século no Romantismo.
d) Gregório de Matos escreveu peças teatrais populares e de conteúdo religioso para catequizar os indígenas.
e) Olavo Bilac escreveu "Navio Negreiro" e "Vozes da África", poemas com evidentes intenções abolicionistas.

Aluísio de Azevedo é conhecido por suas obras naturalistas, cuja principal característica é o zoomorfismo (animalização das personagens).

GABARITO: A.

51. **(ESA)** No período: "Espero que ele venha a São Paulo.", a oração em destaque classifica-se sintaticamente como:
a) Subordinada substantiva objetiva direta.
b) Subordinada substantiva objetiva indireta.
c) Subordinada substantiva subjetiva.
d) Subordinada adjetiva restritiva.
e) Subordinada adjetiva explicativa.

A oração principal é composta de um verbo transitivo direto.

GABARITO: A.

52. **(ESA)** O poeta da Segunda Geração Romântica que soube utilizar, de forma sensível e surpreendente, os temas e as formas estereotipados do Ultrarromantismo, bem como poetizar figuras e imagens retiradas do cotidiano mais banal foi:
a) Gonçalves Dias.
b) José de Alencar.
c) Álvares de Azevedo.
d) Machado de Assis.
e) Castro Alves.

Manoel Antônio Álvares de Azevedo (São Paulo, Província de São Paulo, Império do Brasil, 12 de setembro de 1831 — Rio de Janeiro, Império do Brasil, 25 de abril de 1852) foi um escritor da segunda geração romântica (Ultrarromântica, Byroniana ou Mal-do-século), contista, dramaturgo, poeta e ensaísta brasileiro, autor de Noite na Taverna.

GABARITO: C.

53. **(ESA)** A forma fixa caracterizada por versos heroicos ou alexandrinos dispostos em duas quadras e dois tercetos é chamada:
a) Haicai.
b) Oitava.
c) Soneto.
d) Décima.
e) Espinela.

Soneto é uma pequena composição poética composta de 14 versos, com número variável de sílabas, sendo o mais frequente o decassílabo (heroico), e cujo último verso (dito chave de ouro) concentra em si a ideia principal do poema ou deve encerrá-lo de maneira a encantar ou surpreender o leitor.

GABARITO: C.

54. **(ESA)** Em: "Chegou a hora de **a alegria** aparecer", os termos destacados têm a função sintática de:
a) Objeto direto da 1ª oração.
b) Objeto direto preposicionado da 2ª oração.
c) Predicativo do sujeito da 1ª oração
d) Aposto explicativo da 2ª oração
e) Sujeito da 2ª oração.

"A alegria" é sujeito do verbo "aparecer".

GABARITO: E.

55. **(ESA)** Em "O chão da rua está todo molhado; deve ter, pois, chovido muito", a conjunção pois tem o sentido de:
a) Explicação.
b) Adição.
c) Oposição.
d) Conclusão.
e) Causa.

A conjunção "pois", posposta ao verbo, tem valor conclusivo.

GABARITO: D.

56. **(ESA)** Em poesia, para determinar a medida de um verso, divide-se o verso em sílabas poéticas. Esse procedimento tem o nome de:
a) Redondilha.
b) Dístico.
c) Escansão.
d) Métrica.
e) Quintilha.

Escansão ato de decompor um verso em seus elementos métricos.

GABARITO: C.

57. **(ESA)** Na frase "A pessoa estava com tanta fome que comeu dois pratos", encontra-se a seguinte figura de linguagem:
a) Metáfora.
b) Eufemismo.
c) Hipérbole.
d) Metonímia.
e) Prosopopeia.

Metonímia é a substituição de uma palavra por outra (continente – prato, pelo conteúdo – comida).

GABARITO: D.

58. **(ESA)** Assinale a alternativa cujo emprego da vírgula está de acordo com a norma padrão.
a) Os espectadores, inquietos, aguardavam o início do espetáculo.
b) Os espectadores inquietos, aguardavam o início do espetáculo.
c) Os espectadores, inquietos aguardavam o início do espetáculo.
d) Os espectadores inquietos aguardavam, o início do espetáculo.
e) Os espectadores inquietos, aguardavam, o início do espetáculo.

As vírgulas isolam o predicativo do sujeito deslocado "inquietos".

GABARITO: A.

59. **(ESA)** Em: "Se me perguntarem o que é a <u>minha</u> pátria direi: não sei. De fato, não sei"., o termo destacado classifica-se como pronome:
a) Oblíquo.
b) Indefinido.
c) Possessivo.
d) Demonstrativo.
e) Pessoal de tratamento.

"Minha" indica posse, portanto é pronome possessivo.

GABARITO: C.

60. **(ESA)** Classifique morfologicamente e determine a função sintática do termo em destaque: Ele cortou-**me** o caminho.
a) Pronome pessoal oblíquo; objeto direto.
b) Conjunção subordinativa concessiva; objeto indireto.
c) Pronome indefinido; adjunto adverbial de lugar.
d) Pronome possessivo; adjunto adnominal.
e) Preposição; sujeito da oração.

O pronome '"me" substitui: "Ele cortou o meu (adjunto adnominal/pronome possessivo) caminho".

GABARITO: D.

61. (ESA) Em "Todos os soldados viram, durante o combate, que os inimigos foram derrotados", pode-se classificar a oração que foi sublinhada como oração subordinada substantiva:
a) Completiva nominal.
b) Predicativa.
c) Objetiva indireta.
d) Objetiva direta.
e) Apositiva.

A oração exerce a função de objeto direto oracional do verbo "ver".
GABARITO: D.

62. (ESA) Observe o vocábulo grifado na seguinte frase: "Há duas contribuições fundamentais nesse encontro: uma mestiçagem do corpo e uma mestiçagem da cultura." Assinale a alternativa em que a palavra destacada foi empregada com esse mesmo sentido.
a) Há de haver várias reclamações desse tipo.
b) Não a vejo há dias.
c) Há um ano esperamos notícias.
d) Há horas ouço a mesma história.
e) Ela há de chegar no horário.

O verbo "haver" foi usado no sentido de "existir" (impessoal).
GABARITO: A.

63. (ESA) Qual das alternativas a seguir é formada por ditongos decrescentes?
a) Pouco, loteria, contrário, estratégia.
b) Inquietação, pouco, aumenta, grau.
c) Cair, compreensível, beijar, treino.
d) Imponderáveis, atuar, psicologia, seu.
e) Colégio, não, imediatamente, história.

O ditongo decrescente é formado por vogal + semivogal, como em todas as palavras do item B.
GABARITO: B.

64. (ESA) São formadas por derivação prefixal, sufixal e parassintética, respectivamente, a sequência:
a) Abdicar, pernoite, descer.
b) Superpor, forense, amanhecer.
c) Suavizar, dispneia, ensurdecer.
d) Embainhar, sinfonia, bondosamente.
e) Abotoar, ponteiro, intravenoso.

Superpor (prefixo SUPER), forense (sufixo ENSE), amanhecer (prefixo + sufixo simultâneos = a-manh-ecer).
GABARITO: B.

65. **(ESA)** Sobre as obras e os autores do Realismo-Naturalismo no Brasil é correto afirmar que:
a) O principal autor desse período é Adolfo Caminha que trabalhou dentro de uma linha realista mais definida.
b) Raul Pompéia é um autor significativo dessa época, porém suas obras mostram apenas traços impressionistas.
c) A parte mais significativa da obra de Machado de Assis é representada por seus romances e contos.
d) O teatro dessa época teve muitos adeptos dentre os quais podemos citar José de Alencar.
e) Aluízio Azevedo e Machado de Assis produziram obras numa linha naturalista bem definida.

Marcado pelo objetivismo, pela veracidade e pela denúncia social, o Realismo brasileiro tem início com a obra de Machado de Assis "Memórias Póstumas de Brás Cubas", publicada em 1881.

GABARITO: C.

66. **(ESA)** Na frase "Poderia ouvir o fogo gemer", há a seguinte figura de linguagem:
a) Prosopopeia.
b) Sinédoque.
c) Eufemismo.
d) Oxímoro.
e) Metáfora.

O fogo é personificado no contexto, "recebendo" a capacidade de ouvir.

GABARITO: B.

67. **(ESA)** "Invadiu a mente de Fabiano a lembrança de que a chuva poderia demorar demais". O termo em destaque desempenha a função de:
a) Adjunto adnominal.
b) Complemento nominal.
c) Objeto indireto.
d) Adjunto adverbial.
e) Sujeito.

A oração destacada exerce a função de complemento nominal oracional do substantivo "lembrança".

GABARITO: B.

68. **(ESA)** Assinale a alternativa em que o verbo "haver" não está empregado corretamente.
a) Hão de existir sonhos nas estações de trem.
b) Há de haver vida em planetas distantes.
c) No futuro, haverão naves espaciais viajando para estrelas.
d) Não houve dúvidas: viajamos de trem para as estrelas.
e) Os viajantes da estação de trem não hão de partir sem comer sonhos.

O verbo "haver", no sentido de "existir" é impessoal, portanto não se flexiona.
GABARITO: C.

69. **(ESA)** No período: "Se ele trouxer a tarefa, pensei comigo, não irei castigá-lo.", as vírgulas foram empregadas:
a) Corretamente, para isolar uma oração intercalada.
b) Incorretamente, por se tratar de um período simples.
c) Adequadamente, porque apresenta mais de um verbo.
d) Indevidamente, por se tratar de um período composto por coordenação.
e) Corretamente, para isolar uma oração adjetiva explicativa.

A oração "pensei comigo" é intercalada, portanto deve ser isolada por vírgulas.
GABARITO: A.

70. **(ESA)** Em "E mal acendi a luz, puf, puf, puf, puf." Encontra-se:
a) Sinestesia.
b) Antítese.
c) Onomatopeia.
d) Metonímia.
e) Prosopopeia.

Os vocábulos "puf, puf, puf" remetem a ruídos, portanto são onomatopeias.
GABARITO: C.

71. **(ESA)** "Não era um craque, mas sua perda desfalcaria o time". No trecho, a segunda oração é, na gramática normativa, uma oração:
a) Subordinada substantiva.
b) Coordenada assindética.
c) Subordinada adjetiva.
d) Coordenada sindética.
e) Subordinada adverbial.

O período é composto por subordinação. A segunda oração, introduzida pela conjunção "mas" é sindética adversativa.
GABARITO: D.

Texto para as próximas 3 questões:

Poema transitório

Eu que na Era da fumaça: - trenzinho
vagaroso com vagarosas
paradas
em cada estaçãozinha pobre
para comprar
pastéis
pés-de-moleque
sonhos
– principalmente sonhos!
porque as moças da cidade vinham olhar o trem passar:
eles suspirando maravilhosas viagens
e a gente com um desejo súbito de ficar ali morando
sempre... Nisto,
o apito da locomotiva
e o trem se afastando
e o trem arquejando
é preciso partir
é preciso chegar
é preciso partir é preciso chegar... Ah, como esta vida é urgente!
... no entanto
eu gostava era mesmo de partir...
e - até hoje – quando acaso embarco
para alguma parte
acomodo-me no meu lugar
fecho os olhos e sonho:
viajar, viajar
mas para parte nenhuma...
viajar indefinidamente...
como uma nave espacial perdida entre as estrelas.
(QUINTANA, Mário. Baú de Espantos. in: MARÇAL, Iguami Antônio T. Antologia Escolar, Vol.1; BIBLIEX; p. 169.

72. **(ESA)** Em função do que é dito nos versos do poema (Texto de Interpretação), observa-se que o "eu lírico":
   a) Viaja, não só fisicamente, mas também por meio de seus pensamentos.
   b) É um homem agitado, que leva uma vida de passageiro com luxo e mordomias.
   c) Deseja ser mau e mórbido, por isso faz suas viagens pelas estrelas.
   d) Tem fome e pouco dinheiro, logo não gasta com comidas que não alimentam.
   e) É uma voz que clama por tranquilidade e brada contra a poluição do ar.

Encontramos nas expressões "acomodo-me no meu lugar, fecho os olhos e sonho: viajar, viajar mas para parte nenhuma...viajar indefinidamente..." a confirmação de que as viagens do eu lírico também podem ser em sonho.

GABARITO: A.

73. **(ESA)** Levando em conta o contexto do poema (Texto de Interpretação), em qual das alternativas há um sentido semelhante ao de "acomodo-me no meu lugar"?
    a) Ajeito-me no meu canto.
    b) Entendo-me com minhas ideias.
    c) Adapto-me ao meio em que vivo.
    d) Limito-me a ficar pensativo.
    e) Satisfaço-me com o lugar que me dão.

    A expressão "acomodar-se" possui como paralelo a expressão "ajeitar-se", o mesmo acontecendo com "lugar" e "canto".

    GABARITO: A.

74. **(ESA)** A expressão "viajar indefinidamente", no Texto de Interpretação, só não significa:
    a) Viajar sem se preocupar com o tempo de chegar.
    b) Aventurar-se pelo mundo sem ter um objetivo definido.
    c) Passear de modo errante, a esmo.
    d) Sair por aí sem definir o nome das pessoas conhecidas.
    e) Não ter a preocupação de saber o lugar para onde se vai.

    A afirmativa é verdadeira, pois "sair por aí sem definir os nomes das pessoas conhecidas" não é sinônimo de "viajar indefinidamente".

    GABARITO: D.

75. **(ESA)** No período: "Dei-lhe de presente um computador moderníssimo para que pudesse trabalhar mais motivado.", os vocábulos grifados são, respectivamente:
    a) Pronome demonstrativo, conjunção.
    b) Pronome relativo, locução adjetiva.
    c) Pronome pessoal, locução adverbial.
    d) Pronome indefinido, interjeição.
    e) Pronome pessoal, locução conjuntiva.

    "Lhe" é pronome pessoal porque indica no discurso a pessoa de quem se fala (3ª pessoa); os vocábulos "para que" formam uma locução conjuntiva, pois têm o valor de uma conjunção.

    GABARITO: E.

76. **(ESA)** Assinale a alternativa cujos vocábulos exigem acento gráfico pelo mesmo motivo dos existentes, respectivamente, nas palavras cosméticos, laboratórios e países: (os acentos gráficos das palavras a seguir estão omitidos.)
    a) Ilusorio, melancia, raiz.

b) Parafrase, arrogancia, saude.

c) Rubrica, barbarie, juizes.

d) Catastrofe, metonimia, gratuito.

e) Misantropo, cranio, ruim.

"Cosméticos" e "paráfrase" são acentuados, já que são proparoxítonas; "arrogância" e "laboratórios" podem ser proparoxítonas ou paroxítonas terminadas em ditongo crescente e "saúde" e "países" são acentuados por formarem hiatos com as vogais anteriores.

GABARITO: B.

77. **(ESA)** "A feição deles é serem pardos, quase avermelhados, de rostos regulares e narizes bem feitos; andam nus sem nenhuma cobertura; nem se importam de cobrir nenhuma coisa, nem de mostrar suas vergonhas." Essa passagem pertence à Carta de Pero Vaz de Caminha, primeiro texto escrito no Brasil, no qual eram descritos a terra e o povo que a habitava. A respeito da Literatura Quinhentista, é correto afirmar que:

a) Os textos dessa época têm grande valor literário.

b) Registra apenas o choque cultural entre colonizadores e colonizados.

c) Toda essa produção está diretamente relacionada à intenção de catequizar os selvagens.

d) Os textos quinhentistas fazem parte do movimento literário intitulado Poesia Pau-Brasil.

e) A literatura da época está relacionada ao espírito aventureiro da expansão marítima e comercial portuguesa.

O objetivo da literatura quinhentista era narrar e descrever as viagens dos navegantes portugueses e os primeiros contatos com a terra brasileira e seus nativos.

GABARITO: E.

Texto para as próximas 3 questões:

Sucesso tem fórmula

"Serve para toda competição: qualidade valorizada, seleção dos melhores, prática obsessiva e persistência. Quem aplicar essa receita terá os mesmos resultados"

Durante séculos, a Inglaterra dominou os mares e, dessa forma, muito mais do que os mares. Para isso tinha os melhores navios. E, para tê-los, precisava de excelentes carpinteiros navais. (...)

A Revolução Industrial tardia da Alemanha foi alavancada pela criação do mais respeitado sistema de formação técnica e vocacional do mundo.(...)

Assim como temos a Olimpíada para comparar os atletas de diferentes países, existe a Olimpíada do Conhecimento (World Skills International). É iniciativa das nações altamente industrializadas, que permite cotejar diversos sistemas de formação profissional. Compete-se nos ofícios centenários, como tornearia e marcenaria, mas também em desenho de websites ou robótica.

Em 1982, um país novato nesses misteres se atreveu a participar dessa Olimpíada: o Brasil, por meio do SENAI. E lá viu o seu lugar, pois não ganhou uma só medalha. Mas em 1985 conseguiu chegar ao 13º lugar. Em 2001 saltou para o sexto. Aliás, é o único país do Terceiro Mundo a participar, entra ano e sai ano.

Em 2007 tirou o segundo lugar. Em 2009 tirou o terceiro, competindo com 539 alunos, de sete estados, em 44 ocupações. É isso mesmo, os graduados do SENAI, incluindo alunos de Alagoas, Goiás e Rio Grande do Norte, conseguiram colocar o Brasil como o segundo e o terceiro melhor do mundo em formação profissional! (...)

Deve haver um segredo para esse resultado que mais parece milagre, quando consideramos que o Brasil, no Programa Internacional de Avaliação de Alunos (PISA), por pouco escapa de ser o último. Mas nem há milagres nem tapetão. Trata-se de uma fórmula simples, composta de quatro ingredientes.

Em primeiro lugar, é necessário ter um sistema de formação profissional hábil na organização requerida para preparar milhões de alunos e que disponha de instrutores competentes e capazes de ensinar em padrões de Primeiro Mundo.(...)

Em segundo lugar, cumpre selecionar os melhores candidatos para a Olimpíada. O princípio é simples (mas a logística é diabolicamente complexa). Cada escola do SENAI faz um concurso, para escolher os vencedores em cada profissão. Esse time participa então de uma competição no seu estado. Por fim, os times estaduais participam de uma Olimpíada nacional. Dali se pescam os que vão representar o Brasil. É a meritocracia em ação.

Em terceiro lugar, o processo não para aí. O time vencedor mergulha em árduo período de preparação, por mais de um ano. Fica inteiramente dedicado às tarefas de aperfeiçoar seus conhecimentos da profissão. É acompanhado pelos mais destacados instrutores do SENAI, em regime de tutoria individual.

Em quarto, é preciso insistir, dar tempo ao tempo. Para passar do último lugar, em 1983, para o segundo, em 2007, transcorreram 22 anos. Portanto, a persistência é essencial.

Essa quádrupla fórmula garantiu o avanço progressivo do Brasil nesse certame no qual apenas cachorro grande entra. (...)

A fórmula serve para toda competição: qualidade valorizada, seleção dos melhores, prática obsessiva e persistência. Quem aplicar essa receita terá os mesmos resultados.

Revista Veja, pág. 22, 24 de fevereiro de 2010.

78. (ESA) O texto apresenta ingredientes da fórmula do sucesso, porém um desses ingredientes não está diretamente relacionado à aquisição prévia de conhecimentos. Esse ingrediente é a(o):
a) Formação profissional.
b) Qualidade valorizada.
c) Seleção dos melhores.
d) Aperfeiçoamento de conhecimentos.
e) Persistência.
Ao desenvolver uma tarefa o homem pode ser persistente, independente de ter adquirido ou não conhecimentos sobre ela.
GABARITO: E.

79. **(ESA)** O resgate de momentos históricos no 1º e 2º parágrafos do texto é utilizado com a finalidade prioritária de:
a) Noticiar as novas descobertas relacionadas ao assunto em questão.
b) Ampliar nossos conhecimentos relacionados à construção de navios.
c) Mostrar que há muito tempo o sucesso tem fórmula.
d) Apresentar dados estatísticos sobre resultados do passado.
e) Minimizar o papel do profissional frente aos resultados.

Logo nos dois primeiros parágrafos o enunciador utilizará exemplos do passado para comprovar sua tese.

GABARITO: C.

80. **(ESA)** O vocábulo meritocracia aparece no oitavo parágrafo do texto. Considerando o contexto, o significado que melhor o substitui é:
a) Agradecimento.
b) Honradez.
c) Merecimento.
d) Entusiasmo.
e) Altruísmo.

Considerando-se o contexto dos vocábulos, "merecimento" é o que mais se aproxima da palavra "meritocracia".

GABARITO: C.

81. **(ESA)** Nas orações "A poetisa está emocionada" e "Ela está à janela", os predicados classificam- se, respectivamente, como:
a) Verbal e verbal.
b) Nominal e nominal.
c) Verbo-nominal e verbo-nominal.
d) Verbal e nominal.
e) Nominal e verbal.

O verbo "estar" age como verbo de ligação, pois é seguido de predicativo do sujeito, portanto predicado nominal. E o verbo "estar", no segundo caso, age como verbo intransitivo", portanto predicado verbal.

GABARITO: E.

82. **(ESA)** Assinale a opção que segue o padrão culto da língua:
a) Seus projetos de vida são os melhor elaborados, pois garantem suficientes opções que evitem atos mal sucedidos.
b) Seus projetos de vida são os mais bem elaborados, pois garantem suficientes opções que evitem atos mal sucedidos.

c) Seus projetos de vida são os mais bem elaborados, pois garantem suficiente opções que evitem atos mal sucedidos.
d) Seus projetos de vida são os melhor elaborados, pois garantem suficientes opções que evitem atos mau sucedidos.
e) Seus projetos de vida são os melhor elaborados, pois garantem suficiente opções que evitem atos mau sucedidos.

Antes de particípio, o comparativo de superioridade correto é "mais bem" e não "melhor"; o adjetivo "suficientes" deve concordar em número com a substantivo "opções", que está no plural; já "mal" é advérbio (com "l") e não adjetivo (mau), pois refere-se ao adjetivo "sucedidos".
GABARITO: B.

83. **(ESA)** A alternativa em que podemos encontrar um exemplo de catacrese (figura de linguagem) é:
a) Aquela menina é um doce de pessoa.
b) Estou lendo Fernando Pessoa ultimamente.
c) Coloque dois dentes de alho na comida.
d) Estava triste e chorou rios de lágrimas.
e) Ela faz tortas como ninguém.

A catacrese ocorre devido a uma "pobreza" do idioma, devido à ausência de uma palavra mais específica para designar a parte do alho.
GABARITO: C.

84. **(ESA)** Em "A arte _____ é a expressão das contradições e do conflito espiritual do homem da época.", qual a alternativa que completa corretamente a lacuna?
a) Clássica.
b) Barroca.
c) Romântica.
d) Árcade.
e) Parnasiana.

O barroco representa o espírito conflituoso do homem entre a Idade Média e o Renascimento (teocentrismo x antropocentrismo), essa contradição é estendida para as obras de arte.
GABARITO: B.

85. **(ESA)** A obra literária que marca o final do Romantismo e o início do Realismo no Brasil é:
a) "Suspiros Poéticos e Saudades", de Gonçalves de Magalhães.
b) "A Moreninha", de Joaquim Manoel de Macedo.
c) "O Guarani", de José de Alencar.
d) "O Ateneu", de Raul Pompéia.
e) "Memórias Póstumas de Brás Cubas", de Machado de Assis.

O marco inicial oficial do Realismo brasileiro é "Memórias póstumas de Brás Cubas".
GABARITO: E.

86. **(ESA)** Assinale a alternativa correta quanto à concordância nominal.
    a) A aluna estava meia desconfiada de suas colegas.
    b) Compareceram menas pessoas do que esperávamos.
    c) Na sala havia bastantes candidatos aguardando.
    d) É proibido a entrada de pessoas sem identificação.
    e) Seguem anexos aos currículos as cópias dos documentos.
    Quando puder ser trocado por muitos/muitas, o pronome "bastante" vai para o plural.
    GABARITO: C.

87. **(ESA)** Identifique a opção em que todas as palavras estão grafadas corretamente.
    a) Disenteria – privilégio – excêntrico – superstição – empecilho.
    b) Imprescindível – pajem – discussão – estrupo – mendingo.
    c) Enxarcar – pesquisar – frustração – bugiganga – acumpuntura.
    d) Prazeirosamente – consciência – cônjuge – salchicha – exceção.
    e) Fingimento – encapuzar – beneficiente – aterrisagem – compania.
    b) estupro e mendigo.
    c) encharcar e acupuntura.
    d) prazerosamente, salsicha.
    e) beneficente, aterrissagem e companhia.
    GABARITO: A.

88. **(ESA)** Há um caso típico de palavra formada por composição em:
    a) Aguardente.
    b) Pesca.
    c) Amanhecer.
    d) Perigosamente.
    e) Repatriar.
    A palavra aguardente é formada pela composição das palavras água e ardente.
    GABARITO: A.

89. **(ESA)** Analise a frase e classifique o termo destacado: Era necessário <u>que</u> atravessássemos o rio.
    a) Pronome relativo.
    b) Partícula expletiva.
    c) Conjunção integrante.
    d) Conjunção subordinativa consecutiva.
    e) Pronome indefinido.
    É uma conjunção integrante que liga as duas orações, subordinando a segunda à oração principal, a primeira oração. As demais classificações não condizem com a função do termo destacado.
    GABARITO: C.

90. **(ESA)** O recurso sonoro utilizado na composição de poemas que consiste na repetição de um mesmo fonema consonantal é:
    a) Assonância.
    b) Aliteração.
    c) Paronomásia.
    d) Paralelismo.
    e) Rima.
    A aliteração é a repetição constante de um mesmo fonema consonantal.
    a) é repetição de um mesmo fonema vocálico.
    c) é o emprego de palavras semelhantes na forma e no som, mas de sentidos diferentes.
    d) é a repetição de palavras ou estruturas sintáticas que se correspondem quanto ao sentido.
    e) é um recurso musical baseado na semelhança sonora das palavras no final do verso.
    GABARITO: B.

Texto para as próximas 3 questões:

Ela tem alma de pomba

Que a televisão prejudica o movimento da pracinha Gerônimo Monteiro, em todos os Cachoeiros de Itapemirim, não há dúvida. Sete horas da noite era hora de uma pessoa acabar de jantar, dar uma volta pela praça para depois pegar a sessão das 8 no cinema. Agora todo mundo fica em casa vendo uma novela, depois outra novela. O futebol também pode ser prejudicado. Quem vai ver um jogo do Cachoeiro F. C. com o Estrela F. C., se pode ficar tomando cervejinha e assistindo a um bom Fla-Flu, ou a um Internacional x Cruzeiro, ou qualquer coisa assim? Que a televisão prejudica a leitura de livros, também não há dúvida. Eu mesmo confesso que lia mais quando não tinha televisão. Rádio, a gente pode ouvir baixinho, enquanto está lendo um livro. Televisão é incompatível com livro – e com tudo mais nessa vida, inclusive a boa conversa, até o making love. Também acho que a televisão paralisa a criança numa cadeira mais do que o desejável. O menino fica ali parado, vendo e ouvindo, em vez de sair por aí, chutar uma bola, brincar de bandido, inventar uma besteira qualquer para fazer. Por exemplo: quebrar o braço. Só não acredito que a televisão seja "máquina de amansar doido".

Até acho que é o contrário; ou quase o contrário: é máquina de amansar doido, distrair doido, acalmar, fazer doido dormir. Quando você cita um inconveniente da televisão, uma boa observação que se pode fazer é que não existe nenhum aparelho de TV, a cores ou em preto e branco, sem um botão para desligar. Mas quando um pai de família o utiliza, isso pode produzir o ódio e rancor no peito das crianças e até de outros adultos. Quando o apartamento é pequeno, a família é grande, e a TV é só uma – então sua tendência é para ser um fator de rixas intestinais.

– Agora você se agarra nessa porcaria de futebol...

– Mas você não tem vergonha de acompanhar essa besteira de novela?

– Não sou eu não, são as crianças!

– Crianças, para a cama!

Mas muito lhe será perdoado, à TV, pela sua ajuda aos doentes, aos velhos, aos solitários. Na grande cidade – num apartamentinho de quarto e sala, num casebre de subúrbio, numa orgulhosa mansão – a criatura solitária tem nela a grande distração, o grande consolo, a grande companhia. Ela instala dentro de sua toca humilde o tumulto e o frêmito de mil vidas, a emoção, o "suspense", a fascinação dos dramas do mundo.

A corujinha da madrugada não é apenas a companheira de gente importante, é a grande amiga de pessoa desimportante e só. Da mulher velha, do homem doente... é a amiga dos entrevados, dos abandonados, dos que a vida esqueceu para um canto... ou dos que estão parados, paralisados, no estupor de alguma desgraça... ou que no meio da noite sofrem o assalto das dúvidas e melancolias... mãe que espera filho, mulher que espera marido... homem arrasado que espera que a noite passe, que a noite passe, que a noite passe...

(Rubem Braga. 200 crônicas escolhidas. São Paulo: Círculo do Livro.)

91. **(ESA)** Depois de citar vários exemplos de como a televisão pode prejudicar as pessoas, o narrador utiliza uma frase que revela seu real posicionamento. Essa frase é:
a) Só não acredito que a televisão seja "máquina de amansar doido".
b) Também acho que a televisão paralisa a criança numa cadeira mais do que o desejável.
c) Mas muito lhe será perdoado, à TV, pela sua ajuda aos doentes, aos velhos, aos solitários.
d) Televisão é incompatível com livro – e com tudo mais nessa vida, inclusive a boa conversa, até o *making love*.
e) Quando o apartamento é pequeno, a família é grande, e a TV é só uma – então sua tendência é para ser um fator de rixas intestinais.

A afirmação inicia o penúltimo parágrafo do texto com uma conjunção adversativa, o que revela a verdadeira visão do narrador. As outras afirmações fazem parte do primeiro momento do texto, em que a televisão ainda é abordada por seus aspectos negativos.
GABARITO: C.

92. **(ESA)** De acordo com a visão proposta pelo texto, pode-se afirmar que:
a) Quem assiste à televisão não precisa ler livros.
b) Só as crianças e os velhos perdem tempo vendo televisão.
c) Os maridos só ficam em frente à TV quando há jogo de futebol.
d) A TV pode ser um meio de consolo para os solitários.
e) As mulheres só ficam em frente à TV para assistir a novelas.

A letra D é a única alternativa que explica a visão do texto como um todo. As demais alternativas são afirmações que só têm por base uma parte do texto e não a visão apresentada pelo todo.
GABARITO: D.

93. **(ESA)** Apesar dos inconvenientes apontados, o olhar do autor para com a TV é de:
a) Complacência, pois ela é paliativo para as dores do homem.

b) Muita simpatia, por ela servir de companhia aos solitários, doentes.
c) Melancolia, pois, apesar dos malefícios, ela veio para ficar.
d) Indiferença, pois não é a TV a causadora dos males do homem.
e) Antipatia, pelos prejuízos causados a crianças, jovens e adultos.

Ao ler o texto até o final, o leitor consegue compreender que o tema principal do texto é o lado positivo da televisão. As demais alternativas mostram visões parciais do texto.

GABARITO: A.

94. **(ESA)** Os textos dramáticos podem ser definidos como aqueles em que:
a) A "voz narrativa" está entregue a um narrador onisciente.
b) Uma "voz particular" manifesta a expressão do mundo interior
c) Uma "voz particular" pertence a um personagem que conta a história.
d) A "voz narrativa" está entregue às personagens.
e) A "voz narrativa" exalta os feitos de um povo e de um herói.

Os textos dramáticos são feitos para serem encenados, portanto a "voz narrativa" está entre aos personagens que contam a história por meio de diálogos e monólogos.

a) esta proposição caracteriza o narrador de um texto em prosa.

b) esta proposição caracteriza o eu lírico de um poema.

c) esta proposição mistura o narrador com o eu lírico e vice e versa.

e) esta proposição caracteriza o narrador de um texto épico.

GABARITO: D.

95. **(ESA)** Assinale a figura de linguagem que consiste no emprego de um termo por outro, dada a relação de semelhança ou a possibilidade de associação entre eles.
a) Metáfora
b) Hipérbole.
c) Catacrese.
d) Sinédoque.
e) Antonomásia.

Chama-se de metonímia ou sinédoque a figura de linguagem que consiste no emprego de um termo por outro, dada a relação de semelhança ou a possibilidade de associação entre eles. Definição básica: figura retórica que consiste no emprego de uma palavra por outra que a recorda.

a) Metáfora é uma figura de linguagem que consiste na comparação de dois termos sem o uso de um conectivo.

b) Hipérbole ou auxese é a figura de linguagem que incide quando há demasia propositada num conceito expressa, de modo a definir de forma dramática aquilo que se ambiciona vocabular, transmitindo uma ideia aumentada do autêntico.

c) Catacrese é a figura de linguagem que consiste na utilização de uma palavra ou expressão que não descreve com exatidão o que se quer expressar, mas é adotada por não haver uma outra palavra apropriada – ou a palavra apropriada não ser de uso comum.

e) Antonomásia é uma figura de linguagem caracterizada pela substituição por um nome de uma expressão que lembre uma qualidade, característica ou fato que de alguma forma identifique-o.

GABARITO: D.

96. **(ESA)** Identifique a opção em que todas as palavras estão grafadas corretamente:
    a) Marquize – contagio – espontâneo – jiló – estiagem.
    b) Herege – obsessão – assessor – trapézio – laje.
    c) Agiota – lambugem – cocheira – casulo – congestão.
    d) Pesquisar – analizar – sintetizar – popularizar – sensibilizar
    e) Macacheira – alcachofra – chuchu – berinjela.

    O correto é:
    a) Marquise...
    c) Lambujem...
    d) Analisar...
    e) Macaxeira...

    GABARITO: B.

97. **(ESA)** A palavra "invitrescível" é um adjetivo que significa "que não pode ser transformado em vidro" e, considerando os seus elementos constituintes/morfemas, é correto afirmar que:
    a) Contém dois afixos: in – escível.
    b) Em "vitres" tem-se a significação básica.
    c) "Escivel" é um morfema desinencial.
    d) "Vitrificável" e "envidraçar" lhe são cognatas.
    e) Apresenta vogal de ligação.

    Palavras cognatas são aquelas que têm origem em um mesmo radical. É o que se denomina família de palavras. Vitrificável e Envidraçar têm origem no radical "vitr".

    a) São três afixos: um prefixo (in) e dois sufixos (esc e ível).
    b) O radical é vitr, de origem latina vitrum.
    c) Em escível há dois sufixos.
    e) Não há vogal de ligação.

    GABARITO: D.

98. **(ESA)** Escolha a alternativa em que o emprego do verbo ou da locução verbal na frase não corresponde à norma culta da Língua Portuguesa.
    a) No futuro, não haverá desemprego, doença e analfabetismo.
    b) Caso não façam o exercício, eles se haverão com o professor.
    c) Futuramente, não mais haverão existido mudanças.
    d) Não havia mais mudanças na economia do país.
    e) Sempre poderão haver novas respostas para o problema.

O verbo auxiliar, na locução verbal com o verbo haver no sentido de existir, não é flexionado. Nas outras alternativas, o verbo haver no sentido de existir não é flexionado, mas como auxiliar de "existir" é flexionado, como na opção C.

GABARITO: E.

99. (ESA) Assinale a alternativa certa quanto ao emprego correto do sinal indicativo de crase.
a) Estarei sempre a disposição dos senhores.
b) Ele disse que viria à partir de hoje.
c) Nas férias, iria à terra dos meus sonhos.
d) O homem de quem lhe fale estava à cavalo.
e) Ela saiu do escritório as pressas.

A palavra terra, em oposição à mar e complementada pela expressão "dos meus sonhos", recebe como antecedente uma preposição que, em combinação com o artigo " a", forma a crase. As expressões "a disposição" (A) e "as pressas" (E) devem ser grafadas com o acento grave. As expressões "à partir" (B) e " à cavalo" (D) não recebem o acento grave porque não há crase antecedendo verbo e palavra no gênero masculino.

GABARITO: C.

100. (ESA) Assinale a opção em que todos os vocábulos estão grafados corretamente.
a) Aspersão, extinção, infração, promoção, retensão.
b) Descrição, distenção, isenção, reivindicação, rescisão.
c) Cessão, exceção, isenção, submersão, absolvição.
d) Comoção, resolução, expansão, distorção, absorção.
e) Apreensão, conversão, disperção, prescrição, abstenção.

A letra C é a única opção em que todas as palavras estão grafadas corretamente. a) retenção; b) distensão; d) absorção; e) dispersão.

GABARITO: C.

101. (ESA) Assinale a opção correta:
a) Trissilábica, a palavra maioria apresenta um tritongo e um hiato.
b) Trissilábica, a palavra existem apresenta um ditongo.
c) Proparoxítona, a palavra rúbrica recebe acento gráfico.
d) Paroxítona, a palavra Nobel não é acentuada graficamente.
e) Paroxítona, a palavra gratuito apresenta um hiato.

E-xis-tem (3 sílabas) e ditongo nasal "em".

GABARITO: B.

102. (ESA) O movimento literário que se caracterizou pelo pioneirismo na busca pela nacionalização da literatura por meio da valorização da paisagem e da cultura da nossa terra, opondo-se ao neoclassicismo foi o:
a) Classicismo.

b) Arcadismo.
c) Romantismo.
d) Parnasianismo.
e) Simbolismo.

O nacionalismo romântico (também chamado de nacionalismo orgânico ou nacionalismo da identidade) é uma forma de nacionalismo na qual o Estado deriva sua legitimidade política como consequência orgânica da unidade dos indivíduos que este governa. Isto inclui, dependendo da maneira particular da prática, a língua, a raça, a cultura, a religião e os costumes da "nação" em seu sentido primário de conjunto de pessoas "nascidas" dentro da cultura.

GABARITO: C.

103. **(ESA)** Assinale o período em que o pronome oblíquo aparece substituindo o possessivo.
   a) "Ajudar o homem que chorava perguntar-lhe por quê, distraí-lo."
   b) "Pensei em puxar conversa e senti-me um intruso."
   c) "Respondi-lhe que sim..."
   d) "O florista aponta-lhe um grande vaso..."
   e) "...a claridade feriu-lhe a vista."

   O pronome oblíquo "lhe" substitui o termo "dela": a claridade feriu a vista dela.

   GABARITO: E.

104. **(ESA)** Assinale a frase em que aparece um verbo transitivo direto e indireto.
   a) "Um homem que não chora tem mil razões para chorar."
   b) "Acendeu um cigarro e deixou-o esquecido no canto dos lábios..."
   c) "...finjo-me interessado num buquê de crisântemos que está na vitrina."
   d) "...quando este lhe pergunta se não estará lá para ver a coroa."
   e) "As lágrimas caíam devagar, descendo pelo sulco..."

   O verbo "perguntar" tem dois objetos: "se não estará lá" (objeto direto oracional) e "para ver a coroa" (objeto indireto oracional).

   GABARITO: D.

105. **(ESA)** Na frase "mesmo chorando, devia ser um homem duro", a oração subordinada exprime uma circunstância igual a que ocorre em:
   a) "De vez em quando, fechava os olhos, apertando as pálpebras."
   b) "Já não chora mais, embora seu rosto másculo revele ainda um sentimento de dor."
   c) "Demonstrando saber que ele chorava, talvez o fizesse parar."
   d) "Depois, como que tentando reagir ao sofrimento, abria-os novamente."
   e) "...descobri que é mais fácil a gente explicar por que chora quando não está chorando."

   Ambas (frase do enunciado e alternativa B) apresentam circunstância de concessão (orações subordinadas adverbiais concessivas).

   GABARITO: B.

106. **(ESA)** No trecho "O carro seguia o seu caminho, célere, correndo macio sobre o asfalto da praia de Botafogo. O homem olhou o mar, a claridade feriu-lhe a vista. Desviou-a.", o pronome em função de objeto direto refere-se a:
a) Célere.
b) Asfalto.
c) Praia.
d) Claridade.
e) Vista.

O pronome "a", em "desviou-a", refere-se à "vista", objeto direto.
GABARITO: E.

107. **(ESA)** A palavra que apresenta em sua estrutura uma derivação prefixal é:
a) Navegação.
b) Felizmente.
c) Incêndio.
d) Inveja.
e) Entrevistos.

A palavra "entrevistos" é formada a partir do acréscimo do prefixo "entre-".
GABARITO: E.

108. **(ESA)** "Por um instante, o rugido manteve suspensos os macaquinhos(...)". O termo destacado funciona sintaticamente como:
a) Adjunto adnominal.
b) Sujeito.
c) Adjunto adverbial.
d) Predicativo do objeto.
e) Objeto direto.

"Os macaquinhos" é objeto direto do verbo "manteve" e é caracterizado pelo predicativo do objeto "suspensos".
GABARITO: D.

109. **(ESA)** Assinale a alternativa em que a série de formação do plural dos substantivos compostos esteja correta:
a) Abelhas-mestra / couves-flor.
b) Más-línguas / cajás-mirins.
c) Amores-perfeito / capitães-mores.
d) Sabiás-pirangas / boa-vidas.
e) Obra-primas / guardas-civil.

A regra geral dos substantivos compostos diz que quando o substantivo composto é formado por palavras variáveis (substantivo e adjetivo), ambas irão para o plural.

Más-línguas (adjetivo + substantivo) / Cajás- mirins (substantivo + adjetivo)
GABARITO: B.

110. **(ESA)** Marque a alternativa que preenche corretamente as lacunas em relação ao uso do sinal indicativo de crase: ____ noite fui ____ pé ____ casa de meu amigo.
    a) À – a – à.
    b) A – a – a.
    c) A – à – a.
    d) À – à – à.
    e) À – à – a.
    À noite (locução adverbial de tempo), a pé (palavra masculina – sem crase), à casa de meu amigo (palavra "casa" determinada).
    GABARITO: A.

111. **(ESA)** Qual alternativa apresenta uma locução prepositiva?
    a) Abaixo de.
    b) À direita.
    c) De repente.
    d) Ao léu.
    e) De manhã.
    Das alternativas, a única que exerce a função de preposição é o item A. Todas as outras são locuções adverbiais.
    GABARITO: A.

112. **(ESA)** A única frase onde há erro de concordância é:
    a) Deu seis horas no relógio da matriz.
    b) O filho era as preocupações dos pais.
    c) Devem ser duas horas e meia.
    d) Vai fazer cinco meses que ela se foi.
    e) Dois quilos é muito.
    O verbo "dar" concorda com o numeral "seis": Deram seis horas no relógio da matriz.
    GABARITO: A.

113. **(ESA)** Assinale a alternativa em que as duas palavras apresentem o mesmo número de fonemas:
    a) Impressora – correspondem.
    b) Conhecimento – consideração.
    c) Caracteres – consideração.
    d) Alcance – preenche.
    e) Delinquente – adequada.
    Ambas as palavras contêm seis fonemas: /aukãci/ e /preëxi/
    GABARITO: D.

114. **(ESA)** São palavras formadas por prefixação:
a) Luminoso, fraternidade.
b) Liberdade, sonhador.
c) Conselheiro, queimado.
d) Linguagem, escravidão.
e) Percurso, ingrato.
Ambas as palavras são formadas por derivação prefixal: Per-curso / in-grato
GABARITO: E.

115. **(ESA)** Em "super-homem, desleal e pré-história" o processo de derivação foi:
a) Prefixação.
b) Sufixação.
c) Derivação regressiva.
d) Derivação imprópria.
e) Derivação progressiva.
"super", "des" e "pré" são prefixos.
GABARITO: A.

116. **(ESA)** Estão corretamente empregadas às palavras na frase:
a) Receba meus cumprimentos pelo seu aniversário.
b) Ele agiu com muita descrição.
c) O pião conseguiu o primeiro lugar na competição.
d) Ele cantou uma área belíssima.
e) Utilizamos as salas com ezatidão.
"Cumprimentos" é sinônimo de "felicitações". "Comprimento" é medida de tamanho", portanto a alternativa A está correta.
GABARITO: A.

117. **(ESA)** Em "Queria que me ajudasses", o trecho destacado pode ser substituído por:
a) a vossa ajuda
b) a ajuda de você
c) a ajuda deles
d) as nossas ajudas
e) a tua ajuda
O verbo "ajudasses" flexiona-se na 2ª pessoa do singular, portanto a opção mais adequada seria o item E.
GABARITO: E.

118. **(ESA)** Assinale a opção em que o termo destacado é substantivo e não adjetivo.
   a) Na escuridão **miserável** ela entrou.
   b) A **miserável** perdeu-se na escuridão.
   c) A **miserável** menina perdeu-se na escuridão.
   d) Na **miserável** escuridão ela se perdeu.
   e) A menina era **miserável**.

   "Miserável" exerce o papel de substantivo, por estar precedida de artigo e não modificar nenhum substantivo.
   GABARITO: B.

119. **(ESA)** "enquanto punha o motor em movimento." O verbo destacado encontra-se no:
   a) Presente do subjuntivo.
   b) Presente do indicativo.
   c) Pretérito mais-que-perfeito do subjuntivo.
   d) Pretérito mais-que-perfeito do indicativo.
   e) Pretérito imperfeito do indicativo.

   O verbo expressa um tempo anterior ao passado.
   GABARITO: C.

120. **(ESA)** Quanto à flexão de grau, o substantivo que difere dos demais é:
   a) Viela.
   b) Ruela.
   c) Vilarejo.
   d) Sineta.
   e) Ratazana.

   Todas as alternativas estão no grau diminutivo, exceto o item E (ratazana = rato grande).
   GABARITO: E.

121. **(ESA)** Temos uma conjunção subordinativa temporal em:
   a) Vamos embora, que é tarde.
   b) Senti que alguém me observava.
   c) Entra aí, que eu te levo.
   d) Como não sabia falar direito, o menino balbuciava expressões complicadas.
   e) Mal detive o carro, ela abriu a porta.

   O termo "mal" exprime a circunstância de tempo. Pode ser trocada por "quando".
   GABARITO: E.

122. **(ESA)** Ocorreu erro de regência em:
a) O candidato custou para aceitar o resultado.
b) Prefiro futebol a basquete.
c) Ela não simpatizou com o menino.
d) Lembrou-me o assunto.
e) Quero a meu irmão.
O verbo "custar" é transitivo direto ou bitransitivo.
GABARITO: A.

123. **(ESA)** Marque a opção em que o sujeito da frase é indeterminado.
a) Alugam-se casas na praia.
b) Anoiteceu rapidamente.
c) Nas férias, mataram meu papagaio.
d) Revelou-se a identidade do ladrão.
e) Vende-se um carro de boi.
O sujeito indeterminado ocorre com o verbo na 3ª pessoa do plural, sem sujeito explícito.
GABARITO: C.

124. **(ESA)** A expressão sublinhada está errada na alternativa:
a) Haja vista os fatos relacionados.
b) Haja vista os argumentos apresentados.
c) Haja vista as notícias publicadas.
d) Hajam vista os projetos realizados.
e) Haja visto os papéis guardados.
O motivo é que a palavra "vista", no caso, é a "vista humana" em seu sentido de substantivo, e não se confunde com "visto" (em diferentes conjugações do verbo ver).
GABARITO: E.

125. **(ESA)** Assinale a série cujos processos de formação de palavras são, respectivamente, parassíntese, derivação regressiva, derivação prefixal e sufixal e hibridismo.
a) Embarcar – abandono – enriquecer – televisão.
b) Encestar – porquê – infelizmente – sociologia.
c) Enfraquecer – desafio – deslealdade – burocracia.
d) Enlatar – castigo – desafio – geologia.
e) Entrega – busca – inutilidade – sambódromo.
Enfraquecer – desafio (DESAFIAR) – deslealdade – burocracia (burocracia – francês e grego).
GABARITO: C.

Texto para as próximas 9 questões:

A Igreja da Mãe dos Homens

Paulo Pacini

1º   Na rua da Alfândega, perto da Av. Rio Branco, encontra-se uma das igrejas menos conhecidas do centro do Rio, em que pese sua antiguidade e beleza. Dedicada a N. Sª Mãe dos Homens, este templo origina-se no século XVIII, e teve ligação com acontecimentos importantes da história carioca e brasileira.

2º   Quando o trecho da rua da Alfândega (antigo caminho de Capurerussú) ainda era chamado de Quitanda do Marisco, nome devido à existência de um estabelecimento na esquina da atual rua da Quitanda, erigiu-se um oratório com a imagem da Mãe dos Homens, junto ao qual, à noite, e sob a luz baça das lâmpadas de azeite de baleia, fiéis se reuniam e invocavam as graças da santa. O crescente número de devotos levou à construção de uma pequena capela, e em 1758 é fundada uma agremiação em seu nome. Doações possibilitariam, anos depois, o início das obras do templo atual. As primeiras iniciativas datam de 1779, e os trabalhos continuariam até o século seguinte. Com estilo arquitetônico barroco, possui rico trabalho de talha, além de belas imagens e pinturas. Seu terreno originalmente estendia-se até a Av. General Câmara, atual Av. Presidente Vargas, e foi utilizado como cemitério durante um período.

3º   Os fiéis formavam uma comunidade coesa, e, por isto mesmo, causou grande comoção os acontecimentos que atingiram um de seus membros, a viúva Inácia Gertrudes de Almeida, durante a época da Inconfidência Mineira. Há tempos sua filha sofria um problema de saúde aparentemente insolúvel: uma ferida no pé que nunca cicatrizava, não importando o medicamento empregado. Chegou a seus ouvidos que estava no Rio uma pessoa que poderia curá-la deste mal. O especialista não era ninguém menos que Joaquim José da Silva Xavier, o Tiradentes, com conhecimentos em medicina bem mais amplos que a odontologia. Comprovando sua perícia, após dois meses de tratamento, a moça estava curada.

4º   Por esta época, o vice-rei Luís de Vasconcellos havia começado sua caça aos inconfidentes, e Tiradentes organizou sua fuga. Necessitando ocultar-se por três dias antes de viajar, solicitou a Inácia que o acolhesse, mas esta, por ter filha solteira em casa, não podia recebê-lo, e pediu este favor a seu compadre Domingos Fernandes da Cruz, residente à rua dos Latoeiros (Gonçalves Dias). Foi neste endereço que o mártir da Inconfidência foi preso, e Inácia, sua filha, Domingos e o padre Inácio Nogueira, sobrinho de Inácia, que nada sabiam, foram presos como cúmplices, amargando vários meses na cadeia, até terem a inocência comprovada. A viúva atribuiu sua libertação à intercessão da santa de sua devoção – a Mãe dos Homens. E quem pode dizer que não?

5º   Esta antiga igreja, tombada pelo IPHAN, realiza missas regularmente e merece ser conhecida pelo seu valor histórico e estético, sendo parte integrante do valioso e respeitável patrimônio histórico da cidade do Rio de Janeiro.

http://www.jblog.com.br/rioantigo.php

126. Assinale a alternativa cuja expressão destacada funciona como locução adverbial.

a) "nome devido à existência" (2º par.)

- b) "junto ao qual, à noite" (2º par.).
- c) "libertação à intercessão" (4º par.).
- d) "devotos levou à construção" (2º par.).
- e) "residente à rua dos Latoeiros" (4º par.).

   "À noite" é uma locução adverbial feminina que expressa circunstância de tempo.

   GABARITO: B.

127. "Esta antiga igreja, tombada pelo IPHAN, realiza missas regularmente e merece ser conhecida pelo seu valor histórico e estético..." (último par.). A expressão pelo indica uma relação semântica de:
   - a) Conclusão.
   - b) Finalidade.
   - c) Modo.
   - d) Proporção.
   - e) Causa.

   O reconhecimento da igreja é devido ao seu valor histórico e estético, ou seja, essa é a causa do reconhecimento.

   GABARITO: E.

128. "Na rua da Alfândega, perto da Av. Rio Branco, encontra-se uma das igrejas menos conhecidas do centro do Rio, em que pese sua antiguidade e beleza." (1º par). A expressão em destaque estabelece relação semântica de:
   - a) Contraste.
   - b) Explicação.
   - c) Conclusão.
   - d) Causa.
   - e) Condição.

   Trata-se de uma ideia de adversidade, de contraste, pois a igreja deveria ser conhecida por razão de sua antiguidade e beleza, mas não é o que acontece.

   GABARITO: A.

129. "Necessitando ocultar-se por três dias antes de viajar, solicitou a Inácia que o acolhesse, mas esta, por ter filha solteira em casa, não podia recebê-lo...". A oração destacada pode ser reescrita, sem alterar o sentido original do texto, por:
   - a) Como tinha filha solteira em casa.
   - b) Embora tivesse filha solteira em casa.
   - c) No entanto tinha filha solteira em casa.
   - d) Apesar de ter filha solteira em casa.
   - e) Portanto tinha filha solteira em casa.

Trata-se de uma oração subordinada adverbial causal reduzida. Assim, a ideia de causa deve prevalecer na reescrita com o uso de um conectivo que apresente essa circunstância e ainda um verbo conjugado.

GABARITO: A.

130. Assinale a incorreta quanto ao sentido atribuído às expressões destacadas.
   a) "foram presos como **cúmplices**, amargando vários meses na cadeia." (comparsas)
   b) **Por esta época**, o vice-rei Luís de Vasconcellos havia começado sua caça. (nesse período)
   c) Necessitando **ocultar-se** por três dias antes de viajar. (esconder-se)
   d) "...**erigiu-se** um oratório com a imagem da Mãe dos Homens" (surgiu)
   e) "...sob a luz **baça** das lâmpadas de azeite de baleia" (baixa)

   Erigir significa erguer, levantar. Surgir apresenta outra ideia no contexto.

   GABARITO: D.

131. "Necessitando ocultar-se por três dias antes de viajar, solicitou a Inácia que o acolhesse, mas esta, por ter filha solteira em casa, não podia recebê-lo..." A forma verbal destacada pode ser substituída, sem alterar o sentido do texto, por:
   a) portanto necessitasse.
   b) uma vez que necessitasse.
   c) conquanto necessitasse.
   d) no entanto necessitava.
   e) visto que necessitava.

   Trata-se de circunstância de causa, o motivo, a razão. A substituição de "visto que" por "porque" deixa essa ideia mais evidenciada.

   GABARITO: E.

132. Assinale a alternativa que apresenta problema de concordância.
   a) "Na rua da Alfândega, perto da Av. Rio Branco, encontra-se uma das igrejas menos conhecidas do centro do Rio..."
   b) "...e sob a luz baça das lâmpadas de azeite de baleia, fiéis se reuniam e invocavam as graças da santa."
   c) "Os fiéis formavam uma comunidade coesa, e, por isto mesmo, causou grande comoção os acontecimentos..."
   d) "As primeiras iniciativas datam de 1779, e os trabalhos continuariam até o século seguinte."
   e) "Seu terreno originalmente estendia-se até a Av. General Câmara, atual Av. Presidente Vargas, e foi utilizado..."

   O verbo "causou" deveria estar no plural para concordar com "os acontecimentos"; ocorreu uma inversão na ordem de sujeito e predicado.

   GABARITO: C.

133. Assinale a alternativa incorreta quanto ao que se afirma a seguir.
   a) O pronome neste, em "neste endereço" (4º par.), pode ser substituído pelo pronome nesse.
   b) O pronome se, em "originalmente estendia-se" (2º par.), pode ser empregado antes do verbo.
   c) A expressão aparentemente (3º par.) indica o modo como a filha sofria um problema de saúde.
   d) A expressão regularmente (últ. par.) indica a frequência com que as missas eram realizadas.
   e) A expressão coesa (3º par.) pode ser substituída, sem alteração de sentido, pela expressão unida.

   O termo "aparentemente" exerce ação modificadora no adjetivo "insolúvel". Isso quer dizer que a doença parecia não ter solução; não se trata do modo como a filha sofria, mas de como a doença se apresentava.

   GABARITO: C.

134. Assinale a alternativa incorreta quanto ao que se afirma a respeito dos sinais de pontuação.
   a) A vírgula após a expressão 1779 (2º par.) é inadequada, pois se trata de oração coordenada aditiva.
   b) As vírgulas que isolam a expressão o Tiradentes (3º par.) servem para marcar o emprego de um aposto.
   c) A vírgula após a expressão acolhesse (4º par.) é necessária porque antecede uma conjunção adversativa.
   d) O travessão, empregado no final do penúltimo parágrafo, serve para marcar o emprego de um aposto.
   e) As vírgulas empregadas na expressão que nada sabiam (4º par.) isola uma oração adjetiva explicativa.

   As orações apresentam sujeitos diferentes, o que justifica o uso da vírgula antes da conjunção "e".

   GABARITO: A.

135. "É proibido a saída de produtos do interior da loja sem efetuar o pagamento das mesmas." O fragmento apresentado não atende à norma padrão. Assinale a alternativa que atende a ela.
   a) É proibido a saída de produtos do interior da loja sem efetuar o seu pagamento.
   b) É proibida a saída de produtos do interior da loja sem efetuar o seu pagamento.
   c) É proibida a saída de produtos do interior da loja sem efetuar o pagamento das mesmas.
   d) São proibidas a saída de produtos do interior da loja sem efetuar o seu pagamento.
   e) São proibidos a saída de produtos do interior da loja sem efetuar o pagamento das mesmas.

   Trata-se de concordância nominal com "a saída", pois apresenta o artigo definido, logo o uso correto é "proibida". Além disso o pagamento dos produtos deve ser realizado, ou seja, o "seu" concorda com "pagamento".

   GABARITO: B.

136. O verbo que pode ser flexionado em uma forma do plural, sem prejuízo da correção e sem que nenhuma outra modificação seja feita no segmento, encontra-se sublinhado em:
a) É claro que isso depende de termos atingido...
b) ... cada um de nós parece ter uma velocidade ideal...
c) A serenidade corresponde a um estado de espírito no qual...
d) O termo serenidade costuma estar associado a mais de um significado...
e) A maior parte das pessoas sente-se mal quando...

A única alternativa que permite uma dupla concordância é a letra E, pois o sujeito do verbo "sentir" corresponde a uma expressão partitiva. Assim, a concordância pode ocorrer com o termo "maior parte" ou "pessoas".

GABARITO: E.

137. "Muitas vezes perdemos a serenidade quando..." Transpondo-se o segmento apresentado para a voz passiva, a forma verbal resultante será:
a) é perdida.
b) tem-se perdido.
c) haverá de ser perdida.
d) havíamos perdido.
e) perdem-se.

No trecho "perdemos a serenidade", o verbo "perder" está no presente do indicativo, assim, para a sua transposição, o correto é deixar o verbo auxiliar (SER) no mesmo tempo e modo, ou seja, "é". Além disso, o verbo principal ficará no particípio, "perdida", concordando em número e gênero com "serenidade". Logo, a construção será "é perdida".

GABARITO: A.

Texto para as próximas 4 questões:

Quem casa quer casa

Num tempo em que se casava depois de namorar e noivar, viajei com meu marido para a minha primeira casa, no mesmo dia do meu casamento. Partia na verdade para um reino onde, tendo modos à mesa e usando meia fina, seria uma mulher distinta como Dona Alice e seu marido saindo para a missa das dez. Pois sim, meu enxoval (...) foi despachado com zelo pela via férrea para uma cidade longe, tão longe que não pude eu mesma escolher casa e coisas. Como você quer nossos móveis?, havia perguntado meu noivo. Ah, eu disse, você pode escolher, mas gosto mesmo é daqueles escuros, pretos. Pensava na maravilhosa cristaleira de Dona Cecília, móveis de pernas torneadas e brilhantes, cama de cabeceira alta. Para a cozinha achei melhor nem sugerir, apostando na surpresa. Você pode cuidar de tudo, respondi a meu noivo atrapalhado com as providências, os poucos dias de folga na empresa, sozinho (...). Foi abrir a porta de nossa casa com alpendre e levei o primeiro susto de muitos de minha vida de casada. A mobília – palavra que sempre detestei – era daquele amarelo bonito de peroba. Tem pouco uso, disse meu marido, comprei de um colega que se mudou daqui. Gostei da cristaleira, seus espelhos multiplicando o 'jogo de porcelana' – que invenção! A cama era feia, egressa de um outro desenho, sem nada a ver com a sala. E a cozinha? O mesmo fogão a lenha que desde menina me encarvoara. O fogão a gás vem em duas semanas, explicou meu marido com mortificada delicadeza, adivinhando o borbotão de lágrimas. Mas o banheiro, este sim amei à primeira vista, azulejos, louça branca e um boxe com cortina amarela desenhada em peixes e algas. Recompensou-me. Faz quarenta anos desde minha apresentação a este meu primeiro banheiro com cortina, a um piso que se limpava com sapóleo, palavra que incorporei incontinente ao meu novo status. Vinha de uma casa com panelas de ferro que só brilhavam a poder de areia. (...) Quando me viu a pique de chorar, meu marido me disse naquele dia: quando puder, vou comprar móveis pretos e torneados pra você. Compreendi, com grande sorte para mim, que era melhor escutar aquela promessa ardente ao ouvido, que ter móveis bonitos e marido desatento. Do viçoso jardim arranquei quase tudo para 'plantar do meu jeito', tentativa de construir um lar, esperança que até hoje guardo e pela qual me empenho como se tivesse acabado de me casar.

Fonte: Adélia Prado – https://cronicasurbanas/wordpress/tag/adelia-prado

VOCABULÁRIO: alpendre: varanda coberta; borbotão: caudal; jorro; jato forte, em grande quantidade egressa: afastada; retirada, que não pertence a um grupo; encarvoara: sujara de carvão; incontinente: que ou quem não se contém, sem moderação viçoso: que cresce e se desenvolve com vigor

138. "Partia na verdade para um reino onde, tendo modos à mesa e usando meia fina, seria uma mulher distinta como Dona Alice e seu marido saindo para a missa das dez." Essa frase do texto, enunciada logo em seu início, mostra que a esposa:

a) Imaginava a vida matrimonial como sendo feita de aparências.
b) Era insegura e imatura, necessitando de modelos a imitar em sua própria vida.
c) Iludia-se com sua vida matrimonial, imaginando-a sem dificuldades e problemas.
d) Sonhava, naturalmente, com sua nova condição de senhora distinta, que zelava por sua casa e seu marido.
e) Sonhava em ser livre, sem nada e nem ninguém.

A condição inicial apresentada pela autora, a de uma jovem noiva que partia para 'um reino', mostra o que naturalmente era parte do sonho de uma mulher que iniciava a sua vida de casada: cuidar com segurança e distinção de sua casa e de seu marido. Desse modo, a expressa admiração por um casal que correspondia a tais padrões surge como que instintivamente para a esposa, caracterizando aquilo que, muitas vezes, fazemos: buscar bons referenciais para nossa vida. Nada há, em tal demonstração, de insegurança, imaturidade, ou de peso de uma relação de aparências, ou, ainda, de ilusão quanto a não existência de dificuldades e problemas a serem superados. Muito contrariamente a isso, na verdade, há a surpresa de se depararem, logo em seu primeiro dia de casados, já com uma situação desfavorável que exigiu de ambos – mulher e marido – a oportunidade do exercício do cuidado com o outro e com a capacidade de superação.

GABARITO: D.

139. Considerando-se o tema de que trata o texto, pode-se indicar que diz respeito a:
a) Relacionamento a dois.
b) Desilusão matrimonial.
c) Crítica à figura feminina 'do lar'.
d) Construção da felicidade matrimonial.
e) Separação de casais.

O texto, uma crônica de Adélia Prado, reúne memórias de seus anos de casamento. A finalidade é, por meio do conjunto de fatos e sentimentos apresentados, permitir uma reflexão sobre o matrimônio/casamento destacando-se dele o empenho por renová-lo a partir dos acontecimentos do cotidiano que marcam a trajetória do casal e são responsáveis pelas felicidades alcançadas: a partilha, a sublimação, a superação, o esforço por valorizar o outro ao falar, calar, escutar, planejar, deixar boas marcas... Desse modo, o tema do texto tramita em torno da construção da felicidade matrimonial. A autora não constrói um texto em que o relacionamento a dois é vivido fora dessa condição (em razão disso, torna-se a alternativa A incorreta, visto que falar de relacionamento a dois não significa necessariamente tratá-lo no âmbito do matrimônio – e o tema de um texto caracteriza-se por sua centralidade, não por aspectos parciais ou periféricos). Objetiva a autora, com as situações e os acontecimentos narrados, destacar o esforço conjunto dos esposos de manterem-se como família na vivência do lar, ou seja, do espaço do acolhimento com que se identificam e no qual se identificam. As dificuldades iniciais são apresentadas a fim de se mostrar que foram contornadas e superadas; diante dessa constatação, a alternativa B está também incorreta, assim como a C, já que a esposa, depois de quarenta anos, reafirma seu ânimo por vivenciar a condição de cuidadora do lar que edifica continuamente.

GABARITO: D.

140. No que se refere ao texto, é correto afirmar que:
a) A esposa conteve sua irremediável vontade de chorar em razão da mortificada delicadeza do esposo de justificar os objetos da casa e da feliz descoberta de que este, em sua promessa ardente, não se esquecera de seus desejos.
b) O primeiro susto da esposa – o de uma mobília sem beleza e a visão de um fogão a lenha – e o destaque para os muitos outros que ainda viriam revelam uma mulher frustrada, que escreve como forma de desabafo.
c) A necessidade de comandar as tarefas domésticas, como a de lavar o piso do banheiro com sapóleo, mostra que o tipo de vida da esposa regredira em relação à vida na casa materna.
d) O marido não se esforçou por realizar os pedidos de sua esposa, mas lhe ofereceu uma promessa ardente, que, por quarenta anos, ela esperava que se cumprisse.
e) Nenhuma das anteriores.

O texto revela que a esposa contém seu borbotão de lágrimas em relação à surpresa inicial que lhe parecia uma tragédia uma mobília desajustada de seu gosto – porque compreende como grande presente o esforço, a delicadeza e a amorosidade se seu marido, que não se revela como descuidado e desatento, mas como o companheiro que conhece seus desejos e que vai buscar realizá-los. No momento, a desastrosa mobília e o fogão a lenha (ainda que temporário) representavam tudo o que ele podia ofertar-lhe e para os quais tivera de se empenhar sozinho. A ternura da linguagem revela que a cumplicidade do amor entre os esposos e que seu primeiro susto, além dos muitos outros ainda por virem, são parte de uma leve reminiscência. Assim, o que se afirma em B e D está incorreto, uma vez que expressa ideia oposta a que já se afirmou: não há no texto demonstração de descuido por parte do marido, nem frustração ou desabafo por parte da esposa. A alternativa C também está incorreta. Ainda que tivesse a esposa de continuar a realizar tarefas domésticas, ela mostra que as condições para realizá-las haviam melhorado; podia usar sapóleo (palavra que a encanta) e passaria a cozinhar em fogão a gás, quando antes, na casa materna, fazia brilhar as panelas às custas de areia e via-se sempre encarvoada pelo fogão a lenha.

GABARITO: A.

141. "Do viçoso jardim arranquei quase tudo para 'plantar do meu jeito', tentativa de construir um lar, esperança que até hoje guardo e pela qual me empenho como se tivesse acabado de me casar."
Do sentido da frase final do texto, depreende-se, de forma incorreta, que:
- **a)** O cuidado com o jardim representa o mesmo esforço e empenho necessários à edificação do lar, que se constrói com a constante renovação dos laços matrimoniais.
- **b)** A esperança de que fala a esposa não se refere à certeza de um lar ainda por realizar, mas à de que, em favor de sua construção e manutenção, o melhor está sempre por vir.
- **c)** A reconstrução do jardim é a forma de a esposa iniciar seu processo de identificação com o espaço que passaria a caracterizar sua vida e com a nova condição de si mesma.
- **d)** A esposa faz do jardim sua válvula de escape como forma de compensar o controle de suas emoções e a desilusão por um sonho não realizado há décadas: o de construir um lar.
- **e)** o jardim é apenas uma desculpa, a esposa desdenha dele e o trata de qualquer jeito. Não tem um significado importante para a narrativa.

É incorreto depreender da frase final do texto que a esposa recorra ao jardim como válvula de escape para suas emoções e que este seja o espaço onde pode 'descontar' a desilusão por não alcançar o sonho de construir um lar sedimentado. Muito contrariamente a essa afirmação, o jardim torna-se a metáfora de sua vivência matrimonial, que não é rememorada com desilusão e amargor, mas com ternura e delicadeza, reconhecendo a autora que a essa condição vai se moldando e que ainda carrega o 'apaixonamento' de seu primeiro dia de casada, ou, de outro modo, a constante renovação dos laços sacramentais: há muitas maneiras de se tornar mais belo um jardim; a beleza não é definitiva, está sempre por se alcançar. Da mesma forma, há muitas maneiras de se tornar mais bela a vivência em família; daí o sentido da esperança a que se refere a esposa – no amor, o melhor está sempre por vir.

GABARITO: D.

142. Considere os três períodos a seguir:
- **I.** O estado de saúde do menino piorou.
- **II.** A família levou-o para atendimento médico.
- **III.** O hospital estava lotado e não havia vaga para internação do enfermo.

Formando um só período com as orações expressas nas sentenças, assinale a alternativa que traz a correta sequência das conjunções coordenativas que explicitam corretamente a relação de sentido entre elas.

a) mas – e
b) pois – portanto
c) logo – porque
d) por isso – entretanto
e) todavia – nem

Período composto por coordenação é aquele em que há orações coordenadas entre si, com ou sem conjunção. As orações são independentes, pois não funcionam como termos de outras orações. A alternativa D é a correta, pois apresenta uma conjunção conclusiva (por isso), relacionando a primeira oração à segunda, e uma conjunção adversativa (entretanto), relacionando a segunda oração à terceira.

GABARITO: D.

143. Leia as frases:
   I. Gostava de doces caramelizados da doçaria de Dona Dalva.
   II. No shopping, vigiava-a com a discrição de um investigador profissional.
   III. Entre livros e cadernos velhos, na estante, encontrou um bilhete da antiga namorada.
   IV. Lembrava-se ainda do período de sua infância vivida naquela cidadezinha do interior do Brasil.

   Há objeto direto nas sentenças:
   a) I e IV.
   b) II e III.
   c) I e III.
   d) II e IV.
   e) I e II.

   O objeto direto é o complemento dos verbos de predicação incompleta, não regido, normalmente, de preposição. Portanto a alternativa B responde corretamente à questão: o pronome oblíquo a é objeto direto do verbo vigiar (II) e um bilhete da antiga namorada é objeto direto do verbo encontrar (III). Nas outras alternativas, há, pelos menos, um complemento regido por preposição.

   GABARITO: B.

144. Há, no texto a seguir, uma oração reduzida em destaque. Leia-a com atenção e, a seguir, assinale a alternativa que traz sua correspondente classificação sintática.

   ...o foco narrativo mostra a sua verdadeira força na medida em que é capaz de configurar o nível de consciência de um homem que, **tendo conquistado a duras penas um lugar ao sol**, absorveu na sua longa jornada toda a agressividade latente de um sistema de competição. (Alfredo Bosi)

   a) Oração subordinada adverbial consecutiva.
   b) Oração subordinada adjetiva explicativa.
   c) Oração subordinada adjetiva restritiva.
   d) Oração subordinada adverbial causal.

e) Oração subordinada substantiva subjetiva.

Oração reduzida é aquela que se apresenta sem conectivo e com o verbo numa das formas nominais (infinitivo, gerúndio ou particípio), conforme se percebe na oração em destaque no texto do enunciado. É possível, de modo geral, desenvolver a oração reduzida, substituindo-se a forma nominal do verbo por um tempo no indicativo ou no subjuntivo, iniciando-se a oração por um conectivo adequado. Valendo-se dessa estratégia para se desenvolver a oração reduzida em questão, tem-se o seguinte: "... é capaz de configurar o nível de consciência de um homem que, uma vez que (locução conjuntiva de causa) conquistara (verbo conjugado no pretérito mais que perfeito do indicativo) a duras penas um lugar ao sol, absorveu...". Obtém-se dessa forma, uma oração subordinada adverbial causal.

GABARITO: D.

145. Assinale a alternativa em que o pronome em destaque não exerce a função de sujeito simples.
a) Combinam com tudo que você vestir.
b) Agora é você quem decide seu futuro.
c) Você nunca mais vai trabalhar nesta cidade.
d) Versatilidade no tamanho que você esperava.
e) Você precisa de mim.

Sujeito é o ser do qual se diz alguma coisa, sendo constituído por um substantivo ou pronome, ou por uma palavra ou expressão substantivada. Classifica-se como simples quando tem um só núcleo. Na alternativa B, você exerce a função de predicativo do sujeito. Em A, você = sujeito simples do verbo vestir; em C, você = sujeito simples do verbo trabalhar; em D, sujeito simples do verbo esperava.

GABARITO: B.

146. Observe os versos a seguir e assinale a alternativa correta.

O branco açúcar que adoçará meu café/ nesta manhã de Ipanema/ não foi produzido por mim/ nem surgiu dentro do açucareiro por milagre./ [...] Este açúcar era cana/ e veio dos canaviais extensos/ que não nascem por acaso/ no regaço do vale./ Em lugares distantes, onde não há hospital nem escola,/ homens que não sabem ler e morrem de fome/ aos vinte e sete anos/ plantaram e colheram a cana que viraria açúcar. (F. Gullar)

Nos versos, há:
a) Apenas orações subordinadas adjetivas restritivas.
b) Apenas orações subordinadas adjetivas explicativas.
c) Cinco orações subordinadas adjetivas restritivas e uma oração subordinada adjetiva explicativa.
d) Quatro orações subordinadas adjetivas restritivas e uma oração subordinada adjetiva explicativa.
e) Duas orações coordenadas aditivas.

As orações subordinadas adjetivas são as que exercem, como adjetivos, a função de adjunto adnominal. As restritivas restringem ou limitam a significação do termo antecedente, sendo indispensáveis ao sentido da frase. As explicativas explicam ou esclarecem, à maneira de aposto, o termo antecedente, atribuindo-lhe uma qualidade que lhe é inerente ou acrescentando-lhe uma informação. Em relação aos versos, a alternativa C é a correta, pois contém cinco orações restritivas (1ª: que adoçará meu café; 2ª: que não nascem por acaso; 3ª: que não sabem ler; 4ª: [que] morrem de fome; 5ª: que viraria açúcar) e uma oração explicativa: onde não há hospital nem escola), a qual acrescenta uma informação a respeito de lugares distantes.

GABARITO: C.

147. Assinale a alternativa em que não há predicado verbo-nominal.
a) Elas admiravam as encantadas luzes da Cidade Eterna.
b) Elas admiravam as luzes da Cidade Eterna encantadas.
c) Encantadas, elas admiravam as luzes da Cidade Eterna.
d) Elas admiravam, encantadas, as luzes da Cidade Eterna.
e) Nenhuma das anteriores.

O predicado verbo-nominal é aquele que apresenta dois núcleos: o verbo, que indica a ação praticada pelo sujeito, e o predicativo, que indica o estado do sujeito ou do objeto a que se refere. Nas orações de predicado verbo-nominal, o predicativo pode estar invertido ou intercalado, caso em que se faz necessário o uso da(s) vírgula(s) para isolá-lo. As alternativas B, C e D estão de acordo com o que se expôs a respeito de predicado verbo-nominal: há um sujeito que pratica uma ação especificada pelo verbo admirar: elas (sujeito) admiram as luzes da Cidade Eterna (objeto direto). Ocorre que há, na mesma frase, a indicação do estado do sujeito: elas [estão] admiradas, de modo que encantadas classifica-se como predicativo do sujeito que, em C e em D, está invertido e intercalado, respectivamente. Já em A, o adjetivo encantada torna-se adjunto adnominal anteposto ao núcleo do objeto direto (luzes), havendo, nessa situação, predicado verbal somente: elas admiram (VTD) as encantadas (adjunto adnominal) luzes (núcleo do objeto direto) da Cidade Eterna.

GABARITO: A.

148. Leia:
I. João ganhou na loteria, e continua pedindo fiado.
II. João passou, mas não assumiu o cargo.
III. João assumiu o cargo e pagou todas as suas contas.

Dentre as orações apresentadas, aquelas que têm o mesmo sentido são:
a) I e II.
b) I e III.
c) II e III.
d) I, II e III.
e) Nenhuma das anteriores.

As duas orações apresentam sentido adversativo. No primeiro caso, a conjunção E tem valor de MAS, pois apresenta sentido adversativo nesse contexto.

GABARITO: A.

Texto para as próximas 2 questões:

Biodiversidade queimada

A Mata Atlântica tornou-se o ecossistema mais ameaçado do Brasil. O desmatamento tem-se ampliado excessivamente, principalmente no trecho mais ao norte dessa floresta, em áreas costeiras dos estados de Alagoas, Pernambuco, Paraíba e Rio Grande do Norte, onde restam apenas cerca de 10% da vegetação nativa original. O risco é maior nessa parcela da mata porque a região apresenta uma das maiores densidades populacionais do Brasil.

O censo de 2010, do Instituto Brasileiro de Geografia e Estatística (IBGE), registrou pouco mais de 12 milhões de pessoas nos 271 municípios na área de ocorrência da Mata Atlântica ao norte do rio São Francisco. Desse total, cerca de 2 milhões foram classificados como população rural. Na região, portanto, a Mata Atlântica está cercada de gente por todos os lados e, infelizmente, uma parcela importante dessas pessoas está em situação de pobreza. Imersas nessa combinação indesejável de pobreza e degradação ambiental estão dezenas de espécies de aves, anfíbios, répteis e plantas, muitas já criticamente ameaçadas de extinção.

É nesse cenário que, ao longo de mais de uma década, como a perturbação extrema da paisagem altera a dinâmica vital dos remanescentes da Mata Atlântica, causando perda de espécies, colapso da estrutura florestal e redução de serviços ambientais importantes para o bem-estar humano.

Esses são os efeitos em grande escala, resultantes de modificações severas na estrutura da paisagem. Há, porém, outras perturbações de origem humana e de menor escala, mas contínuas e generalizadas, que podem ser descritas como crônicas: a caça, a retirada ocasional de madeira (a maior parte da madeira nobre já desapareceu) e a coleta de lenha, entre outros. Um desses estudos, recentemente concluído, buscou quantificar esse 'efeito formiguinha' e trouxe dados inéditos sobre o impacto da retirada de lenha para consumo doméstico sobre a Mata Atlântica nordestina.

A madeira foi o primeiro combustível usado pela humanidade para cozinhar alimentos. Estima-se que, hoje, no mundo, mais de 2 bilhões de pessoas ainda precisem de lenha e/ou carvão para uso doméstico. Como a dependência de biomassa para fins energéticos está diretamente associada à pobreza, o simples ato de acender um fogão a gás para preparar as refeições é uma realidade distante para mais de 700 mil habitantes da região da Mata Atlântica do Nordeste, a porção de floresta mais ameaçada do Brasil. Essas pessoas dependem ainda, para cozinhar, de lenha retirada dos remanescentes de floresta. Já que, em média, cada indivíduo queima anualmente meia tonelada de lenha, a Mata Atlântica perde 350 mil toneladas de madeira por ano, em séria ameaça à conservação dos fragmentos florestais que ainda resistem nessa parte do país.

Os dados da pesquisa foram coletados de 2009 a 2011, a partir de entrevistas sistematizadas com 270 chefes de família e medição do uso de lenha em cada casa. Foram investigadas áreas rurais, assentamentos e vilas agrícolas de usinas de açúcar em Pernambuco, na Paraíba e no Rio Grande do Norte. O estudo registrou o consumo de lenha de 67 espécies de árvores (apenas sete exóticas) e, do total da lenha utilizada, 79% vieram diretamente da Mata Atlântica.

FONTE: SPECHT, M. J.; TABARELLI, M.; MELO, F. Revista Ciência Hoje, n.308. Rio de Janeiro: Instituto Ciência Hoje, out. 2013. p. 18-20. Adaptado.

149. De acordo com o texto, a pobreza é uma das principais causas do desmatamento em trechos de alta densidade demográfica da Mata Atlântica, na região Nordeste, devido à:
a) Extinção de espécies de aves, anfíbios e répteis necessárias à sobrevivência humana.
b) Preparação do terreno para o seu emprego como pastagem para o gado.
c) Ampliação da degradação ambiental provocada pela seca que atinge a região.
d) Utilização da madeira como lenha no processo de cozimento dos alimentos.
e) Retirada de grandes grupos populacionais da situação de extrema pobreza.

Trecho que comprova: "Estima-se que, hoje, no mundo, mais de 2 bilhões de pessoas ainda precisem de lenha e/ou carvão para uso doméstico. Como a dependência de biomassa para fins energéticos está diretamente associada à pobreza, o simples ato de acender um fogão a gás para preparar as refeições é uma realidade distante para mais de 700 mil habitantes da região da Mata Atlântica do Nordeste, a porção de floresta mais ameaçada do Brasil".

GABARITO: D.

150. O trecho do texto que explica o sentido do seu título é:
a) "Foram investigadas áreas rurais, assentamentos e vilas agrícolas de usinas de açúcar em Pernambuco, na Paraíba e no Rio Grande do Norte." (6º Parágrafo)
b) "O risco é maior nessa parcela da mata porque a região apresenta uma das maiores densidades populacionais do Brasil." (1º Parágrafo)
c) "Já que, em média, cada indivíduo queima anualmente meia tonelada de lenha, a Mata Atlântica perde 350 mil toneladas de madeira por ano." (5º Parágrafo)
d) "Na região, portanto, a Mata Atlântica está cercada de gente por todos os lados e, infelizmente, uma parcela importante dessas pessoas está em situação de pobreza." (2º Parágrafo)
e) "Como a perturbação extrema da paisagem altera a dinâmica vital dos remanescentes da Mata Atlântica." (3º Parágrafo)

Queimar a Mata, ou seja, os recursos dessa Biomassa, é o que justifica o título do texto. A pobreza leva a tal ação que prejudica o ecossistema.

GABARITO: C.

151. Assinale a alternativa que contenha palavras do texto acentuadas, corretamente, pelo mesmo motivo.
a) "Histórias" e "prêmio".
b) "Pública" e "experiência".
c) "Já" e "visível".
d) "Invisíveis" e "Belém".
e) "Doméstico" e "combustível".

Paroxítonas terminadas em ditongo crescente são acentuadas.

GABARITO: A.

152. Consta que, durante o verão, em meio _____ beleza das montanhas dos Alpes, Mahler buscava _____ inspiração necessária para compor sinfonias que, felizmente, foram legadas _____ gerações futuras.

Preenchem corretamente as lacunas da frase, na ordem dada:

a) à – à – as
b) a – a – às
c) à – a – às
d) a – à – às
e) à – a – as

No primeiro caso, em expressões adverbiais femininas sempre se insere crase (em meio à beleza; em meio à tristeza.)

Já quanto à segunda lacuna, a regência do verbo "buscar", nesse contexto, é de VTD, o que não permite a existência de crase. Por fim, a regência do verbo "legar", nesse contexto, é de VTI e, portanto, dever-se-ia utilizar a crase.

GABARITO: C.

153. Com capacidade _____ transportar nove passageiros _____ velocidade de cruzeiro de 150 knots e altitude de 20.000 pés com MTOW de 3.700 kg, a aeronave EC145 T2 é equipada _____ dois motores turbo-eixo Turbomeca Arriel 2E, cada um deles controlado _____ sistema de gerenciamento computadorizado (FADEC) duplicado, que entrega _____ caixa de redução principal uma potência de 490 kW (710 shp).

Uma das principais inovações do modelo foi a substituição do rotor de cauda convencional _____ do tipo Fenestron que, entre outras características aerodinâmicas, proporciona considerável redução do nível de ruído na cabine. A nova suíte de aviônicos Helionix, da Airbus Helicopters, vem equipada _____ piloto automático de quatro eixos e displays com novas funcionalidades. O processo de certificação da aeronave na ANAC empregou 350 horas e envolveu seis servidores da Agência (coordenador do programa e cinco engenheiros).

Fonte: <http://www.anac.gov.br/Noticia.aspx?ttCD_CHAVE=2017>. Acesso em: 13/12/2015 (com adaptações).

Assinale a opção que preenche as lacunas do texto de forma que o torne coeso, coerente e gramaticalmente correto.

a) de – de uma – de – num – da – com – no
b) para – a uma – com – por um – à – por um – com
c) a – com uma – a – com um – para a – com o – do
d) em – em uma – por – de um – em – em um – pelo
e) por – à – em – em – a – a um – de

É preciso verificar qual a opção está mais adequada para preencher todas as lacunas. Vejamos:

1: capacidade PARA
2: A UMA velocidade
3: é equipada COM dois motores
4: controlado POR UM sistema

5: entrega À caixa de redução principal uma potência
6: substituição do rotor de causa convencional POR UM do tipo
7: vem equipada COM piloto automático
GABARITO: B.

Texto para as próximas 4 questões:

Garanhuns dos sonhos: a "Suíça brasileira"

Guardo na memória boas recordações
A mente fotografou momentos inesquecíveis
Paisagem inspiradora que encanta os poetas
Ar nostálgico de grandes emoções
A fogueira do São João aquece no frio:
acende e incendeia o fogo das paixões
O Festival de Inverno encanta multidões
As vidas se cruzam, encontram-se sem querer.
A casinha no campo, a fábrica de chocolate.
O cheiro da terra úmida traz contentamento
Deixaste saudades dos trens de outrora:
o ritmo do agreste, das idas e vindas nos trilhos.
Um mistério singular de paz ronda a noite na cidade
Convívio de sentimentos e felicidade sem fim.
O aconchego e a calmaria trazem tranquilidade
Quero voltar, sempre é tempo de chegar.

(Gleidson Melo)

154. "A fogueira do São João aquece no frio: acende e incendeia o fogo das paixões".

Na hipótese de haver mais de uma fogueira, conjugando-se os verbos num tempo do passado, estaria correto o texto contido na alternativa:

a) As fogueiras dos São Joões aquecem no frio: acendem e incendeiam o fogo das paixões.
b) As fogueiras do São João aqueciam no frio: acendeiam e incendeiam o fogo das paixões.
c) As fogueiras dos São Joões aqueceram no frio: acenderam e incendeiam o fogo das paixões.
d) As fogueiras dos São Joões aqueciam no frio: acendessem e incendiarão o fogo das paixões.
e) As fogueiras do São João aqueciam no frio: acendiam e incendiavam o fogo das paixões.

Trata-se de flexão verbal, consiste em levar os verbos para a terceira pessoa do plural, no passado e manter a harmonia de tempo e modo verbal. Na alternativa tem todos os verbos no pretérito imperfeito do indicativo, marcado pelas desinências (IA – VA).

GABARITO: E.

155. Em todas as alternativas a seguir, a dupla de orações expressa a mesma mensagem, exceto em uma delas.
   a) Guardo na memória boas recordações – conservo na memória boas lembranças.
   b) A mente fotografou momentos inesquecíveis – a mente registrou instantes irrelevantes.
   c) O Festival de Inverno encanta multidões – o Festival de Inverno agrada multidões.
   d) O aconchego e a calmaria trazem tranquilidade – a boa acolhida e a calmaria proporcionam um ambiente tranquilo.
   e) O cheiro da terra úmida traz contentamento – o cheiro da terra úmida provoca alegria.

   Trata-se de uma questão envolvida com SEMÂNTICA (significado da palavra). A correspondência semântica. INESQUECÍVEIS não é sinônimo de IRRELEVANTES. São relativamente opostos.

   GABARITO: B.

156. Sobre regência, assinale a alternativa cujo texto declara uma inverdade.
   a) "Guardo na memória boas recordações" – o verbo exige apenas um complemento, e este não vem regido de preposição.
   b) "Acende e incendeia o fogo das paixões" – ambos os verbos deste trecho exigem apenas um complemento, e este não vem regido de preposição.
   c) "O aconchego e a calmaria trazem tranquilidade" – o verbo exige apenas um complemento, e este não vem regido de preposição.
   d) "A fogueira do São João aquece no frio" – o verbo deste trecho exige um complemento, e este vem regido de preposição.
   e) "Convívio de sentimentos e felicidade sem fim" – os termos sublinhados são um exemplo de regência nominal.

   Trata-se de regência. Quer saber a única afirmativa incorreta. Está incorreto, pois o verbo "AQUECE" é intransitivo, não rege preposição, o termo "NO FRIO" é uma locução adverbial indicativa de tempo (= DURANTE O FRIO).

   GABARITO: D.

157. Sobre acentuação gráfica, analise os itens a seguir:
   I. Guardo na memória boas recordações.
   II. A mente fotografou momentos inesquecíveis.
   III. Ar nostálgico de grandes emoções.
   IV. A casinha no campo, a fábrica de chocolate.
   V. Um mistério singular de paz ronda a noite na cidade.
   VI. Convívio de sentimentos e felicidade sem fim.

   Em relação às palavras sublinhadas, está correto o que se declara na alternativa:
   a) Nos itens I e IV, ambas as palavras se acentuam por serem paroxítonas terminadas em hiato.
   b) No item II, a tonicidade da palavra sublinhada recai na antepenúltima sílaba.
   c) Tanto no item III como no IV, a tonicidade das palavras sublinhadas recai na antepenúltima sílaba.

d) No item V, o acento da palavra sublinhada se justifica por ser paroxítona terminada em hiato.

e) No item VI, a palavra sublinhada se acentua pela mesma regra da palavra sublinhada do item II.

Trata-se de acentuação gráfica, e estão envolvidas seis palavras. Os vocábulos MEMÓRIA (I), MISTÉRIO (V) E CONVÍVIO(VI) acentuam-se pela mesma regra: paroxítonas terminadas pelos ditongos crescentes e átonas (IA, IO); os vocábulos NOSTÁLGICOS (III) e FÁBRICA (IV) acentuam-se por serem proparoxítonos; o vocábulo INESQUECÍVEIS (II) acentua-se por ser paroxítono terminado pelo ditongo decrescente EI(S).

GABARITO: C.

158. Há séculos os índios mundurucus ocupam parte do Amazonas, do Pará e de Mato Grosso. Por seu costume de cortar e mumificar a cabeça dos inimigos, foram primeiro combatidos e depois utilizados pelo colonizador português para garantir a ocupação do interior da Amazônia. Mais tarde, durante os ciclos da borracha, sucumbiram à indústria seringueira e deixaram suas terras em direção ao rio Tapajós. Atualmente, uma das maiores preocupações da etnia é com o complexo de, pelo menos, oito hidrelétricas, a serem implantadas na bacia do rio Tapajós até 2021.

(Adaptado de IstoÉ, 10/7/13.)

Atende à norma gramatical da língua padrão e preserva os sentidos do texto original a seguinte substituição:

a) "Há séculos" por "Fazem séculos que".

b) "Por seu costume" por "Devido o seu costume".

c) "primeiro combatidos" por "os primeiros a serem combatidos".

d) "sucumbiram à indústria seringueira" por "feneceram frente ao ciclo da borracha".

e) "a serem implantadas" por "a ser construído".

a) O verbo "fazer" deve ser flexionado no singular no sentido de tempo decorrido, pois é impessoal (faz séculos); b) o correto seria devido **ao** seu costume; c) alteraria o sentido do texto, pois eles foram primeiro combatidos, e não os primeiros a serem combatidos; d) acarretaria uma repetição da expressão "ciclo da borracha".

GABARITO: E.

Texto para as próximas 7 questões:

Após um ano de 2016 com temperaturas em nível recorde no qual a banquisa (água do mar congelada) no Ártico seguiu minguando e o nível do mar subindo, as Nações Unidas advertiram nesta terça-feira (21) que os fenômenos climáticos extremos prosseguirão em 2017.

A Organização Meteorológica Mundial (OMM), uma agência especializada da ONU, publicou seu relatório anual sobre o estado mundial do clima coincidindo com a jornada meteorológica mundial, que será realizada em 23 de março.

"O relatório confirma que 2016 foi o ano mais quente já registrado. O aumento da temperatura em relação à era pré-industrial alcançou 1,1°C, ou seja, 0,06°C mais que o recorde anterior de 2015", disse o secretário-geral da OMM, Petteri Taalas, em um comunicado.

Segundo a OMM, os fenômenos chamados extremos não apenas seguirão em 2017, mas os estudos recentes "dão a entender que o aquecimento dos oceanos pode ser mais pronunciado do que se acreditava".

Os dados provisórios dos quais a ONU dispõe revelam que o ritmo de crescimento da concentração de dióxido de carbono (CO_2) na atmosfera não foi freado.

"Depois que o potente (fenômeno climático) El Niño de 2016 se dissipou, hoje assistimos a outras alterações no mundo que não conseguimos elucidar, estamos ao limite de nossos conhecimentos científicos sobre o clima", disse por sua vez o diretor do programa mundial de investigação sobre o clima, David Carlson.

O fenômeno El Niño, que ocorre a cada quatro ou cinco anos com intensidade variável, provocou um aumento da temperatura do Pacífico, desencadeando, por sua vez, secas e precipitações superiores à média.

http://g1.globo.com/natureza/noticia/fenomenos-climaticos-extremos-prosseguirao-em-2017-diz-onu.ghtml

159. Analise as afirmações a seguir, marcando V para Verdadeira e F para Falsa e, em seguida, assinale a opção correta.
( ) O texto afirma que em 2016 as temperaturas foram recordes, após diminuir o nível Ártico e aumentar o nível dos oceanos.
( ) O relatório da OMM afirma que 2016 foi o ano mais quente registrado, pois ultrapassou 2015 em 0.06°C.
( ) Estudos definitivos da ONU mostram que cresceu a concentração de dióxido de carbono na atmosfera.
( ) Atualmente, existem manifestações climáticas que não conseguimos compreender, estamos no extremo de nossos conhecimentos.

a) V, F, V, F.
b) V, V, F, F.
c) F, F, V, V.
d) F, V, F, V.
e) F, F, V, F.

Na primeira assertiva, o erro está em dizer que foi no ano de 2016, o texto afirma que foi após 2016. A terceira assertiva é incorreta, pois diz que os estudos são definitivos, mas o texto afirma que são provisórios.

GABARITO: D.

160. De acordo com o texto, em relação ao clima, é incorreto afirmar que:
a) Os fenômenos extremos não seguirão em 2017.
b) Ocorrerá aumento, na atmosfera, da concentração de dióxido de carbono.
c) O El Niño é um fenômeno climático extremo que se dissipou.
d) A intensidade do El Niño pode sofrer alterações em sua intensidade.
e) Secas e outras precipitações climáticas ocorreram em decorrência do aumento da temperatura do Pacífico.

O texto afirma que os fenômenos climáticos extremos não apenas seguirão em 2017, como ocorrerá aquecimento dos oceanos.

GABARITO: A.

161. Em "provocou um aumento da temperatura do Pacífico, desencadeando, por sua vez, secas e precipitações superiores à média.", o sentido de precipitações corresponde a:
   a) Impaciências.
   b) Mudanças.
   c) Aturdimentos.
   d) Descuidos.
   e) Atrapalhações.

   O sentido de "precipitação" é um conceito científico, seria uma reação, uma mudança. No contexto, seria uma mudança climática, por essa razão, seu sentido é de mudança.

   GABARITO: B.

162. Quanto ao valor semântico da expressão "pode ser mais pronunciado do que se acreditava" no texto, pode-se atribuir o sentido de:
   a) Pode ser mais emblemático do que se acreditava.
   b) Pode ser mais emocionante do que se cria.
   c) Pode ser mais falado do que antes.
   d) Pode ser mais acentuado do que se supunha.
   e) Pode ser mais estranho do que o previsto.

   A ideia de "pronunciado" tem o significado de algo que foi anteriormente mencionado de modo a ser evidenciado, ou seja, maior do que se esperava.

   GABARITO: D.

163. Quanto aos aspectos morfossintáticos do período "Depois que o potente (fenômeno climático) El Niño de 2016 se dissipou, hoje assistimos a outras alterações no mundo que não conseguimos elucidar", pode-se afirmar que:
   a) A palavra que em "Depois que" é conjunção subordinativa integrante.
   b) Existem cinco orações no trecho analisado.
   c) A vogal "a" antes de "outras" desempenha a função de adjunto adnominal.
   d) A locução "conseguimos elucidar" é formada por um tempo composto do indicativo.
   e) existem três orações, uma com sentido temporal, uma oração principal e outra adjetiva.

   "Depois que o potente (fenômeno climático) El Niño de 2016 se dissipou" = oração adverbial temporal. "hoje assistimos a outras alterações no mundo" = oração principal. "que não conseguimos elucidar" = oração adjetiva.

   GABARITO: E.

164. A respeito dos termos essenciais, integrantes e acessórios da oração na oração "O aumento da temperatura em relação à era pré-industrial alcançou 1,1°C", analise as assertivas e assinale a opção correta.

I. O verbo estabelece concordância com o termo "temperatura", por essa razão está no singular.

II. O predicado da oração é formado por um verbo transitivo direto "alcançou", núcleo do predicado e tem como complemento um objeto direto representado morfologicamente por um numeral.

III. A crase na construção se justifica por se tratar de uma locução adverbial feminina, com sentido de tempo, o que promove a obrigatoriedade desse uso.

a) Apenas a assertiva I está correta.
b) Apenas a assertiva II está correta.
c) Apenas a assertiva III está correta.
d) Apenas as assertivas I e II estão corretas.
e) penas as assertivas II e III estão corretas.

Na primeira assertiva, o verbo concorda com "aumento". A terceira assertiva é incorreta, pois a crase ocorre em decorrência da regência nominal de "relação" e do artigo feminino singular que antecede "era".

GABARITO: B.

165. Quanto à composição do período "Os dados provisórios dos quais a ONU dispõe revelam que o ritmo de crescimento da concentração de dióxido de carbono (CO_2) na atmosfera não foi freado.", assinale a opção correta.

a) O período em análise é composto por duas orações coordenadas sindéticas aditivas e uma oração subordinada adjetiva explicativa.

b) O período em análise é composto por coordenação e subordinação, sendo a oração principal "Os dados provisórios revelam" e a oração subordinada adverbial consecutiva "que o ritmo de crescimento da concentração de dióxido de carbono (CO_2) na atmosfera não foi freado".

c) O período em análise é composto por três orações, sendo duas subordinadas (uma adjetiva e uma substantiva) e uma oração principal.

d) O período em análise é composto por subordinação e coordenação, sendo uma oração coordenada assindética aditiva, uma oração principal e uma oração subordinada substantiva objetiva direta.

e) O período em análise é composto por coordenação e subordinação, sendo duas orações coordenadas sindéticas aditivas e uma oração subordinada substantiva objetiva indireta.

Os dados provisórios/ dos quais a ONU dispõe (oração adjetiva)/revelam (oração principal) /que o ritmo de crescimento da concentração de dióxido de carbono (CO_2) na atmosfera não foi freado (oração substantiva).

GABARITO: C.

166. Com base nas normas de concordância verbal e nominal da língua portuguesa, analise os períodos a seguir e assinale a opção correta.

Período 1: "Ocorreu mudança climática e alteração nos níveis dos oceanos, principalmente o Pacífico".

Período 2: "2,5% da população buscou abrigo durante o furacão Katrina".

Período 3: "Os países do oriente também sentiram as alterações climáticas atuais".

a) No período 1, o verbo "ocorreu" está flexionado no singular, pois, por se tratar de um sujeito posposto, o verbo pode concordar com o elemento mais próximo.

b) No período 2, o verbo está no singular, pois deve sempre concordar com o elemento que acompanha o numeral.

c) No período 3, o verbo "sentiram" concorda com alterações climáticas.

d) No período 3, o verbo poderia estar no singular, pois é possível que também concorde com "oriente".

e) No período 2, quando se trata de numeral, a concordância sempre será com o número.

O verbo da segunda oração pode concordar com o numeral ou com "população" que está no singular, é facultativo. No terceiro período, o verbo só poderá concordar com "países", pois não se trata de expressão partitiva, o termo "oriente" é adjunto adnominal.

GABARITO: A.

167. Quanto aos verbos sublinhados no texto, analise as afirmações e assinale a opção correta.

a) O verbo seguir na sua forma "**seguiu**" encontra-se conjugado na terceira pessoa do singular, no tempo pretérito imperfeito do modo indicativo.

b) O verbo prosseguir na sua forma "**prosseguirão**" encontra-se conjugado na terceira pessoa do plural, no tempo futuro do presente do modo indicativo.

c) O verbo coincidir na sua forma "**coincidindo**" encontra-se conjugado na forma nominal do particípio.

d) O verbo dispor na sua forma "**dispõe**" encontra-se conjugado na terceira pessoa do singular, no tempo presente do modo subjuntivo.

e) O verbo acreditar na sua forma "**acreditava**" encontra-se conjugado na terceira pessoa do singular, no tempo pretérito perfeito do modo indicativo.

Na letra A, o verbo está no pretérito perfeito do indicativo. Na letra C, é gerúndio. Na letra D, é presente do indicativo. Na letra E, o verbo está no pretérito imperfeito do indicativo.

GABARITO: B.

Texto para as próximas 2 questões:

A saída dos Estados Unidos do acordo global do clima de Paris pode causar uma elevação de 0,3 grau Celsius nas temperaturas globais até o final do século no pior dos casos, disse uma autoridade da Organização Meteorológica Mundial (OMM) nesta sexta-feira (2). Deon Terblanche, diretor de Departamento de Pesquisa Atmosférica e Ambiental da OMM, uma agência da Organização das Nações Unidas (ONU), disse que o dado é uma estimativa, uma vez que não foi realizado ainda nenhum modelo climático para medir o impacto da decisão anunciada pelo presidente dos Estados Unidos, Donald Trump.

(Isto É, março de 2017)

168. Na construção do texto "o dado é uma estimativa, <u>uma vez que</u> não foi realizado ainda nenhum modelo climático para medir o impacto da decisão anunciada pelo presidente dos Estados Unidos, Donald Trump", poderia ter o trecho destacado substituído adequadamente ao sentido do texto por:
a) já que.
b) depois que.
c) em razão de.
d) por que.
e) além de.

O trecho apresenta ideia de causa, logo, a substituição correta seria com "já que".
GABARITO: A.

169. O uso da vírgula após "casos" mostra:
a) Um aposto explicativo do aumento da temperatura.
b) A apresentação de um discurso direto.
c) A exemplificação de uma fala relevante ao texto.
d) A seleção de informações relevantes ao trecho anterior.
e) A apresentação de um discurso indireto de uma autoridade acerca do clima.

A vírgula apresenta marca da fala de um discurso indireto mencionado anteriormente. O uso do verbo "dicendi" DISSE é um marcador desse tipo de processo utilizado na escrita.
GABARITO: E.

170. Nos versos "Tu és mulher pra homem nenhum/ Botar defeito, por isso <u>satisfeito</u>/ Com você eu vou dançar", a correta classificação sintática do termo em destaque é:
a) Complemento nominal.
b) Predicativo do sujeito.
c) Predicativo do objeto.
d) Adjunto adnominal.
e) Complemento verbal

Quando numa oração o predicado possui dois núcleos (um verbo e um nome), será classificado como verbo-nominal. É o que acontece nos versos apresentados no enunciado, aqui colocados na ordem direta: Por isso, eu vou dançar com você satisfeito (= e eu [estarei] satisfeito). Daí que o termo em destaque se classifique como predicativo do sujeito eu, pois caracteriza-o, tendo por intermediário um verbo de ligação subentendido – estar.
GABARITO: B.

171. Em que alternativa a oração em destaque classifica-se como subordinada substantiva?

a) Governo **que não negocia** não conquista aliados.
b) A greve acabou somente **quando ambas as partes cederam**.
c) Tínhamos a certeza **de que a greve dos caminhoneiros acabaria logo**.
d) Economizem combustível, **que a greve ainda se prolongará por algumas semanas!**
e) Ele chegou cedo, **pois encontrou um atalho**.

Oração subordinada substantiva é aquela que exerce função de substantivo (sujeito, objeto direto, objeto indireto, predicativo, complemento nominal, aposto). Esse tipo de oração ocorre apenas em C: Tínhamos a certeza de que a greve dos caminhoneiros acabaria logo. Nesse período, a oração destacada, introduzida pela conjunção integrante que, é complemento nominal do nome certeza (substantivo); ela classifica-se, portanto, como subordinada substantiva completiva nominal. As demais orações classificam-se, respectivamente, como subordinada adjetiva restritiva, subordinada adverbial temporal, coordenada explicativa e coordenada explicativa.

GABARITO: C.

172. Leia:

1. "Durou, doeu e — perdoe, minha delicada senhora — incomodou."
2. "O resto, o povinho, andava mal de barriga, de roupa e de tudo."
3. "Alguns barcos ainda se encontravam na lagoa (...), e os pássaros do arvoredo da ilha de Piraquê cantavam com alegria de primavera."
4. "Gilberto Freyre (...) já havia identificado na modernidade capitalista um elemento desestabilizador do Nordeste agrário: as relações patriarcais entre senhor e trabalhador (...)."

Assinale a alternativa que traz a correta numeração das frases que contêm aposto.

a) 1, 2 e 3.
b) 2, 3 e 4.
c) 1 e 4, apenas.
d) 2 e 3, apenas.
e) 1, 2 e 4.

Aposto é o termo que especifica, amplia, explica, desenvolve ou resume o conteúdo de outro termo. Assim, pois, certifica-se a presença de aposto nas frases 2, 3 e 4. Em 2, há aposto explicativo: o povinho é termo que amplia o conteúdo de o resto. Em 3, há aposto especificativo, que não vem marcado por sinais de pontuação e se caracteriza normalmente por substantivo próprio pertencente a uma locução adjetiva que individualiza um substantivo comum, caso de ilha de Piraquê. Em 4, há também aposto explicativo, que se inicia após os dois pontos e explica/amplia o conteúdo de um elemento desestabilizador do Nordeste agrário, qual seja: as relações patriarcais entre senhor e trabalhador. Esclarece-se que, na frase 1, em relação a termos acessórios da oração, caso do aposto, há a presença do vocativo minha delicada senhora, termo com que se nomeia um interlocutor ao qual se dirige a palavra.

GABARITO: B.

173. Identifique a função sintática dos termos destacados nas sentenças e, em seguida, assinale a alternativa que contém a sequência correta da classificação desses termos:

1. A aldeia era povoada **de caiçaras**.
2. O artista estava cercado **de fãs adolescentes**.
3. As plantas ficaram ávidas **de água revigorante**.
4. Todos foram tomados **de sentimentos apaziguadores**.

a) Complemento nominal, complemento nominal, agente da passiva, complemento nominal.
b) Objeto indireto, objeto indireto, adjunto adnominal, complemento nominal.
c) Agente da passiva, agente da passiva, complemento nominal, agente da passiva.
d) Complemento nominal, adjunto adnominal, agente da passiva, objeto indireto.
e) Agente da passiva, agente da passiva, complemento nominal, complemento nominal.

O agente da passiva é termo sintático integrante de orações contendo verbos flexionados na voz passiva (locução verbal composta de verbo auxiliar e particípio passado), em que o sujeito é o paciente do processo verbal, ou seja, aquele ou aquilo que sofre a ação verbal executada por um agente desse processo, chamado de agente da passiva. Nas orações das sentenças 1, 2 e 4 ocorre exatamente o processo indicado acima: aldeia, artista e todos são sujeitos pacientes que sofrem a ação de agentes por elas responsáveis, os quais formam o termo denominado de agente da passiva, podendo esse termo ser composto da preposição por ou da preposição de, conforme se vê nas orações em questão: de caiçaras, de fãs adolescentes e de sentimentos apaziguadores. Na sentença 3, o verbo está flexionado na voz ativa, notando-se que o sujeito da oração é o responsável pelo processo verbal: as plantas sentem a necessidade de água revigorante. No caso, há a existência de predicado nominal, formado de verbo de ligação (ficar) e de predicativo do sujeito (ávidas – adjetivo de valor relativo que requer complemento nominal: ávidas de água revigorante). Desse modo, a única alternativa que responde à questão é a alternativa C.

GABARITO: C.

Texto para as próximas 6 questões:

O fim do canudinho de plástico

Por Devorah Lev-Tov / Quinta-feira, 5 de Julho de 2018

Em 2015, um vídeo perturbador de uma tartaruga marinha oliva sofrendo com um canudo plástico preso em sua narina viralizou, mudando a atitude de muitos espectadores quanto ao utensílio plástico tão conveniente para muitos.

Mas, como pode o canudo plástico, um item insignificante utilizado brevemente antes de ser descartado, causar tanto estrago? Primeiramente, ele consegue chegar facilmente aos oceanos devido a sua leveza. Ao chegar lá, o canudo não se decompõe. Pelo contrário, ele se fragmenta lentamente em pedaços cada vez menores, conhecidos como microplásticos, que são frequentemente confundidos com comida pelos animais marinhos.

E, em segundo lugar, ele não pode ser reciclado. "Infelizmente, a maioria dos canudos plásticos são leves demais para os separadores manuais de reciclagem, indo parar em aterros sanitários, cursos d'água e, por fim, nos oceanos", explica Dune Ives, diretor executivo da organização Lonely Whale. A ONG viabilizou uma campanha de marketing de sucesso chamada "Strawless in Seattle" (ou "Sem Canudos em Seattle") em apoio à iniciativa "Strawless Ocean" (ou "Oceanos Sem Canudos").

Nos Estados Unidos, milhões de canudos de plástico são descartados todos os dias. No Reino Unido, estima-se que pelo menos 4,4 bilhões de canudos sejam jogados fora anualmente. Hotéis são alguns dos piores infratores: o Hilton Waikoloa Village, que se tornou o primeiro resort na ilha do Havaí a banir os canudos plásticos no início deste ano, utilizou mais de 800 mil canudos em 2017.

Mas é claro que os canudos são apenas parte da quantidade monumental de resíduos que vão parar em nossos oceanos. "Nos últimos 10 anos, produzimos mais plástico do que em todo o século passado e 50% do plástico que utilizamos é de uso único e descartado imediatamente", diz Tessa Hempson, gerente de operações do Oceans Without Borders, uma nova fundação da empresa de safáris de luxo & Beyond. "Um milhão de aves marinhas e 100 mil mamíferos marinhos são mortos anualmente pelo plástico nos oceanos. 44% de todas as espécies de aves marinhas, 22% das baleias e golfinhos, todas as espécies de tartarugas, e uma lista crescente de espécies de peixes já foram documentados com plástico dentro ou em volta de seus corpos".

Mas, agora, o próprio canudo plástico começou a finalmente se tornar uma espécie ameaçada, com algumas cidades nos Estados Unidos (Seattle, em Washington; Miami Beach e Fort Myers Beach, na Flórida; e Malibu, Davis e San Luis Obispo, na Califórnia) banindo seu uso, além de outros países que limitam itens de plástico descartável, o que inclui os canudos. Belize, Taiwan e Inglaterra estão entre os mais recentes países a proporem a proibição.

Mesmo ações individuais podem causar um impacto significativo no meio ambiente e influenciar a indústria: a proibição em uma única rede de hotéis remove milhões de canudos em um único ano. As redes Anantara e AVANI estimam que seus hotéis tenham utilizado 2,49 milhões de canudos na Ásia em 2017, e a AccorHotels estima o uso de 4,2 milhões de canudos nos Estados Unidos e Canadá também no último ano.

Embora utilizar um canudo não seja a melhor das hipóteses, algumas pessoas ainda os preferem ou até necessitam deles, como aqueles com deficiências ou dentes e gengivas sensíveis. Se quiser usar um canudo, os reutilizáveis de metal ou vidro são a alternativa ideal. A Final Straw, que diz ser o primeiro canudo retrátil reutilizável do mercado, está arrecadando fundos através do Kickstarter.

"A maioria das pessoas não pensa nas consequências que o simples ato de pegar ou aceitar um canudo plástico tem em suas vidas e nas vidas das futuras gerações" diz David Laris, diretor de criação e chef do Cachet Hospitality Group, que não utiliza canudos de plástico. "A indústria hoteleira tem a obrigação de começar a reduzir a quantidade de resíduos plásticos que gera".

Adaptado de https://www.nationalgeographicbrasil.com/planeta-ou-plastico/2018/07/fim-canudinhoplasti-co-canudo-poluicao-oceano . Acesso em 14 de março de 2019.

174. Marque a alternativa correta de acordo com o texto.
a) Em nossos oceanos, os resíduos plásticos são compostos praticamente por canudos.
b) Pessoas com deficiências ou indivíduos com dentes e gengivas sensíveis são o fator responsável por ainda não ter ocorrido proibição do uso de canudos plásticos.
c) O descarte indiscriminado de canudos plásticos constitui uma ameaça para a vida marinha, mas já existem iniciativas para a solução desse problema.
d) Estados Unidos e Reino Unido são os países que mais lançam canudos plásticos nos oceanos.
e) Os canudos vão parar nos oceanos por serem uma quantidade monumental e resíduos plásticos.

A alternativa C está correta, pois realmente o descarte indiscriminado de canudos plásticos constitui uma ameaça para a vida marinha, mas já existem iniciativas para a solução desse problema.

Vejamos as outras alternativas:

Em nossos oceanos, os resíduos plásticos são compostos por diversos resíduos.

Pessoas com deficiências ou indivíduos com dentes e gengivas sensíveis geralmente precisam usar canudos (a indicação é que sejam canudos reutilizáveis).

Estados Unidos e Reino Unido são mostrados no texto como exemplos.

Os canudos são apenas parte da quantidade monumental de resíduos que vão parar em nossos oceanos.

GABARITO: C.

175. "Mas é claro que os canudos são apenas parte da quantidade monumental de resíduos plásticos que vão parar em nossos oceanos".

O fragmento, transcrito do texto "O fim do canudinho de plástico", permite concluir que:
a) Além dos canudos, há outros resíduos plásticos que vão parar em nossos oceanos.
b) Os canudos caracterizam a maior parte dos resíduos plásticos que vão parar em nossos oceanos.
c) Apenas os canudos que se tornam resíduos plásticos vão parar em nossos oceanos.
d) Os resíduos plásticos que vão parar em nossos oceanos são compostos essencialmente por canudos.
e) Há uma quantidade monumental de canudos plásticos em nossos oceanos que são compostos de resíduos plásticos.

O texto trata do grande impacto que os canudos causam ao meio ambiente, especialmente aos oceanos. Porém, não há apenas canudos contaminando os oceanos, e o trecho desta questão deixa isso claro.

GABARITO: A.

176. "Belize, Taiwan e Inglaterra foram os países que recentemente _____ a proibição de canudos." Em consonância com as ideias do texto, o verbo que completa a lacuna corretamente é:
a) propunham
b) proporam
c) propuseram

d) proporiam

e) proporão

O trecho está relatando um fato e está no pretérito. Além disso, indica algo que há aconteceu. Por isso, deve-se empregar o pretérito perfeito simples do indicativo (sentido de ação acabada).

GABARITO: C.

177. Marque a alternativa correta de acordo com o texto.
   a) O vídeo da tartaruga marinha oliva foi o que levou as grandes redes hoteleiras a proporem o fim dos canudos de plástico.
   b) Os canudos plásticos são muito leves e, por isso, acabam escapando dos separadores manuais de reciclagem.
   c) Nos Estados Unidos, estima-se que pelo menos 4,4 bilhões de canudos sejam jogados fora anualmente.
   d) Pessoas com alguma deficiência ou com gengivas sensíveis são os principais causadores da epidemia de uso de canudos plásticos.
   e) David Laris, principal produtor de canudos plásticos no mundo, pensa nas consequências de sua atitude.

   O texto mostra que os canudos plásticos são muito leves e, por isso, acabam escapando dos separadores manuais de reciclagem. Vejamos as outras opções:

   A) O vídeo de uma tartaruga marinha oliva sofrendo com um canudo plástico preso em sua narina viralizou, e o autor usou este fato para começar o texto.

   C) No Reino Unido, estima-se que pelo menos 4,4 bilhões de canudos sejam jogados fora anualmente.

   D) Embora utilizar um canudo não seja a melhor das hipóteses, algumas pessoas ainda os preferem ou até necessitam deles, como aqueles com deficiências ou dentes e gengivas sensíveis.

   E) David Laris, diretor de criação e chef do Cachet Hospitality Group, não utiliza canudos de plástico.

   GABARITO: B.

178. No trecho a seguir, a oração adjetiva sublinhada refere-se a qual elemento, de acordo com o entendimento proporcionado pelo texto? "A maioria das pessoas não pensa nas consequências que o simples ato de pegar ou aceitar um canudo plástico tem em suas vidas e nas vidas das futuras gerações" diz David Laris, diretor de criação e chef do Cachet Hospitality Group, **que não utiliza canudos de plástico.**
   a) David Laris.
   b) Diretor de criação.
   c) Chef.
   d) A maioria das pessoas.
   e) Cachet Hospitality Group.

Para verificar o referente da oração adjetiva, deve-se verificar o contexto:
David Laris, diretor de criação e chef do Cachet Hospitality Group, que não utiliza canudos de plástico.
Veja que o referente é Cachet Hospitality Group.
GABARITO: E.

179. "As redes Anantara e AVANI estimam que seus hotéis tenham utilizado 2,49 milhões de canudos na Ásia em 2017." Assinale a alternativa em que a oração sublinhada a seguir tem a mesma função daquela destacada na frase apresentada.

a) Ele se fragmenta em pedaços cada vez menores, que são frequentemente confundidos com comida pelos animais marinhos.

b) É claro que os canudos são apenas parte da quantidade monumental de resíduos que vão parar em nossos oceanos.

c) Nos últimos 10 anos, produzimos mais plástico do que em todo o século passado.

d) As empresas não precisam esperar que o governo institua a proibição antes de implementarem a sua própria.

e) Redes hoteleiras que estão eliminando os canudos plásticos já testaram diversas alternativas descartáveis.

O trecho que seus hotéis tenham utilizado 2,49 milhões de canudos na Ásia em 2017 é o objeto direto do verbo "estimam". Na letra D, o trecho que o governo institua a proibição antes de implementarem a sua própria possui a mesma função (objeto direto de esperar).

Vejamos as outras opções:

A) O trecho que são frequentemente confundidos com comida pelos animais marinhos é uma oração adjetiva.

B) O trecho que vão parar em nossos oceanos é uma oração adjetiva.

C) O trecho que em todo o século passado é uma expressão adverbial de comparação.

E) O trecho que estão eliminando os canudos plásticos é uma oração adjetiva.

GABARITO: D.

180. Leia poesia a seguir.

Não indagues, Leucónoe

Não indagues, Leucónoe, ímpio é saber,
a duração da vida
que os deuses decidiram conceder-nos,
nem consultes os astros babilônios:
melhor é suportar tudo o que acontecer.
[...]
Enquanto conversamos,
foge o tempo invejoso.
Desfruta o dia de hoje, acreditando
o mínimo possível no amanhã.

A segunda estrofe da poesia horaciana faz referência ao(s):
a) Teocentrismo.
b) Amor cortês.
c) Feitos heroicos.
d) Carpe diem.
e) Amor platônico.

Horácio defende no poema a ideia de que a vida é efêmera e deve ser aproveitada:
que é breve nosso prazo de existência. Enquanto conversamos,
foge o tempo invejoso.
Desfruta o dia de hoje, acreditando o mínimo possível no amanhã.
Essa ideia é conhecida nas artes como "carpe diem" (aproveitar o dia, o momento presente).
GABARITO: D.

181. No trecho: Alguns perguntariam "Por quê?". E eu pergunto: "Por que não?", os verbos grifados estão, respectivamente, no:
a) Futuro do pretérito do indicativo e presente do indicativo.
b) Futuro do presente do indicativo e pretérito perfeito do indicativo.
c) Presente do subjuntivo e pretérito imperfeito do indicativo.
d) Pretérito imperfeito do indicativo e presente do subjuntivo.
e) Pretérito mais-que-perfeito do indicativo e pretérito imperfeito do subjuntivo.

O verbo "perguntariam", com terminação –ria indica uma hipótese, representando o futuro do pretérito do indicativo. "Pergunto" indica o que acontece no momento da fala, portanto está no presente do indicativo.
GABARITO: A.

182. Assinale a alternativa em que todos os vocábulos são acentuados pela mesma regra.
a) Plástico, últimos, mamíferos, único.
b) Contrário, hipóteses, sensíveis, hotéis.
c) Indústria, países, além, já.
d) Reutilizáveis, através, início, resíduos.
e) Próprio, sanitários, lá, descartável.

As palavras plástico, últimos, mamíferos, único são proparoxítonas. Nas outras opções, temos:
Contrário: paroxítona terminada em ditongo crescente
Hipóteses: proparoxítona
Sensíveis: paroxítona terminada em ditongo decrescente
Hotéis: oxítona terminada em ditongo
Indústria: paroxítona terminada em ditongo crescente
Países: hiato
Além: oxítona terminada em em

Já: monossílabo tônico terminado em a
Reutilizáveis: paroxítona terminada em ditongo decrescente
Através: oxítona terminada em es
Início: paroxítona terminada em ditongo crescente
Resíduos: paroxítona terminada em ditongo crescente
Próprio: paroxítona terminada em ditongo crescente
Sanitários: paroxítona terminada em ditongo crescente.
Lá: monossílabo tônico terminado em a
Descartável: paroxítona terminada em l.
GABARITO: A.

183. Assinale o item em que uma das palavras não completa a série de cognatos:
a) Decair - cadente - queda - caduco.
b) Regimento - regicida - regente - Regina.
c) Corante - colorido - incolor - cordial.
d) Pedreiro - apedrejar - petrificar - petróleo.
e) Pedalar - pedestre - bípede - pedicure.
A palavra cordial, significando "referente ao coração, ao afeto".
GABARITO: C.

184. Considere o seguinte texto:
O Brasil, com 33.161 espécies, e a Colômbia, com 23.104, lideram um levantamento recém-publicado sobre a diversidade nas Américas de plantas vasculares, que incluem aquelas com flores e as samambaias (Science, 22 de dezembro de 2017). Coordenado por Carmen Ulloa Ulloa, do Jardim Botânico de Missouri, nos Estados Unidos, o trabalho indicou que as Américas abrigam 124.933 espécies de plantas vasculares, distribuídas em 6.227 gêneros e 355 famílias. O total corresponde a um terço das espécies desse grupo, que compreende a maioria das plantas terrestres já identificadas. Há mais plantas vasculares na América do Sul (82.052 espécies, das quais 73.552 são endêmicas) do que na América do Norte (51.241, com 42.941 exclusivas); apenas 8.300 espécies vivem nos dois continentes.

(Disponível em:<http://revistapesquisa.fapesp.br/2018/02/15/todas-as-plantas-das-americas-por-enquanto/>.)

Assinale a alternativa que corresponde ao que é afirmado no texto.
a) Brasil, Colômbia e Estados Unidos são os países com maior diversidade de plantas do mundo.
b) O país da América do Sul cuja diversidade de plantas vasculares é maior é a Colômbia.
c) A maioria das plantas terrestres já identificadas por pesquisadores é de plantas vasculares.
d) A maior parte das plantas vasculares que vivem na América do Sul vieram da América do Norte.
e) As espécies que foram objeto da pesquisa divulgada compõem o acervo do Jardim Botânico de Missouri.

O gabarito se justifica pelo seguinte trecho "O total corresponde a um terço das espécies desse grupo, que compreende a maioria das plantas terrestres já identificadas".

GABARITO: C.

185. Assinale a alternativa em que a ortografia, a concordância e a regência verbal estão de acordo com a língua padrão escrita.
a) Não há mais o que fazer, mas me recuso a acreditar nisso.
b) A dias que não vem ninguém aqui; em outros vêm dezenas de pessoas na mesma hora.
c) O que não faz bem só pode fazer mau.
d) É preciso desconfiar de quem trás a solução na manga.
e) Os benefícios a que a lei se refere não se aplica nesses casos.

b) O correto é HÁ dias... (verbo haver, e deve ficar no singular).

c) O correto é MAL (contrário de bem).

d) O correto é TRAZ (quando tem o sentido de trazer, o correto é com "Z").

e) O correto é não se APLICAM (concorda com "Os benefícios").

GABARITO: A.

Tira para as próximas 2 questões:

186. O valor semântico da conjunção "mas", no último quadrinho, é:
a) Alternativo.
b) Adversativo.
c) Explicativo.
d) Aditivo.

O valor semântico trazido pelo conectivo "MAS" é adversativo. Há uma ideia de compensação. No caso da tirinha trata-se de um peregrino, o qual, busca um sentido para a vida, porém, vive errando pelo mundo; apesar de não atingir o objetivo esperado ele continua tentando, ou seja, em compensação ele tenta.

GABARITO: C

187. Para produzir o efeito de humor que caracteriza a tirinha, o autor emprega:
a) A ironia presente no trecho "Puxa... sei como é isso, Camilo...".
b) A expressão facial de Armandinho, que varia a cada quadrinho.
c) A conotação, atribuidora de sentido figurado à palavra "peregrino".
d) Os pontos de exclamação para enfatizar a opinião de Armandinho.
e) A ambiguidade produzida pela interpretação de Armandinho da fala de Camilo.

A ambiguidade é a duplicidade de sentidos, alguns termos, expressões ou sentenças possuem mais de um entendimento. Ainda, a ambiguidade é muito utilizada em textos poéticos, literários ou humorísticos. No caso da tirinha ela tem um teor humorístico. Camilo usou a expressão "errar pelo mundo" no sentido de viajar, conhecer o mundo e Armandinho interpretou no sentido de erros e acertos, com isso houve uma ambiguidade na interpretação o que levou ao teor humorístico.

GABARITO: E.

Texto para as próximas 3 questões:

Não se pode dar corda à memória: a gente começa brincando, mas ela não faz cerimônia e vai invadindo nossas mentes e nossos corações. Para mim são, ainda e sempre, as recordações da infância na praia muito mais fortes do que eu podia imaginar.

No terreno das brincadeiras, a mais comum era o caldo: **quem não se lembra do terror de levar um?** Também se brincava de jogar areia nos outros, aos gritos, para horror dos adultos, e a pior de todas: se deixar ser enterrada ficando só com a cabeça de fora, e todo mundo fingir que ia embora, só de maldade, deixando você sozinha e esquecida.

No terreno mais leve, a grande proeza era mergulhar e passar por baixo das pernas abertas da prima, lembra? Aliás, essa é uma raça em extinção: as primas. Elas eram muitas, e a convivência, intensa. Hoje, nas cidades grandes, existem poucas tias e pouquíssimas primas.

As crianças catavam conchas para colar, e era difícil fazer um buraquinho com um prego e um martelinho, sem quebrar a concha, para passar o barbante. As cor-de-rosa eram as mais lindas, e, quando se encontrava um búzio, era uma verdadeira festa. As conchas acabaram; onde terão ido parar?

No final da tarde, a praia já sem sol, voltavam os barcos de pesca: as pessoas ficavam em volta comprando o peixe nosso de cada dia, que seria feito naquela mesma noite. Naquele tempo não havia nem alface nem tomate nem molho de maracujá, e para dar uma corzinha na comida se usava colorau – já ouviu falar?

Camarão só às vezes, mas, em compensação, havia cações com a carne rija, que davam uma moqueca muito boa. Os peixes eram vendidos por lote, não custavam quase nada, e o que sobrava era distribuído ali mesmo. Mas os fregueses eram honestos, e ninguém deixava de comprar para levar algum de graça, no final das transações.

Às vezes corria um boato assustador: de que o mar estava cheio de águas-vivas, o que era um acontecimento. Água-viva é uma rodela gelatinosa que, segundo diziam, se encostasse no corpo, queimava como fogo. Ia todo mundo para a beira da água tentando ver alguma, mas ninguém entrava no mar, de medo. No dia seguinte, a areia estava cheia delas, e com uma varinha a gente ficava mexendo, sempre com muito cuidado: afinal, era uma gelatina, mas viva – uma coisa mesmo muito estranha.

Para evitar queimaduras, se usava óleo Dagele, e se alguém dissesse que anos depois uma massagem de algas, daquelas mesmas algas verdes e marrons com as quais a gente dançava dentro da água, não custaria menos de US$ 100 em Nova York ou Paris, ninguém acreditaria.

Naquele tempo não havia refrigerantes, não se tomava água gelada, e as crianças rezavam uma ave-maria antes de dormir, sendo que algumas ajoelhadas.

Não havia abajur nas mesas de cabeceira e na hora de dormir se apagava a luz do teto, com sono ou sem sono, e ficávamos com os pensamentos voando, esperando o sono chegar.

E ninguém se queixava de nada, até porque não havia do que se queixar, porque era assim e pronto.

(Folha de S.Paulo, 17.04.2005. Adaptado)

188. Pela leitura do texto, é correto afirmar que:
a) As crianças reclamavam se os pais não comprassem camarão e refrigerantes para as refeições, pois queriam experimentar de tudo durante as férias.
b) Os pescadores, durante o verão, aumentavam o preço dos peixes, que vendiam em lotes para os fregueses de temporada.
c) A autora, sem brinquedos caros ou sofisticados, vivenciou uma infância feliz quando ia à praia com seus primos.
d) Meninos e meninas corriam à praia para ver as águas-vivas e se aproximavam, sem receio, desses seres estranhos.
e) Os pais eram autoritários e não admitiam que as crianças se queixassem de nada, mesmo que elas tivessem bons motivos.

É um texto que trata de memórias, as memórias da autora, as mais fortes, são da infância na praia. A autora menciona as relações e as brincadeiras de seu passado, diferentes daquelas de hoje.

GABARITO: C.

189. Considere a frase do sétimo parágrafo, que foi separada em trecho (1) e trecho (2):

(1) Água-viva é uma rodela gelatinosa (2) que, segundo diziam, se encostasse no corpo, queimava como fogo.

No trecho (1), a autora _____ o que é água-viva. No trecho (2), ela emprega os termos **se** e **como** para expressar, respectivamente, as ideias de _____ e _____ .

Assinale a alternativa que preenche, correta e respectivamente, as lacunas do texto.

a) descreve – condição – comparação
b) supõe – condição – tempo
c) retifica – causa – comparação
d) analisa – consequência – tempo
e) reitera – causa – conclusão

A autora faz uma descrição da água-viva; a conjunção SE apresenta sentido de condição para queimar: encostar no corpo. O COMO apresenta ideia de comparação: queimar igual ao fogo.
GABARITO: A.

190. O trecho do texto que traz expressão em sentido figurado está na alternativa:
a) Também se brincava de jogar areia nos outros, aos gritos...
b) ... era mergulhar e passar por baixo das pernas abertas da prima...
c) Hoje, nas cidades grandes, existem poucas tias e pouquíssimas primas.
d) ... não custaria menos de US$ 100 em Nova York ou Paris, ninguém acreditaria.
e) ... e ficávamos com os pensamentos voando, esperando o sono chegar.

Pensamentos não voam, é uma figura de linguagem.
GABARITO: E.

191. Indique, dentre as frases apresentadas, a única que possui complemento nominal:
a) As crianças tinham muita alegria no coração.
b) Os jovens carregavam muitas dores da infância.
c) Eu tinha o objetivo de vencer na vida.
d) Meus sonhos eram tristes lembranças.
e) Nunca duvide de um amigo.

Objetivo é substantivo abstrato. Quem tem objetivo tem objetivo DE algo ou DE alguma coisa.
GABARITO: C.

192. Indique dentre as frases apesentadas aquela que apresenta duas coordenadas.
a) Todos que convivem em sociedade precisam se ajudar.
b) Pessoas, animais e meio ambiente vivem, ainda que não pareça, no mesmo tipo de sociedade.
c) Maria e João estavam atrasados.
d) Eu preciso de que seja feita a minha vontade.
e) Preciso escutar e entender aquilo que quero da vida.

Preciso escutar E preciso entender. Trata-se de uma elipse de verbo, mas estamos diante de duas coordenadas aditivas.
GABARITO: E.

193. Leia os quadrinhos:

> ESTA PROVA É DIFÍCIL, NÉ, MEU?
>
> VOCÊ PRECISA TER UM MÉTODO, MARCIE.
>
> EU LEIO TODA A PROVA, PULO AS QUESTÕES QUE EU NÃO SEI E RESPONDO AS QUE SEI...
>
> E O RESULTADO É... UMA FOLHA EM BRANCO.

Disponível em: <https://br.pinterest.com/pin/54043264257313375/>. Acesso em: 17 fev. 2017.

Dadas as afirmativas sobre os aspectos morfossintáticos dos quadrinhos,

I. O pronome demonstrativo ESTA, 1º quadrinho, foi corretamente empregado, já que expressa proximidade de quem se manifesta com o objeto referente.

II. A linguagem verbal do 2º quadrinho foi constituída por apenas um período simples.

III. A vírgula, que aparece no 2º quadrinho, está de acordo com as orientações gramaticais, uma vez que aparece isolando um termo explicativo.

IV. O termo TODA A PROVA, presente no 3º quadrinho, apresenta idêntica classificação sintática que AS QUESTÕES, no 3º quadrinho.

Verifica-se que está(ão) correta(s):

a) I, II, III e IV.
b) I, II e IV, apenas.
c) I e II, apenas.
d) III, apenas.
e) Nenhuma das anteriores.

A vírgula que aparece no segundo quadrinho separa vocativo.
GABARITO: B.

194. Com base nas normas de concordância verbal e nominal da língua portuguesa, analise os períodos a seguir e assinale a opção correta.

Período 1: "A maioria das pessoas supera a crítica, sai para reclamar com os amigos e esquece o dia ruim".

Período 2: "Esses milhões de pessoas não conseguem relaxar".

Período 3: "A assistente de marketing promocional não suportava a rotina profissional havia meses".

a) No período 1, os verbos empregados poderiam se apresentar no singular ou no plural e, ainda assim, manteriam a concordância.
b) No período 2, a expressão "Esses milhões de pessoas" apresenta inadequação quanto à concordância em razão de o pronome "Esses" não concordar com a unidade lexical "pessoas".
c) No período 3, o verbo "haver" é utilizado adequadamente devido ao mesmo apresentar-se em concordância com o sujeito da oração.
d) Tanto o período 1 quanto o período 2 apresentam inadequações quanto à concordância verbal, pois, em ambas, os verbos deveriam concordar com a unidade lexical "pessoas".
e) No período 2, o verbo "conseguir" concorda com a unidade lexical "pessoas", pois é pessoal, enquanto no período 3 o verbo "haver" não apresenta concordância com o sujeito, pois é impessoal.

Ocorre na letra A uma concordância que pode ser atrativa, com o termo "maioria". Na letra B, a concordância é com "milhões". Na letra C, o verbo haver é impessoal. Na letra D, são concordâncias diferentes, a primeira com pessoas e a segunda com milhões. Na letra E, o primeiro verbo concorda com "milhões.

GABARITO: A.

195. Atente para as seguintes construções:

I. O cronista critica os velhos, em quem reconhece dois traços perigosos.

II. São condenáveis os velhos, cuja avareza mesquinha se funda numa ilusão.

III. Ao falar dos velhos, o cronista rejeita suas memórias fantasiosas.

A exclusão da vírgula alterará o sentido do que está apenas em:

a) I.
b) II.
c) III.
d) I e II.
e) II e III.

A vírgula anteposta a qualquer pronome relativo tem apenas relevância semântica: a sua inclusão antes do pronome relativo pressupõe uma explicação ou redundância. Já a sua supressão antes do pronome relativo pressupõe uma restrição. Como nas afirmativas (I) e (II) as vírgulas estão antepostas a dois pronomes relativos (quem – cuja), o que indica uma explicação. Se forem suprimidas ocorrerá uma restrição. Assim, a interferência é apenas semântica, pois mantém-se a correção gramatical. Na proposta (III), a vírgula não pode ser retirada porque isola a oração subordinada adverbial reduzida da principal na ordem inversa.

GABARITO: D.

196. Leia o texto para responder a questão:

Os deuses de Delfos

Segundo a mitologia, Zeus teria designado uma medida apropriada e um justo limite para cada ser: o governo do mundo coincide assim com uma harmonia precisa e mensurável, expressa nos quatro motes escritos nas paredes do templo de Delfos: "O mais justo é o mais belo", "Observa o limite", "Odeia a hybris (arrogância)", "Nada em excesso". Sobre estas regras se funda o senso comum grego da Beleza, em acordo com uma visão do mundo que interpreta a ordem e a harmonia como aquilo que impõe um limite ao "bocejante Caos", de cuja goela saiu, segundo Hesíodo, o mundo. Esta visão é colocada sob a proteção de Apolo, que, de fato, é representado entre as Musas no frontão ocidental do templo de Delfos.

Mas no mesmo templo (século IV a.C.), no frontão oriental figura Dioniso, deus do caos e da desenfreada infração de toda regra. Essa coabitação de duas divindades antitéticas não é casual, embora só tenha sido tematizada na idade moderna, com Nietzsche. Em geral, ela exprime a possibilidade, sempre presente e verificando-se periodicamente, da irrupção do caos na beleza da harmonia. Mais especificamente, expressam-se aqui algumas antíteses significativas que permanecem sem solução dentro da concepção grega da Beleza, que se mostra bem mais complexa e problemática do que as simplificações operadas pela tradição clássica.

Uma primeira antítese é aquela entre beleza e percepção sensível. Se de fato a Beleza é perceptível, mas não completamente, pois nem tudo nela se exprime em formas sensíveis, abre-se uma perigosa oposição entre Aparência e Beleza: oposição que os artistas tentarão manter entreaberta, mas que um filósofo como Heráclito abrirá em toda a sua amplidão, afirmando que a Beleza harmônica do mundo se evidencia como casual desordem. Uma segunda antítese é aquela entre som e visão, as duas formas perceptivas privilegiadas pela concepção grega (provavelmente porque, ao contrário do cheiro e do sabor, são recondutíveis a medidas e ordens numéricas): embora se reconheça à música o privilégio de exprimir a alma, é somente às formas visíveis que se aplica a definição de belo (Kalón) como "aquilo que agrada e atrai". Desordem e música vão, assim, constituir uma espécie de lado obscuro da Beleza apolínea harmônica e visível e como tais colocam-se na esfera de ação de Dioniso.

Esta diferença é compreensível se pensarmos que uma estátua devia representar uma "ideia" (presumindo, portanto, uma pacata contemplação), enquanto a música era entendida como algo que suscita paixões.

(ECO, Umberto. História da beleza. Trad. Eliana Aguiar. Rio de Janeiro, Record, 2004, p. 55-56)

O autor organiza sua argumentação de modo a expor, no:

a) Primeiro parágrafo, uma concepção moderna de beleza que se contrapõe ao senso comum grego ao abarcar a ideia do caos criativo.

b) Segundo parágrafo, uma visão inconsistente de beleza, ao contrariar os preceitos gregos de equilíbrio, moderação e harmonia.

c) Terceiro parágrafo, oposições na concepção grega de beleza, as quais se ligam à combinação dos princípios de ordem e caos.

d) Quarto parágrafo, uma conclusão que reafirma o argumento expresso anteriormente de que no conceito grego de beleza as oposições se nulificam.

e) Terceiro e no quarto parágrafo, a opinião de que a beleza apolínea tem sido progressivamente substituída pelo conceito moderno de beleza dionisíaca.

No terceiro parágrafo, o autor lança mão de oposições no tocante à concepção grega de beleza. Nessa estrutura textual, o vocábulo "antítese", da expressão "Uma primeira antítese", reforça o posicionamento contrário a esse conceito de belo. Na continuação do parágrafo, o autor assevera que há "uma perigosa oposição entre Aparência e Beleza". Segundo a linha argumentativa, a concepção de beleza estaria ligada à combinação dos princípios de ordem e caos, como ratifica o excerto "oposição que os artistas tentarão" afirmar "que a beleza harmônica do mundo se evidencia como casual desordem".

GABARITO: C.

197. As normas de concordância verbal estão plenamente respeitadas na redação da seguinte frase:
   a) Os rinocerontes proliferaram ao longo de 40 milhões de anos, tempo durante o qual ocuparam regiões da África e da Ásia, dividindo-se em mais de 100 espécies.
   b) Embora as semelhanças físicas entre o rinoceronte e o hipopótamo seja ampla, a anta e o cavalo são os parentes mais próximos do paquiderme.
   c) Já se comprovou que, há mais de 50 milhões de anos, o antepassado da anta, do cavalo e do rinoceronte habitaram a América do Norte.
   d) Alguns dos antepassados do rinoceronte, com o passar do tempo, ganhou um chifre de queratina, o mesmo componente encontrado no cabelo e na unha humana.
   e) Os chifres de rinocerontes africanos costumam ser ilegalmente contrabandeados, pois muitos acreditam que tem propriedades afrodisíacas e curativas.

A) Correta. Verbos no plural concordando com o sujeito "os rinocerontes" (plural). Frase tranquila e sem polêmicas, mas vamos ver as outras?

B) Incorreta, pois a expressão "seja ampla" deveria estar flexionada no plural (sejam amplas) para concordar com "semelhanças físicas" (sujeito). REESCRITURA: Embora as semelhanças físicas entre o rinoceronte e o hipopótamo sejam amplas, a anta e o cavalo são os parentes mais próximos do paquiderme.

Atenção! Quem são amplas? As semelhanças físicas. Perceberam que "as semelhanças..." é sujeito e está no plural? Assim, verbo no plural!

C) Incorreta, pois o verbo "habitar" deveria estar no singular (habitou) para concordar com "o antepassado".

REESCRITURA: Já se comprovou que, há mais de 50 milhões de anos, o antepassado da anta, do cavalo e do rinoceronte habitou a América do Norte.

D) Incorreta, pois o verbo "ganhar" deveria estar no plural (ganharam) para concordar com "Alguns dos antepassados" (sujeito no plural).

REESCRITURA: Alguns dos antepassados do rinoceronte, com o passar do tempo, ganharam um chifre de queratina, o mesmo componente encontrado no cabelo e na unha humana.

E) Incorreta, pois o verbo "ter" deveria estar no plural (têm - com acento) para concordar com "os chifres dos rinocerontes..."

REESCRITURA: Os chifres de rinocerontes africanos costumam ser ilegalmente contrabandeados, pois muitos acreditam que têm propriedades afrodisíacas e curativas.

Tem (sem acento) - singular

Têm (com acento) - plural

GABARITO: A.

198. Considere os períodos A e B e as assertivas que seguem a eles.

A. Eles se esforçaram bastante, mas não conseguiram atingir a meta proposta para o setor.

B. Eles se esforçaram bastante, ainda que não tenham conseguido atingir a meta proposta para o setor.

I. Tanto em A, quanto em B, os enunciados que compõem o período relacionam-se por contraposição, motivo pelo qual os conectores mas e ainda que pertencem à mesma categoria, a das conjunções adversativas.

II. Em A, o primeiro segmento do período cria a expectativa de que o esforço foi recompensado; o segundo, introduzido pela conjunção mas, constitui eliminação da expectativa criada no primeiro.

III. Em B, o segmento introduzido pela locução conjuntiva constitui argumento contrário, mas não suficientemente forte para desmentir o argumento anterior.

IV. No período em que aparece a conjunção mas, prevalece a orientação argumentativa do segmento que ela introduz; no período em que aparece a locução ainda que, prevalece a orientação argumentativa do segmento que ela não introduz.

Está correto o que se afirma apenas em:

a) II, III e IV.

b) I, II e III.

c) I e IV.

d) II e III.

e) II e IV.

Considere os períodos A e B e as assertivas que seguem a eles.

A. Eles se esforçaram bastante, *mas* (adversativa) não conseguiram atingir a meta proposta para o setor.

B. Eles se esforçaram bastante, *ainda que* (concessão) não tenham conseguido atingir a meta proposta para o setor.

I. Tanto em A, quanto em B, os enunciados que compõem o período relacionam-se por contraposição, motivo pelo qual os conectores mas e Ainda que pertencem à mesma categoria, a das conjunções adversativas. Incorreta

Os conectivos pertencem à categorias diferentes. "Mas" é uma conjunção adversativa, porém o "ainda que" é uma conjunção consecutiva.

II. Em A, o primeiro segmento do período cria a expectativa de que o esforço foi recompensado; o segundo, introduzido pela conjunção mas, constitui eliminação da expectativa criada no primeiro. Correta

É justamente esse tipo de relação que é criada pela conjunção adversativa: oposição entre ideias.

III. Em B, o segmento introduzido pela locução conjuntiva constitui argumento contrário, mas não suficientemente forte para desmentir o argumento anterior. Correto

É justamente essa a ideia de concessão. O evento introduzido pela conjunção concessiva é contrário ao evento da oração principal, no entanto isso não impede a realização do evento da oração principal. Concessão significa o ato/efeito de ceder alguma coisa; conceder.

IV. No período em que aparece a conjunção mas, prevalece a orientação argumentativa do segmento que ela introduz; no período em que aparece a locução ainda que, prevalece a orientação argumentativa do segmento que ela não introduz. Correta

Na oração adversativa, o evento introduzido pela conjunção se opõe ao evento da outra oração coordenada. Veja que o ato de se esforçar não impediu que a meta não fosse atingida. Apesar do esforço, a meta foi descumprida.

Na oração subordinada adverbial concessiva, o evento introduzido pela conjunção também se opõe ao evento da oração principal. Contudo, apesar dessa contrariedade, o evento da oração principal é realizado. Veja que, embora a meta não tenha sido atingida, eles se esforçaram. Por isso a orientação argumentativa prevalece na oração principal.

GABARITO: A.

199. Há identidade de valor significativo entre os prefixos usados na formação das palavras relacionadas em:
a) RETROcessos / REfluir.
b) DESconstrução / DISseminar.
c) PÓS-moderno / PREdestinação.
d) INTERplanetárias / INTRAmuscular.
e) ANTIconcepcional /ANTEbraço.

A) Certa. Nas palavras "retrocessos e "refluir", os prefixos "retro-" e "re" significam "movimento para trás".

B) Errada. Em "desconstrução", o prefixo "des-" significa "ação contrária"; em "disseminar", o prefixo "dis-" significa "movimento para diversos lados".

C) Errada. Em "pós-moderno", o prefixo "pós-" significa "posterior"; em "predestinação", o prefixo "pre-" significa "anterior".

D) Errada. Em "interplanetárias", o prefixo "inter-" significa "posição no meio"; em "disseminar", o prefixo "intra-" significa "dentro de".

E) Errada. Em "anticoncepcional", o prefixo "anti-" significa "oposição"; em "antebraço", o prefixo "dis-" significa "posição anterior".

GABARITO: A.

200. Assinale a opção onde a palavra QUE estabelece a mesma relação morfossintática que em "Sabemos que o seu José está na porta do museu pelo cheirinho quente e doce de suas pipocas fresquinhas (...)".
a) "À direita, podemos observar a longa Avenida Rio Branco, tão comprida que os nossos olhos se perdem em meio aos altos prédios e ao silêncio habitual dos finais de semana."
b) "Entre as histórias contadas, ele lembra da exposição de Rodin, em que a fila dava voltas e voltas no quarteirão."

c) "Como pipoqueiro, ele sabe de todas as atividades que acontecem nos finais de semana no Museu Nacional de Belas Artes e no Teatro Municipal."

d) "No momento que o visitante para em frente ao museu ele tem alguns instantes de pura paz. Dali, observa-se também o Teatro Municipal, em frente ao museu."

e) "Vale lembrar que o museu existe há 71 anos."

A) Errada. "Que" é uma conjunção consecutiva.

B) Errada. "Que" é um pronome relativo, que retoma "exposição de Rodin".

C) Errada. "Que" é um pronome relativo, que retoma "atividades".

D) Errada. "Que" é um pronome relativo, que retoma "momento".

E) Certa. "Que" é uma conjunção integrante, que liga o verbo ao complemento.

GABARITO: E.

201. A palavra que precisa ser acentuada graficamente para estar correta quanto às normas em vigor está destacada na seguinte frase:

a) Todo torcedor **tem** um sentimento especial em relação à seleção.

b) Muita gente do exterior **vem** ao Brasil para ver a Copa do Mundo.

c) Há árbitros que costumam **supor** que são os principais artistas do espetáculo.

d) Alguns jogadores dizem nas entrevistas que eles sempre se **doam** nos jogos.

e) Os jornalistas de emissoras diferentes também se **reunem** ao final do trabalho.

A) Incorreta. O verbo "tem" só deve recebe acento quando estiver no plural. Nesse caso, ele está no singular, para concordar com o sujeito "todo torcedor".

B) Incorreta. O verbo "vem" também só deve receber acento quando estiver no plural. Nesse caso, ele está no singular, para concordar com o sujeito "muita gente do exterior".

C) Incorreta. A regra diz que somente as paroxítonas terminadas em "R" devem ser acentuadas. "Supor" é uma palavra oxítona.

D) Incorreta. Palavras oxítonas só são acentuadas quando terminam com A, E, O, EM e ENS.

E) Correta. A palavra "Reúnem" deve ser acentuada por conter um "U" hiato.

GABARITO: E.

202. A frase em que ambos os elementos sublinhados exercem a função de núcleo do sujeito é:

a) Dessa escolha da Assembleia Nacional nasceram os museus.

b) Os bens dos aristocratas deviam ser considerados patrimônio de quem os tomou.

c) Os parisienses revoltados arrebentaram as casas dos nobres.

d) Os museus, ao contrário do que se imagina, são uma invenção moderna.

e) Muitos acham que não é justo apagar os vestígios do passado.

A) errada – "museus" é núcleo.

C) errada – parisienses é núcleo e nobres adjunto adnominal.

D) errada – museus núcleo e invenção, predicativo do sujeito.

E) errada – justo é núcleo do sujeito e vestígios, objeto direto.

GABARITO: B.

203. Uma das charges publicadas sobre os atentados terroristas ocorridos em Paris, em janeiro de 2015, mostra o seguinte:

a mão do criador!

A afirmação que não está de acordo com a imagem da charge é:

a) A expressão "a mão do criador" mostra duplicidade de sentido.

b) A imagem do lápis faz referência à profissão de chargista da grande parte das vítimas dos atentados.

c) A borracha mostra o direito de interferência do criador com a obra criada.

d) O apagamento da cabeça do terrorista marca o início de uma obra que irá apagar todo o seu corpo, representando o fim do terrorismo.

e) A imagem traz em si mesma um protesto de chargistas contra a morte de colegas profissionais.

A) A palavra "Criador" apresenta duplo sentido, pode se referir tanto ao criador da charge quanto a Deus.

B) O lápis e a borracha podem ser entendidos como referência ao desenhista, o chargista.

C) Ao apagar o desenho, a charge pode, implicitamente, afirmar a liberdade do chargista para interferir na obra.

D) É exagerado afirmar que a charge simboliza uma obra que apagará todo o terrorismo.

E) Considerando a época de publicação da charge, é possível entender que, ao apagar a cabeça do terrorista, há um protesto contra a morte de chargistas do jornal francês Charlie Hebdo.

GABARITO: D.

204. O emprego do acento grave que indica a crase é obrigatório, de acordo com a norma-padrão, no **a** que está destacado em:

a) Antes de construir uma hidrelétrica, é importante avaliar **a** ocorrência de fenômenos climáticos prejudiciais à região.

b) Aplicar **a** ciência já adquirida e evoluir para uma nova realidade com respeito à natureza é responsabilidade de todos.

c) As secas prolongadas dificultam **a** sobrevivência da população ribeirinha e repercutem no potencial energético da região.

d) Empreendeu-se **a** inovadora pesquisa de adaptação de novas tecnologias para a geração de energia.

e) Eventos climáticos atípicos na Amazônia não causam estragos permanentes, e a vida retorna **a** situação normal.

Só pode ocorrer crase quando há fusão do "a" preposição com o "a" artigo. Nessa questão, excetuando-se a alternativa E, todos os verbos que antecedem o "a" destacado são transitivos diretos, que não exigem complemento regido por preposição. Por isso, não pode ocorrer crase nesses casos. Já na alternativa E, o verbo "retornar" exige preposição (retornar "a" algum lugar) e o substantivo feminino "situação" admite artigo "a", o que justifica o acento grave para indicar a crase. Correção: "Eventos climáticos atípicos na Amazônia não causam estragos permanentes, e a vida retorna à situação normal".

GABARITO: E.

205. Considere a charge de Alpino para responder à questão.

> **PAU DE SELFIE**
> LEMBRA QUANDO A GENTE TINHA QUE PEDIR A OUTRAS PESSOAS PRA TIRAR NOSSAS FOTOS E AQUILO ACABAVA VIRANDO AMIZADE?

(http://www.selfieblog.net/wp-content/uploads/2015/02/ pau-de-selfie-charge-2.jpg)

Na situação retratada na charge, o termo **aquilo** empregado pela personagem pode ser substituído corretamente por:

a) Aquela viagem cara.
b) Aquela história falsa.
c) Aquele encontro fortuito.
d) Aquele cansaço da viagem.
e) Aquele compromisso previsível.

Trata-se de uma situação vivida no passado que se tornava uma amizade, um encontro ao acaso com as pessoas na rua, alguém que tirasse a foto e que acabava se tornando um amigo, ou seja, um encontro fortuito.

GABARITO: C.

206. O sinal indicativo de crase é obrigatório na palavra destacada em:
a) A maior parte dos jovens está disposta **a** se casar ao encontrar a pessoa certa.
b) A opção por apartamentos unipessoais levou **a** redução do preço dos imóveis.
c) O uso intensivo de redes sociais diminui **a** distância física entre as pessoas.
d) Os jovens recém-formados têm expressado **a** vontade de morar sozinhos.
e) Hoje há um movimento mundial crescente para conquistar **a** eterna juventude.

A) Incorreta. Não ocorre crase antes de verbos (nesse caso, trata-se do verbo casar-se – "se" é um pronome ligado ao verbo).
B) Correta. "Levar" exige preposição "a" e a palavra feminina "redução" admite artigo "a".
C) Incorreta. O verbo transitivo direto "diminuir" não exige preposição "a".
D) Incorreta. A locução verbal "ter expressado" não exige preposição "a".
E) Incorreta. O verbo transitivo direto "conquistar" não exige preposição "a".
GABARITO: B.

207. "Havia um cego sentado numa calçada em Paris. A seus pés, um boné e um cartaz em madeira escrito com giz branco gritava: "Por favor, ajude-me. Sou cego". Um publicitário da área de criação, que passava em frente a ele, parou e viu umas poucas moedas no boné. Sem pedir licença, pegou o cartaz e com o giz escreveu outro conceito. Colocou o pedaço de madeira aos pés do cego e foi embora".

O texto pertence ao modo narrativo de organização discursiva, caracterizado pela evolução cronológica das ações. O segmento que comprova essa evolução é:

a) "Havia um cego sentado numa calçada em Paris. A seus pés, um boné e um cartaz em madeira escrito com giz branco gritava".
b) "Por favor, ajude-me. Sou cego".
c) "Um publicitário da área de criação, que passava em frente a ele".
d) "parou e viu umas poucas moedas no boné".
e) "Sem pedir licença, pegou o cartaz".

O comando da questão exige o exato momento da narrativa que marca a evolução cronológica das ações. A primeira ação está no verbo de elocução "gritava". Isso leva o publicitário a parar: "parou e viu umas poucas moedas no boné", o que indica uma evolução cronológica entre essas duas ações, numa implícita relação de causa e efeito. (gritava – parou).
GABARITO: D.

208. "O Papa Francisco lamentou neste domingo que 'os poucos ricos' aproveitam aquilo que 'em justiça, pertence a todos'. Ele afirmou que cristãos não podem permanecer indiferentes ao crescimento de preocupações com os explorados e os indigentes, incluindo imigrantes. O Papa chamou atenção para a causa dos idosos abandonados e para 'o grito de todos aqueles levados a deixar suas casas e sua terra natal por um futuro incerto'. Ele acrescentou: é o grito de populações inteiras, privadas inclusive de todos os recursos naturais a sua disposição.'"

Tribuna da Bahia, 19/11/2018.

O discurso do Papa Francisco tem caráter predominantemente:
a) Político-religioso.
b) Socioeconômico.
c) Político-social.
d) Religioso-social.
e) Religioso-econômico.

O Papa não tece informações sobre religião, trata-se apenas de um discurso de conscientização de viés político e social.
GABARITO: C.

Texto para as próximas 2 questões:

"Ao longo dos últimos anos, a participação de pessoas com idade superior aos 60 anos **vem aumentando** na força de trabalho do país. Além do envelhecimento da população, os idosos estão adiando a saída do mercado. E para protegê-los, o Estatuto do Idoso, que completou 15 anos no dia 1º de outubro, também trata de direitos relativos a trabalho e renda. Entretanto, alguns ainda não saíram do papel."

Tribuna da Bahia, 18/11/2018.

209. A forma verbal sublinhada tem valor de uma ação que:
a) Começou no passado e continua no presente.
b) Mostra uma ação anterior a outra ação passada.
c) Ocorre, provavelmente, no presente e no futuro.
d) Começa e termina no presente.
e) Se repete no passado.

A presença do gerúndio imprime a ideia de continuidade da ação verbal.
GABARITO: A.

210. Assinale a opção que indica como o segmento "Além do envelhecimento da população, os idosos estão adiando a saída do mercado" poderia ser mais claramente expresso.
a) Apesar do envelhecimento da população, os idosos estão adiando a saído do mercado.
b) Com o envelhecimento da população, os idosos estão adiando a saída do mercado.
c) Mesmo com o envelhecimento da população, os idosos estão adiando a saída do mercado.
d) Os idosos estão adiando a saída do mercado e o envelhecimento da população é fato natural.
e) Os idosos estão adiando a saída do mercado já que está ocorrendo o envelhecimento da população.

A ideia presente no trecho original é de adição, por essa razão a única possibilidade é a letra D.
GABARITO: D.

211. "O número de cigarros comercializados irregularmente superou neste ano a quantidade de produtos vendidos legalmente. A constatação vem de pesquisa do Instituto Brasileiro de Opinião Pública e Estatística (Ibope). Encomendado pelo Instituto Brasileiro de Ética Concorrencial (ETCO), o estudo aponta que, em 2018, foram consumidos 106,2 bilhões de cigarros, dos quais 57,5 bilhões de unidades (54%) fora do mercado legal".

Tribuna da Bahia, 18/11/2018.

Assinale a opção que apresenta a mudança formal que está de acordo com as regras da língua padrão.

a) Comercializados / comercializado.
b) Vendidos / vendido.
c) Encomendado / Encomendada.
d) Foram consumidos / foi consumido.
e) Fora do mercado legal / foras do mercado legal.

Trata-se de expressão partitiva, concorda com o núcleo "número" ou com a parte "cigarros".
GABARITO: A.

Texto para as próximas 2 questões:

Um pequeno tesouro literário, guardado com esmero durante quatro gerações, veio a público nesta quinta-feira (15.10.2015). Dezenas de documentos, fotos e 61 cartas do crítico e acadêmico José Veríssimo, recebidas do escritor Machado de Assis, foram entregues pela família de Veríssimo à Academia Brasileira de Letras (ABL).

Textos manuscritos, datados do início do século passado, e até uma fotografia e 12 cartas inéditas do patrono da Academia ficaram guardados por décadas em um antigo gaveteiro de madeira, que veio passando de geração em geração e, por último, estava no apartamento da aposentada Helena Araújo Lima Veríssimo, viúva do jornalista Jorge Luiz Veríssimo, um dos netos de José Veríssimo.

Apesar do valor histórico e sentimental do material, a família achou melhor entregar a guarda dos documentos à ABL, que tem condições ideais para preservar a coleção, em que se destaca uma foto inédita de Machado de Assis.

"O acervo do José Veríssimo estava com o marechal [Inácio José Veríssimo, filho do acadêmico], que era uma pessoa voltada para a literatura, apesar de ser militar. O marechal organizou o acervo, escreveu uma biografia de José Veríssimo e depois passou tudo para meu marido", disse Helena.

Para o presidente da ABL, Geraldo Holanda Cavalcanti, trata-se de um acervo precioso e que pode incentivar outras famílias, detentoras de material histórico sobre os acadêmicos, a também doarem o acervo à Academia. "Isto pode despertar a atenção de outras pessoas que tenham documentos em casa e se disponham a trazer para a Academia, que é a guardiã desse tipo de acervo, que é muito difícil de ser guardado em casa, pois o tempo destrói e aqui temos a melhor técnica de conservação de documentos", disse Cavalcanti.

(Adaptado de: OLIVEIRA, Gomes. Cartas inéditas de Machado de Assis são doadas à Academia Brasileira de Letras.)

212. O acervo do José Veríssimo estava com o marechal [Inácio José Veríssimo, filho do acadêmico], que era uma pessoa voltada para a literatura, apesar de ser militar.

A passagem destacada permite concluir que, na opinião de Helena Araújo Lima Veríssimo:

a) Não é muito comum haver militares interessados em literatura.
b) Não é raro encontrar militares que entendam profundamente de literatura.
c) É esperado que os militares de alta patente entendam de literatura.
d) É natural que um filho de acadêmico se torne um militar apaixonado por literatura.
e) É frequente encontrar militares com formação especializada em literatura.

A construção "apesar de ser militar", permite perceber a concessão que é feita pela autora em sua afirmação, pois o contexto em que ela escreve permite chegar a inferência de que para ela a literatura e o militarismo sejam coisas distantes, que não façam parte do mesmo universo.

GABARITO: A.

213. A família de José Veríssimo decidiu doar o acervo do crítico e acadêmico porque julgou que a ABL:

a) Pode manter os documentos inacessíveis a leitores e pesquisadores.
b) Tem mais competência em divulgar os documentos ao público.
c) Deve ser a verdadeira herdeira dos documentos de seus ancestrais.
d) Detém as técnicas necessárias para interpretar os documentos.
e) É capaz de armazenar os documentos de modo mais adequado.

A assertiva correta pode ser confirmada no trecho: "Isto pode despertar a atenção de outras pessoas que tenham documentos em casa e se disponham a trazer para a Academia, que é a guardiã desse tipo de acervo, que é muito difícil de ser guardado em casa, pois o tempo destrói e aqui temos a melhor técnica de conservação de documentos", disse Cavalcanti.

GABARITO: E.

214. Marque a alternativa na qual a palavra destacada funciona como adjetivo.

a) Os canudos poluem bastante.
b) Ações individuais são bastante significativas.
c) Algumas pessoas preferem ou necessitam bastante dos canudos.
d) Foi encontrada uma lista bastante grande de espécies afetadas.
e) Não há atitude bastante para resolver o problema.

O adjetivo caracteriza um substantivo. Podemos observar que na alternativa E bastante está caracterizando atitude.

Nas outras opções, temos:

A) Os canudos poluem bastante. [advérbio]
B) Ações individuais são bastante significativas. [pronome indefinido]
C) Algumas pessoas preferem ou necessitam bastante dos canudos. [advérbio]
D) Foi encontrada uma lista bastante grande de espécies afetadas. [pronome indefinido]

GABARITO: E.

215. O artigo (definido ou indefinido) tem a capacidade de substantivar qualquer palavra; ou seja, transformá-la em substantivo. Indique a opção em que ocorre substantivação de um advérbio:
a) O bonito é te ver sorrir.
b) Ambas as crianças estão vestindo azul.
c) Fui falar com uma garota e recebi um não como resposta.
d) Todos os candidatos são incompetentes.
e) A Fernanda canta muito bem.

Como o enunciado já explica, a substantivação consiste em transformar uma palavra em substantivo. O comando indica esse processo com um advérbio. Nesse caso, apenas a letra C se encaixa nisso: um não (advérbio não precedido de artigo).

GABARITO: C.

216. Leia o texto para responder a questão.

Mais da metade dos seres humanos hoje vivem em cidades, e esse número deve aumentar para 70% até 2050. Em termos econômicos, os resultados da urbanização foram notáveis. As cidades representam 80% do Produto Interno Bruto (PIB) global. Nos Estados Unidos, o corredor Boston-Nova York-Washington gera mais de 30% do PIB do país.

Mas o sucesso tem sempre um custo – e as cidades não são exceção, segundo análise do Fórum Econômico Mundial. Padrões insustentáveis de consumo, degradação ambiental e desigualdade persistente são alguns dos problemas das cidades modernas. Recentemente, entraram na equação as consequências da transformação digital. Há quem fale sobre uma futura desurbanização. Mas os especialistas consultados pelo Fórum descartam essa possibilidade. Preferem discorrer sobre como as cidades vão se adaptar à era da digitalização e como vão moldar a economia mundial.

A digitalização promete melhorar a vida das pessoas nas cidades. Em cidades inteligentes como Tallinn, na Estônia, os cidadãos podem votar nas eleições nacionais e envolver-se com o governo local via plataformas digitais, que permitem a assinatura de contratos e o pagamento de impostos, por exemplo. Programas similares em Cingapura e Amsterdã tentam criar uma espécie de "governo 4.0".

Além disso, a tecnologia vai permitir uma melhora na governança. Plataformas digitais possibilitam acesso, abertura e transparência às operações de governos locais e provavelmente irão mudar a forma como os governos interagem com as pessoas.

(Adaptado de:"5 previsões para a cidade do futuro, segundo o Fórum Econômico Mundial". Disponível em: https://epocanegocios.globo.com)

Considerando a função que exercem no contexto, pode-se afirmar que pertencem à mesma classe de palavras ambos os vocábulos sublinhados em:

a) Mais da metade dos seres <u>humanos</u> hoje vivem em <u>cidades</u>, e esse número deve aumentar para 70% até 2050. (1º parágrafo)
b) Em termos <u>econômicos</u>, os resultados da urbanização foram <u>notáveis</u>. (1º parágrafo)
c) <u>Padrões</u> insustentáveis de consumo, degradação ambiental e desigualdade persistente são alguns dos problemas das cidades <u>modernas</u>. (2º parágrafo)

d) Preferem discorrer sobre como as cidades vão se adaptar à era da digitalização.... (2º parágrafo)

e) Além disso, a tecnologia vai permitir uma melhora na governança. (4º parágrafo)

Na letra B, temos dois adjetivos: econômicos e notáveis. Nas demais alternativas, temos: adjetivo e substantivo (letra A), substantivo e adjetivo (letra C), verbo e substantivo (letra D), advérbio e artigo (letra E).

GABARITO: B.

217. O plural das palavras terminadas em "ão" sofre variações. Normalmente se faz em "ões", como em vulcões, que aparece no texto. Por vezes, contudo, aceita-se mais de uma forma. É o que ocorre com:

a) Tufão.

b) Tostão.

c) Vilão.

d) Cidadão.

e) Alemão.

A palavra vilão admite como plural as formas vilões e vilãos. Nas demais, temos: tufões, tostões, cidadãos, alemães.

GABARITO: C.

218. [...]
"Ah, porque estou tão sozinho?
Ah, porque tudo é tão triste?
Ah, a beleza que existe
A beleza que não é só minha
Que também passa sozinha." Vinícius de Moraes
[...]

No texto, a palavra 'Ah' que aparece repetida é um/uma:

a) Advérbio, pois é uma palavra invariável que exprime uma circunstância.

b) Preposição, porque é uma palavra invariável, que liga dois elementos de uma frase.

c) Interjeição, por ser uma palavra invariável que exprime sentimentos, subjetividade do eu poético.

d) Conjunção, por ser uma palavra invariável que estabelece conexão entre duas orações ou termos de mesma função sintática.

A palavra Ah é uma interjeição, conforme explica a letra C. Nas demais alternativas, as explicações estão corretas quanto a cada uma das classes de palavras.

GABARITO: C.

219. Veja a tirinha:

Ovelha Negra - Rose Araujo
www.rosearaujocartum.blogspot.com.br

Quadro 1: NÃO TENHO A MENOR DÚVIDA...
Quadro 2: A MAIOR POBREZA É A DE ESPÍRITO!
Quadro 3: O MUNDINHO POBRE O NOSSO!

A respeito da leitura da tirinha, analise as afirmativas a seguir:

I. A fala do segundo quadro mantém relação semântica direta com a fala do primeiro, mas não sintática.

II. A terceira fala permite inferir que são muitas pessoas pobres de espírito no mundo.

III. A frase do terceiro quadrinho é interjetiva.

Assinale:

a) Se somente as afirmativas I e II estiverem corretas.
b) Se somente as afirmativas I e III estiverem corretas.
c) Se somente as afirmativas II e III estiverem corretas.
d) Se nenhuma afirmativa estiver correta.
e) Se todas as afirmativas estiverem corretas.

Analisando as afirmativas, temos:

I. As duas falas são independentes quanto à estrutura, e possuem apenas uma relação de sentido.

II. Quando o personagem fala "o mundinho", está referindo-se a diversas pessoas pobres de espírito.

III. A interjeição exprime sentimentos, subjetividade do eu poético.

GABARITO: E.

220. Assinale a opção em que a palavra destacada se classifica como preposição, assim como em: "os alunos começaram **a** contratar outras pessoas".

a) Todos **a** receberam com entusiasmo.
b) Eles assistiram **a** uma ótima apresentação.
c) As pesquisas realmente **a** representavam.
d) Ele recusou **a** pesquisa feita anteriormente.
e) Esta é **a** que eu havia compartilhado.

Na letra B, a palavra "a" é uma preposição. Nas letras A, C e E, temos um pronome; na letra D, há um artigo.

GABARITO: B.

221. Em "... candidataram-se a uma bolsa de 1 milhão de dólares para financiar seus projetos de pesquisa atuais." (1º parágrafo), o vocábulo para estabelece relação de:
a) Finalidade.
b) Condição.
c) Conformidade.
d) Modo.
e) Proporção.

A preposição para, quando seguida de verbo, indica finalidade (para + verbo; para que + verbo).

GABARITO: A.

222. Em "um item insignificante utilizado brevemente antes de ser descartado", as palavras sublinhadas são formadas, respectivamente, por:
a) Sufixação; derivação imprópria.
b) Prefixação; derivação prefixal e sufixal.
c) Aglutinação; hibridismo.
d) Parassíntese; sufixação.
e) Derivação prefixal e sufixal; parassíntese.

Insignificante: parassíntese > processo de formação de palavra por prefixação [in] e sufixação [ante], simultaneamente.
Brevemente: sufixação > processo de formação de palavra por sufixação [mente].

GABARITO: D.

223. No trecho "Na opção entre sinônimos, ganha pontos a palavra mais curta", o sujeito é:
a) Indeterminado.
b) Simples.
c) Desinencial.
d) Inexistente.
e) Composto.

Para encontrar o sujeito, é preciso partir da análise do verbo. Ao se perguntar ao verbo "quem ganha pontos?", a resposta é "a palavra mais curta". Ou seja, o sujeito é determinado e classificado como simples, pois apenas um núcleo (palavra).

GABARITO: B.

224. "Ele relaxa os músculos e a mente...". Os termos destacados têm a função sintática de:
a) Sujeito composto.
b) Objeto direto.
c) Complemento nominal.
d) Objeto indireto.
e) Adjunto adnominal.

Na frase temos a seguinte estrutura a partir do verbo:

- Quem relaxa? Ele.

- Ele relaxa o quê? Os músculos e a mente.

Nesse sentido, a função sintática do termo destacado é a de objeto direto.

GABARITO: B.

225. Considerando a oração "às pessoas interessa o êxito", é correto afirmar que o termo sublinhado classifica-se em:
a) Objeto direto.
b) Complemento nominal.
c) Sujeito.
d) Adjunto adnominal.
e) Objeto indireto.

Primeiramente, veja que o termo "às pessoas" começa com crase, portanto não pode ser sujeito. Ao analisar o verbo "interessa", temos a seguinte situação:

- Interessa a quem? Às pessoas.

- O que interessa às pessoas? O êxito.

Portanto, o termo destacado é um objeto indireto.

GABARITO: E.

226. O termo destacado em: "Elas acreditam **em nossa missão**." exerce função sintática de:
a) Complemento nominal.
b) Objeto direto.
c) Adjunto adnominal.
d) Predicativo do sujeito.
e) Objeto indireto.

Para fazer a análise sintática, deve-se partir do verbo:

- Quem acredita? Elas (sujeito).

- Elas acreditam em quê? Em nossa missão (objeto indireto).

GABARITO: E.

227. Assinale a alternativa em que há excerto com agente da passiva:
a) "(...) a chegada de milhões de refugiados, migrantes, sofridos e necessitados".
b) "A vida não é justa".
c) "(...) e agora foi brutalmente soterrado pelo rio de lama, de lágrimas, de pouca esperança (...)".
d) "Vamos trabalhar, e nos manifestar".
e) "- quantas de verdade?".

O agente de passiva é um termo que aparece quando há voz passiva, em especial a forma analítica. É o agente da ação do verbo que está na voz passiva. Nesse sentido, a letra C atende a essa condição, pois o "rio de lama, de lágrimas, de pouca esperança" soterrou algo. Nas demais alternativas, nem há voz passiva para poder haver esse termo integrante.

GABARITO: C.

228. Em qual das opções há agente da passiva?
   a) A crença em Deus é necessária.
   b) As frutas ficaram bichadas com o tempo.
   c) O ator estava cercado de fãs.
   d) De repente, fiquei ansioso por sua volta.
   e) O rapaz estava apaixonado pela colega.

   O agente de passiva é um termo que aparece quando há voz passiva, em especial a forma analítica. É o agente da ação do verbo que está na voz passiva. Nesse sentido, a letra C atende a essa condição, pois os fãs é que cercavam o ator. Nas demais alternativas, temos:
   A: não há voz passiva.
   B: "com o tempo" é um adjunto adverbial.
   D: "por sua volta" é complemento nominal.
   E: "pela colega" é complemento nominal.

   GABARITO: C.

229. Na oração: As pessoas **preocupadas** são as únicas que tomam providências sobre o assunto, o termo destacado exerce a função de:
   a) Adjunto adnominal.
   b) Complemento nominal.
   c) Núcleo do sujeito.
   d) Predicativo do objeto.
   e) Predicativo do sujeito.

   O adjunto adnominal pode ser um artigo, um adjetivo, uma locução adjetiva, um numeral ou um pronome, e sempre acompanha um substantivo. Nesta questão, o adjetivo "preocupadas" acompanha o substantivo "pessoas".

   GABARITO: A.

230. Veja o texto:

   Romance em doze linhas
   Quanto tempo falta pra gente se ver hoje
   Quanto tempo falta pra gente se ver logo
   Quanto tempo falta pra gente se ver todo dia
   Quanto tempo falta pra gente se ver pra sempre
   Quanto tempo falta pra gente se ver dia sim dia não
   Quanto tempo falta pra gente se ver às vezes
   Quanto tempo falta pra gente se ver cada vez menos
   Quanto tempo falta pra gente não querer se ver

Quanto tempo falta pra gente não querer se ver nunca mais
Quanto tempo falta pra gente se ver e fingir que não se viu
Quanto tempo falta pra gente se ver e não se reconhecer
Quanto tempo falta pra gente se ver e nem lembrar que um dia se conheceu

Bruna Beber. Disponível em:<https://tinyurl.com/y2983cgf>. Acesso em: 12 fev. 2019.

Em "Romance em doze linhas", há uma repetição intencional de sentenças com pequenas modificações, que levam à progressão da ideia do texto. Nesse sentido, em "Quanto tempo falta pra gente se ver às vezes", o termo sublinhado classifica-se como:

a) Locução adverbial.
b) Adjunto adnominal.
c) Conjunção coordenativa.
d) Locução conjuntiva.

A expressão "às vezes" tem um sentido temporal, o que indica uma circunstância. O termo da oração que indica circunstâncias é o adjunto adverbial, que pode ser expresso na forma advérbio, locução adverbial ou de oração adverbial.

GABARITO: A.

231. A alternativa que apresenta adjunto adverbial de condição é:
a) Deixamos espaço no quintal para a instalação da churrasqueira.
b) A efetivação do funcionário só será concretizada com minha aprovação.
c) Tratou-me com respeito e simpatia.
d) O bebê chorava de fome.
e) Saíram do baile aos empurrões.

O adjunto adverbial pode ser expresso na forma advérbio, locução adverbial ou de oração adverbial, e sempre indica uma circunstância. Na letra B, a ideia de condição é marcada pela presença de conjunção condicional (se). Nas demais opções, temos: finalidade (letra A), modo (letra C), causa (letra D), lugar (letra E).

GABARITO: B.

Texto para as próximas 2 questões:

Assim como na pesquisa de 2012 do Instituto Brasileiro de Geografia e Estatística (IBGE), mais entrevistados relataram em 2015 terem praticado do que sofrido bullying, não apenas na escola, mas em qualquer ambiente que frequentam.

Meninas são menos provocadoras do que meninos: 15,6% das alunas disseram já ter praticado bullying, enquanto entre os alunos a proporção sobe para 24,2%. A prática é um pouco mais frequente nas escolas privadas (21,2% dos entrevistados disseram fazer bullying) do que na rede pública (19,5%). Sofreram bullying com frequência 7,4% (194,6 mil) dos alunos do 9º ano, principalmente por causa da aparência do corpo ou do rosto.

*bullying: situação que envolve agressões intencionais, verbais ou físicas, feitas de maneira repetitiva, por um ou mais alunos contra um ou mais colegas. (http://educacao.uol.com.br, 26.08.2016. Adaptado)

232. De acordo com o texto:
a) Cresceu o número de vítimas de bullying na escola entre 2012 e 2015.
b) Parece haver mais alunos provocadores do que vítimas de bullying.
c) Os meninos preferem direcionar suas provocações às meninas.
d) Os alunos da rede pública são mais agressivos que os da escola privada.
e) As meninas sofrem mais com as práticas de bullying que os meninos.

A assertiva pode ser comprovada na passagem: "mais entrevistados relataram em 2015 terem praticado do que sofrido bullying".

GABARITO: B.

233. Considere as seguintes construções do 2º parágrafo:

- Meninas são **menos** provocadoras do que meninos...

- A prática é um pouco **mais** frequente nas escolas privadas [...] do que na rede pública...

Nos contextos em que são empregadas, as palavras destacadas estabelecem relação de:
a) Comparação.
b) Negação.
c) Correção.
d) Dúvida.
e) Aprovação

Existe uma comparação entre meninas e meninos na primeira construção e outra comparação entre escolas privadas e públicas na segunda construção.

GABARITO: A.

234. Marque a opção correta quanto à classificação dos numerais a seguir: quatrocentos – sexagésimo – sétuplo:
a) Cardinal – ordinal – multiplicativo.
b) Arábico – cardinal – ordinal.
c) Cardinal – cardinal – multiplicativo.
d) Arábico – multiplicativo – multiplicativo.
e) Cardinal – cardinal – ordinal.

Esta questão exige conhecimento teórico sobre numerais. Nesse sentido, temos: quatrocentos (cardinal), sexagésimo (ordinal) e sétuplo (multiplicativo).

GABARITO: A.

235. Assinale a alternativa em que a palavra destacada não qualifica outra do mesmo trecho.
a) "Absorventes **sustentáveis** ajudam meninas africanas a ficarem na escola"
b) Uma em cada 10 meninas **africanas** não vai à escola durante menstruação."
c) "Os produtos são **consideravelmente** mais baratos do que os absorventes vendidos nas farmácias, [...]"

d) "Desde então, ela começou a se dedicar à causa de que nenhuma garota **sul-africana** tenha que perder aulas por causa da menstruação."

A função de qualificar é do adjetivo. Nas letras A, B e D, temos adjetivos: sustentáveis, africanas, sul-africana. Na letra C, temos um advérbio: consideravelmente.

GABARITO: C.

236. No título "Aprenda **a** chamar **a** polícia", os termos em destaque são classificados gramaticalmente, respectivamente, como:
   a) Artigo definido e pronome oblíquo.
   b) Pronome oblíquo e preposição.
   c) Artigo definido e artigo definido.
   d) Preposição e pronome oblíquo.
   e) Preposição e artigo definido.

A primeira palavra "a" liga dois verbos (preposição); a segunda palavra "a" acompanha o substantivo polícia (artigo).

GABARITO: E.

237. Está destacado um advérbio em:
   a) "E até hoje continuam a brincar o mesmo brinquedo..."
   b) "Na verdade, muitos dos brinquedos..."
   c) "E não é esse mesmo jogo que faz a criança..."
   d) "O professor Pardal gostava muito do Huguinho..."

Na letra A, há um pronome; na letra B, há um substantivo; na letra C, há um pronome; e na letra D, há um advérbio (modifica o verbo gostar).

GABARITO: D.

238. Nas passagens dos seguintes parágrafos, "No que **provavelmente** constitui a novidade mais relevante", "**desde que** autorizados por uma comissão de ética em pesquisa" e "os arquivos de hospitais e clínicas escondem informações **valiosíssimas**", as expressões destacadas conferem aos enunciados, correta e respectivamente, sentido de:
   a) Dúvida; condição; intensidade.
   b) Afirmação; tempo; afetividade.
   c) Intensidade; tempo; intensidade.
   d) Afirmação; condição; ironia.
   e) Dúvida; tempo; afetividade.

A questão quer que seja indicado o sentido de cada um dos termos destacados. Temos, então: provavelmente (dúvida), desde que (condição), valiosíssimas (intensidade).

GABARITO: A.

239. "Ah! quem poderá viver <u>bastante</u> para te ver saneada, ó cidade do Rio de Janeiro?". Em todas as opções há pelo menos uma palavra com a mesma classe gramatical da palavra destacada, exceto:
a) "Já alguém notou que o carioca anda sempre olhando para o chão..."
b) "Conhecem os senhores cousa mais triste do que um palácio desabitado?"
c) "Não! há quem diga que a nossa tristeza depende exclusivamente da nossa imundície."
d) "...de repente, porém, um alarido cresce nos ares, e, pelas colunas pagas..."
e) "Há casas vastas e belas que ficam longo tempo fechadas."

No enunciado, o termo bastante é um advérbio. Na letra E, não há advérbio. Nas outras alternativas, temos os advérbios: já, sempre, mais, não, exclusivamente, de repente.

GABARITO: E.

240. A coesão de um texto é garantida, entre outros, pela retomada correta de termos previamente mencionados. Sendo assim, analise o trecho a seguir.

"Um dia, de forma hilária, nosso protagonista consegue ajudar o seu companheiro de quarto a enfrentar um de seus medos. Ao auxiliá-**lo**, **ele** percebe que se sente bem ajudando as pessoas e resolve deixar o hospício para tornar-se um médico."

Nele, os termos destacados retomam, respectivamente:
a) 'companheiro' e 'protagonista'.
b) 'protagonista' e 'companheiro'.
c) 'medos' e 'quarto'.
d) 'quarto' e 'medos'.

Para resolver uma questão de referentes, deve-se ler o texto como um todo. Veja que, pelo contexto, temos: Ao auxiliar o companheiro, o protagonista percebe....".

GABARITO: A.

241. Verifique o emprego dos pronomes nos fragmentos textuais arrolados e, em seguida, marque a alternativa na qual o pronome destacado é classificado como relativo.
a) [...] um adolescente que circula a pé e de ônibus entre a Gávea, bairro de classe média alta **onde** estuda numa escola pública, e a Rocinha, sobressaltada comunidade **onde** vive.
b) [...] "Doutor, doutor, será que o senhor podia **me** ajudar?".
c) [...] Coração na boca, sentindo-se ameaçado, **ele** responde estendendo "uns trocados".
d) [...] Dali para a frente, sucessivos pedidos de ajuda **lhe** parecem emboscadas. "Súplice e ameaçador", o pedinte é, a **seus** olhos, um inimigo.[...]
e) [...]decide dar fim de uma vez por todas ao "outro" que tanto **o** atormenta.

Na letra A, a palavra onde é um pronome relativo. Nas letras B, C e E, há pronomes pessoais; na letra D, há um pronome possessivo.

GABARITO: A.

242. Assinale a alternativa em que o verbo sublinhado é classificado como verbo intransitivo:
   a) Os trabalhadores <u>concordaram</u> com a nova proposta.
   b) Minha avó <u>caiu</u> nas escadas.
   c) A onça <u>matou</u> um pássaro.
   d) As águas da chuva <u>inundaram</u> nossa fazenda.
   e) Minha casa <u>é</u> a mais simples da rua.
   Na letra B, o verbo cair é intransitivo. Nas demais alternativas, temos:
   A: verbo transitivo indireto.
   C: verbo transitivo direto.
   D: verbo transitivo direto.
   E: verbo de ligação.
   GABARITO: B.

243. Assinale a alternativa em que a análise da predicação verbal está correta.
   a) A luz chegou depois da escuridão. (transitivo indireto)
   b) O sol e as outras estrelas são a coberta da noite. (transitivo direto)
   c) As estrelas despencaram do céu. (intransitivo)
   d) O poema causa impacto no leitor. (verbo intransitivo direto e indireto)
   e) A cidade ficou calma. (transitivo direto preposicionado)
   Analisando cada alternativa, temos:
   A: verbo intransitivo.
   B: verbo de ligação.
   C: verbo intransitivo.
   D: verbo transitivo direto.
   E: verbo de ligação.
   GABARITO: C.

244. Leia as seguintes orações:
   "De tanto ver, você não vê."

   A respeito das orações apresentadas, assinale a alternativa correta.
   a) Possui um verbo transitivo direto (ver) e um verbo intransitivo (vê).
   b) Os dois verbos, ver no infinitivo e ver conjugado, são bitransitivos.
   c) Os dois verbos, ver no infinitivo e ver conjugado, são intransitivos.
   d) Possui um verbo intransitivo (ver) e um transitivo direto (vê).
   No enunciado, a forma verbal VER é um verbo intransitivo nas duas ocorrências, pois não se informa o que se vê.
   GABARITO: C.

245. Leia o trecho a seguir.

"Os meios de transportes, e comunicação em massa, as mercadorias, casa, alimento e roupa, a produção irresistível da indústria de diversões e informação **trazem** atitudes e hábitos prescritos, certas reações intelectuais e emocionais que **prendem** os consumidores mais ou menos agradavelmente aos produtores e, através destes, ao todo."

Quanto à regência, os verbos destacados são respectivamente:

a) Transitivo indireto; transitivo direto.
b) Transitivo direto; transitivo direto e indireto.
c) Transitivo direto; transitivo indireto.
d) Transitivo direto e indireto; transitivo direto e indireto.
e) Transitivo direto e indireto; transitivo indireto.

Os verbos destacados são transitivo direto (trazer) e transitivo direto e indireto (prender).
GABARITO: B.

246. No período: Se o autor **convencesse** os leitores de que **tem** razão, se lhes **explicasse** que é necessário **vivermos** com mais informação, tudo se resolveria", os verbos destacados são, respectivamente:

a) Transitivo direto; transitivo direto; transitivo indireto, transitivo direto.
b) Transitivo indireto; intransitivo; transitivo direto e indireto; e transitivo indireto.
c) Transitivo direto e indireto; transitivo direto; transitivo direto e indireto; e transitivo indireto.
d) Transitivo direto e indireto; transitivo direto; transitivo direto e indireto; e intransitivo.

Os verbos em destaque são classificados como: transitivo direto e indireto (convencer); transitivo direto (ter); transitivo direto e indireto (explicar); e intransitivo (viver).
GABARITO: D.

247. <u>Entretanto</u>, essa vegetação vem sofrendo com o avanço das monoculturas. Mantendo-se a correção e a o sentido, a conjunção sublinhada não pode ser substituída por:

a) No entanto.
b) Todavia.
c) Não obstante.
d) Contudo.
e) Conquanto.

Conquanto é conjunção concessiva (concessão).
GABARITO: E.

248. Há, além disso, uma dificuldade relativa à ciência. Algumas das terapias disponíveis já têm quatro ou cinco décadas de existência. Investimentos em pesquisa poderiam levar a estratégias de prevenção e cura mais efetivas. Como essas doenças não são rentáveis, porém, os grandes laboratórios raras vezes se interessam por esse nicho.

Considerado o trecho apresentado, é adequado o seguinte comentário:

a) A supressão da vírgula após a palavra **Há** preserva a correção da frase.
b) A correlação entre as formas verbais **Há** e **poderiam levar** evidencia a relação estabelecida entre o que efetivamente existe e a hipótese considerada bastante improvável.
c) Formulação alternativa ao uso de **têm** está correta assim - "existe a".
d) A expressão **mais efetivas**, em virtude do segmento que caracteriza, pode ser deslocada para depois da palavra estratégias, sem prejudicar o sentido original.
e) No contexto, o emprego de **já** contribui para a construção da ideia de que certas terapias têm longevidade que comprova sua eficiência.

– MAIS EFETIVAS se refere a estratégias, por isso não geraria qualquer mudança na passagem.
Demais casos:
A: A vírgula é obrigatória já que está intercalando o termo "além disso".
B: Não há qualquer correlação entre essas formas verbais.
C: Algumas das terapias disponíveis (sujeito no plural) TÊM..., portanto, EXISTEM (e não existe).
E: JÁ não contribui para a ideia de que certas terapias têm longevidade, e sim que existem há décadas.
GABARITO: D.

249. Responda, na sequência, os vocábulos cujos prefixos ou sufixos correspondem aos seguintes significados: quase; através; em torno de; fora; simultaneidade.
a) Hemisfério; trasladar; justapor; epiderme; parasita.
b) Semicírculo; metamorfose; retrocesso; ultrapassar; circunavegação.
c) Penumbra; diálogo; periscópio; exogamia; sintaxe.
d) Visconde; ultrapassar; unifamiliar; programa; multinacional.
e) Pressupor; posteridade; companhia; abdicar; ambivalente.

"Pen-" – prefixo latino que significa "quase" (penumbra = quase escuro).
"Dia-" – prefixo grego que significa "movimento através de" (diálogo = palavra que "atravessa", conversa);
"Peri-" – prefixo grego que significa "em torno de" (periscópio = objeto que permite ver por cima);
"Exo-" – prefixo de origem grega que significa "movimento para fora" (exogamia = casamento de um indivíduo com um outro estranho, "de fora" do grupo);
"Sin-" – prefixo de origem grega que significa "simultaneidade" (sintaxe = parte da gramática que estuda a interdependência de elementos de uma mesma frase, simultâneos).
GABARITO: C.

250. Seus subordinados, **contudo**, cumpriram fielmente a ordem de não soltá-lo até que estivessem longe da zona de perigo.

Sem prejuízo para o sentido original e a correção gramatical, o elemento grifado pode ser substituído por:

a) Embora.
b) Entretanto.
c) Portanto.
d) Onde.
e) Por isso.

Há uma relação de oposição entre as orações - As conjunções adversativas: mas, porém, todavia, contudo, no entanto, entretanto.

A: concessiva.

C: conclusiva.

D: advérbio indicador de lugar.

E: conclusão.

GABARITO: B.

251. Os barulhos produzidos por nós mesmos não são percebidos como incômodo: eles têm um sentido.

As relações estabelecidas na transcrição apresentada permitem afirmar que o segmento introduzido pelos dois-pontos tem valor.

a) Causal, equivalente a devido ao fato de terem um sentido.
b) Condicional, com o sentido de caso apresentem um significado.
c) Temporal, entendido como quando traduzem um sentido.
d) Final, equivalente a para que tenham um sentido.
e) Proporcional, com o sentido de à medida que tenham significado.

Porque os barulhos não têm sentido para nós (causa), eles não são percebidos como incômodo (consequência).

GABARITO: A.

252. "Em vista disso, inteligência e sabedoria são dois conceitos interessantes. Assim, poderemos ter uma ideia mais precisa e útil do que realmente são. Afinal, se queremos algo, além de ter um alto QI, é necessário desenvolver uma sabedoria excepcional e moldar uma personalidade virtuosa. Isso vai um passo além do cognitivo e do emocional".

Nesse segmento, a palavra formada por processo de formação originalmente diferente dos demais é:

a) Sabedoria.
b) Realmente.
c) Desenvolver.
d) Excepcional.
e) Personalidade.

A) sabedoria – sabedor + -ia (derivação sufixal)

B) realmente – real + -mente (derivação sufixal)

C) desenvolver – des- + envolver (derivação prefixal)

D) excepcional – excepcion + -al (derivação sufixal)

E) personalidade – personal + -dade (derivação sufixal)

GABARITO: C.

253. Observe o emprego de "mal" no trecho em destaque.

"... as autoridades federais de saúde mal falaram publicamente sobre o problema do escorpião urbano no Brasil."

Agora preencha as lacunas com o adjetivo ou com o advérbio.

Ele falava _____ do governo, mas sempre se comportava_____ diante dos empregados, que o tinham como um _____ chefe, porque, além de os pagar_____ , desempenhava_____ seu papel de líder.

A sequência está correta em:

a) mau - mau - mal - mau - mau.

b) mal - mau - mal - mau - mau.

c) mau - mal - mau - mal - mal.

d) mau - mal - mau - mal - mau.

e) mal - mal - mau - mal - mal.

Considere que MAL é o contrário de BEM, e MAU é o contrário de BOM.

Ele falava MAL do governo, mas sempre se comportavam MAL diante dos empregados, que o tinham como um MAU chefe, porque, além de os pagar MAL, desempenhava MAL seu papel de líder.

GABARITO: E.

254. O segmento "devido à brusca queda na taxa de mortalidade" expressa uma:

a) Conformidade.

b) Causa.

c) Condição.

d) Concessão.

e) Consequência.

O segmento "devido à brusca queda na taxa de mortalidade" é iniciado pela expressão "devido a", que tem sentido causal.

GABARITO: B.

255. As palavras submissão, compreender e saudável são, respectivamente:

a) Trissílaba, trissílaba, polissílaba.

b) Trissílaba, polissílaba, trissílaba.

c) Polissílaba, polissílaba, trissílaba.

d) Polissílaba, trissílaba, polissílaba.

- sub-mis-são: trissílaba.
- com-pre-en-der: polissílaba.
- sau-dá-vel: trissílaba.

GABARITO: B.

256. Assinale a alternativa em que as sílabas da palavra estejam divididas corretamente.
   a) re - con - he - ci - do.
   b) apai - xo - nou.
   c) fi - c - tí - cia.
   d) di - a.
   A: re-co-nhe-ci-do.
   B: a-pai-xo-nou.
   C: fic-tí-cia.
   GABARITO: D.

257. Com base na norma-padrão da língua portuguesa, assinale a alternativa que apresenta palavras acentuadas segundo a mesma regra gramatical.
   a) "tradição" e "língua".
   b) "prosódia" e "gravatá".
   c) "porém" e "junção".
   d) "independência" e "raríssimos".
   e) "países" e "traíra".
   Tradição e junção não têm acento; língua, prosódia e independência são paroxítonas terminadas em ditongo; gravatá é oxítona terminada em A; porém é oxítona terminada em EM; raríssimos é proparoxítona; países e traíra são hiatos.
   GABARITO: E.

258. Assinale a alternativa em que todas as palavras são acentuadas em conformidade com a mesma regra de acentuação:
   a) vírus-bônus-álibis.
   b) maracujá-acarajé-dominó.
   c) cárie-trégua-cátion.
   d) amáveis-apzóis-anéis.
   e) álbum-órfão-sótão.
   Na letra D, todas são paroxítonas terminadas em ditongo.
   A: vírus e bônus (paroxítonas terminadas em us); álibis (proparoxítona).
   B: são todas oxítonas, mas as terminações são diferentes.
   C: são paroxítonas, mas são terminações diferentes.
   GABARITO: D.

259. Quando se redige um texto manuscrito, é necessário conhecer as regras de separação silábica. Considerando essa afirmação, assinale a alternativa em que os vocábulos apresentam separação silábica correta.
a) Pri-me-i-ro / a-pro-xi-ma-çã-o.
b) E-qui-pe / me-i-o.
c) Intr-oduz / rea-gi-ram.
d) I-ni-ci-a / a-ca-de-mi-a.
e) Pro-ce-sso / in-sti-tu-i-ção.
A: pri-mei-ro / a-pro-xi-ma-ção.
B: e-qui-pe / mei-o.
C: in-tro-duz / re-a-gi-ram.
E: pro-ces-so / ins-ti-tu-i-ção.
GABARITO: D.

260. Em relação ao emprego do hífen, considerando-se as orientações do Novo Acordo Ortográfico, estão grafadas corretamente as seguintes palavras:
a) extra-escolar, auto-estrada, anti-aéreo, agro-industrial.
b) des-humano, in-humano, co-ordenação, hidro-elétrica.
c) anti-religioso, anti-semita, contra-regra, infra-som.
d) pré-história, micro-onda, infra-axilar, hiper-requintado.
A: extraescolar, autoestrada, antiaéreo, agroindustrial.
B: desumano, inumano, coordenação, hidroelétrica.
C: antirreligioso, antissemita, contrarregra, infrassom.
GABARITO: D.

261. Na sociologia e na literatura, o brasileiro foi por vezes tratado como cordial e hospitaleiro, mas não é isso o que acontece nas redes sociais: a democracia racial apregoada por Gilberto Freyre passa ao largo do que acontece diariamente nas comunidades virtuais do país. Levantamento inédito realizado pelo projeto Comunica que Muda [...] mostra em números a intolerância do internauta tupiniquim. Entre abril e junho, um algoritmo vasculhou plataformas [...] atrás de mensagens e textos sobre temas sensíveis, como racismo, posicionamento político e homofobia. Foram identificadas 393 284 menções, sendo 84% delas com abordagem negativa, de exposição do preconceito e da discriminação.

Disponível em: Acesso em: 6 dez. 2017 (adaptado).

Ao abordar a postura do internauta brasileiro mapeada por meio de uma pesquisa em plataformas virtuais, o texto:
a) Minimiza o alcance da comunicação digital.
b) Refuta ideias preconcebidas sobre o brasileiro.
c) Relativiza responsabilidades sobre a noção de respeito.

d) Exemplifica conceitos contidos na literatura e na sociologia.

e) Expõe a ineficácia dos estudos para alterar tal comportamento.

O texto refuta ideias preconcebidas sobre o brasileiro (alternativa B) logo no início, quando apresenta uma caracterização de senso comum sobre o brasileiro e utiliza, já na sequência, a conjunção "mas" e uma ideia contrária a essa afirmação. No final do texto, ainda aponta números que reafirmam essa contradição, com a quantidade de abordagens.

GABARITO: B.

262. Descubra e aproveite um momento todo seu. Quando você quebra o delicado chocolate, o irresistível recheio cremoso começa a derreter na sua boca, acariciando todos os seus sentidos. Criado por nossa empresa. Paixão e amor por chocolate desde 1845.

Veja, n. 2.320, 8 mai. 2013 (adaptado).

O texto publicitário tem a intenção de persuadir o público-alvo a consumir determinado produto ou serviço. No anúncio, essa intenção assume a forma de um convite, estratégia argumentativa linguisticamente marcada pelo uso de:

a) Conjunção (quando).

b) Adjetivo (irresistível).

c) Verbo no imperativo (descubra).

d) Palavra do campo afetivo (paixão).

e) Expressão sensorial (acariciando).

Ao buscar persuadir alguém, além de bons argumentos, é necessário utilizar a linguagem correta. Assim, o uso de verbos no imperativo fornece um tom mais preciso ao texto, de forma a tentar convencer o interlocutor.

GABARITO: C.

263. Bons dias! 14 de junho de 1889 Ó doce, ó longa, ó inexprimível melancolia dos jornais velhos! Conhece-se um homem diante de um deles. Pessoa que não sentir alguma coisa ao ler folhas de meio século, bem pode crer que não terá nunca uma das mais profundas sensações da vida, – igual ou quase igual à que dá a vista das ruínas de uma civilização. Não é a saudade piegas, mas a recomposição do extinto, a revivescência do passado.

ASSIS. M. Bons dias! (Crônicas 1885-1839). Campinas Editora da Unicamp, São Paulo: Hucitec, 1590.

O jornal impresso é parte integrante do que hoje se compreende por tecnologias de informação e comunicação. Nesse texto, o jornal é reconhecido como:

a) Objeto de devoção pessoal.

b) Elemento de afirmação da cultura.

c) Instrumento de reconstrução da memória.

d) Ferramenta de investigação do ser humano.

e) Veículo de produção de fatos da realidade.

Assim como livros e demais fontes de informação, o jornal é um meio de registrar acontecimentos, momentos marcantes de uma época, e serve como um histórico de determinado lugar ou de uma pessoa, sociedade. Com as informações registradas, é possível refazer passos da história e manter viva a memória sobre algo ou alguém.

GABARITO: C.

264. Somente uns tufos secos de capim empedrados crescem na silenciosa baixada que se perde de vista. Somente uma árvore, grande e esgalhada mas com pouquíssimas folhas, abre-se em farrapos de sombra. Único ser nas cercanias, a mulher é magra, ossuda, seu rosto está lanhado de vento. Não se vê o cabelo, coberto por um pano desidratado. Mas seus olhos, a boca, a pele - tudo é de uma aridez sufocante. Ela está de pé. A seu lado está uma pedra. O sol explode.

Ela estava de pé no fim do mundo. Como se andasse para aquela baixada largando para trás suas noções de si mesma. Desapossada e despojada, não se abate em auto acusações e remorsos. Vive.

Sua sombra somente é que lhe faz companhia. Sua sombra, que se derrama em traços grossos na areia, é que adoça como um gesto a claridade esquelética. A mulher esvaziada emudece, se dessangra, se cristaliza, se mineraliza. Já é quase de pedra como a pedra a seu lado. Mas os traços de sua sombra caminham e, tomando-se mais longos e finos, esticam-se para os farrapos de sombra da ossatura da árvore, com os quais se enlaçam."

FRDES, L Vertigens obra reunida Re, de Janeiro: Rocco, 1998

Na apresentação da paisagem e da personagem, o narrador estabelece uma correlação de sentidos em que esses elementos se entrelaçam. Nesse processo, a condição humana figura-se:

a) Amalgamada pelo processo comum de desertificação e de solidão.
b) Fortalecida pela adversidade extensiva à terra e seres vivos.
c) Redimensionada pela intensidade da luz e da exuberância local.
d) Imersa num drama existencial de identidade e de origem.
e) Imobilizada pela escassez e pela opressão do ambiente.

A condição humana mistura-se aos aspectos da natureza, fazendo um paralelo entre a aparência física e emocional da personagem descrita com o ambiente no qual ela vive. O significado da palavra "amalgamada" é de essencial importância para a resolução da questão.

GABARITO: A.

265. Veja a tirinha:

BRANCO, A. Disponível em: www.oesquema.com.br. Acesso em: 30 jun. 2015 (adaptado).

A internet proporcionou o surgimento de novos paradigmas sociais e impulsionou a modificação de outros já estabelecidos nas esferas da comunicação e da informação. A principal consequência criticada na tirinha sobre esse processo é:

a) Criação de memes.
b) Ampliação da blogosfera.
c) Supremacia das ideias cibernéticas.
d) Comercialização de pontos de vista.
e) Banalização do comércio eletrônico.

A tirinha apresenta uma crítica à comercialização de pontos de vista no mundo virtual. Apesar da facilidade em gerar comunicação, o novo meio também deve ser visto com olhar mais crítico, de modo a verificar as informações repassadas, as quais, como citado na tirinha, podem ter sido encomendadas e não serem espontâneas.

GABARITO: D.

266. O senso comum é que só os seres humanos são capazes de rir. Isso não é verdade? Não. O riso básico – o da brincadeira, da diversão, da expressão física do riso, do movimento da face e da vocalização – nós compartilhamos com diversos animais. Em ratos, já foram observadas vocalizações ultrassônicas – que nós não somos capazes de perceber – e que eles emitem quando estão brincando de "rolar no chão". Acontecendo de o cientista provocar um dano em um local específico no cérebro, o rato deixa de fazer essa vocalização e a brincadeira vira briga séria. Sem o riso, o outro pensa que está sendo atacado. O que nos diferencia dos animais é que não temos apenas esse mecanismo básico. Temos um outro mais evoluído. Os animais têm o senso de brincadeira, como nós, mas não têm senso de humor. O córtex, a parte superficial do cérebro deles, não é tão evoluído como o nosso. Temos mecanismos corticais que nos permitem, por exemplo, interpretar uma piada.

Disponível em: http://globonews.globo.com. Acesso em: 31 mai. 2012 (adaptado).

A coesão textual é responsável por estabelecer relações entre as partes do texto. Analisando o trecho "Acontecendo de o cientista provocar um dano em um local específico no cérebro", verifica-se que ele estabelece com a oração seguinte uma relação de:

a) Finalidade, porque os danos causados ao cérebro têm por finalidade provocar a falta de vocalização dos ratos.
b) Oposição, visto que o dano causado em um local específico no cérebro é contrário à vocalização dos ratos.
c) Condição, pois é preciso que se tenha lesão específica no cérebro para que não haja vocalização dos ratos.
d) Consequência, uma vez que o motivo de não haver mais vocalização dos ratos é o dano causado no cérebro.
e) Proporção, já que a medida que se lesiona o cérebro não é mais possível que haja vocalização dos ratos.

Este trecho condiciona o acontecimento posterior, que é o fato de só após uma lesão em determinada área cerebral o animal deixaria de "ver" a brincadeira como tal.

GABARITO: C.

267. A obra de Túlio Piva poderia ser objeto de estudo nos bancos escolares, ao lado de Noel, Ataulfo e Lupicínio. Se o criador optou por permanecer em sua querência — Santiago, e depois Porto Alegre, a obra alçou voos mais altos, com passagens na Rússia, Estados Unidos e Venezuela. "Tem que ter mulata", seu samba maior, é coisa de craque. Um retrato feito de ritmo e poesia, uma ode ao gênero que amou desde sempre. E o paradoxo: misto de gaúcho e italiano, nascido na fronteira com a Argentina, falando de samba, morro e mulata, com categoria. E que categoria! Uma batida de violão que fez história. O tango transmudado em samba.

RAMIREZ, H.; PIVA, R. (Org.). Túlio Piva: pra ser samba brasileiro. Porto Alegre: Programa Petrobras Cultural. 2005 (adaptado)

O texto é um trecho da crítica musical sobre a obra de Túlio Piva. Para enfatizar a qualidade do artista, usou-se como recurso argumentativo o(a):

a) Contraste entre o local de nascimento e a escolha pelo gênero samba.
b) Exemplo de temáticas gaúchas abordadas nas letras de sambas.
c) Alusão a gêneros musicais brasileiros e argentinos.
d) Comparação entre sambistas de diferentes regiões.
e) Aproximação entre a cultura brasileira e a argentina.

Foi destacada a origem do artista e sua história em diferentes lugares, o que influencia também na construção de cada indivíduo – o meio em que está inserido. Neste caso, o local de nascimento (Rio Grande do Sul, uma cidade de fronteira com outro país, Argentina) tem uma tradição musical bem diferente da qual ele apresentou em suas obras, o samba (mais frequentemente ouvido no Rio de Janeiro).

GABARITO: A.

268. O hip hop tem sua filosofia própria, com valores construídos pela condição das experiências vividas nas periferias de muitas cidades. Colocando-se como um contraponto à miséria, às drogas, ao crime e à violência, o hip hop busca interpretar a realidade social. Seu objetivo é justamente encontrar saídas e fornecer uma alternativa à população excluída.

SOUZA, J.; FIALHO, V. M.; ARALDI, J. Hip hop: da rua para a escola. Porto Alegre: Sulina, 2008.

As autoras abordam no texto um movimento cultural que também tem características reconhecidas:

a) Nos traços e formas que representam personagens de olhos desproporcionalmente maiores e expressivos, conhecidos como mangá.
b) Nas formas de se vestir e de cortar os cabelos com objetivos contestadores à ordem social, próprios do movimento punk.
c) Nas frases e dizeres de qualquer espécie, rabiscados sobre fachadas de edifícios, que marcam a pichação.
d) Nos movimentos leves e sincronizados com os pés que deslocam o dançarino, denominado moonwalk.
e) Nas declamações rápidas e ritmadas de um texto, com alturas aproximadas, características do rap.

A alternativa A trata sobre os quadrinhos japoneses, conhecidos como mangás; em B, a própria alternativa contém o movimento ao qual diz respeito; em C, é apresentada a característica das pichações (linguagem diferente do grafite); em D, o moonwalk, popularmente conhecido por ser dançado por Michael Jackson, tem suas origens em outros estilos musicais que não o hip-hop. Assim, a alternativa correta é a letra E.

GABARITO: E.

269. Em junho de 1913, embarquei para a Europa a fim de me tratar num sanatório suíço. Escolhi o de Clavadel, perto de Davos-Platz, porque a respeito dele me falara João Luso, que ali passara um inverno com a senhora. Mais tarde vim a saber que antes de existir no lugar um sanatório, lá estivera por algum tempo Antônio Nobre. "Ao cair das folhas", um de seus mais belos sonetos, talvez o meu predileto, está datado de "Clavadel, outubro, 1895". Fiquei na Suíça até outubro de 1914.

BANDEIRA, M. Poesia completa e prosa. Rio de Janeiro: Nova Aguilar, 1985.

No relato de memórias do autor, entre os recursos usados para organizar a sequência dos eventos narrados, destaca-se a:

a) Construção de frases curtas a fim de conferir dinamicidade ao texto.
b) Presença de advérbios de lugar para indicar a progressão dos fatos.
c) Alternância de tempos do pretérito para ordenar os acontecimentos.
d) Inclusão de enunciados com comentários e avaliações pessoais.
e) Alusão a pessoas marcantes na trajetória de vida do escritor.

Acompanhando com atenção os tempos verbais utilizados no texto – pretérito perfeito e pretérito mais-que-perfeito –, é possível estabelecer uma certa ordem cronológica dos fatos, sem a necessidade de datas ou outras marcações de tempo.

GABARITO: C.

270. A última edição deste periódico apresenta mais uma vez tema relacionado ao tratamento dado ao lixo caseiro, aquele que produzimos no dia a dia. A informação agora passa pelo problema do material jogado na estrada vicinal que liga o município de Rio Claro ao distrito de Ajapi. Infelizmente, no local em questão, a reportagem encontrou mais uma forma errada de destinação do lixo: material atirado ao lado da pista como se isso fosse o ideal. Muitos moradores, por exemplo, retiram o lixo de suas residências e, em vez de um destino correto, procuram dispensá-lo em outras regiões. Uma situação no mínimo incômoda. Se você sai de casa para jogar o lixo em outra localidade, por que não o fazer no local ideal? É muita falta de educação achar que aquilo que não é correto para sua região possa ser para outra. A reciclagem do lixo doméstico é um passo inteligente e de consciência. Olha o exemplo que passamos aos mais jovens! Quem aprende errado coloca em prática o errado. Um perigo!

Disponível em: http://jornaldacidade.uol.com.br. Acesso em: 10 ago. 2012 (adaptado).

Esse editorial faz uma leitura diferenciada de uma notícia veiculada no jornal. Tal diferença traz à tona uma das funções sociais desse gênero textual, que é:

a) Apresentar fatos que tenham sido noticiados pelo próprio veículo.
b) Chamar a atenção do leitor para temas raramente abordados no jornal.

c) Provocar a indignação dos cidadãos por força dos argumentos apresentados.
d) Interpretar criticamente fatos noticiados e considerados relevantes para a opinião pública.
e) Trabalhar uma informação previamente apresentada com base no ponto de vista do autor da notícia.

O gênero textual editorial tem como característica apresentar a opinião de determinada mídia em relação a uma notícia, portanto, sempre parte de algo já de conhecimento do leitor para posicionar-se. Assim, "interpretar criticamente fatos noticiados e considerados relevantes para a opinião pública".
GABARITO: D.

271. "No tradicional concurso de miss, as candidatas apresentaram dados do feminicídio, abuso sexual e estupro no país. No lugar das medidas de altura, peso, busto, cintura e quadril, dados da violência contra as mulheres no Peru. Foi assim que as 23 candidatas ao Miss Peru 2017 protestaram contra os altos índices de feminicídio e abuso sexual no país no tradicional desfile em trajes de banho. O tom político, porém, marcou a atração desde o começo, logo no início, quando as peruanas se apresentaram, uma a uma, denunciaram os abusos morais e físicos, a exploração sexual, o assédio, entre outros crimes contra as mulheres."

Disponível em: www.cartacapital.com.br Acesso em 29 nov. 2017

Quanto à materialização da linguagem, a apresentação dos dados relativos à violência contra a mulher:
a) Configura uma discussão sobre os altos índices de abuso físico contra as peruanas.
b) Propõe um novo formato no enredo dos concursos de beleza feminina.
c) Condena o rigor estético exigido pelos concursos tradicionais.
d) Recupera informações sensacionalistas a respeito desse tema.
e) Subverte a função social da fala das candidatas a miss.

A apresentação dos dados relativos à violência contra a mulher no Peru, no concurso de beleza desse país, modifica de forma revolucionária a função social da fala das candidatas. Mundialmente, os concursos de miss não lidam com questões mais problemáticas na sociedade em que se inserem. Desta forma, a alternativa que contempla a resposta correta é a E.
GABARITO: E.

272. Encontrando base em argumentos supostamente científicos, o mito do sexo frágil contribuiu historicamente para controlar as práticas corporais desempenhadas pelas mulheres. Na história do Brasil, exatamente na transição entre os séculos XIX e XX, destacam-se os esforços para impedir a participação da mulher no campo das práticas esportivas. As desconfianças em relação à presença da mulher no esporte estiveram culturalmente associadas ao medo de masculinizar o corpo feminino pelo esforço físico intenso. Em relação ao futebol feminino, o mito do sexo frágil atuou como obstáculo ao consolidar a crença de que o esforço físico seria inapropriado para proteger a feminilidade da mulher "normal". Tal mito sustentou um forte movimento contrário à aceitação do futebol como prática esportiva feminina. Leis e propagandas buscaram desacreditar o futebol, considerando-o inadequado à delicadeza. Na verdade, as mulheres eram consideradas incapazes de se adequar às múltiplas dificuldades do "esporte-rei".

TEIXEIRA, F. L. S.; CAMINHA, I. O. Preconceito no futebol feminino: uma revisão sistemática. Movimento, Porto Alegre, n. 1, 2013 (adaptado)

No contexto apresentado, a relação entre a prática do futebol e as mulheres é caracterizada por um:

a) Argumento para justificar desigualdades históricas e sociais.
b) Discurso midiático que atua historicamente na desconstrução do mito do sexo frágil.
c) Apelo para a preservação do futebol como uma modalidade praticada apenas pelos homens.
d) Olhar feminista que qualifica o futebol como uma atividade masculinizante para as mulheres.
e) Receio de que sua inserção subverta o 'esporte-rei" ao demonstrarem suas capacidades de jogo.

O texto apresenta argumentos de cunho biológico utilizados entre os séculos XIX e XX para justificar as desigualdades históricas e sociais para que as mulheres não praticassem futebol. As mulheres eram colocadas em posição de fragilidade em relação ao homem – o futebol masculino foi criado em 1862 (Inglaterra), já o feminino, apenas em 1898 (Escócia).

GABARITO: A.

273. Tanto os Jogos Olímpicos quanto os Paralímpicos são mais que uma corrida por recordes, medalhas e busca de excelência. Por trás deles está a filosofia do barão Pierre de Coubertin, fundados do Movimento Olímpico. Como educador, ele viu nos Jogos a oportunidade para que os povos desenvolvessem valores, que poderiam ser aplicados não somente ao esporte, mas à educação e à sociedade. Os valores olímpicos são: a amizade, a excelência e o respeito, enquanto os valores paralímpicos são: a determinação, a coragem, a igualdade e a inspiração.

MIRAGAYA, A. Valores para toda a vida. Disponível em: www.esporteessencial.com.br. Acesso em: 9 ago. 2017 (adaptado).

No contexto das aulas de Educação Física escolar, os valores olímpicos e paralímpicos podem ser identificados quando o colega:

a) Procura entender o próximo, assumindo atitudes positivas como simpatia, empatia, honestidade, compaixão, confiança e solidariedade, o que caracteriza o valor da igualdade.
b) Faz com que todos possam ser iguais e receber o mesmo tratamento, assegurando imparcialidade, oportunidades e tratamentos iguais a todos, o que caracteriza o valor da amizade.
c) Dá o melhor de si na vivência das diversas atividades relacionadas ao esporte ou aos jogos, participando e progredindo de acordo com seus objetivos, o que caracteriza o valor da coragem.
d) Manifesta a habilidade de enfrentar a dor, o sofrimento, o medo, a incerteza e a intimidação nas atividades, agindo corretamente contra a vergonha, a desonra e o desânimo, o que caracteriza o valor da determinação.
e) Inclui em suas ações o fair play (jogo limpo), a honestidade, o sentimento positivo de consideração por outra pessoa, o conhecimento dos seus limites, a valorização de sua própria saúde e o combate ao doping, o que caracteriza o valor do respeito.

A questão reforça características essenciais à prática esportiva, seja ela escolar (como cita o enunciado da pergunta), seja ela profissional, conforme descreve o texto – jogos olímpicos. Por se tratar, justamente, de uma competição mundial, além dos valores incutidos naturalmente, a alternativa correta (E) trata do respeito às regras, como a proibição do doping; o jogo limpo, ou seja, honesto; desempenho físico e emocional positivos, tanto pessoal quanto em relação ao grupo.

GABARITO: E.

274. A educação física ensinada a jovens do ensino médio deve garantir o acúmulo cultural no que tange à oportunização de vivência das práticas corporais; a compreensão do papel do corpo no mundo da produção, no que tange ao controle sobre o próprio esforço, e do direito ao repouso e ao lazer; a iniciativa pessoal nas articulações coletivas relativas às práticas corporais comunitárias; a iniciativa pessoal para criar, planejar ou buscar orientação para suas próprias práticas corporais; a intervenção política sobre as iniciativas públicas de esporte e de lazer.

Disponível em: www.portal.mec.gov.br. Acesso em: 19 ago. 2012.

Segundo o texto, a educação física visa propiciar ao indivíduo oportunidades de aprender a conhecer e a perceber, de forma permanente e contínua, o seu próprio corpo, concebendo as práticas corporais como meios para:

a) Ampliar a interação social.
b) Atingir padrões de beleza.
c) Obter resultados de alta performance.
d) Reproduzir movimentos predeterminados.
e) Alcançar maior produtividade no trabalho.

Não só como busca por mais qualidade de vida fisicamente, o texto mostra que a educação física ensinada nas escolas deve priorizar as relações do indivíduo com a sociedade, tornando-o parte atuante na comunidade, tanto como agente de transformação quanto sujeito que busca melhorar seu desempenho em todos os aspectos da vida.

GABARITO: A.

275. O nome do inseto pirilampo (vaga-lume) tem uma interessante certidão de nascimento. De repente, no fim do século XVII, os poetas de Lisboa repararam que não podiam cantar o inseto luminoso, apesar de ele ser um manancial de metáforas, pois possuía um nome "indecoroso" que não podia ser "usado em papéis sérios": caga-lume. Foi então que o dicionarista Raphael Bluteau inventou a nova palavra, pirilampo, a partir do grego pyr, significando "fogo", e lampas, "candeia".

FERREIRA, M. B. Caminhos do português: exposição comemorativa do Ano Europeu das Línguas. Portugal: Biblioteca Nacional, 2001 (adaptado).

O texto descreve a mudança ocorrida na nomeação do inseto, por questões de tabu linguístico. Esse tabu diz respeito à:

a) Recuperação histórica do significado.
b) Ampliação do sentido de uma palavra.
c) Produção imprópria de poetas portugueses.
d) Denominação científica com base em termos gregos.
e) Restrição ao uso de um vocábulo pouco aceito socialmente.

Quando um assunto é considerado tabu por determinada sociedade é porque seu uso ou sua interferência naquele determinado tempo ou espaço não é aceito de forma geral. Assim, essa mudança de nomeação mostra a "restrição ao uso de um vocábulo pouco aceito socialmente".

GABARITO: E.

276. É possível considerar as modalidades esportivas coletivas dentro de uma mesma lógica, pois possuem uma estrutura comum: seis princípios operacionais divididos em dois grupos, o ataque e a defesa. Os três princípios operacionais de ataque são: conservação individual e coletiva da bola, progressão da equipe com a posse da bola em direção ao alvo adversário e finalização da jogada, visando a obtenção de ponto. Os três princípios operacionais da defesa são: recuperação da bola, impedimento do avanço da equipe contrária com a posse da bola e proteção do alvo para impedir a finalização da equipe adversária.

DAOLIO, J. Jogos esportivos coletivos: dos princípios operacionais aos gestos técnicos – modelo pendular a partir das ideias de Claude Bayer. Revista Brasileira de Ciência e Movimento, out. 2002 (adaptado).

Considerando os princípios expostos no texto, o drible no handebol caracteriza o princípio de:

a) Recuperação da bola.
b) Progressão da equipe.
c) Finalização da jogada.
d) Proteção do próprio alvo.
e) Impedimento do avanço adversário.

O estudante deve analisar o texto de forma a extrapolar o conceito de esporte para fazer a analogia entre a questão a ser respondida e o que é apresentado. Assim, chegará à resposta B, de que o drible é uma progressão da equipe, pois visa ultrapassar barreiras que impedem o time de alcançar o objetivo do jogo.

GABARITO: A.

277. O *hoax*, como é chamado qualquer boato ou farsa na internet, pode espalhar vírus entre os seus contatos. Falsos sorteios de celulares ou frases que Clarice Lispector nunca disse são exemplos de *hoax*. Trata-se de boatos recebidos por e-mail ou compartilhados em redes sociais. Em geral, são mensagens dramáticas ou alarmantes que acompanham imagens chocantes, falam de crianças doentes ou avisam sobre falsos vírus. O objetivo de quem cria esse tipo de mensagem pode ser apenas se divertir com a brincadeira (de mau gosto), prejudicar a imagem de uma empresa ou espalhar uma ideologia política. Se o *hoax* for do tipo *phishing* (derivado de *fishing*, pescaria, em inglês) o problema pode ser mais grave: o usuário que clicar pode ter seus dados pessoais ou bancários roubados por golpistas. Por isso é tão importante ficar atento.

VIMERCATE, N. Disponível em: www.techtudo.com.br. Acesso em: 1 maio 2013 (adaptado).

Ao discorrer sobre os hoaxes, o texto sugere ao leitor, como estratégia para evitar essa ameaça:

a) Recusar convites de jogos e brincadeiras feitos pela internet.
b) Analisar a linguagem utilizada nas mensagens recebidas.
c) Classificar os contatos presentes em suas redes sociais.
d) Utilizar programas que identifiquem falsos vírus.
e) Desprezar mensagens que causem comoção.

Geralmente, esse tipo de texto divulgado em redes sociais ou por e-mail tem características específicas, conforme citado no texto: temas recorrentes, imagens fortes e buscam fisgar o interlocutor utilizando-se de emoção – dramas, medos, inseguranças financeira ou emocional. Assim, analisar a linguagem que compõe cada mensagem recebida ajuda a evitar problemas ou a propagação de falsas ideias.

GABARITO: B.

278. O livro A fórmula secreta conta a história de um episódio fundamental para o nascimento da matemática moderna e retrata uma das disputas mais virulentas da ciência renascentista. Fórmulas misteriosas, duelos públicos, traições, genialidade, ambição – e matemática! Esse é o instigante universo apresentado no livro, que resgata a história dos italianos Tartaglia e Cardano e da fórmula revolucionária para resolução de equações de terceiro grau. A obra reconstitui um episódio polêmico que marca, para muitos, o início do período moderno da matemática. Em última análise, A fórmula secreta apresenta-se como uma ótima opção para conhecer um pouco mais sobre a história da matemática e acompanhar um dos debates científicos mais inflamados do século XVI no campo. Mais do que isso, é uma obra de fácil leitura e uma boa mostra de que é possível abordar temas como álgebra de forma interessante, inteligente e acessível ao grande público.

GARCIA, M. Duelos, segredos e matemática. Disponível em: http://cienciahojeuol.com.br. Acesso em: 6 out. 2015 (adaptado).

Na construção textual, o autor realiza escolhas para cumprir determinados objetivos. Nesse sentido, a função social desse texto é:

a) Interpretar a obra a partir dos acontecimentos da narrativa.
b) Apresentar o resumo do conteúdo da obra de modo impessoal.
c) Fazer a apreciação de uma obra a partir de uma síntese crítica.
d) Informar o leitor sobre a veracidade dos fatos descritos na obra.
e) Classificar a obra como uma referência para estudiosos da matemática.

A função do texto é apresentar uma obra, mostrando alguns aspectos que serão abordados nela, com o objetivo de instigar a curiosidade do leitor e levá-lo à leitura do livro divulgado.

GABARITO: C.

279. O rap, palavra formada pelas iniciais de *rhythm and poetry* (ritmo e poesia), junto com as linguagens da dança (o break dancing) e das artes plásticas (o grafite), seria difundido, para além dos guetos, com o nome de cultura hip hop. O break dancing surge como uma dança de rua. O grafite nasce de assinaturas inscritas pelos jovens com sprays nos muros, trens e estações de metrô de Nova York. As linguagens do rap, do break dancing e do grafite se tornaram os pilares da cultura hip hop.

DAYRELL, J. A música entra em cena: o rap e o funk na socialização da juventude. Belo Horizonte: UFMG. 2005 (adaptado).

Entre as manifestações da cultura hip hop apontadas no texto, o break se caracteriza como um tipo de dança que representa aspectos contemporâneos por meio de movimentos:

a) Retilíneos, como crítica aos indivíduos alienados.
b) Improvisados, como expressão da dinâmica da vida urbana.
c) Suaves, como sinônimo da rotina dos espaços públicos.
d) Ritmados pela sola dos sapatos, como símbolo de protesto.
e) Cadenciados, como contestação às rápidas mudanças culturais.

O autor do texto apresenta diversas linguagens associadas à vida urbana e que são formas de expressão contemporâneas. Como as cidades, essas expressões realizadas por meio de diferentes formas de arte representam a diversidade.

GABARITO: B.

280. Na exposição "A Artista Está Presente", no MoMA, em Nova Iorque, a performer Marina Abramovic fez uma retrospectiva de sua carreira. No meio desta, protagonizou uma performance marcante. Em 2010, de 14 de março a 31 de maio, seis dias por semana, num total de 736 horas, ela repetia a mesma postura. Sentada numa sala, recebia os visitantes, um a um, e trocava com cada um deles um longo olhar sem palavras. Ao redor, o público assistia a essas cenas recorrentes.

ZANIN, L. Marina Abramovic, ou a força do olhar. Disponível em: http://blogs.estadao.com.br. Acesso em: 4 nov. 2013.

O texto apresenta uma obra da artista Marina Abramovic, cuja performance se alinha a tendências contemporâneas e se caracteriza pela:

a) Inovação de uma proposta de arte relacional que adentra um museu.
b) Abordagem educacional estabelecida na relação da artista com o público.
c) Redistribuição do espaço do museu, que integra diversas linguagens artísticas.
d) Negociação colaborativa de sentidos entre a artista e a pessoa com quem interage.
e) Aproximação entre artista e público, o que rompe com a elitização dessa forma de arte.

É cada dia maior a quantidade de obras criadas com o objetivo de interagir com o interlocutor. Isso acontece desde instalações, às quais o público pode contribuir com sua interferência, mantendo-a acessível a qualquer pessoa. Neste caso, tratou-se de uma performance, na qual a reação do público foi um dos instrumentos da arte, quando o público ajuda na construção da obra.

GABARITO: D.

281. FABIANA, *arrepelando-se de raiva* — Hum! Ora, eis aí está para que se casou meu filho, e trouxe a mulher para minha casa. É isto constantemente. Não sabe o senhor meu filho que quem casa quer casa... Já não posso, não posso, não posso! (*Batendo com o pé*). Um dia arrebento, e então veremos!

PENA, M. Quem casa quer casa. www.dominiopublico.gov.br. Acesso em: 7 dez. 2012.

As rubricas em itálico, como as trazidas no trecho de Martins Pena, em uma atuação teatral, constituem:

a) Necessidade, porque as encenações precisam ser fiéis às diretrizes do autor.
b) Possibilidade, porque o texto pode ser mudado, assim como outros elementos.
c) Preciosismo, porque são irrelevantes para o texto ou para a encenação.
d) Exigência, porque elas determinam as características do texto teatral.
e) Imposição, porque elas anulam a autonomia do diretor.

As rubricas são sugestões do autor para compor a cena apresentada no texto, acrescentando determinado tom ou sentimento que esteja condizente com a obra, para enriquecê-la.

GABARITO: B.

282. eu gostava muito de passeá... saí com as minhas colegas... brincá na porta di casa di vôlei... andá de patins... bicicleta... quando eu levava um tombo ou outro... eu era a::... a palhaça da turma... ((risos))... eu acho que foi uma das fases mais... assim... gostosas da minha vida... essa fase de quinze... dos meus treze aos dezessete anos...

A.P.S., sexo feminino, 38 anos, nível de ensino fundamental. Projeto Fala Goiana, UFG, 2010 (inédito).

Um aspecto da composição estrutural que caracteriza o relato pessoal de A.P.S. como modalidade falada da língua é:

a) Predomínio de linguagem informal entrecortada por pausas.
b) Vocabulário regional desconhecido em outras variedades do português.
c) Realização do plural conforme as regras da tradição gramatical.
d) Ausência de elementos promotores de coesão entre os eventos narrados.
e) Presença de frases incompreensíveis a um leitor iniciante.

As várias pausas no texto assinaladas por reticências, em momentos em que, gramaticalmente, não haveria necessidade, bem como a linguagem informal utilizada.

GABARITO: A.

283. Há qualquer coisa de especial nisso de botar a cara na janela em crônica de jornal – eu não fazia isso há muitos anos, enquanto me escondia em poesia e ficção. Crônica algumas vezes também é feita, intencionalmente, para provocar. Além do mais, em certos dias mesmo o escritor mais escolado não está lá grande coisa. Tem os que mostram sua cara escrevendo para reclamar: moderna demais, antiquada demais. Alguns discorrem sobre o assunto, e é gostoso compartilhar ideias. Há os textos que parecem passar despercebidos, outros rendem um montão de recados: "Você escreveu exatamente o que eu sinto", "Isso é exatamente o que falo com meus pacientes", "É isso que digo para meus pais", "Comentei com minha namorada". Os estímulos são valiosos pra quem nesses tempos andava meio assim: é como me botarem no colo – também eu preciso. Na verdade, nunca fui tão posta no colo por leitores como na janela do jornal. De modo que está sendo ótima, essa brincadeira séria, com alguns textos que iam acabar neste livro, outros espalhados por aí. Porque eu levo a sério ser sério... mesmo quando parece que estou brincando: essa é uma das maravilhas de escrever. Como escrevi há muitos anos e continua sendo a minha verdade: palavras são meu jeito mais secreto de calar.

LUFT, L. Pensar é transgredir. Rio de Janeiro: Record, 2004.

Os textos fazem uso constante de recursos que permitem a articulação entre suas partes. Quanto à construção do fragmento, o elemento:

a) "nisso" introduz o fragmento "botar a cara na janela em crônica de jornal".
b) "assim" é uma paráfrase de "é como me botarem no colo".
c) "isso" remete a "escondia em poesia e ficção".
d) "alguns" antecipa a informação "É isso que digo para meus pais".
e) "essa" recupera a informação anterior "janela do jornal".

"Assim", na verdade, está acompanhada de outra palavra, formando uma expressão popular (meio assim), a qual a autora utiliza para exemplificar o estado em que se encontra. "Isso" está retomando a ideia de que há muito tempo ela não escrevia crônicas. "Alguns" está sendo usado para citar a ideia de "escritores". "Essa" está ligada à palavra posterior, "brincadeira". Dessa forma, a alternativa correta é a A.

GABARITO: A.

284. "Ela é muito diva!", gritou a moça aos amigos, com uma câmera na mão. Era a quinta edição da Campus Party, a feira de internet que acontece anualmente em São Paulo, na última terça-feira, 7. A diva em questão era a cantora de tecnobrega Gaby Amarantos, a "Beyoncé do Pará". Simpática, Gaby sorriu e posou pacientemente para todos os cliques. Pouco depois, o rapper Emicida, palestrante ao lado da paraense e do também rapper MV Bill, viveria a mesma tietagem. Se cenas como essa hoje em dia fazem parte do cotidiano de Gaby e Emicida, ambos garantem que isso se deve à dimensão que suas carreiras tomaram através da internet — o sucesso na rede era justamente o assunto da palestra. Ambos vieram da periferia e são marcados pela disponibilização gratuita ou a preços muito baixos de seus discos, fenômeno que ampliou a audiência para além dos subúrbios paraenses e paulistanos. A dupla até já realizou uma apresentação em conjunto, no Beco 203, casa de shows localizada no Baixo Augusta, em São Paulo, frequentada por um público de classe média alta.

Disponível em: www.cartacapital.com.br. Acesso em: 28 fev. 2012 (adaptado).

As ideias apresentadas no texto estruturam-se em torno de elementos que promovem o encadeamento das ideias e a progressão do tema abordado. A esse respeito, identifica-se no texto em questão que:

a) A expressão "pouco depois", em "Pouco depois, o rapper Emicida", indica permanência de estado de coisas no mundo.

b) O vocábulo "também", em "e também rapper MV Bill", retoma coesivamente a expressão "o rapper Emicida".

c) O conectivo "se", em "Se cenas como essa", orienta o leitor para conclusões contrárias a uma ideia anteriormente apresentada.

d) O pronome indefinido "isso", em "isso se deve", marca uma remissão a ideias do texto.

e) As expressões "a cantora de tecnobrega Gaby Amarantos, a 'Beyoncé do Pará", "ambos" e "a dupla" formam uma cadeia coesiva por retomarem as mesmas personalidades.

A alternativa que melhor representa esse encadeamento de ideias por meio de elementos é a D, "o pronome indefinido "isso", em "isso se deve", marca uma remissão a ideias do texto". Nesta expressão, faz-se a retomada da ideia de sucesso e reconhecimento pelo trabalho realizado mesmo em condições não muito favoráveis, pois, como cita o texto, ambos ganharam visibilidade por meio da internet.

GABARITO: D.

285. O correr da vida embrulha tudo. A vida é assim: esquenta e esfria, aperta e daí afrouxa, sossega e depois desinquieta. O que ela quer da gente é coragem.

ROSA, J. G. Grande sertão: veredas. Rio de Janeiro: Nova Fronteira, 1986.

No romance Grande sertão: veredas, o protagonista Riobaldo narra sua trajetória de jagunço. A leitura do trecho permite identificar que o desabafo de Riobaldo se aproxima de um(a):

a) Diário, por trazer lembranças pessoais.

b) Fábula, por apresentar uma lição de moral.

c) Notícia, por informar sobre um acontecimento.

d) Aforismo, por expor uma máxima em poucas palavras.

e) Crônica, por tratar de fatos do cotidiano.

A única alternativa possível é a D, pois se trata de um texto curto de linguagem simples e objetiva, com tom de ensinamento. Um aforismo de Carlos Drummond de Andrade, e que ajuda justamente na definição desse conceito, diz que: "O aforismo constitui uma das maiores pretensões da inteligência, a de reger a vida".

GABARITO: D.

286. Leia o conjunto de frases a seguir e responda, na sequência, quais funções são assumidas pela palavra "que".
    I. Cinco contos que fossem, era um arranjo menor...
    II. Que bom seria viver aqui!
    III. Leio nos seus olhos claros um quê de profunda curiosidade.
    IV. A nós que não a eles, compete fazê-lo.
    V. Falou de tal modo que nos empolgou.
    a) Conjunção subordinativa consecutiva - interjeição de admiração - pronome indefinido - conjunção subordinativa comparativa - conjunção subordinativa consecutiva.
    b) Conjunção subordinativa concessiva - interjeição de admiração - substantivo - pronome relativo - conjunção subordinativa consecutiva.
    c) Conjunção subordinativa consecutiva - advérbio de intensidade - substantivo - pronome relativo - conjunção subordinativa consecutiva.
    d) Conjunção subordinativa concessiva - advérbio de intensidade - substantivo - conjunção coordenativa - conjunção subordinativa consecutiva.
    e) Conjunção subordinativa comparativa - interjeição de admiração - pronome indefinido - palavra expletiva - conjunção subordinativa consecutiva.

    Substituindo-se a palavra "que" pela conjunção essencialmente concessiva "embora", mantém-se o mesmo sentido: "Embora fossem cinco contos, era um arranjo menor".

    Quando a palavra "que" modifica o sentido de verbos, adjetivos ou advérbios, ele terá função de advérbio de intensidade. (QUE bom = muito bom)

    Quando precedida de artigo e for acentuada, a palavra "que" será substantivada pelo artigo.

    Quando pode ser substituída pela conjunção coordenativa adversativa "mas" sem alteração no sentido, a palavra "que" exercerá tal função (A nós, mas não a eles, compete fazê-lo).

    Quando acompanhada pelos modificadores tão, tal ou tanto, a palavra "que" estabelecerá a relação de consequência (conjunção subordinativa consecutiva).

    GABARITO: D.

287. Assinale a alternativa correta quanto ao emprego do verbo haver.
    a) Eu não sei, doutor, mas devem haver leis.
    b) Também a mim me hão ferido.
    c) Haviam tantas folhas pelas calçadas.
    d) Faziam oito dias que não via Guma.
    e) Não haverão umas sem as outras.

Nas alternativas, A, C e E, o verbo haver é impessoal porque está no sentido de "existir". Mesmo com verbo auxiliar (alternativa A), ele transmite a impessoalidade para o verbo auxiliar. Na alternativa D, o verbo haver está no sentido de "tempo transcorrido", sendo, portanto, também impessoal. Quando impessoal, o verbo haver permanece no singular.

GABARITO: B.

288. Assinale a alternativa em que a grafia de todas as palavras está correta.
   a) Mulçumano é todo indivíduo que adere ao islamismo.
   b) Gostaria de saber como se entitula esse poema em francês.
   c) Esses irmãos vivem se degladiando, mas no fundo se amam.
   d) Não entendi o porquê da inclusão desses asterísticos.
   e) Essa prova não será empecilho para mim.

   Correções dos itens: muçulmano; intitula; digladiando; asteriscos.

   GABARITO: E.

289. Assinale a alternativa em que o uso dos pronomes relativos está em acordo com a norma culta da Língua Portuguesa.
   a) Busca-se uma vida por onde a tolerância seja, de fato, alcançada.
   b) Precisa-se de funcionários com cujo caráter não pairem dúvidas.
   c) São pessoas com quem depositamos toda a confiança.
   d) Há situações de onde tiramos forças para prosseguir.
   e) José é um candidato de cuja palavra não se deve duvidar.

   O verbo "duvidar" (transitivo indireto) exige a preposição "de" que acompanha o pronome relativo "cujo".

   Correções:
   Busca-se uma vida na qual/em que a tolerância seja, de fato, alcançada.
   Precisa-se de funcionários sobre cujos caracteres não pairem dúvidas.
   São pessoas em quem depositamos toda confiança.
   Há situações das quais/de que tiramos forças para prosseguir.

   GABARITO: E.

290. Assinale a alternativa que apresenta uma oração correta quanto à concordância.
   a) Sobre os palestrantes tem chovido elogios.
   b) Só um ou outro menino usavam sapatos.
   c) Mais de um ator criticaram o espetáculo.
   d) Vossa Excelência agistes com moderação.
   e) Mais de um deles se entreolharam com espanto.

   Na alternativa A, o verto "tem" deve ser acentuado (têm) marcando o plural, concordando com o sujeito "elogios".

Na alternativa B, o verbo deve permanecer no singular, concordando com "um ou outro menino".

Na alternativa C, o verbo fica no singular, concordando com "mais de um ator".

Na alternativa D, o verbo deve ficar na 3ª pessoa do singular, concordando com o pronome de tratamento (Vossa Excelência agiu com moderação).

GABARITO: E.

291. Assinale a única opção em que a palavra "a" é artigo.
- **a)** Hoje, ele veio a falar comigo.
- **b)** Essa caneta não é a que te emprestei.
- **c)** Convenci-a com poucas palavras.
- **d)** Obrigou-me a arcar com mais despesas.
- **e)** Marquei-te a fronte, mísero poeta.

A) Hoje, ele veio a falar comigo. (preposição)

B) Essa caneta não é a que te emprestei. (pronome)

C) Convenci-a com poucas palavras. (pronome)

D) Obrigou-me a arcar com mais despesas. (preposição)

E) A palavra "a" é artigo quando precede um substantivo (fronte).

GABARITO: E.

292. No período "Ninguém sabe <u>como ela aceitará a proposta</u>", a oração grifada é uma subordinada:
- **a)** Adverbial comparativa.
- **b)** Substantiva completiva nominal.
- **c)** Substantiva objetiva direta.
- **d)** Adverbial modal.
- **e)** Adverbial causal.

A oração principal "Ninguém (sujeito) sabe (verbo transitivo direto)" terá como complemento a oração destacada que terá a função de objeto direto da oração principal.

GABARITO: C.

293. Dígrafo é o grupo de duas letras formando um só fonema. Ditongo é a combinação de uma vogal com uma semivogal, ou vice-versa, na mesma sílaba. Nas palavras "*também*" e "*ontem*", observa-se que há, para cada palavra, respectivamente:
- **a)** Dígrafo – dígrafo / dígrafo – dígrafo.
- **b)** Ditongo nasal – ditongo nasal / ditongo nasal – ditongo nasal.
- **c)** Dígrafo – ditongo nasal / ditongo nasal – dígrafo.
- **d)** Ditongo nasal – dígrafo / dígrafo – ditongo nasal.
- **e)** Dígrafo – ditongo nasal / dígrafo – ditongo nasal.

Na palavra "também", o os grafemas AM compõem o dígrafo, pois têm apenas 1 (um) som: /ã/. Na sílaba "bém", o grafema M, além de nasalizar a vogal E, apresenta um leve som de /i/, assumindo, portanto, a função de semivogal em um ditongo nasal. O mesmo acontece na palavra ONTEM: ON (dígrafo) e EM (ditongo nasal).

GABARITO: E.

294. Em "A velha disse-lhe que descansasse", do conto Noite de Almirante, de Machado de Assis, a oração grifada é uma subordinada
   a) Substantiva objetiva indireta.
   b) Adverbial final.
   c) Adverbial conformativa.
   d) Adjetiva restritiva.
   e) Substantiva objetiva direta.

   O verbo dizer é bitransitivo: quem diz, diz algo a alguém. Sendo assim, "que descansasse" é uma oração subordinada substantiva objetiva direta. O "lhe" é objeto indireto.

   GABARITO: E.

295. Marque a alternativa correta quanto à função sintática do termo grifado na frase abaixo. "Em Mariana, a igreja, cujo sino é de ouro, foi levada pelas águas".
   a) Adjunto adnominal.
   b) Objeto direto.
   c) Complemento nominal.
   d) Objeto indireto.
   e) Vocativo.

   "Cujo" e suas flexões equivalem a "de que", "do qual" (ou suas flexões "da qual", "dos quais", "das quais"), "de quem". Estabelecem normalmente relação de posse entre o antecedente e o termo que especificam. Sintaticamente, ao ser substituído pelo termo antecedente, é adjunto adnominal de "sino" (Sino da igreja).

   GABARITO: A.

296. Quanto ao Simbolismo, assinale a alternativa correta.
   a) O objetivo declarado dos poetas desse movimento literário era um só: desenvolver a beleza formal à poesia, eliminando o que consideravam os excessos sentimentalistas românticos que comprometiam a qualidade artística dos poemas. Na base desse projeto estava a crença de que a função essencial da arte era produzir o belo. O lema adotado – a arte pela arte – traduz essa crença.
   b) A preocupação dos artistas desse período não é mais a análise da sociedade. O principal interesse é a sondagem do "eu", a decifração dos caminhos que a intuição e a sensibilidade podem descortinar. A busca é do elemento místico, não-consciente, espiritual, imaterial.
   c) O desejo de dar um caráter científico à obra literária define as condições de produção dos textos dessa estética. Os escritores acompanham com interesse as discussões feitas no campo

da biologia e da medicina, acreditando na possibilidade de tornar esse conhecimento como base para a criação de seus romances.

d) Essa estética substitui a exaltação da nobreza pela valorização do indivíduo e de seu caráter. Em lugar de louvar a beleza clássica, que exige uma natureza e um físico perfeito, o artista desse período literário elogia o esforço individual, a sinceridade, o trabalho. Pouco a pouco, os valores burgueses vão sendo apresentados como modelos de comportamento social nas obras de arte que começam a ser produzidas.

e) O modelo de vida ideal adotado pelos autores do período envolve a representação idealizada da Natureza como um espaço acolhedor, primaveril, alegre. Os poemas apresentam cenários em que a vida rural é sinônimo de tranquilidade e harmonia.

Simbolismo é um movimento literário da poesia e das outras artes que surgiu na França, no final do século XIX, como oposição ao realismo, ao naturalismo e ao positivismo da época. Movido pelos ideais românticos (valorização do "eu"), estendendo suas raízes à literatura, aos palcos teatrais, às artes plásticas. Ademais, também é uma arte alienada (sem preocupação social).

GABARITO: B.

297. Marque a alternativa correta quanto ao emprego da vírgula, de acordo com as normas gramaticais.
   a) Ele pediu, ao motorista que parasse no hotel.
   b) A vida como diz o ditado popular é breve.
   c) Da sala eu vi sem ser visto todo o crime acontecendo.
   d) Atletas de várias nacionalidades, participarão da maratona.
   e) Meus olhos, devido à fumaça intensa, ardiam muito.

   A) Não se separa o verbo do complemento verbal por vírgula.

   B) A oração intercalada "como diz o ditado popular", deve ser isolada por vírgulas.

   C) "Da sala" e "sem ser visto" são adjuntos adverbiais deslocados, portanto devem ser isolados por vírgula.

   D) Não se separa o sujeito do predicado por vírgula.
   GABARITO: E.

298. Assinale a alternativa correta quanto ao emprego do pronome relativo.
   a) Aquele era o homem *do qual* Miguel devia favores.
   b) Eis um homem *de quem* o caráter é excepcional.
   c) Refiro-me ao livro *que* está sobre a mesa.
   d) Aquele foi um momento *onde* eu tive grande alegria.
   e) As pessoas *que* falei são muito ricas.

   a) Aquele era o homem A QUE/A QUEM Miguel devia favores.

   b) Eis um homem CUJO caráter é excepcional.

   c) Refiro-me ao livro que (O QUAL) está sobre a mesa. (correto)

   d) Aquele foi um momento EM QUE/NO QUAL eu tive grande alegria.

   e) As pessoas DE QUE/DE QUEM falei são muito ricas.
   GABARITO: C.

299. Marque a única alternativa correta quanto ao emprego do verbo.
a) Se você me ver na rua, não conte a ninguém.
b) Mãe e filho põem as roupas para lavar aqui.
c) Não pensei que ele reouvisse os documentos tão cedo.
d) Evitaram o desastre porque freiaram a tempo.
e) As súplicas da mulher não o deteram.

a) Se você me VIR na rua, não conte a ninguém.

b) Mãe e filho põem as roupas para lavar aqui.

c) Não pensei que ele REOUVESSE os documentos tão cedo.

d) Evitaram o desastre porque FREARAM a tempo.

e) As súplicas da mulher não o DETIVERAM.

GABARITO: B.

300. Em "Há também o que vai para se entregar, ser um com o Arpoador, mil-partido." a palavra "o", grifada, é:
a) Termo essencial da oração.
b) Termo acessório da oração.
c) Palavra expletiva.
d) Termo integrante da oração.
e) Pronome de interesse.

O termo destacado morfologicamente é um pronome demonstrativo (pode ser substituído por "aquele", por exemplo). O verbo "haver" é impessoal (não tem sujeito) e é transitivo direto, portanto o pronome exerce a função de objeto direto, que é um tipo de termo integrante da oração.

GABARITO: D.

MATEMÁTICA

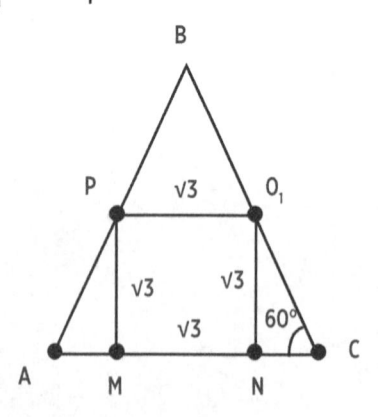

1. **(ESA)** Se, para quaisquer valores $X_1 < X_2$, temos $f(X_1) < f(X_2)$, então, podemos afirmar que a função f é:
   a) Decrescente.
   b) Inconstante.
   c) Crescente.
   d) Alternada.
   e) Constante.

   Regra:
   Se $x_1 < x_2 \to f(x_1) < f(x_2)$; **crescente**
   Se $x_1 < x_2 \to f(x_1) > f(x_2)$; **decrescente**
   GABARITO: C.

2. **(ESA)** Em um triângulo equilátero ABC inscreve-se um quadrado MNOP de área 3m². Sabe-se o lado MN está contido em AC, o ponto P pertence a AB e o ponto O pertence a BC. Nessas condições, a área, em m², do triângulo ABC mede:

   a) $\dfrac{7\sqrt{3}+6}{4}$

   b) $\dfrac{7\sqrt{3}+6}{2}$

   c) $\dfrac{7\sqrt{3}+12}{4}$

   d) $\dfrac{21\sqrt{3}+18}{2}$

   e) $\dfrac{21\sqrt{3}+36}{4}$

$$l_{quadrado} = \sqrt{área} \rightarrow l_{quadrado} = \sqrt{3}$$

$$tg60° = \dfrac{\overline{NO}}{\overline{NC}} \quad (\triangle NOC)$$

$$\sqrt{3} = \dfrac{\sqrt{3}}{\overline{NC}} \rightarrow \begin{cases} \overline{NC} = 1m \\ \overline{NC} = \overline{AM} = 1m \end{cases}$$

$$\overline{AC} = \overline{AM} + \overline{MN} + \overline{NC}$$

$$\overline{AC} = 1 + \sqrt{3} + 1 = \sqrt{3} + 2$$

$$\text{Área}_\triangle = \dfrac{l_\triangle^2 \sqrt{3}}{4} \quad (l_\triangle = \overline{AC})$$

$$\text{Área}_\triangle = \dfrac{(\sqrt{3}+2)^2 \cdot \sqrt{3}}{4}$$

$$\text{Área}_\triangle = \dfrac{7\sqrt{3}+12}{4}$$

GABARITO: C.

3. **(ESA)** Um cilindro equilátero é aquele cilindro reto que possui altura igual ao dobro do raio da base. Sabendo que o volume é calculado pela fórmula π. r². h, quanto mede o volume de um cilindro equilátero que possui raio igual a π?
   a) 4π.
   b) 6π.
   c) π.
   d) 2. $π^4$.
   e) $π^6$.

   V = π . r² . h (h = 2r / r = 2π)
   V = π . π² . 2π
   V = 2π⁴

   GABARITO: D.

4. **(ESA)** Seja A uma matriz de ordem 3 tal que Det (A)=4. Então Det (2A) vale:
   a) 128.
   b) 64.
   c) 8.
   d) 32.
   e) 16.

   Det(2A) = 2^n . Det(A)
   (n = ordem = 3)
   Det (2A) = 2^3 . 4
   Det (2A) = 32
   GABARITO: D.

5. **(ESA)** O valor que deve ser somado ao polinômio $2x^3 + 3x^2 + 8x + 15$ para que ele admita 2i como raiz, sendo i a unidade imaginária é:
   a) -12.
   b) 3.
   c) 12.
   d) -3.
   e) -15.

   p/x = 2i : 2 . $(2i)^3$ + 3 $(2i)^2$ + 8(2i) + 15 + V = 0
   -16i + 12(-1) + 16i + 15 + V = 0
   -12 + 15 + V = 0
   V = -3 → Valor somado para que p(2i) = 0
   GABARITO: D.

6. **(ESA)** Um anagrama é uma espécie de jogo de palavras, resultando do rearranjo das letras de uma palavra ou expressão para produzir outras palavras ou expressões, utilizando todas as letras originais exatamente uma vez. Para participar de uma competição uma equipe decide criar uma senha, fazendo um anagrama do nome original da equipe, que é "FOXTROT". De quantas maneiras diferentes poderá ser criada essa senha?
   a) 10.080.
   b) 1.260.
   c) 2.520.
   d) 1.680.
   e) 5.040.

   FOXTROT
   Total: 7 letras
   T: aparece 2 vezes
   O: aparece 2 vezes

   $n = \dfrac{7!}{2!2!} = \dfrac{5040}{2.2} \rightarrow n = 1.260$

   GABARITO: B.

7. **(ESA)** Identifique a alternativa que apresenta o produto das raízes da equação $5.x^3 - 4x^2 + 7x - 10 = 0$.
   a) 10.
   b) -10.
   c) -2.
   d) 2.
   e) 7.

   Por Girard:

   $x_1 \cdot x_2 \cdot x_3 = -\dfrac{D}{A} = -\dfrac{(-10)}{5}$

   $x_1 \cdot x_2 \cdot x_3 = 2$

   GABARITO: D.

8. **(ESA)** As medidas, em centímetros, dos lados de um triângulo são expressas por $x+1$, $2x$ e x^2-5 e estão em progressão aritmética, nessa ordem. Calcule o perímetro do triângulo.
   a) 18 cm.
   b) 25 cm.
   c) 15 cm.
   d) 20 cm.
   e) 24 cm.

   P.A $[(x + 1); (2x); (x^2 - 5)]$
   Termo central = média aritmética

$$2x = \frac{(x+1)+(x^2-5)}{2}$$

→ $x^2 - 3x - 4 = 0$ → Raízes: $x_1 = -1$ (lado não pode ser negativo) e $x_2 = 4$

Perímetro:

$2p = (x - 1) + (2x) + (x^2 - 5)$

$2p = (4 + 1) + (2 \cdot 4) + (4^2 - 5)$

$2p = 24$cm

GABARITO: E.

9. **(ESA)** Em uma escola particular foi feita uma entrevista com 200 alunos sobre o curso de língua estrangeira. Destes, 110 responderam que frequentavam um curso de inglês, 28 alunos responderam que frequentavam somente o curso de espanhol e 20 responderam que frequentavam ambos, inglês e espanhol. Qual a probabilidade de um desses alunos não frequentar nenhum desses dois cursos?
   a) 52%.
   b) 55%.
   c) 62%.
   d) 31%.
   e) 42%.

   X: alunos somente inglês.
   Y: alunos sem curso.

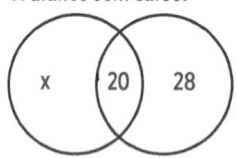

   (diagrama de Venn: x | 20 | 28)

   y

   $x + 20 = 110$ → $x = 90$

   $x + 20 + 28 + y = 200$ → $y = 62$

   $P = \dfrac{62}{200} = 0{,}31 = 31\%$

   GABARITO: D.

10. **(ESA)** Uma pequena praça tem o formato triangular. As medidas dos lados desse triângulo são √37m, 4m e 3m. Qual é a medida do ângulo oposto ao maior lado?
    a) 120°.
    b) 60°.
    c) 90°.
    d) 45°.
    e) 150°.

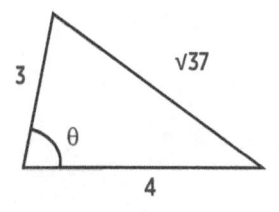

Lei dos cossenos:

$(\sqrt{37})^2 = 3^2 + 4^2 - 2 \cdot 3 \cdot 4\cos\theta$

$12 = -24\cos\theta$

$\cos\theta = -12$

$\theta = 120°$

GABARITO: A.

11. **(ESA)** Em uma Progressão Aritmética, o décimo termo vale 16 e o nono termo é 6 unidades maior do que o quinto termo. Logo, o décimo segundo termo vale:
    a) 16,5.
    b) 19,5.
    c) 19,0.
    d) 17,0.
    e) 17,5.

    $a_9 = a_5 + 4R$

    $4R = a_9 - a_5 \ (a_9 = a_5 + 6)$

    $4R = 6$

    $R = \dfrac{3}{2}$

    $a_{12} = a_{10} + 2R$

    $a_{12} = 16 + 2 \cdot \dfrac{3}{2}$

    $a_{12} = 19$

    GABARITO: C.

12. **(ESA)** Dadas as matrizes

    $A = \begin{bmatrix} k^2 & -4 \\ 4 & -1 \end{bmatrix}$ e $B = \begin{bmatrix} 1 \\ 1 \end{bmatrix}$

    Considerando que a equação matricial A.X=B tem solução única, podemos afirmar que:
    a) $k \neq \pm 2$.
    b) $k = \pm 2$.
    c) $k = \pm 1$.
    d) $k = \pm 4$.

e) k ≠ ±4.

A . X = B

$$\begin{pmatrix} k^2 & -4 \\ 4 & -1 \end{pmatrix} \begin{pmatrix} x \\ y \end{pmatrix} = \begin{pmatrix} 1 \\ 1 \end{pmatrix}$$

Para solução única: $\begin{vmatrix} k^2 & -4 \\ 4 & -1 \end{vmatrix} \neq 0$

$-k^2 + 16 \neq 0$

$k \neq \pm 4$

GABARITO: E.

13. **(ESA)** Em uma escola com 180 estudantes, sabe-se que todos os estudantes leem pelo menos um livro. Foi feita uma pesquisa e ficou apurado que:

    50 alunos leem somente o livro A.

    30 alunos leem somente o livro B.

    40 alunos leem somente o livro C.

    25 alunos leem os livros A e C.

    40 alunos leem os livros A e B.

    25 alunos leem os livros B e C.

    Logo, a quantidade de alunos de alunos que leem os livros A, B e C é:

    a) 15.
    b) 20.
    c) 30.
    d) 25.
    e) 10.

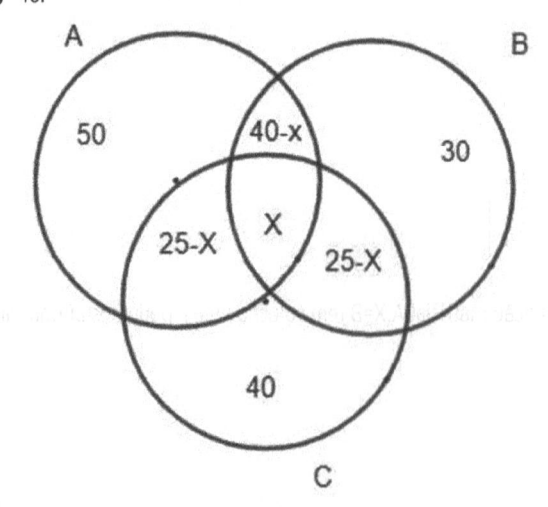

$50 + 40 + 30 + (40 - x) + (25 - x) + (25 - x) + x = 180$

$210 - 2x = 180$

$2x = 30$

$x = 15$

GABARITO: A.

14. **(ESA)** Seja a função definida por f: R → R, tal que $f(x) = 2^x$. Então $f(a + 1) - f(a)$ é igual a:
a) f(1).
b) 1.
c) f(a).
d) 2.f(a).
e) 2.

$f(a + 1) - f(a) = 2^{a+1} - 2^a$

$f(a + 1) - f(a) = 2^a \cdot 2^1 - 2^a$

$f(a + 1) - f(a) = 2^a (2 - 1)$

$f(a + 1) - f(a) = 2^a$

$f(a) = 2^a$

GABARITO: C.

15. **(ESA)** Se a velocidade de um automóvel for aumentada em 60%, o tempo necessário para percorrer um mesmo trajeto, supondo que seja velocidade constante, diminuirá em:
a) 30%.
b) 40%.
c) 37,5%.
d) 62,5%.
e) 60%.

Aumento de 60% = multiplicar por 1,6

$1{,}6 \uparrow V = \dfrac{\Delta S}{\Delta T \downarrow 1{,}6}$: "V" e "ΔT" inversamente proporcionais.

$\dfrac{\Delta T}{1{,}6} = 0{,}625 \Delta T \rightarrow$ Novo tempo

Redução:

$\Delta T - 0{,}625 \Delta T = 0{,}375 \Delta T$ ou 37,5% menor

GABARITO: C.

16. **(ESA)** Considere o número complexo z = 2+ 2i. Dessa forma z^{100}:
  a) É um número imaginário puro.
  b) É um número real positivo.
  c) É um número real negativo.
  d) Tem módulo igual a 1.
  e) Tem argumento $\dfrac{\pi}{4}$.

z = 2 + 2i = 2 (1 + i)

$z = 2 \cdot \dfrac{\sqrt{2}}{\sqrt{2}}$ (1i) = $2\sqrt{2} \left(\dfrac{1}{\sqrt{2}} + \dfrac{i}{\sqrt{2}} \right)$

$z = 2\sqrt{2} \left(\dfrac{\sqrt{2}}{2} + \dfrac{\sqrt{2}}{2} i \right)$

→ $z = 2\sqrt{2}$ (cos45° + sen45° . i)

$z^{100} = (2\sqrt{2})^{100}$ (cos(4500) + sen(4500)i) ∴ 4500 = 12.360 + 180 (12.360 = 12 voltas + 180°)

$z^{100} = (2\sqrt{2})^{100}$. (cos(180) + sem(180) i)

$z^{100} = (2\sqrt{2})^{100}$. (-1 + 0i)

$z^{100} = - (2\sqrt{2})^{100}$ → Real negativo.

GABARITO: C.

17. **(ESA)** Adotando-se log2=x e log3=y, o valor de log5 120 será dado por:
a) 2x+y/1-x.
b) 4x+3y/x+y.
c) 2x+y+1/1-x.
d) x+2y+1/ 1-y.
e) x+2y/1-y.

$$\log_5 120 = \frac{\log 120}{\log 5} = \frac{\log 2^3 \cdot 3 \cdot 5}{\log 5} = \frac{3\log 2 + \log 3 + \log 5}{\log 5} =$$

$$= \frac{3x + y + \log^{10}/_2}{\log^{10}/_2} = \frac{3x + y + 1 - x}{1 - x} \rightarrow \log_5 120 = \frac{2x + y + 1}{1 - x}$$

GABARITO: C.

18. **(ESA)** Se 2+3i é raiz de uma equação algébrica P(x)=0, de coeficientes reais, então podemos afirmar que:
a) -3i é raiz da mesma equação.
b) 3-2i também é raiz da mesma equação.
c) 2-3i também é raiz da mesma equação.
d) 2 também é raiz da mesma equação.
e) 3+2i também é raiz da mesma equação.

2 – 3i é conjunto da raiz 2 + 3i, logo também é raiz.

GABARITO: C.

19. **(ESA)** Os valores de k de modo que o valor mínimo da função f(x) = x² + (2k − 1)x + 1 seja − 3 são:
a) 5/4 e -1/4.
b) 5/2 e 3/2.
c) -5/2 e -3/2.
d) 5/2 e -3/2.
e) -5/2 e 3/2.

$$F_{min}: \frac{-\Delta}{4a} = \frac{-(b^2 - 4ac)}{4a}$$

$$-3 = \frac{-[(2k-1)^2 - 4 \cdot 1 \cdot 1]}{4 \cdot 1}$$

12 = (2k – a)² – 4
(2k – 1)² = 16   2k –1 = 4
2k – 1 = 4 ou 2k – 1 = –4

$$k = \frac{5}{2} \text{ ou } k = \frac{3}{2}$$

GABARITO: D.

20. **(ESA)** Os ângulos internos de um quadrilátero são inversamente proporcionais aos números 2, 3, 4 e 5. O maior ângulo interno desse quadrilátero mede, aproximadamente:
a) 140°.
b) 230°.
c) 210°.
d) 100°.
e) 90°.

$$\hat{A} = \frac{x}{2} \ ; \ \hat{B} = \frac{x}{3} \ ; \ \hat{C} = \frac{x}{4} \ ; \ \hat{D} = \frac{x}{5}$$

$$\hat{A} + \hat{B} + \hat{C} + \hat{D} = K\left(\frac{1}{2} + \frac{1}{3} + \frac{1}{4} + \frac{1}{5}\right)$$

$$\hat{A} + \hat{B} + \hat{C} + \hat{D} = Quadrilátero$$

$$360 = X \cdot \frac{77}{60}$$
$$X \cong 280°$$

$$\hat{A} = \frac{x}{2} = \frac{280}{2}$$
$$\hat{A} \cong 140°$$

GABARITO: A.

21. **(ESA)** Uma caixa d'água, na forma de paralelepípedo reto de base quadrada, cuja altura é metade do lado da base e tem medida k, está com 80% da sua capacidade máxima ocupada. Sabendo-se que há uma torneira de vazão 50L/min enchendo essa caixa d'água e que após 2h ela estará completamente cheia, qual o volume de uma caixa d'água cúbica de aresta k?
a) 7.500mL.
b) 6.000 L.
c) 7.500 dm³.
d) 5.000mL.
e) 6000cm³.

Considere apenas os 20% vazios da caixa:
V = 50L, 120min → V = 6.000L

```
   ┌─────────┐
   │  0,2k   │
   └────┬────┘
        │
       2k
```

V = (2K)² . 0,2K = 0,8K³

$\begin{cases} V = 6000L \\ V = 0,8K^3 \end{cases} \to 0,8K^3 = 6.000$

Volume do Cubo = K³
K³ = 7.500L ou 7.500dm³
GABARITO: C.

22. **(ESA)** Determine a distância entre os pontos P (0, 0) e Q(2, 2).
   a) 32.
   b) 22.
   c) 2.
   d) 23.
   e) 22.
   d² = (2 − 0)² + (2 − 0)²
   d² = 4 + 4 = 8
   d = $2\sqrt{2}$
   GABARITO: E.

23. **(ESA)** Num grupo de 25 alunos, 15 praticam futebol e 20 praticam voleibol, alguns alunos do grupo praticam futebol e voleibol e todos os alunos praticam algum esporte. Qual a probabilidade de escolhermos um aluno ao acaso e ele praticar futebol e voleibol?
   a) 30%.
   b) 35%.
   c) 40%.
   d) 25%.
   e) 20%.

n (A ∪ B) = N (A) + (B) − N (A ∩ B) ∴ $\begin{cases} A: FUTEBOL \\ B: VOLEI \end{cases}$
25 = 15 + 20 − N (A ∩ B)
N (A ∩ B) = 10 → PRATICAM A E B

P = $\dfrac{10}{25}$ = 0,4 OU 40%

GABARITO: C.

24. **(ESA)** Em uma das OMSE do concurso da ESA, farão a prova 550 candidatos. O número de candidatos brasileiros natos está para o número de candidatos brasileiros naturalizados assim como 19 está para 3. Podemos afirmar que o número de candidatos naturalizados é igual a:
a) 90.
b) 100.
c) 75.
d) 50.
e) 25.

$$\begin{cases} A : Natos \\ B : Naturalizados \end{cases}$$

$\dfrac{A}{B} = \dfrac{19}{3} \to A = \dfrac{19}{3} \cdot B$

A + B = 550

$\dfrac{19}{3} B + B = 550$

$\dfrac{220}{3} = 550$

B = 75

GABARITO: C.

25. **(ESA)** O conjunto solução da inequação $x^2 + 5x + 6 < 0$, onde x é um número real (x ∈ R), é:
a) {x ∈ R/−5 < x < −6}.
b) {x ∈ R/−3 ≤ x < 2}.
c) {x ∈ R/−3 < x < −2}.
d) {x ∈ R/−5 < x < 1}.
e) {x ∈ R/−2 < x < 3}.

PINTA O NEGATIVO
$x^2 + 5x + 6 \lessgtr 0$
RAÍZES: -3 E -2

$X \in \mathbb{R} / -3 < X < -2$

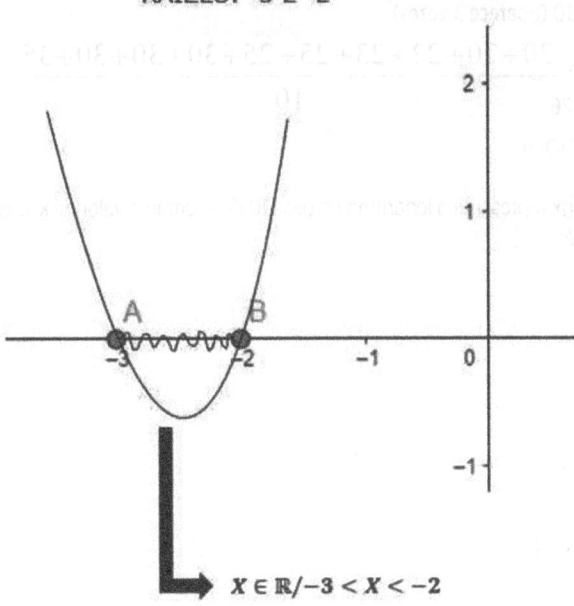

GABARITO: C.

26. **(ESA)** Com relação às funções injetoras, sobrejetoras e bijetoras, podemos afirmar que:
    a) Se é sobrejetora, então ela é injetora.
    b) Se é injetora e sobrejetora, então ela é bijetora.
    c) Se é injetora e não é sobrejetora, então ela é bijetora.
    d) Se é injetora, então ela é sobrejetora.
    e) Se é sobrejetora e não é injetora, então ela é bijetora.

    Bijetoras: injetoras + sobrejetoras ao mesmo tempo.

    GABARITO: B.

27. **(ESA)** Uma pesquisa feita em uma organização militar constatou que as idades de 10 militares eram: 25, 20, 30, 30, 23, 35, 22, 20, 30 e 25. Analisando essas idades, a média aritmética, a moda e a mediana, respectivamente, são:
    a) 25, 25, 30.
    b) 26, 30, 20.
    c) 35, 20, 25.
    d) 26, 30, 25.
    e) 25, 30, 26.

Em rol: 20, 20, 22, 23, **25**, **25**, 30, 30, 30, 35

Mediana: 25, 25

Moda: 30 (aparece 3 vezes)

Média = $\dfrac{20+20+22+23+25+25+30+30+30+35}{10}$

Média: 26

GABARITO: D.

28. **(ESA)** Se logx representa o logaritmo na base 10 de x, então o valor de k ∈ (0, +∞), tal que logk = 10 – log5 é:
    a) 2.10^9.
    b) 5.10^{10}.
    c) 10^9.
    d) 5.10^9.
    e) 10^{10}.

    logk = 10 – log5
    logk = $\log_{10} 10 - \log_{10} 5$
    logk = $\log \dfrac{10^{10}}{5}$

    k = $\dfrac{10^{10}}{5} = \dfrac{2}{2} \cdot \dfrac{10^{10}}{5} = \dfrac{2 \cdot 10^{10}}{5}$

    k = $2 \cdot 10^9$

    GABARITO: A.

29. **(ESA)** A geratriz de um cone circular reto de altura 8cm é 10cm; então a área da base desse cone é:
    a) $9\pi cm^2$.
    b) $64\pi cm^2$.
    c) $16\pi cm^2$.
    d) $25\pi cm^2$.
    e) $36\pi cm^2$.

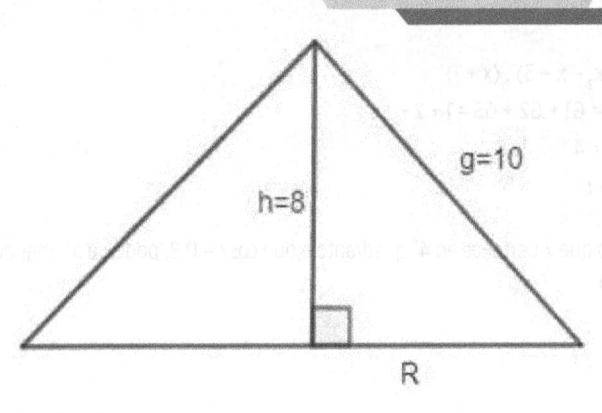

$10^2 = 8^2 + R^2$

$R = 6$

$A = \pi R^2 = \pi 6^2$

$A = 36\pi$

GABARITO: E.

30. **(ESA)** A equação da circunferência de centro (1,2) e raio 3 é:
    a) $x^2 + y^2 - 2x - 4y + 14 = 0$.
    b) $x^2 + y^2 - 2x - 4y - 4 = 0$.
    c) $x^2 + y^2 - 4x - 2y - 4 = 0$.
    d) $x^2 + y^2 - 4x - 2y - 14 = 0$.
    e) $x^2 + y^2 - 2x - 4y - 14 = 0$.

    $(x - a)^2 + (y - b)^2 = R^2 \therefore$ $\begin{array}{l} R = 3 \\ (a,b) = (1,2) \end{array}$

    $(x - 1)^2 + (y - 2)^2 = 3^2$
    $x^2 - 2x + 1 + y^2 - 4y + 4 = 9$
    $x^2 + y^2 - 2x - 4y - 4 = 0$

    GABARITO: B.

31. **(ESA)** O grau do polinômio $(4x - 1) \cdot (x^2 - x - 3) \cdot (x+1)$ é:
    a) 6.
    b) 5.
    c) 4.
    d) 3.
    e) 1.

    Grau 1 = $(4x - 1)$
    Grau 2 = $(x^2 - x - 3)$
    Grau 1 = $(x + 1)$

$(4x - 1) \cdot (x_2 - x - 3) \cdot (x + 1)$
Grau total = G1 + G2 + G3 = 1 + 2 + 1
Grau total = 4
GABARITO: C.

32. **(ESA)** Sabendo que x pertence ao 4º quadrante e que cosx = 0,8, pode-se afirmar que o valor de sen 2x é igual a:
a) 0,28.
b) -0,96.
c) -0,28.
d) 0,96.
e) 1.
$sen^2x + cos^2x = 1$
$sen^2x + 0,8^2 = 1$
senx = ±0,6 (4° quadrante → senx < 0)
senx = – 0,6
sen(2x) = 2 senx cosx = 2 . (– 0,6) (0,8)
sen(2x) = – 0,96
GABARITO: B.

33. **(ESA)** Sendo n um número natural, n! equivale a n.(n-1).(n-2).........2.1 e ainda 0!= 1 e 1!= 1, então identifique a afirmativa verdadeira.
a) 5! = 120.
b) 4! = 10.
c) 3! = 7.
d) 2! = 3.
e) 6! = 600.
5! = 5 . 4 . 3 . 2 . 1 = 120
GABARITO: A.

34. **(ESA)** Funções bijetoras possuem função inversa porque elas são invertíveis, mas devemos tomar cuidado com o domínio da nova função obtida. Identifique a alternativa que apresenta a função inversa de f(x) = x+3.
a) $f(x)^{-1} = x - 3$.
b) $f(x)^{-1} = x + 3$.
c) $f(x)^{-1} = -x - 3$.
d) $f(x)^{-1} = -x + 3$.
e) $f(x)^{-1} = 3x$.
f(x) = x + 3 ∴ troque x por $f(x)^{-1}$ e f(x) por x
$x = f(x)^{-1} + 3$
$f(x)^{-1} = x - 3$
GABARITO: A.

35. **(ESA)** Utilizando os valores aproximados log2 = 0,30 e log3 = 0,48, encontramos para log∛12 o valor de:
   a) 0,33.
   b) 0,36.
   c) 0,35.
   d) 0,31.
   e) 0,32.

$$\log \sqrt[3]{12} = \log(12)^{\frac{1}{3}} = \frac{1}{3} \cdot \log 12 = \frac{1}{3} \log 4 \cdot 3 = \frac{1}{3}(\log_4 + \log_3)$$

$$\log \sqrt[3]{12} = \frac{1}{3}(\log_4 + \log_3) = \frac{1}{3}(\log_{2^2} + \log_3) = \frac{1}{3}(2 \cdot 0,3 + 0,48)$$

$$\log \sqrt[3]{12} = \frac{1}{3}(0,6 + 0,48) = 0,36$$

GABARITO: B.

36. **(ESA)** O conjunto solução da equação de $x^3 - 2x^2 - 5x + 6 = 0$ é:
   a) S= {-3; -1; 2}.
   b) S= {-0,5; -3; 4}.
   c) S= {-3; 1; 2}.
   d) S= {-2; 1; 3}.
   e) S= {0,5; 3; 4}.

   $x^3 - 2x^2 - 5x + 6 = 0$
   p/ x = 1 ∴ $x^3 - 2 \cdot 1^2 - 5 \cdot 1 + 6 = 1 - 2 - 5 + 6 = 0$
   → 1 é raiz.

   Briot-Ruffini:

1	1	-2	-5	6
	1	-1	-6	0

   $x^2 - x - 6 = 0$
   raízes: -2 e 3
   Logo: S: {-2, 1, 3}
   GABARITO: D.

37. **(ESA)** Uma herança de R$193.800,00 será repartida integralmente entre três herdeiros em partes diretamente proporcionais às suas respectivas idades: 30 anos, 35 anos e 37 anos. O herdeiro mais velho receberá:
a) R$ 70.500,00.
b) R$ 70.300,00.
c) R$ 57.000,00.
d) R$ 66.500,00.
e) R$ 90.300,00.

A = 30x; B = 35x; C = 37x
Herança total = A + B + C
A + B + C = (30 + 35 + 37)x = 102x

$C = 37x = 37 \cdot \dfrac{193.800}{102}$
C = 70.300

GABARITO: B.

38. **(ESA)** Em uma progressão aritmética com 6 termos, temos que a soma de seus termos é igual a 102 e seu último termo é 27. Com base nessas informações, a razão dessa progressão é:
a) 3.
b) 5.
c) 11.
d) 4.
e) 7.

$S_1 = \dfrac{(a_1 + a_6)n}{2}$

$102 = \dfrac{(a_1 + 27) \cdot 6}{2}$
$a_1 = 7$

$a_6 = a_1 + 5R$
$27 = 7 + 5R$
$R = 4$

GABARITO: D.

39. **(ESA)** Em uma progressão aritmética cujo primeiro termo é 1,87 e a razão é 0,004, temos que a soma dos seus dez primeiros é igual a:
a) 18,88.
b) 9,5644.
c) 9,5674.
d) 18,9.
e) 18,99.

$a_{10} = 1_1 + 9R$
$a_{10} = 1,87 + 9 \cdot 0,004$
$a_{10} = 1,906$

$$S_{10} = \frac{(a_1 + a_{10}) \cdot 10}{2}$$

$S_{10} = (1,87 + 1,906) \cdot 5$
$S_{10} = 18,88$
GABARITO: A.

40. **(ESA)** Sejam as funções reais dadas por f(x) = 5x + 1 e g(x) = 3x − 2. Se m=f(n), então g(m) vale:
a) 15n+ 1.
b) 14n- 1.
c) 3n- 2.
d) 15n- 15.
e) 14n- 2.

$m = f(n) = S_n + 1$
$g(m) = g(S_n + 1) = 3(5n + 1) - 2$
$g(m) = 15n + 1$
GABARITO: A.

41. **(ESA)** Duas esferas de raios 3 cm e $\sqrt[3]{51}$ cm fundem-se para formar uma esfera maior. Qual é o raio da nova esfera?
a) $\sqrt[3]{78}$
b) $\sqrt[3]{36}$
c) $\sqrt[3]{68}$
d) $\sqrt[3]{104}$
e) $\sqrt[3]{26}$

$V_{novo} = V_1 + V_2$

$$\frac{4}{3} \pi R_{novo}^3 = \frac{4}{3} \pi R_1^3 + \frac{4}{3} \pi R_2^3$$

$R_{novo}^3 = (3)3 + (\sqrt[3]{51})^3$

$R_{novo} = \sqrt[3]{78}$

GABARITO: A.

42. **(ESA)** Dados log3 = a e log2 = b, a solução de $4^x = 30$ é:
    a) (2a+1)/b.
    b) (a+2)/b.
    c) (2b+1)/a.
    d) (a+1)/2b.
    e) (b+2)/a.

    A igualdade 4x = 30 equivale a x = log430.
    Fazendo a mudança para a base decimal e aplicando propriedades operatórias do logaritmo, deduz-se: x = log30/log4 $\Rightarrow$ x = log3 + log10/2log2
    Sendo log10 = 1, log3 = a e log2 = b, temos:
    x = log3 + log10/2log2 = (a + 1)/2b
    GABARITO: D.

43. **(ESA)** Identifique a equação exponencial.
    a) 2x = 4.
    b) 2+ x = 4.
    c) $x^2 = 4$.
    d) $\log_x 4 = 2$.
    e) $2^x = 4$.

    Equação exponencial é da forma: $a = b^x$
    X: variável
    a,b: valores numéricos
    $2^x = 4$
    GABARITO: E.

44. **(ESA)** Um aluno da ESA tem uma habilidade muito boa nas provas de tiro com pistola, possuindo um índice de acerto no alvo de quatro em cada cinco tiros. Se ele atirou duas vezes, a probabilidade de que ele tenha errado os dois tiros é:
    a) 16/25.
    b) 8/25.
    c) 1/5.

d) 2/5.
e) 1/25.

1º tiro: erro → $P_1 = \dfrac{1}{5}$

2º tiro: erro → $P_2 = \dfrac{1}{5}$

Errar ambos → $P = P_1 \cdot P_2 = \dfrac{1}{5} \cdot \dfrac{1}{5}$

$P = \dfrac{1}{25}$

GABARITO: E.

45. **(ESA)** A área do triângulo equilátero cuja altura mede 6cm é, em cm²:
a) 12√3.
b) 4√3.
c) 24√3.
d) 144√3.
e) 6√3.

$h = \dfrac{l\sqrt{3}}{2} \to l = 4\sqrt{3}$

$A = \dfrac{l^2\sqrt{3}}{4} = \dfrac{(4\sqrt{3})^2 \sqrt{3}}{4}$

$A = 12\sqrt{3}$

GABARITO: A.

46. **(ESA)** O exército realizou um concurso de seleção para contratar sargentos e cabos. A prova geral foi igual para ambos. Compareceram 500 candidatos para sargento e 100 para cabo. Na prova, a média de todos os candidatos foi 4, porém a média apenas entre os candidatos a sargento foi 3,8. Desse modo, qual foi a média entre os candidatos a cabo?
a) 3,9.
b) 1,0.
c) 6,0.
d) 4,8.
e) 5.

Total:

Média: $\dfrac{\sum total}{600} \to 4 = \dfrac{\sum total}{600} \to \sum total = 2400$

Sargentos:

Média = 3,8 = $\dfrac{\sum sargentos}{500}$ → $\sum$ sargentos = 1900

Cabos:

Média = M = $\dfrac{\sum cabos}{100}$ → $\sum$ cabos = 100M

$\sum$ total = $\sum$ sargentos $\sum$ cabos
2400 = 1900 + 100M → M = 5

GABARITO: E.

47. **(ESA)** A parte real do número complexo $1/(2i)^2$ é:
a) -1/4.
b) -2.
c) 0.
d) ¼.
e) 2.

$$\dfrac{1}{(2i)^2} = \dfrac{1}{4 \cdot (-1)} = -\dfrac{1}{4} \to \text{real puro}$$

GABARITO: A.

48. **(ESA)** Num triângulo retângulo cujos catetos medem 8 e 9, a hipotenusa mede:
a) 10.
b) 11.
c) 13.
d) 17.
e) 19.

$a^2 = b^2 + c^2$

$a^2 = \left(\sqrt{8}\right)^2 + \left(\sqrt{9}\right)^2$

$a^2 = 17 \to a = \sqrt{17}$

GABARITO: D.

49. **(ESA)** As funções do 2º grau com uma variável: $f(x) = aX^2 + bX + c$ terão valor máximo quando:
a) a<0.
b) b>0.
c) c<0.

d) Δ>0.

e) a>0.

A<0: concavidade para baixo

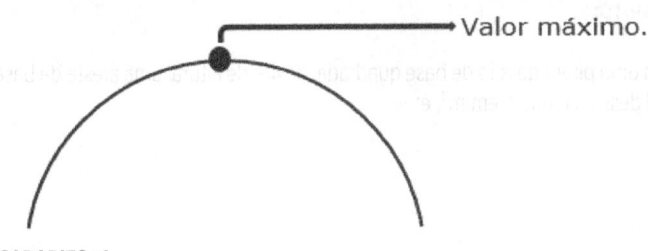

Valor máximo.

GABARITO: A.

50. **(ESA)** Dados três pontos colineares A(x, 8), B(3, y) e M(3, 5) determine o valor de x+ y, sabendo que M é ponto médio de AB:
   a) 3.
   b) 11.
   c) 9.
   d) -2,5.
   e) 5.

A(x, 8)   M(3, 5)   B(-3, y)

$$\begin{cases} 3 = \dfrac{x+(-3)}{2} \to x = 9 \\ 5 = \dfrac{8+y}{2} \to y = 2 \end{cases}$$

x + y = 11

GABARITO: B.

51. **(ESA)** O número de anagramas diferentes que podemos formar com a palavra RANCHO, de modo que se iniciem com vogal, é:
   a) 120.
   b) 240.
   c) 720.
   d) 1.440.
   e) 24.

2 5 4 3 2 1
2 Vogais – sobram 5 letras
N° = 2 . 5 . 4 . 3 . 2 . 1 = 240
GABARITO: B.

52. **(ESA)** Em uma pirâmide reta de base quadrada, de 4m de altura, uma aresta da base mede 6m. A área total dessa pirâmide, em m², é:
a) 144.
b) 84.
c) 48.
d) 72.
e) 96.

Altura da face lateral = S

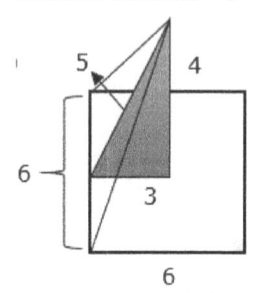

Área da face lateral:

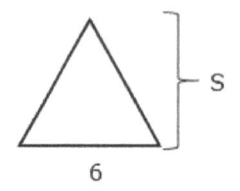

$$A = \frac{b \cdot h}{2} = \frac{6 \cdot 5}{2}$$

$A = 15$

$A_{total} = A_{lateral} + A_{base}$
$A_{total} = 4 \cdot 15 + 6 \cdot 6$
$A_{total} = 96 m^2$
GABARITO: E.

53. (ESA) Sendo o polinômio P(x)= x³+3x²+ax+b um cubo perfeito, então a diferença a- b vale:
a) 3.
b) 2.
c) 1.
d) 0.
e) -1.

$x^3 + 3x^2 + ax + b \equiv (x + m)^3$

$(x + m)^3$ = cubo perfeito

$x^3 + 3x^2 + ax + b \equiv x^3 + 3mx^2 + 3m^2x \_ m^3$

$\begin{cases} a = 3m^2 = 3 \cdot 1^2 = 3 \\ b = m^3 = 1^3 = 1 \end{cases} \rightarrow a - b = 3 - 1$

a – b = 2

GABARITO: B.

54. (ESA) Em um sistema de coordenadas cartesianas no plano, considere os pontos O (0,0) e A(8, 0). A equação do conjunto dos pontos P(x, y) desse plano sabendo que a distância de O a P é o triplo da distância de P a A, é uma:
a) Circunferência de centro (9,0) e raio 3.
b) Elipse de focos (6,0) e (12,0), e eixo menor 6.
c) Hipérbole de focos (3,0) e (15,0), e eixo real 6.
d) Parábola de vértice (9,3), que intercepta o eixo das abscissas nos pontos (6,0) e (12,0).
e) Reta que passa pelos pontos (6,0) e (9,3).

$d_{p'O} = 3 \cdot d_{p'A}$

$d_{p'O}^2 = 9 \cdot d_{p'O}^2$

$x^2 + y^2 = 9((x - 8)^2 + y^2)$

$x^2 + y^2 = 9x^2 - 9 \cdot 16x + 9 \cdot 64 + 9y^2 \rightarrow$

$\rightarrow 8x8y^2 - 9 \cdot 16x + 9 \cdot 64 = 0 \; (/8)$

$x^2 + y^2 - 18x + 72 + 0$

$(x - 9)^2 + y^2 = 9$

Circunferência

$(x - a)^2 + (y - b)^2 = R^2$

R = 3

Centro (a, b) = (9,0)

GABARITO: A.

55. (ESA) Um hexágono regular está inscrito em uma circunferência de diâmetro 4cm. O perímetro desse hexágono, em cm, é:
a) 4π.
b) 8π.

c) 24.
d) 6.
e) 12.

Hexágono regular = 6 △ equiláteros

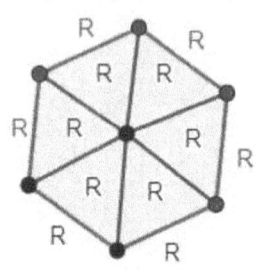

2p = 6 . R = 6 . 2 = 12

GABARITO: E.

56. **(ESA)** Dobrando o raio da base de um cone e reduzindo sua altura à metade, seu volume:
   a) Dobra.
   b) Quadruplica.
   c) Não se altera.
   d) Reduz-se à metade do volume original.
   e) Reduz-se a um quarto do volume original.

$$V_1 = \frac{\pi R^2 \cdot M_1}{3}$$

$$V_2 = \frac{\pi R_2^2 M_2}{3} = \frac{\pi (2 R_1)^2 \cdot \frac{M_1}{2}}{3}$$

$$V_2 = \frac{2 \pi R_1^2 M_1}{3}$$

$V_2 = 2V_1$ dobra

GABARITO: A.

57. **(ESA)** Qual é a área da circunferência inscrita num triângulo ABC cuja área desse triângulo vale $12\sqrt{5}$ m² e cujas medidas dos lados, em metros, são 7, 8 e 9?
   a) 5πm².
   b) $\sqrt{3}\,\pi$m².
   c) $\sqrt{5}\,\pi$m².
   d) $3/5\pi$m².

e) $12\pi m^2$.

$A_\triangle = p \cdot r$

$12\sqrt{5} = \left(\dfrac{7+8+9}{2}\right) \cdot r$

$r = \sqrt{5}$

$A_0 = \pi r^2 = \pi (\sqrt{5})^2$

$A_0 = 5\pi$

GABARITO: A.

58. **(ESA)** O número de anagramas diferentes com as letras da palavra MILITAR que não possuem consoantes consecutivas que se pode obter é:
a) 60.
b) 72.
c) 120.
d) 186.
e) 224.

$O\underline{V}O\underline{V}O\underline{V}O \begin{cases} V: Vogal \\ O: \text{espaço p/consoante} \end{cases}$

1° p/ vogais: $\dfrac{3!}{2!} = 3 \begin{pmatrix} 3 \text{ vogais} \\ 2 \text{ iguais} \end{pmatrix}$

2° p/ consoantes = $\begin{array}{c} 4 \text{ espaços para } 4 \text{ consoantes} \\ \to \text{usa todos os espaços.} \end{array}$

$4! = 24 \,(\text{consoantes diferentes})$

Logo: total = 3 . 24 = 72

GABARITO: B.

59. **(ESA)** Sabendo-se que uma matriz quadrada é invertível se, e somente se, seu determinante é não nulo e que, se A e B são duas matrizes quadradas de mesma ordem, então det (A.B) = (det A).(det B), pode-se concluir que, sob essas condições:
a) Se A é invertível, então A.B é invertível.
b) Se A.B é invertível, então A é invertível.
c) Se A.B não é invertível, então A é invertível e B não é invertível.
d) Se A.B não é invertível, então A ou B não é invertível.
e) Se A.B é invertível, então B é invertível e A não é invertível.

Se M é invertível, então det(M) $\neq$ 0. Daí:

→ 1º) se det(A . B) $\neq$ 0, temos:

A . B é invertível

$$\begin{cases} detA \neq 0 \rightarrow A \text{ é invertível} \\ \qquad\qquad E \\ detB \neq 0 \rightarrow B \text{ é invertível} \end{cases}$$

→ 2º) Se det(A . B) = 0, temos: Caso letra D

A . B é não invertível

$$\begin{cases} detA = 0 \rightarrow A \text{ é não invertível} \\ \qquad\qquad OU \\ detB = 0 \rightarrow B \text{ é não invertível} \end{cases}$$

GABARITO: D.

60. **(ESA)** A probabilidade de um jogador de futebol marcar o gol ao cobrar um pênalti é de 80%. Se esse jogador cobrar dois pênaltis consecutivos, a probabilidade de ele fazer o gol, em ambas as cobranças, é igual a:
a) 16%.
b) 20%.
c) 32%.
d) 64%.
e) 80%.

1º pênalti: acerto → P_1 = 0,8
2º pênalti: acerto → P_2 = 0,8
Acertar ambos: P = P_1 . P_2 = 0,8 . 0,8
P = 0,64 = 64%

GABARITO: D.

61. **(ESA)** Uma equação polinomial do 3º grau que admite as raízes -1, -1/2 e 2 é:
a) $x^3 - 2x^2 - 5x - 2 = 0$.
b) $2x^3 - x^2 - 5x + 2 = 0$.
c) $2x^3 - x^2 + 5x - 2 = 0$.
d) $2x^3 - x^2 - 2x - 2 = 0$.
e) $2x^3 - x^2 - 5x - 2 = 0$.

x + 1 = 0 → Raiz −1
2x + 1 = 0 → Raiz − $\dfrac{1}{2}$
x − 2 = 0 → Raiz 2

P(x) = k(x + 1)(2x + 1)(x − 2); k pode ser qualquer real
P(x) = k(2x² + 3x + 1)(x − 2)
P(x) = k(2x³ − x² − 5x − 2)
P/k = 1 → P(x) = 2x³ − x² − 5x − 2
GABARITO: E.

62. **(ESA)** Em um triângulo retângulo de lados 9m, 12m e 15m, a altura relativa ao maior lado será:
    a) 7,2m.
    b) 7,8m.
    c) 8,6m.
    d) 9,2m.
    e) 9,6m.

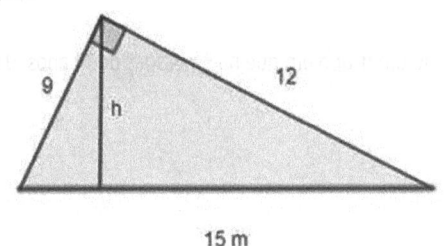

15h = 9 . 12
h = 7,2
GABARITO: A.

63. **(ESA)** O número complexo i^{102}, onde i representa a unidade imaginária:
    a) É positivo.
    b) É imaginário puro.
    c) É real.
    d) Está na forma trigonométrica.
    e) Está na forma algébrica.

Dividindo-se o expoente 102 por 4 temos:

102:4 = 25 e resto 2

Logo, o número i^{102} é equivalente a i^2

$i^{102} \Leftrightarrow i^2 = -1$

GABARITO: C.

64. **(ESA)** Em um treinamento de condicionamento físico, um soldado inicia o seu primeiro dia correndo 800 m. No dia seguinte corre 850 m. No terceiro 900 m e assim sucessivamente, até atingir a meta diária de 2.200 m. Ao final de quantos dias ele terá alcançado a meta?
    a) 31.

b) 29.
c) 27.
d) 25.
e) 23.

Sequência de treinamentos diários em metros: 800, 850, 900, ..., 2.200 Formam uma PA de razão 50.

$a_n = a_1 + (n-1)r$

$2.200 = 800 + (n-1).50$

$2200 - 800 = 50n - 50$

$1.450 = 50n$

$n = 29$

GABARITO: B.

65. **(ESA)** Qual é a média de idade de um grupo em que há 6 pessoas de 14 anos, 9 pessoas de 20 anos e 5 pessoas de 16 anos?
a) 17,2 anos.
b) 18,1 anos.
c) 17,0 anos.
d) 17,5 anos.
e) 19,4 anos.

Média = $\dfrac{6.14 + 9.20 + 5.16}{6+9+5}$

Média = 17,2

GABARITO: A.

66. **(ESA)** O volume de um tronco de pirâmide de 4dm de altura e cujas áreas das bases são iguais a 36dm² e 144dm² vale:
a) 330 cm³.
b) 720 dm³.
c) 330 m².
d) 360 dm³.
e) 336 dm³.

$V = \dfrac{\left(B + b + \sqrt{Bb}\right)h}{3}$

$V = \dfrac{\left(144 + 36 + \sqrt{144.36}\right)4}{3}$

V = 336dm³

GABARITO: E.

67. **(ESA)** Identifique a alternativa que apresenta a frequência absoluta relativa (fi) de um elemento (xi) cuja frequência relativa (fr) é igual a 25% e cujo total de elementos (N) da amostra é igual a 72.
   a) 18.
   b) 36.
   c) 9.
   d) 54.
   e) 45.

   $fa = fr \cdot Total$
   $fa = 0,25 \cdot 72$
   $fa = 18$
   GABARITO: A.

68. **(ESA)** Jogando-se um dado comum de seis faces e não viciado, a probabilidade de ocorrer um número primo maior que 4 é de:
   a) 1/3.
   b) 1/2.
   c) 1/6.
   d) 2/3.
   e) 5/6.

   Primo maior do que 4, apenas o número 5.

   $P = \dfrac{1}{6}$
   GABARITO: C.

69. **(ESA)** Dada a equação da circunferência: $(x - a)^2 + (y - b)^2 = r^2$, sendo (a, b) as coordenadas do centro e r a medida do raio, identifique a equação geral da circunferência de centro (2, 3) e raio igual a 5.
   a) $x^2 + y^2 = 25$.
   b) $x^2 + y^2 - 4xy - 12 = 0$.
   c) $x^2 - 4x = -16$.
   d) $x^2 + y^2 - 4x - 6y - 12 = 0$.
   e) $x^2 - 6x = -9$.

   $(x - a)^2 + (y - b)^2 = R^2$
   $(x - 2)^2 + (y - 3)^2 = 5^2$
   $x^2 + y^2 - 4x - 6y - 12 = 0$
   GABARITO: D.

70. **(ESA)** Encontre o valor numérico da expressão: $E = 11^7 + 11^7 + 11^7 + 11^7 + 11^7 + 11^7 + 11^7 + 11^7 + 11^7 + 11^7 + 11^7$.
   a) 11^8.
   b) 11^{14}.
   c) 11^{77}.

d) 12^{17}.

e) 121^{77}.

$$E = \underbrace{11^7 + \cdots + 11^7}_{11}$$

$E = 11 \cdot 11^7$

$E = 11^8$

GABARITO: A.

71. **(ESA)** Com as letras da palavra SARGENTO foram escritos todos os anagramas iniciados por vogais e com as consoantes todas juntas. Quantos são esses anagramas?
   a) 120.960.
   b) 40.320.
   c) 2.160.
   d) 720.
   e) 120.

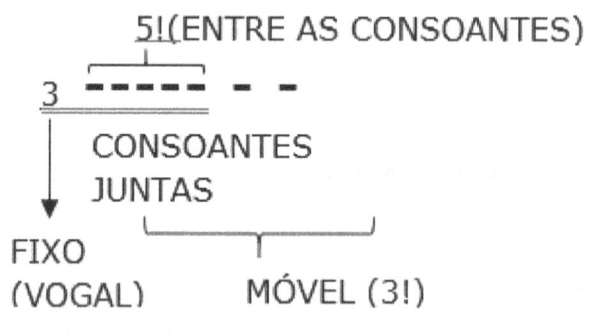

$$\underset{\underset{\text{FIXO (VOGAL)}}{\downarrow}}{3} \quad \overbrace{\underset{\text{CONSOANTES JUNTAS}}{\underbrace{-----}_{\text{MÓVEL (3!)}}} - -}^{5!\,(\text{ENTRE AS CONSOANTES})}$$

Logo: Nº = 3 . 5! . 3!

Nº = 2.160

GABARITO: C.

72. **(ESA)** Um pelotão está formado de tal maneira que todas as n filas têm n soldados. Trezentos soldados se juntam a esse pelotão e a nova formação tem o dobro de filas, cada uma, porém, com 10 soldados a menos. Quantas filas há na nova formação?
   a) 20.
   b) 30.
   c) 40.
   d) 60.
   e) 80.

1ª **Formação:** n^2 Soldados

2ª **Formação:** $\begin{cases} n^2 + 300 \, Soldados \\ 2n \, Filas* \\ n-10 \dfrac{Soldados}{Fila} \end{cases}$

Logo: $n^2 + 300 = 2n(n - 10)$

$n^2 - 20n - 300 = 0$

Raízes: 30 e – 10 → não convém

n = 30

2ª Formação: 2n Filas*

60 Filas

GABARITO: D.

73. **(ESA)** Para que o polinômio do segundo grau $A(x) = 3x^2 - bx + c$, com 0 c > seja o quadrado do polinômio $B(x) = mx + n$, é necessário que:
a) $b^2 = 4c$.
b) $b^2 = 12c$.
c) $b^2 = 12$.
d) $b^2 = 36c$.
e) $b^2 = 36$.

Para um polinômio do 2º grau ser um quadrado perfeito, é necessário que suas raízes sejam iguais, assim:

$\Delta = 0$

$b^2 - 4ac = 0$

$b^2 - 4 \cdot 3 \cdot c = 0$

$b^2 = 12c$

GABARITO: B.

74. **(ESA)** Um colégio promoveu numa semana esportiva um campeonato interclasses de futebol. Na primeira fase, entraram na disputa 8 times, cada um deles jogando uma vez contra cada um dos outros times. O número de jogos realizados na 1ª fase foi:
a) 8 jogos.
b) 13 jogos.
c) 23 jogos.
d) 28 jogos.
e) 35 jogos.

Jogos: $\binom{8}{2} = \dfrac{8 \cdot 7}{2 \cdot 1} = 28$

GABARITO: D.

75. **(ESA)** Com relação aos números complexos $Z_1 = 2 + i$ e $z_2 = 1 - i$, onde é a unidade imaginária, é correto afirmar:

a) $Z_1 \cdot Z_2 = -3 + i$

b) $|Z_1| = \sqrt{2}$

c) $|Z_2| = \sqrt{5}$

d) $|Z_1 \cdot Z_2| = \sqrt{10}$

e) $|Z_1 + Z_2| = \sqrt{3}$

$|Z_1| = \sqrt{2^2 + 1^2} = \sqrt{5}$

$|Z_2| = \sqrt{1^2 + 1^2} = \sqrt{2}$

$|Z_1 \cdot Z_2| = |Z_1| \cdot |Z_2| = \sqrt{10}$

GABARITO: D.

76. **(ESA)** Colocando-se em ordem alfabética os anagramas da palavra FUZIL, que posição ocupará o anagrama ZILUF?

a) 103.

b) 104.

c) 105.

d) 106.

e) 107.

Total: 5! = 120

Anagramas com cada inicial: $\dfrac{120}{5} = 24$

Com F: 24

Com I: 24

Com L: 24

Com U: $\dfrac{24}{96}$

Com Z: inicia no 97

ZF .... = + 6 → 96 + 6 = 102

ZIFLU: 103°

ZIFUL: 104°

ZILFU: 105°

ZILUF: 106°

GABARITO: D.

77. **(ESA)** Dobrando-se a altura de um cilindro circular reto e triplicando o raio de sua base, pode-se afirmar que seu volume fica multiplicado por:
a) 6
b) 9.
c) 12.
d) 18.
e) 36.

Consideremos um cilindro de altura h e raio da base R.
Seu volume é dado por: $V = \pi.R^2h$
Dobrando sua altura, teremos 2h e triplicando o raio da base, teremos 3R.
Assim, o novo volume (V') será: $V' = \pi.(3R)^2 2h$
$V' = \pi.9R^2 2h$
$V' = 18\pi R^2.h = 18V$
Dessa forma, conclui-se que seu volume fica multiplicado por 18.
GABARITO: D.

78. **(ESA)** Em uma progressão aritmética, o primeiro termo é 5 e o décimo primeiro termo é 45. Pode-se afirmar que o sexto termo é igual a:
a) 15.
b) 21.
c) 25.
d) 29.
e) 35.

$a_{11} = a_1 + 10R$
$45 = 5 + 10R$
$R = 4$

$a_6 = a_1 + 5R$
$a_6 = 5 + 5 . 4$
$a_6 = 25$
GABARITO: C.

79. **(ESA)** Uma corrida é disputada por 8 atletas. O número de resultados possíveis para os 4 primeiros lugares é:
a) 336.
b) 512.
c) 1.530.
d) 1.680.
e) 4.096.

$\underbrace{8\ 7\ 6\ 5}_{4\ primeiros\ lugares}\ \_\ \_\ \_\ \_$

8 . 7 . 6 . 5 = 1.680

GABARITO: D.

80. **(ESA)** Em um programa de TV, o participante começa com R$ 500,00. Para cada pergunta respondida corretamente, recebe R$200,00; e para cada resposta errada perde R$150,00. Se um participante respondeu todas as 25 questões formuladas no programa e terminou com R$600,00, quantas questões ele acertou?

a) 14.
b) 9.
c) 10.
d) 11.
e) 12.

x: acertos

y: erros

$$\begin{cases} x+y=25 \\ 200x-150y=100\,(acréscimo\ de\ 100, 500\ p/600) \end{cases}$$

$$\begin{cases} 3x+3y=75 \\ 4x-3y=2 \end{cases} \to 7x = 77$$

x = 11

GABARITO: D.

81. **(ESA)** Assinale a alternativa que represente o tempo necessário para que uma pessoa que aplicou R$ 2.000,00, à taxa de 10% ao ano, receba R$ 662,00 de juros.

a) 36 meses.
b) 1 ano e meio.
c) 3 meses.
d) 2 anos.
e) 6 anos.

M = C(1 + i)^t

2.662 = 2.000 (1,1)^t

1,1^t = 1,3311

t = 3 anos ou 36 meses

GABARITO: A.

82. **(ESA)** Para que uma escada seja confortável, sua construção deverá atender aos parâmetros e e p da equação 63²=+ pe, onde e e p representam, respectivamente, a altura e o comprimento, ambos em centímetros, de cada degrau da escada. Assim, uma escada com 25 degraus e altura total igual a 4m deve ter o valor de p em centímetros igual a:
a) 32.
b) 31.
c) 29.
d) 27.
e) 26.

$$h = \frac{H}{n°} = \frac{400}{25} = 16cm \rightarrow e = 16cm$$

63 = 2e + p → 63 = 2 . 16 + p

p = 31 cm

GABARITO: B.

83. **(ESA)** A média aritmética de todos os candidatos de um concurso foi 9,0; dos candidatos selecionados foi 9,8; e dos eliminados foi 7,8. Qual o percentual de candidatos selecionados?
a) 20%.
b) 25%.
c) 30%.
d) 50%.
e) 60%.

9,0 = (5 + E) = 9,85 + 7,8E

$$\frac{E}{5} = \frac{2}{3}$$

$$1 + \frac{E}{5} = 1 + \frac{2}{3} = \frac{5}{3}$$

$$\frac{5+E}{5} = \frac{5}{3}$$

$$\frac{5}{5+E} = \frac{3}{5} = 0,6 \text{ ou } 60\%$$

GABARITO: E.

84. **(ESA)** Se $\log_2 3 = a$ e $\log_2 5 = b$, então o valor de $\log_{0,5} 75$ é:
  a) $a + b$.
  b) $-a + 2b$.
  c) $a - b$.
  d) $a - 2b$.
  e) $-a - 2b$.

  $\log_{0,5} 75 = \log_2^{-1} 25 \cdot 3 = -\log_2 5^2 \cdot 3 = -(\log_2 5^2 + \log_2 3)$
  $\rightarrow \log_{0,5} 75 = -(2\log_2 5 + \log_2 3) = -a - 2b$

  GABARITO: E.

85. **(ESA)** Os gráficos das funções reais $f(x) = 2x - 2/5$ e $g(x) = 3x^2 - c$ possuem um único ponto em comum. O valor de c é:
  a) $-1/5$.
  b) 0.
  c) $1/5$.
  d) $1/15$.
  e) 1.

  $3x^2 - c = 2x - \dfrac{2}{5}$

  $15x^2 - 10x + 2 - 5c = 0$
  $\Delta = 0$ (único ponto)
  $(-10)^2 - 4 \cdot 15 \cdot (2 - 5c) = 0$
  $100 - 60(2 - 5c) = 0$
  $100 = 120 - 300c$

  $c = \dfrac{1}{15}$

  GABARITO: D.

86. **(ESA)** A soma dos valores de m que satisfazem a ambas as igualdades $\operatorname{sen} x = (m+1)/m$ e $\cos x = (m+2)/m$ é:
  a) 5.
  b) 6.
  c) 4.
  d) -4.
  e) -6.

  $\operatorname{sen}^2 x + \cos^2 x = 1$

  $\dfrac{(m+1)^2}{m^2} + \dfrac{(m+2)^2}{m^2} = 1$

$m^2 + 6m + 5 = 0$

$m_1 + m_2 = -\dfrac{6}{1}$

$m_1 + m_2 = -6$

GABARITO: E.

87. **(ESA)** Comprei um eletrodoméstico e ganhei do vendedor 5% de desconto sobre o preço da mercadoria. Após falar com o gerente da loja, ele deu um desconto de 10% sobre o novo valor que eu pagaria. Paguei, então, R$1.710,00. Qual era o preço inicial da mercadoria?
   a) R$ 1.900,00.
   b) R$ 1.950,00.
   c) R$ 2.000,00.
   d) R$ 2.100,00.
   e) R$ 2.200,00.

$0,95 \cdot 0,9 \cdot x = 1710$

$x = \dfrac{1710}{0,95 \cdot 0,9}$

$x = 2000$

GABARITO: C.

88. **(ESA)** Os pontos M (-3, 1) e P (1, -1) são equidistantes do ponto S (2, b). Desta forma, pode-se afirmar que b é um número:
   a) Primo.
   b) Múltiplo de 3.
   c) Irracional.
   d) Divisor de 10.
   e) Maior que 7.

$d_{m,s}^2 = d_{p,s}^2$

$(-3 - 2)^2 + (1 - b)^2 = (1 - 2)^2 + (-1 - b)^2$

$25 + 1 - 2b = 1 + 1 + 2b$

$4b = 24$

$b = 6$ (múltiplo de 3)

GABARITO: B.

89. **(ESA)** Em um guarda-roupa há quatro camisas, cinco calças e três sapatos. Identifique a alternativa que apresenta a quantidade de formas diferentes que se pode utilizá-las.
   a) ∞.
   b) 53.
   c) 1.

d) 12.
e) 60.
Princípio multiplicativo:
n° = 4 . 5 . 3 = 60
GABARITO: E.

90. **(ESA)** Assinale a alternativa cuja palavra possui 60 anagramas.
a) AMEIXA.
b) BRANCO.
c) BANANA.
d) PARQUE.
e) PATETA.

BANANA: $\begin{cases} 6\,letras\,no\,total \\ N : aparece\,2x \\ A : aparece\,2x \end{cases}$

$N^o = \dfrac{6!}{3!2!} = \dfrac{720}{6 \cdot 2} = 60$

GABARITO: C.

91. **(ESA)** Para o time de futebol da ESA, foram convocados 3 goleiros, 8 zagueiros, 7 meios de campo e 4 atacantes. O número de times diferentes que a ESA pode montar com esses jogadores convocados de forma que o time tenha 1 goleiro, 4 zagueiros, 5 meios de campo e 1 atacante é igual a:
a) 84.
b) 451.
c) 981.
d) 17.640.
e) 18.560.

Total = $N^o_{goleiros} \cdot N^o_{zagueiros} \cdot N^o_{meias} \cdot N^o_{atacantes}$

Total = $\binom{3}{1} \cdot \binom{8}{4} \cdot \binom{7}{5} \cdot \binom{4}{1}$

Total = $\dfrac{3}{1} \cdot \dfrac{8 \cdot 7 \cdot 6 \cdot 5}{4 \cdot 3 \cdot 2 \cdot 1} \cdot \dfrac{7 \cdot 6}{2 \cdot 1} \cdot \dfrac{4}{1}$

Total = 17.640

GABARITO: D.

92. **(ESA)** O conjunto solução da equação exponencial $4^x - 2^x = 56$ é:
   a) {-7,8}.
   b) {3,8}.
   c) {3}.
   d) {2,3}.
   e) {8}.

   $(2^x)^2 - 2^x - 56 = 0$
   $2^x = 4$
   $y^2 - y - 56 = 0$
   Raízes: 8 e –7 (sendo que –7 não convém)

   $2^x = 8$
   $x = 3$
   GABARITO: C.

93. **(ESA)** Um quadrado ABCD está contido completamente no 1º quadrante do sistema cartesiano. Os pontos A(5,1) e B(8,3) são vértices consecutivos desse quadrado. A distância entre o ponto A e o vértice C, oposto a ele, é:
   a) 13.
   b) $2\sqrt{13}$.
   c) 26.
   d) $\sqrt{13}$.
   e) $\sqrt{26}$.

   $d = \sqrt{(8-5)^2 + (3-1)^2}$
   $d = \sqrt{9+4}$
   $d = \sqrt{13}$

   $x^2 = d^2 + d^2$
   $x^2 = 2d^2$
   $x^2 = 2(\sqrt{13})^2$
   $x^2 = 2 \cdot 13$
   $x^2 = 26$
   $x = \sqrt{26}$

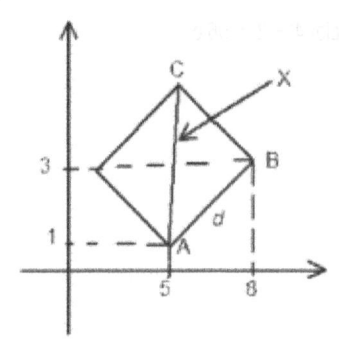

GABARITO: E.

94. **(ESA)** Três amigos, Abel, Bruno e Carlos, juntos possuem um total de 555 figurinhas. Sabe-se que Abel possui o triplo de Bruno menos 25 figurinhas, e que Bruno possui o dobro de Carlos mais 10 figurinhas. Desses amigos, o que possui mais figurinhas tem:
a) 250 figurinhas.
b) 365 figurinhas.
c) 275 figurinhas.
d) 325 figurinhas.
e) 300 figurinhas.

$$\begin{cases} A+B+C = 555 \\ A = 3B-25 \\ B = 2C+10 \to C = \dfrac{B-10}{2} \end{cases}$$

* A = 3.(130) − 25
A = 365

*C = $\dfrac{130-10}{2}$

C = 60

$(3B-25) + B + \left(\dfrac{B-10}{2}\right) = 555$
B = 130

GABARITO: B.

95. **(ESA)** A reta y = mx + 2 é tangente à circunferência de equação $(x-4)^2 + y^2 = 4$. A soma dos possíveis valores de m é:
a) 0.
b) 4/3.
c) −4/3.

d) -3/4.
e) 2.

$$\begin{cases} y = mx+2 \\ (x-4)^2 + y^2 = 4 \end{cases} \to (x-4)^2 + (mx+2)^2 = 4$$

$(1 + m^2)x^2 + (4m - 8)x + 16 = 0$
$\Delta = 0$

$b^2 - 4ac = 0$
$(4m - 8)^2 - 4(1 + m^2) \cdot (16) = 0$
$48m^2 + 64m = 0$

$m = 0$ ou $m = -\dfrac{4}{3}$

Soma: $0 + \left(\dfrac{-4}{3}\right) = \left(\dfrac{-4}{3}\right)$

GABARITO: C.

96. (ESA) Se f = log5x², com x real e maior que zero, então o valor de f(f(5)) é:
a) 2log2/1 +log2.
b) Log2/log2 +2.
c) 5log2/log2 +1.
d) 8log2/1 –log2.
e) 5log2/1 –log2.

$f^*(x) = log_{\sqrt{5}} x^2 \to f(x) = 4 \cdot log_5 x$
$f(5) = 4log_5 5 \to f(5) = 4$

$f(f(5)) = f(4) = 4 \cdot log_5 4 = \dfrac{4 \cdot log_2 2^2}{log \dfrac{10}{2}}$

$f(f(5)) = \dfrac{8 \cdot log_2}{1 - log_2}$

GABARITO: D.

97. (ESA) Um tanque subterrâneo tem a forma de um cone invertido. Esse tanque está completamente cheio com 8dm³ de água e 56dm³ de petróleo. Petróleo e água não se misturam, ficando o petróleo na parte superior do tanque e a água na parte inferior. Sabendo que o tanque tem 12m de profundidade, a altura da camada de petróleo é:
a) 10m.
b) 9m.

c) 8m.
d) 7m.
e) 6m.

Total do volume: VT = 56 + 8 = 64

$$\frac{V_T}{V_{H_2O}} = \left(\frac{H_T}{V_{H_2O}}\right)^3 \rightarrow \frac{64}{8} = \left(\frac{12}{H_{H_2O}}\right)^3$$

H_{H_2O} = 6m

$H_{Petróleo} = H_T - H_{H_2O}$

$H_{Petróleo}$ = 6m

GABARITO: E.

98. **(ESA)** Seja AB um dos catetos de um triângulo retângulo e isósceles ABC, retângulo em A, com A (1;1) e B(5;1). Quais as coordenadas cartesianas do vértice C, sabendo que este vértice pertence ao primeiro quadrante?
    a) (5;5).
    b) (1;5).
    c) (4;4).
    d) (1;4).
    e) (4;5).

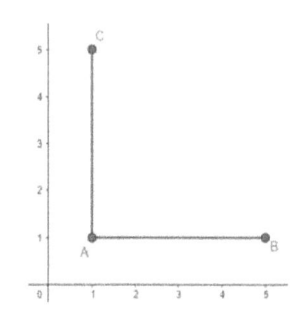

$\overline{AB} = 4 \rightarrow \overline{AC} = 4 \rightarrow C = (1,5)$

GABARITO: B.

99. **(ESA)** Um par de coturnos custa na loja "Só Fardas" R$ 21,00 mais barato que na loja "Selva Brasil". O gerente da loja "Selva Brasil", observando essa diferença, oferece um desconto de 15% para que o seu preço igual ao do seu concorrente. O preço do par de coturnos, em reais, na loja "Só Fardas" é um número cuja soma dos algarismos é:
    a) 9.
    b) 11.
    c) 10.

d) 13.
e) 12.

$$\begin{cases} F = B - 21 \\ F = 0,85B\,(15\%\,de\,desconto) \end{cases}$$

$$\rightarrow F = \dfrac{F}{0,85} - 21$$

→ F = 119
Soma: 1 + 1 + 9 = 11
GABARITO: B.

100. **(ESA)** Aumentando-se um número x em 75 unidades, seu logaritmo na base 4 aumenta em 2 unidades. Pode-se afirmar que x é um número:
a) Irracional.
b) Múltiplo de 3.
c) Divisor de 8.
d) Menor que 1.
e) Maior que 4.

1ª informação: log4 x = y
2ª informação: log4 (x+75) = y+2
Da 1ª informação, aplicando a definição de logaritmo, temos que: 4y = x
Da 2ª informação, aplicando a definição de logaritmo, temos que: 4y+2 = x+75
Desenvolvendo a segunda informação temos que: 4y+2 = x+75
4y . 42 = x + 75
4y . 16 = x + 75 (substituindo 4y por x), temos:
x . 16 = x + 75
16x – x = 75
15x = 75
x = 5.
Portanto, dentre as alternativas, maior que 4.
GABARITO: E.

101. **(ESA)** Seja a reta r de equação 5x – 2y – 11 = 0. A equação da reta s, paralela a r, que contém o ponto f = (3,–1) é:
a) 5x – 2y + 17 = 0.
b) 2x – 5y + 17 = 0.
c) 5x + 2y + 17 = 0.
d) 5x – 2y –17 = 0.
e) 2x + 5y +17 = 0.

Temos como forma geral da equação de reta s paralela à reta r: 5x − 2y + k = 0.
Como o ponto f = (3,−1) pertence à reta s, então substituindo-o em s, teremos:
5x − 2y + k = 0
5 (3) − 2 (−1) + k = 0
15 + 2 + k = 0
k = −17
Portanto, s é assim definida: 5x − 2y −17 = 0
GABARITO: D.

102. **(ESA)** Um terreno de forma triangular tem frentes de 20 metros e 40 metros, em ruas que formam, entre si, um ângulo de 60°. Admitindo-se √3 = 1,7, a medida do semiperímetro do terreno, em metros, é:
a) 94.
b) 92.
c) 90.
d) 47.
e) 46.

Considere o esquema a seguir, que representa o enunciado:

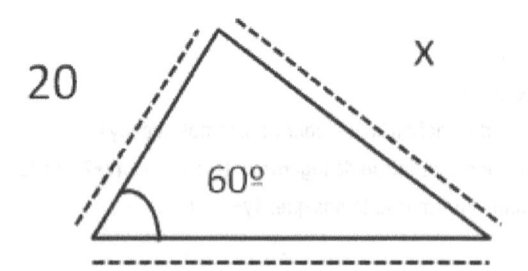

Para determinar o semiperímetro, vamos inicialmente encontrar o terceiro lado (x) e o perímetro do terreno. Para determinar o x aplicamos a lei dos cossenos.
$x^2 = 20^2 + 40^2 − 2.20.40.\cos 60º$
x = 20 √3 x = 20 . 1,7
x = 34.
Portanto, o perímetro do terreno é: 20+40+34 = 94 metros.
Logo, o semiperímetro é: 94/2 = 47 metros.
GABARITO: D.

103. **(ESA)** Uma pessoa deseja totalizar a quantia de R$600,00 utilizando cédulas de um, dez e vinte reais, num total de 49 cédulas, de modo que a diferença entre as quantidades de cédulas de dez e de um real seja igual a nove unidades. Nesse caso, a quantidade de cédulas de vinte reais de que a pessoa precisará será igual a:

a) 10.
b) 19.
c) 20.
d) 21.
e) 29.

$$\begin{cases} x_{10} - x_1 = 9 \rightarrow x_{10} = x_1 + 9 \\ x_1 \rightarrow x_1 + x_{10} + x_{20} = 49 \\ 9 \rightarrow x_1 + 10x_{10} + 20x_{20} = 600 \end{cases}$$

$$\begin{cases} 2x_1 + x_{20} = 40 \quad\quad x(-11) \\ 11x_1 + 20x_{20} = 510 \, x(2) \end{cases}$$

$29x_{20} = 580$

$x_{20} = 20$

GABARITO: C.

104. **(ESA)** Sabe-se que 1, a e b são raízes do polinômio p(x) = x³ − 11x² + 26x − 16, e que a>b. Nessas condições, o valor de $a^b + \log_b a$ de é:
a) 49/3.
b) 193/3.
c) 67.
d) 64.
e) 19.

Briot-Ruffini: 1 é raiz.

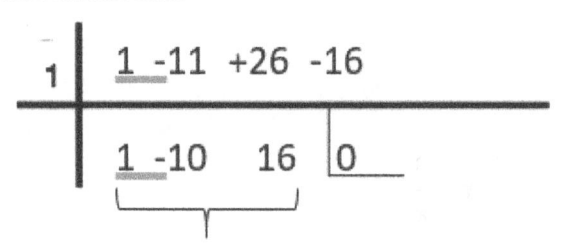

```
    1 | 1  -11  +26  -16
      |————————————————
        1  -10   16   |0
```

$x^2 - 10x + 16 = 0$

Raízes: 8 e 2 (a e b)

A = 8 e b = 2 (a > b)

$a^b + \log_b a$

$8^2 + \log_2 8$

$64 + 3 = 67$

GABARITO: C.

105. **(ESA)** Um cone reto, de altura H e área da base B, é seccionado por um plano paralelo à base. Consequentemente, um novo cone com altura H/3 é formado. Qual a razão entre os volumes do maior e o do menor cone, o de altura H e o de altura H/3?
a) 3.
b) 6.
c) 9.
d) 18.
e) 27.

$$\frac{V_1}{V_2} = \left(\frac{H_1}{H_2}\right)^3$$

$$\frac{V_1}{V_2} = \left(\frac{H}{\frac{H}{3}}\right)^3$$

$$\frac{V_1}{V_2} = 27$$

GABARITO: E.

106. **(ESA)** Para que as retas de equações 2x − ky = 3 e 3x + 4y = 1 sejam perpendiculares, deve-se ter:
a) K = 3/2.
b) K = 2/3.
c) K = −1/3.
d) K = −3/2
e) K = 2.

R: 2x − ky = 3 → y = $\frac{2}{k}x - \frac{3}{k}$

$m_r = \frac{2}{k}$

S: 3x + 4y = 1 → y = $-\frac{3}{4}x + \frac{1}{4}$

$M_s = -\frac{3}{4}$

$M_r \cdot M_s = -1$ (perpendicular)

$\frac{2}{k} \cdot \left(\frac{-3}{4}\right) = -1$

$k = \frac{3}{2}$

GABARITO: A.

107. **(ESA)** A medida do raio de uma circunferência inscrita em um trapézio isósceles de bases 16 e 36 é um número:
a) Primo.
b) Par.
c) Irracional.
d) Múltiplo de 5.
e) Múltiplo de 9.

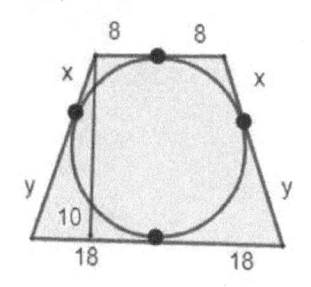

Bico: $\begin{cases} x = 8 \\ y = 18 \end{cases} \to x + y = 26$

$h^2 = (x + 4)^2 - 10^2 \to h^2 = 26^2 - 10^2 \to h = 24$

$2R = h \to 2R = 24 \to R = 12$ par

GABARITO: B.

108. **(ESA)** Em uma escola com 500 alunos, foi realizada uma pesquisa para determinar a tipagem sanguínea destes. Observou-se que 115 tinham o antígeno A, 235 tinham o antígeno B e 225 não possuíam nenhum dos dois. Escolhendo ao acaso um destes alunos, a probabilidade de que ele seja do tipo AB, isto é, possua os dois antígenos, é:
a) 15%.
b) 23%.
c) 30%.
d) 45%.
e) 47%.

$n = (A \cup B) = 500 - 225$

$n = (A \cup B) = 275$

$n(A \cup B) = n(A) + n(B) - n(A \cap B)$

$275 = 115 + 235 - n(A \cap B)$

$n(A \cap B) = 75$

$P = \dfrac{75}{500} = 0,15$

$P = 15\%$

GABARITO: A.

109. **(ESA)** O valor de k real, para que o sistema a seguir seja possível e determinado é:

$$\begin{cases} kx + 2y - z = 2 \\ 2x - 8y + 2z = 0 \\ 2x + z = 4 \end{cases}$$

a) $k \neq -1/2$.
b) $k = 1/2$.
c) $k \neq -1/6$.
d) $k \neq -3/2$.
e) $k \neq -7/2$.

$$\begin{matrix} & 2 & & 1 \\ \begin{vmatrix} k & 2 & -1 \\ 2 & -8 & 2 \\ 2 & 0 & 1 \end{vmatrix} & \neq 0 \\ k & & -1 \end{matrix}$$

$8 - 8k - 4 - 16 \neq 0$

$k \neq -\dfrac{3}{2}$

GABARITO: D.

110. **(ESA)** Um cliente comprou um imóvel no valor de 80.000,00, tendo pago como sinal 30.000,00 no ato da compra. O restante deverá ser pago em 24 prestações mensais iguais e consecutivas. Sabendo que a primeira prestação será paga um mês após a compra e que o juro composto é de 10% ao ano, o valor total pago, em reais, pelo imóvel, incluindo o sinal, será de:

a) 92.500,00.
b) 85.725,30.
c) 95.600,50.
d) 90.500,00.
e) 90.000,00.

$M = c \cdot (1 + i)^t$

$M = 50.000 \, (1,10)^2$

$M = 60.500$

Total = M + entrada

Total = 60.500 + 30.000 = 90.500

GABARITO: D.

111. **(ESA)** Com os algarismos 1, 2, 3, 4, 5 e 6 sem repeti-los, podemos escrever "x" números de 4 algarismos, maiores que 3.200. O valor de "x" é:
a) 210.
b) 228.
c) 240.
d) 300.
e) 320.

Total: $\underline{6}\,\underline{5}\,\underline{4}\,\underline{3}$ → 360 números
Retirar:

1º) Começa com 1: ①$\underline{5}\,\underline{4}\,\underline{3}$ → 60 números

2º) Começa com 2: ②$\underline{5}\,\underline{4}\,\underline{3}$ → 60 números

3º) Começa com 31: ③①$\underline{4}\,\underline{3}$ → 12 números

x = 360 − 60 − 60 − 12
x = 228
GABARITO: B.

112. **(ESA)** A proporção entre as medalhas de ouro, prata e bronze conquistadas por um atleta é 1:2:4, respectivamente. Se ele disputar 77 competições e ganhar medalhas em todas elas, quantas medalhas de bronze ele ganhará?
a) 55.
b) 44.
c) 11.
d) 22.
e) 33.

$$\begin{cases} O = x \\ P = 2x \\ B = 4x \end{cases}$$

O + P + B = x + 2x + 4x
77 = 7x
x = 11

B = 4x
B = 4 . 11
B = 44
GABARITO: B.

113. **(ESA)** Quantos múltiplos de 9 ou 15 há entre 100 e 1.000?
   a) 100.
   b) 120.
   c) 140.
   d) 160.
   e) 180.

   Múltiplos de 9: $n_9 = \left[\dfrac{1000}{9}\right] - \left[\dfrac{100}{9}\right]$
   $n_9 = 111 - 11 = 100$

   Múltiplos de 15: $n_{15} = \left[\dfrac{1000}{15}\right] - \left[\dfrac{100}{15}\right]$
   $n_{15} = 66 - 6 = 60$
   $n(9 \cap 15)$: múltiplos de 45
   $n_{45} = \left[\dfrac{1000}{45}\right] - \left[\dfrac{100}{45}\right] = 20$

   $n(9 \cup 15) = n(9) + n(15) - n(9 \cap 15)$
   $n(9 \cup 15) = 100 + 60 - 20$
   $n(9 \cup 15) = 140$
   GABARITO: C.

114. **(ESA)** A medida do perímetro do triângulo cujos vértices são os pontos (1,1), (1,3) e (2,3) é:
   a) $3 + \sqrt{5}$.
   b) $3 + 2\sqrt{5}$.
   c) $3 + 3\sqrt{5}$.
   d) $3 + 4\sqrt{5}$.
   e) $3 + 5\sqrt{5}$.

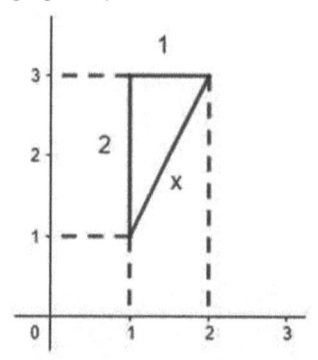

$x^2 = 2^2 + 1^2$

$x = \sqrt{5}$

$2p = 2 + 1 + \sqrt{5} \rightarrow 2p = 3 + \sqrt{5}$

GABARITO: A.

115. **(ESA)** Um quadrado e um retângulo têm a mesma área. Os lados do retângulo são expressos por números naturais consecutivos, enquanto que o quadrado tem 2√5 centímetros de lado. Assim, o perímetro, em centímetros, do retângulo é:
a) 16.
b) 18.
c) 12.
d) 20.
e) 24.

$A_{quadrado} = l^2 = (2\sqrt{5})^2$

$A_{quadrado} = 20$

$A_{retângulo} = b \cdot h = (x) \cdot (x+1)$

$20 = x \cdot (x+1)$

$x \cdot (x+1) = 4 \cdot 5$

$2p = 4 + 4 + 5 + 5 = 18$

GABARITO: B.

116. **(ESA)** As diagonais de um losango medem 48cm e 33cm. Se a medida da diagonal maior diminuir 4cm, então, para que a área permaneça a mesma, deve-se aumentar a medida da diagonal menor de:
a) 9cm.
b) 6cm.
c) 3cm.
d) 8cm.
e) 5cm.

$A_1 = \dfrac{D_1 \cdot d_1}{2} = \dfrac{48 \cdot 33}{2} = 792$

$A_2 = \dfrac{D_2 \cdot d_2}{2} \rightarrow A_2 = A_1 = 792$

$792 = \dfrac{44 \cdot d_1}{2} \rightarrow d_1 = 36cm$

Aumentou 3cm

GABARITO: C.

117. **(ESA)** Se o resto da divisão do polinômio $P(x) = 2x^n + 5x - 30$ por $Q(x) = x-2$ é igual a 44, então n é igual a:

a) 2.
b) 3.
c) 4.
d) 5.
e) 6.

$p(x) = Q(x) \cdot q(x) + r(x)$

$2x^n + 5x - 30 = (x - 2) \cdot q(x) + 44$

P/ x = 2, temos:

$2 \cdot 2^n + 5 \cdot 2 - 30 = (2 - 2) \cdot q(x) + 44$

$2^{n+1} = 64$

n = 5

GABARITO: D.

118. **(ESA)** Uma loja de eletrodomésticos paga, pela aquisição de certo produto, o correspondente ao preço x (em reais) de fabricação, mais 5% de imposto e 3% de frete, ambos os percentuais calculados sobre o preço x. Vende esse produto ao consumidor por R$ 54,00, com lucro de 25%. Então, o valor de x é:

a) R$ 36,00.
b) R$ 38,00.
c) R$ 40,00.
d) R$ 41,80.
e) R$ 42,40.

Custo = 1,08 . x

Venda = 1,25 . custo = 1,25 . (1,08 . x)

54 = 1,35x

x = 40 reais

GABARITO: C.

119. **(ESA)** O valor de x tal que $3^4 \cdot 3^5 \cdot 3^6 \ldots 3^x = 3^{30}$ é:

a) 6.
b) 7.
c) 8.
d) 12.
e) 13.

PA (4, 5, 6, ..., x)

x = 4 + (n - 1)1 = 3 + n

$30 = \dfrac{(4+x)n}{2} \rightarrow 30 = \dfrac{(7+n)n}{2}$

N = 5 ou ou n = -12 (sendo que -12 não convém)
x = 3 + n = 3 + 5
x = 8
GABARITO: C.

120. **(ESA)** Um pedreiro verificou que para transportar 180 tijolos usando um carrinho de mão, levando sempre a mesma quantidade de tijolos, precisaria dar x viagens. Se ele levasse 3 tijolos a menos em cada viagem, precisaria fazer mais duas viagens. A soma dos algarismos do número x é:
a) 2.
b) 10.
c) 9.
d) 1.
e) 11.

$$\begin{cases} 180 = x \cdot n \to n = \frac{180}{x} \\ 180 = (x + 2) \cdot \left(\frac{180}{x} - 3\right) \end{cases}$$

$\to x^2 + 2x - 120 = 0$

Raízes: $\underbrace{-12}_{\text{não convém}}$ e 10

x = 10
Soma = 1 + 0 = 1
GABARITO: D.

121. **(ESA)** Seja um ponto P pertencente a um dos lados de um ângulo de 60°, distante 4,2cm do vértice. Qual é a distância deste ponto à bissetriz do ângulo?
a) 2,2.
b) 2,1.
c) 2,0.
d) 2,3.
e) 2,4.

$$\operatorname{sen}30° = \frac{x}{4,2}$$

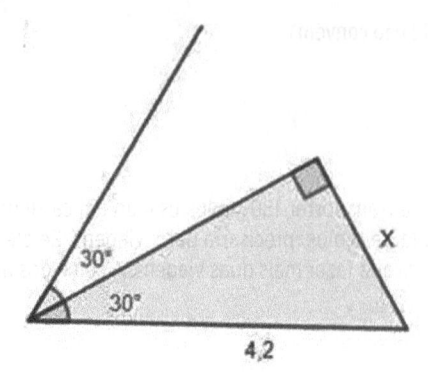

$$\frac{1}{2} = \frac{x}{4,2} \rightarrow x = 2,1$$

GABARITO: B.

122. **(ESA)** Se um polígono regular é tal que a medida de um ângulo interno é o triplo da medida do ângulo externo, o número de lados desse polígono é:
   a) 12.
   b) 9.
   c) 6.
   d) 4.
   e) 8.

   $A_i + A_e = 180° \rightarrow 3A_e + A_e = 180° \rightarrow A_e = 45°$

   $$n° = \frac{360°}{A_e} = \frac{360}{45}$$

   $n° = 8$

   GABARITO: E.

123. **(ESA)** Aumentando-se os lados a e b de um retângulo de 15% e 20%, respectivamente, a área do retângulo é aumentada de:
   a) 35%.
   b) 30%.
   c) 3,5%.
   d) 3,8%.
   e) 38%.

   $A_1 = l_1 \cdot l_2 \rightarrow A_1 = a \cdot b$
   $A_2 = l_1^1 \cdot l_2^1 \rightarrow A_2 = (1,15a) \cdot (1,20b)$
   $A_2 = 1,38ab$

$A_2 = 1,38A_1$
38% maior
GABARITO: E.

124. **(ESA)** Em uma unidade do Exército, a soma do efetivo formado por soldados e cabos é de 65. Em determinado dia, 15 soldados não compareceram ao expediente. Em consequência dessas faltas, o efetivo de cabos ficou igual ao efetivo de soldados presentes naquele dia. Qual é o mínimo múltiplo comum entre o número total de soldados e cabos desta unidade militar?
a) 280.
b) 260.
c) 200.
d) 240.
e) 220.

s + c = 65
s = 15 + c
2s = 80 → s = 40 → c = 25

$$\begin{array}{r|l} MMC: 25, 40 & 5 \\ 5, 8 & 5 \\ 1, 8 & 8 \\ 1, 1 & \mathbf{200} \end{array}$$

GABARITO: C.

125. **(ESA)** Sejam três conjuntos A, B e C, sabe-se que o número de elementos do conjunto A é 23; o número de elementos de (B∩C) é 7 e o número de elementos de (A∩B∩C) é 5. O número de elementos de (A∪B)∩(A∪C) é:
a) 21.
b) 25.
c) 30.
d) 23.
e) 27.

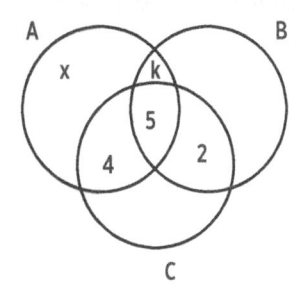

x + y + k + 5 = 24 (A)

5 + 2 = 7 (B C)

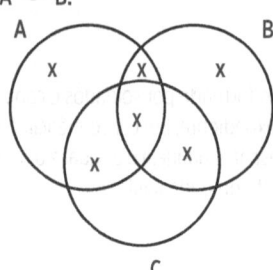

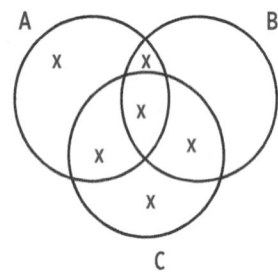

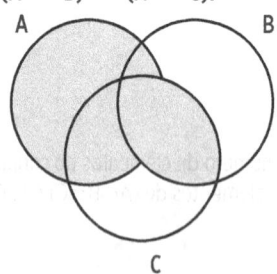

A ∪ B:

A ∪ C:

(A ∪ B) ∩ (A ∪ C):

x + y + k + 5 + 2 = 23 + 2 = 25

GABARITO: B.

126. **(ESA)** Se decompusermos em fatores primos o produto dos números naturais de 1 a 200 e escrevermos os fatores comuns em uma única base, o expoente do fator 5 será:
   a) 46.
   b) 49.
   c) 48.
   d) 45.
   e) 47.

$$n_5 = \left[\frac{200}{5}\right] + \left[\frac{200}{5^2}\right] + \left[\frac{200}{5^3}\right]$$

$n_5 = 40 + 8 + 1$

$n_5 = 49$

GABARITO: B.

127. **(ESA)** As bases de um trapézio medem 19m e 9m e os lados não paralelos, 6m e 8m. A área desse trapézio, em dm², é:
a) 6.072.
b) 6.270.
c) 6.027.
d) 6.702.
e) 6.720.

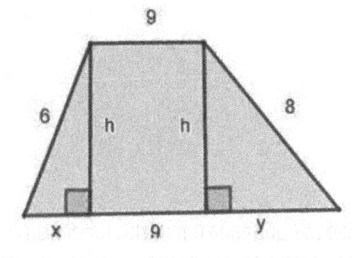

$$\begin{cases} h^2 = 6^2 - x^2 = 8^2 - y^2 \\ x + y = 10 \end{cases}$$

→ y² - x² = 8² - 6² → (y0x)(y + x) = 64 - 36
→ (y - x) . 10 = 28 → x - y = 2,8

$$\begin{cases} x + y = 10 \\ y - x = 2,8 \\ y = 6,4 \end{cases}$$

h² = 8² - 6,4²
h = 4,8

$$A = \frac{(B+b)h}{2} = \frac{(19+9) \cdot 4,8}{2} = 67,2m^2 \text{ ou } 6720dm^2$$

GABARITO: E.

128. **(ESA)** Um triângulo ABC tem área de 60 cm² e está circunscrito a uma circunferência com 5 cm de raio. Nestas condições, a área do triângulo equilátero que tem o mesmo perímetro que o triângulo ABC é, em cm²:
a) $20\sqrt{3}$.
b) $15\sqrt{3}$.
c) $12\sqrt{3}$.

d) $16\sqrt{3}$.

e) $5\sqrt{3}$.

$A_{ABC} = p \cdot r \rightarrow 60 = p \cdot 5 \rightarrow p = 12$

$2p = 24$

$\triangle_{equilátero}: 2P = 24 \rightarrow l = 8$

$A_\triangle = \dfrac{l^2\sqrt{3}}{4} = \dfrac{8^2\sqrt{3}}{4}$

$A_\triangle = 16\sqrt{3}$

GABARITO: D.

129. **(ESA)** Três circunferências de raio 2r, 3r e 10r são tais que cada uma delas tangencia exteriormente a outras duas. O triângulo cujos vértices são os centros dessas circunferências tem área de:

a) $36r^2$.

b) $18r^2$.

c) $10r^2$.

d) $20r^2$.

e) $30r^2$.

$l_1 = r_1 + r_2 = 2r + 3r = 5r$

$l_2 = r_1 + r_3 = 2r + 10r = 12r$

$l_3 = r_2 + r_3 = 3r + 10r = 13r$

$\triangle$ é retângulo, pois $l_3^2 = l_2^2 + l_1^2$

$l_3^2 = (12r)^2 + (5r)^2$

$l_3 = 13r$

$A = \dfrac{b \cdot h}{2}$

$A = \dfrac{(12r) \cdot (5r)}{2}$

$A = 30r^2$

GABARITO: E.

130. **(ESA)** Se aumentarmos a medida do raio "r" de um círculo em 15%, obtemos um outro círculo de raio "R". O aumento da área, em termos percentuais foi de:

a) 32,25.

b) 32,52.

c) 3,252.

d) 3,225.

e) 3,522.

$A_1 = \pi R_1^2$

$A_2 = \pi R_2^2 = \pi (1{,}15 R_1)^2$

$A_2 = 1{,}3225 \pi R_1^2$

$A_2 = 1{,}3225 A_1$

Aumento: 32,25%

GABARITO: A.

131. **(ESA)** Uma indústria importa vinho estrangeiro em 20 barris de 160 litros cada e vai engarrafá-los em recipientes que contêm 0,80dm³ cada. A quantidade total de recipientes de vinho será:
a) 4.000.
b) 16.000.
c) 200.
d) 256.
e) 2.560.

$V_T = 160 \cdot 20 = 3200L$

$n = \dfrac{3200L}{0{,}8dm^3} = \dfrac{3200L}{0{,}8L}$

n = 4000

GABARITO: A.

132. **(ESA)** Um trabalhador gasta 5 horas para limpar um terreno circular de 8m de raio. Ele cobra R$ 4,00 por hora de trabalho. Para limpar um terreno circular de 24m de raio, o trabalhador cobrará, em reais:
a) 40.
b) 180.
c) 60.
d) 120.
e) 80.

5 horas: $A_1 = \pi R^2 = \pi 8^2 = 64\pi$

$A_2 = \pi R_2^2 = \pi 24^2 = 576\pi$

$\begin{array}{cc} t_2 & 576\pi \\ 5h & 64\pi \end{array} \rightarrow t_2 = 45h$

P = 4 reais/hora . 45h

P = 180 reais

GABARITO: B.

133. **(ESA)** Se A e B são conjuntos quaisquer, não vazios, podemos afirmar que a única opção falsa é:
a) $A - B = \emptyset \rightarrow B \subset A$.
b) $A \cap B = A \rightarrow A \cup B = B$.
c) $a \in A$ e $a \in B \rightarrow a \in A \cap B$.
d) $a \in A$ e $A \subset B \rightarrow A \in B$.
e) $a \in A \cup B \rightarrow a \in A$ ou $a \in B$.

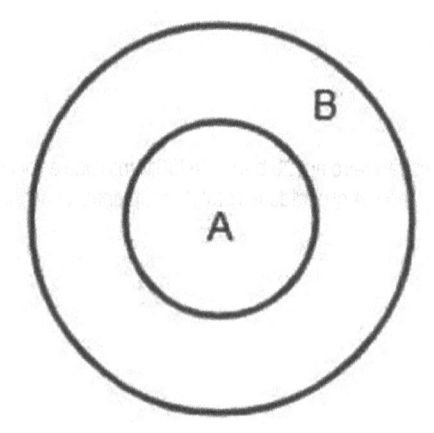

Letra "A" é falsa, pois:
Se $A - B = \emptyset$, então $A \subset B$
GABARITO: A.

134. **(ESA)** 50 operários deveriam fazer uma obra em 60 dias. Após 15 dias do início do serviço, são contratados mais 25 operários para ajudar na construção. Em quantos dias ficará pronto o restante da obra?
a) 30.
b) 34.
c) 36.
d) 28.
e) 32.

Faltam 60 – 15 = 45 dias

$$Regra\ inversa \begin{cases} 50\ operários - 45\ dias \\ 75\ operários - x \end{cases}$$

75x = 50 . 45
x = 30
GABARITO: A.

135. **(ESA)** Seja $x^2 + (q-3)x - q - 2 = 0$. O valor de "q" que torna mínima a soma dos quadrados das raízes da equação é:
a) 4.
b) -2.
c) -4.
d) 2.
e) 0.

$$x_1^2 + x_2^2 = (x_1 + x_2)^2 - 2x_1x_2 = \left(\frac{-b}{a}\right)^2 - 2.\frac{c}{a}$$

$$x_1^2 + x_2^2 = (3-q)^2 + 2(q+2) = q^2 - 4q + 13$$

$$x_1^2 + x_2^2 = q^2 - 4q + 13$$

P/ mínimo $q = -\dfrac{b}{2a}$

$q = -\dfrac{(-4)}{2}$

$q = 2$

GABARITO: D.

136. **(ESA)** Numa fábrica, trabalhadores reuniram-se para presentear um amigo que iria se casar. O presente escolhido foi a quantia de R$ 900,00, que seria dividida igualmente entre eles. Por razões particulares, dois daqueles trabalhadores retiraram seus nomes da lista e, por isso, decidiu-se diminuir a quantia para R$ 888,00, de modo que na nova divisão coubesse a cada participante a mesma cota de antes da saída dos dois colegas. Com isso, coube a cada um dos participantes a quantia de:
a) R$4,00.
b) R$6,00.
c) R$9,00.
d) R$10,00.
e) R$12,00.

900 – 888 = 12 → referente a 2 cotas.

Logo: 1 cota = $\dfrac{12}{2}$ = 6 reais.

GABARITO: B.

137. **(ESA)** Um festival de música lotou uma praça semicircular de 200m de diâmetro. Admitindo-se uma ocupação média de 3 pessoas por m², qual é o número mais aproximado de pessoas presentes? (adote π = 3,14)
- a) 22.340.
- b) 33.330.
- c) 42.340.
- d) 16.880.
- e) 47.100.

    Ac = πR^2

    Diâmetro = 2R

    2R = 200

    R = 100m

    Calculando a área do círculo:

    Ac = $\pi.100^2$

    Ac = 10.000π = 10.000.3,14 = 31.400m²

    Área do semicírculo: 31.400/2 = 15.700m²

    Usando regra de três simples temos:

    3 pessoas – 1m²

    X – 15.700m²

    x = 3 . 15.700

    x = 47.100

    GABARITO: E.

138. Um certo professor de matemática faz um desafio aos seus alunos, com o objetivo de revisar os conceitos dados em aula. Dados os conjuntos D(12) e D(30), conjuntos dos divisores dos números 12 e 30 respectivamente, em N, então D(12) e D(30) é igual a:
- a) {0;1;2;3;6}.
- b) {1;2;3;6}.
- c) {6}.
- d) {1,2;3;4;6;12}.
- e) {1;2;3;4;5;10}.

    Divisores de 12:

    {1;2;3;4;6;12}

    Divisores de 30:

    {1;2;3;5;6;10;15;30}

    Como no exercício pede a intersecção, portanto: {1;2;3;6}

    GABARITO: B.

139. Pedro tem 4 barras de ferro e cada um dos seguintes comprimentos: 1,5 m; 2,5 m; 3 m e 3,5 m e deseja transformá-las em barras de um só tamanho e o maior possível, sem inutilizar nenhum pedaço. Qual deve ser o tamanho das novas barras e com quantas barras ficará?
a) 0,5 m e 21 barras.
b) 1,0 m e 11 barras.
c) 1,5 m e 7 barras.
d) 2 m e 6 barras.
e) 2,5 m e 5 barras.

Como ele quer "...o maior possível..." utilizaremos o MDC. MDC (1,5; 2,5; 3; 3,5) = 0,5
Cada barra terá 0,5 m.
Total de barras = (1,5 + 2,5 + 3 + 3,5)/0,5 = 21 barras
GABARITO: A.

140. Em um torneio com 5 clubes, em que todos jogarão entre si uma única vez, o número total de jogos será:
a) 15.
b) 12.
c) 10.
d) 9.
e) 11.

Como a ordem dos jogos não importa, por exemplo: Jogo A x B é o mesmo que Jogo B x A, aplicamos a fórmula da Combinação: $C_{5,2}$ = 10.
Portanto, o total de jogos, em que todos jogarão entre si uma única vez é 10.
GABARITO: C.

141. Em uma sala de aula, existem 10 estudantes com grande potencial de obter os três primeiros lugares. Realizado o exame, quantos resultados distintos pode haver para o 1º, 2º e 3º lugares, respectivamente?
a) 720.
b) 270.
c) 504.
d) 405.
e) 1.420.

Para o 1º lugar, temos 10 possibilidades; para o 2º lugar, temos 9 possibilidades; e para o 3º lugar, temos 8 possibilidades. Portanto, pelo princípio fundamental da contagem, temos que o total de resultados distintos possível é definido por: 10 x 9 x 8 = 720.
GABARITO: A.

142. Viajando juntos, um grupo de oito amigos será distribuído em quatro quartos duplos. Quantas são as opções de distribuição dos amigos nos quartos?

a) 1.260.
b) 2.520.
c) 5.040.
d) 20.160.
e) 40.420.

Note que são 8 amigos que serão distribuídos em 4 quartos duplos. Logo, para o 1º quarto temos que o total de distribuição é definido por $C_{8,2}$ = 28. Consequentemente, para o 2º quarto: $C_{6,2}$ = 15. Para o 3º quarto: $C_{4,2}$ = 6 e para o 4º quarto: $C_{2,2}$ = 1. Para determinarmos o total, basta multiplicarmos os valores: 28 x 15 x 6 x 1 = 2.520.

GABARITO: B.

143. Para garantir a segurança dos 5.000 convidados de um evento patrocinado pelo Município, constatou-se que seria necessária, nesse evento, a presença de 100 guardas civis metropolitanos. Sabendo-se que o número de guardas é diretamente proporcional ao número de convidados, se o número de convidados aumentar em 250, o número de guardas civis metropolitanos necessários para garantir a segurança de todos os convidados seria de:

a) 105.
b) 104.
c) 103.
d) 102.
e) 101.

Fazendo a regra de três da proporção, levando em conta o aumento dos convidados, fica:

Convidados – Guardas

5.000 – 100

5.250 – x

"Aumentando os convidados tem que aumentar o número de guardas"

5.000x = 525.000

x = 525.000/5.000

x = 105 guardas.

GABARITO: A.

144. Uma pesquisa realizada pelo Diretório Acadêmico de uma faculdade mostrou que 65% dos alunos são a favor da construção de uma nova quadra poliesportiva. Dentre os alunos homens, 11 em cada 16 manifestaram-se a favor da nova quadra e, dentre as mulheres, 3 em cada 5. Nessa faculdade, a razão entre o número de alunos homens e mulheres, nessa ordem, é igual a:

a) 4/3.
b) 6/5.
c) 7/4.
d) 7/5.
e) 9/7.

11 de 16 corresponde a 0,6875 ou 68,75% dos homens (x) e 3 de 5 corresponde a 0,6 ou 60% das mulheres (y). Os que são a favor da quadra corresponde a 65% do total, ou seja, homens e mulheres (x + y), com isso:

68,75x + 60y = 65(x + y)

68,75x − 65x = 65y − 60y

3,75x = 5y

x/y = 5/3,75 (simplificando tudo por 1,25) x/y = 4/3

Logo, a razão entre o número de homens e mulheres é 4/3.

GABARITO: A.

145. Numa fábrica, vinte operários, trabalhando oito horas por dia, gastam 18 dias para embalar 300 caixas de seu produto. Quanto tempo levará uma turma de dezesseis operários, trabalhando nove horas por dia, para embalar 225 caixas do mesmo produto?

a) 15.

b) 17.

c) 19.

d) 23.

e) 25.

20 operários − 8h − 18 dias = 300 caixas

16 operários − 9h − x dias = 225 caixas

$$\frac{18}{x} = \frac{9 \cdot 300 \cdot 16}{8 \cdot 225 \cdot 20}$$

x = 15 dias.

GABARITO: A.

146. O pagamento de uma prestação em atraso, incluindo o valor da multa, totalizou R$ 63,21. Sabendo-se que o valor da multa correspondia a 1/20 do valor da prestação, qual era o valor da prestação, em reais?

a) 60,05.

b) 60,20.

c) 66,37.

d) 69,00.

e) 75,85.

Como o valor da multa correspondia a 1/20 da prestação, então devemos concluir que pagamos 21/20 da prestação original (20/20 da prestação +1/20 da multa). Consequentemente, utilizando uma relação de proporcionalidade temos:

21/20 − −> 63,21

20/20 − −> x   x = 60,20

Então a prestação era R$ 60,20.

GABARITO: B.

147. A dona Elci comprou uma caixa de bombons para seus dois bisnetos. Um deles tirou para si metade dos bombons da caixa. Mais tarde, o outro menino também tirou para si metade dos bombons que encontrou na caixa. Restaram 30 a menos do que tinha no início. Calcule quantos bombons havia inicialmente na caixa.
a) 36.
b) 40.
c) 42.
d) 50.
e) 60.

x = total de bombons
1º Neto: x/2
2º Neto: 1/2 (x/2)
"Restaram 30 a menos do que tinha no início"
1/2 . (x/2) = x – 30x = 40 bombons
GABARITO: B.

148. Em uma palestra, a razão entre homens e mulheres é de 4 para 5, nessa ordem. Foram convidados para essa palestra 120 pessoas, mas apenas 75% dos convidados compareceram. Para que a razão entre homens e mulheres seja alterada para 6/5, a quantidade de homens a mais que deveriam estar presentes na palestra é de:
a) 15.
b) 20.
c) 24.
d) 30.
e) 32.

Questão envolvendo razão, proporção e porcentagem.

Resolução: Primeiro precisamos descobrir quantas pessoas estão na reunião, fazendo 75% de 120 pessoas: 75/100 x 120 = 90.

Depois usamos a razão dada para saber a quantidade de homens e mulheres presentes na reunião: H/M = 4/5 - fazemos a divisão de 90 (pessoas presentes) por 9 (razão entre homens e mulheres)

90/9 = 10, multiplicando o numerador e denominador por 10 concluímos que na reunião encontram-se 40 homens e 50 mulheres.

Adicionando apenas homens, para a razão ser alterada para 6/5, percebemos que deveríamos ter 60 homens (já que temos 50 mulheres presentes) ou seja, precisamos acrescentar 20 homens (60 – 40 = 20).

GABARITO: B.

149. O número X tem três algarismos. O produto dos algarismos de X é 126 e a soma dos dois últimos algarismos de X é 11. O algarismo das centenas de X é:
a) 2
b) 3

c) 6
d) 7
e) 9

Considere: X = abc
Portanto,
a.b.c = 126   b+c = 11
Partindo que b+c = 11, temos as seguintes possibilidades para b e c: 2 e 9 = 2.9 = 18
3 e 8 = 3.8 = 24
4 e 7 = 4.7 = 28
5 e 6 = 5.6 = 30
6 e 6 = 6.6 = 36
7 e 4 = 7.4 = 28
8 e 3 = 8.3 = 24
9 e 2 = 9.2 = 18
Como a.b.c = 126, temos que a = 126/b.c e esta divisão tem que resultar em resto zero. A única possibilidade para que isto ocorra é se b.c = 18, onde temos 2 e 9 ou 9 e 2 como possibilidades. Com isso, basta substituir b.c = 18 na divisão a = 126/b.c, ficando a = 126/18, a = 7.
GABARITO: D.

150. O peso total de 3 caixas cheias de pêssegos é 60 kg. As caixas vazias pesam: a primeira e a segunda 7 kg; a primeira e a terceira 10 kg; a segunda e a terceira 11 kg. O peso dos pêssegos das três caixas é igual a:
a) 46 kg.
b) 56 kg.
c) 42 kg.
d) 32 kg.
e) 39 kg.

Considere:
x: peso da 1ª caixa.
y: peso da 2ª caixa.
z: peso da 3ª caixa.
Portanto, temos que:
x+y = 7 kg
x+z = 10 kg
y+z = 11 kg
Resolvendo o sistema temos que: x = 3, y = 4 e z = 7. Portanto, o peso dos pêssegos das 3 caixas é a diferença do peso total pelo peso das caixas vazias:
60 − (3+4+7) = 60 − 14 = 46 kg
GABARITO: A.

151. Em um encontro de 60 colegas, 20% são homens, e o restante mulheres. Sabe-se que 37,5% das mulheres presentes no encontro têm mais de 50 anos de idade, e que 25% dos homens presentes no encontro têm mais de 50 anos de idade. Apenas com relação às pessoas com 50 anos de idade ou menos, presentes no encontro, os homens correspondem à:

a) 25% das mulheres.
b) 20% das mulheres.
c) 30% das mulheres.
d) 35% das mulheres.
e) 15% das mulheres.

Portanto, apenas com relação às pessoas com 50 anos de idade ou menos, presentes no encontro, os homens correspondem a: 9 homens do total de 30 mulheres = 9/30 = 0,3 = 30% das mulheres.

GABARITO: C.

152. Um móvel parte de A e segue numa direção que forma com a reta AC um ângulo de 30°. Sabe-se que o móvel caminha com uma velocidade constante de 50 km/h. A distância que o móvel se encontra da reta AC após 3 horas de percurso é igual a:

a) 75 km.
b) 120 km.
c) 753 km.
d) 150 km.
e) 503 km.

A trajetória percorrida pelo móvel, após 3 horas (150 km) é descrita pela seguinte figura:

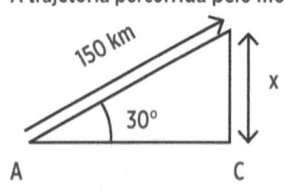

Para encontrar o valor de x (distância que o móvel se encontra da reta AC), basta aplicar a função seno:

Sen 30° = x / 150

1/2 = x / 150   x = 75 km.

GABARITO: A.

153. Sabendo-se que a equação $x^2 - 2mx + m + 3 = 0$ admite 1 como raiz, é correto afirmar que a outra raiz da equação é igual a:

a) 9.
b) 7.
c) 5.
d) 3.
e) 1.

Como a equação admite 1 como raiz, então se substituirmos o valor da raiz na variável da equação, torna ela "igual a zero".

Vejamos:

$X^2 - 2mx + m + 3 = 0$

$1^2 - 2m.1 + m + 3 = 0$

$1 + 3 - m = 0$

$m = 4$.

Portanto, substituindo o valor de "m" na equação inicial, temos:

$X^2 - 2(4)x + 4 + 3 = 0$

$X^2 - 8x + 7 = 0$.

Logo, as raízes são: x' = 1 e x" = 7.

GABARITO: B.

154. Considere a P.A. (2, 5, 8, 11, ...) e a P.G. (3, 6, 12, 24 , ...). Na sequência (2, 3, 5, 6, 8, 12, 11, 24, 14, 48, ...), onde os termos da P.A. ocupam as posições ímpares e as da P.G., as posições pares, o seu 25º termo é:

a) 602.

b) 38.

c) 3x 224.

d) 49.

e) 25.

O 25º termo da sequência é o 13º termo da P.A (a_{13}).

Portanto:

$a_n = a_1 + (n-1).r$

$a_{13} = 2 + (13-1).3$

$a_{13} = 2 + 12 . 3$

$a_{13} = 2 + 36$

$a_{13} = 38$

GABARITO: B.

155. Os juros auferidos pela aplicação de um capital no valor de R$ 12.500,00, durante dois anos, a uma taxa de juros compostos de 8% ao ano, são iguais aos da aplicação de um outro capital no valor de R$ 10.400,00, a juros simples, à taxa de 15% ao ano. O tempo em que o segundo capital ficou aplicado foi igual a:

a) 15 meses.

b) 16 meses.

c) 18 meses.

d) 20 meses.

e) 22 meses.

Capital (C) = R$ 12.500,00
Prazo (t) = 2 anos
Taxa de juros (i) = 8 % a.a
Montante (M) = ?
$M = C(1+i)^t$
$M = 12.500(1+0,08)^2$
M = 14.580 J = M-C
J = 14.580 - 12.500
J = 2.080
Dados:
Capital (C) = R$ 10.400,00
Juros (J) = 2.080
Prazo (t) = ?
Taxa de juros (i) = 15 %
a.a = 1,25%
a.m J = C.i.t
2.080 = 10400 . 0,0125 . t
2.080 = 130 . t
2.080/130 = t = 16
GABARITO: B.

156. Na série de dados formada por {3, 1, 2, 3, 6}:
 a) Mediana > moda > média.
 b) Moda < média < mediana.
 c) Moda = mediana = média.
 d) Mediana = média e não há moda.
 e) Média > mediana e não há moda.
 Primeiramente, vamos ordenar os valores em ordem crescente: (1, 2, 3, 3, 6)
 Média = (1+2+3+3+6)/5 = 3
 Mediana = 3
 Moda = 3
 Portanto, moda = mediana = média.
 GABARITO: C.

157. Uma academia oferece diversas modalidades de práticas esportivas. Dentre elas, as mais procuradas são hidroginástica e musculação. Uma análise das matrículas mostrou que, dos 221 matriculados, 147 praticavam hidroginástica, 128 praticavam musculação e 23 não praticavam nenhuma dessas modalidades. Com base nisso, quantos alunos praticavam as duas modalidades, hidroginástica e musculação?
 a) 77.

b) 74.

c) 70.

d) 51.

e) 19.

Para resolver essa questão precisamos identificar os conjuntos através de um diagrama. Das informações apresentadas no texto, podemos identificar os conjuntos da seguinte forma:

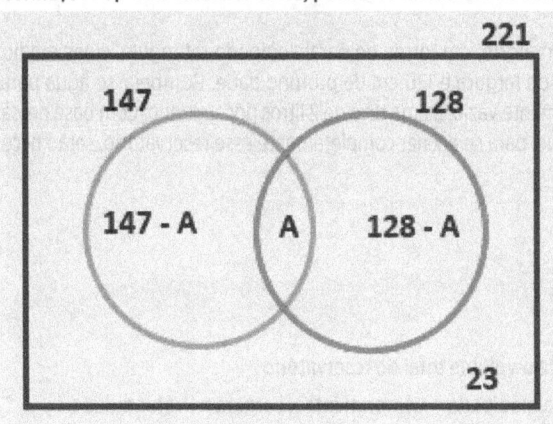

```
                                221
    ┌─────────────────────────────────┐
    │   147              128          │
    │  ╱────╲         ╱────╲          │
    │ │      │       │      │         │
    │ │147-A │   A   │128-A │         │
    │ │      │       │      │         │
    │  ╲────╱         ╲────╱          │
    │                                 │
    │                            23   │
    └─────────────────────────────────┘
```

Desse conjunto, temos que 147 representa a quantidade de praticantes de hidroginástica e 128 os praticantes de musculação. A intersecção representada pela letra "A" representa a quantidade de matriculados em ambas as modalidades. Dessa forma, podemos desenvolver uma equação para determinar o valor de A:

$147 - A + A + 128 - A + 23 = 221$

$147 + 128 - A = 221 - 23$

$275 - A = 198$

$A = 275 - 198$

$A = 77$

GABARITO: A.

158. Quatro moedas são lançadas simultaneamente. Qual é a probabilidade de ocorrer coroa em uma só moeda?

a) 1/8.

b) 2/9.

c) 1/4.

d) 1/3.

e) 3/8.

Todas as moedas possuem duas faces apenas, uma indicando Cara(C), a outra Coroa(K).

Lançando-se quatro moedas simultaneamente, temos que a configuração possível corresponderá a: (Número de moedas) elevado ao (número de faces de uma moeda) = 4^2 = 16 configurações possíveis. São elas:

KKKK KKCC CCKC CKKK KKKC KCCK CCCK CKCK KKCK CCKK CKCC KCKC KCKK KCCC CKKC CCCC

Dessas 16 configurações, quatro possuem apenas coroa. A probabilidade de aparecer apenas coroa vale:

$$P = \frac{Evento}{Espaço\ amostral} = \frac{4}{16} = \frac{1}{4}$$

GABARITO: C.

159. Considere um reservatório, em forma de paralelepípedo retângulo, cujas medidas são 8 m de comprimento, 5 m de largura e 120 cm de profundidade. Bombeia-se água para dentro desse reservatório, inicialmente vazio, a uma taxa de 2 litros por segundo. Com base nessas informações, é correto afirmar que, para se encher completamente esse reservatório, serão necessários:
   a) 40 min.
   b) 240 min.
   c) 340 min
   d) 400 min.
   e) 480 min.

1º passo: Calcule o volume total do reservatório

Volume do paralelepípedo = Comprimento x Largura x Profundidade

(a profundidade está em cm; passe para metros para que todos fiquem na mesma unidade → 100cm = 1m; logo 120 cm = 1,2m)

V = a . b . c

V = 8 . 5 . 1,2

V = 48 metros cúbicos

2º passo:

1 metro cúbico – 1.000 litros

48 metros cúbicos – L

L = 48.000 litros

3º passo:

2 litros – 1 segundo

48.000 litros – T

2T = 48.000

T = 24.000 segundos

1 minuto – 60 segundos

M = 24.000 segundos

M = 400 minutos

GABARITO: D.

160. A soma das soluções da equação $x^3 + 4x^2 - x - 4 = 0$ é:
   a) 5.
   b) 2.
   c) – 1.

d) – 4.

e) 1.

Fatorando, temos:

$x^3 + 4x^2 - x - 4 = 0 \rightarrow x^2 \cdot (x + 4) - (x + 4) = 0$

Colocando o fator comum (x+4) em evidência, temos:

$(x + 4) \cdot (x^2 - 1) = 0$

Veja que $(x^2 - 1) = (x + 1) \cdot (x - 1)$

$(x + 4) \cdot (x + 1) \cdot (x - 1) = 0$

Logo, ou:

$x + 4 = 0 \rightarrow x' = -4 \quad x + 1 = 0 \rightarrow x'' = -1 \quad x - 1 = 0 \rightarrow x''' = 1$

Então: $x' + x'' + x''' = -4 - 1 + 1 = -4$

GABARITO: D.

161. Três aumentos mensais sucessivos de 50%, correspondem a um único aumento trimestral de:

a) 0,125%.

b) 3,375%.

c) 150%.

d) 337,5%.

e) 237,5%.

Para cada 100 reais investidos, temos:

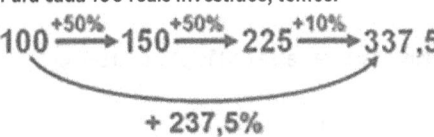

$100 \xrightarrow{+50\%} 150 \xrightarrow{+50\%} 225 \xrightarrow{+10\%} 337,5$

+ 237,5%

Portanto, os três aumentos de 50% equivalem a um único aumento de 237,5%.

GABARITO: E.

162. De um cartão quadrado ABCD, de área igual a 144 cm², foram recortadas as regiões triangulares congruentes, que aparecem sombreadas na figura.

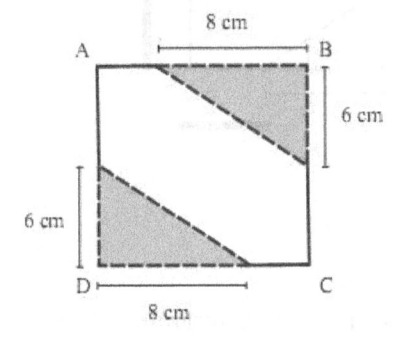

Após os recortes, o perímetro da região remanescente desse cartão passou a ser igual, em centímetros, a:

a) 40.
b) 38.
c) 36.
d) 34.
e) 30.

A área total do quadrado é 144 cm². Portanto cada lado do quadrado tem:

A = l² 144 = l²

l = 12 cm

Como cada lado tem 12 cm, note que para cada lado, falta:

O lado com 8 cm: faltam 4 cm (segmento AB)

O lado com 6 cm: faltam 6 cm (segmento AD)

Vamos encontrar a hipotenusa do triângulo retângulo destacado da figura:

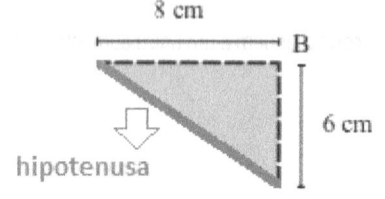

(Hipotenusa)² = 8² + 6²

(Hipotenusa)² = 100

Hipotenusa = 10 cm

Logo, o perímetro da região remanescente desse cartão passou a ser igual:

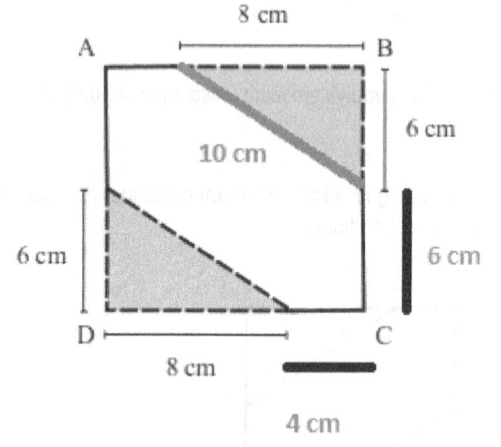

Perímetro: 10 + 6 + 4 + 10 + 6 + 4 = 40 cm.

GABARITO: A.

163. Considere a circunferência que passa pelos pontos (0,0), (0,6) e (4,0) em um sistema de coordenadas cartesianas ortogonais. Sabendo que os pontos (0,6) e (4,0) pertencem a uma reta que passa pelo centro dessa circunferência, uma das retas tangentes a essa circunferência, que passa pelo ponto (3,-2), tem por equação:

a) $3X - 2Y - 13 = 0$.
b) $2X - 3Y - 12 = 0$.
c) $2X - Y - 8 = 0$.
d) $X - 5Y - 13 = 0$.
e) $8X - 3Y - 18 = 0$.

C = (0,6) + (4,0)/2 = (2,3)

R= dco= $\sqrt{2^2.3^2} = \sqrt{13}$

Eq. circunferência: $(x-2)^2 + (g-3)^2 = 13$ Reta tg a circunferência.

$(y-3) = m(x-2) \pm \sqrt{m^2R^2+R^2}$ $(y-3) = m(x-2) \pm \sqrt{13m^213}$ *

–

$2 - 3 = m(3 - 2) \pm \sqrt{13m^2+13} = -5 -m$

{m1= 3/2 m2= – 2/3 **

** em *

{-2x/3-y=0 3x-2y-13=0

GABARITO: A.

164. Aponte o item, a seguir, que melhor representa o gráfico da função dada na figura.

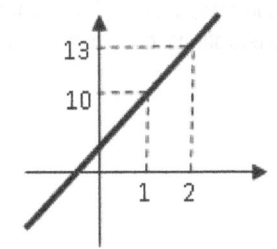

a) $y = 3x - 7$.
b) $y = 3x + 7$.
c) $y = 7x + 3$.
d) $y = 7x - 3$.
e) $y = -3x + 7$.

Trata-se de uma função do 1º grau, do tipo y = ax + b, que passa pelos pontos (1, 10) e (2, 13). Substituindo esses pontos na função, temos o sistema:

10 = a.1 + b

13 = a.2 + b

Logo

a = 3 e b = 7

Portanto, y = 3x + 7

GABARITO: B.

165. Numa P.G. crescente e limitada de razão 2, o último termo da progressão é 5.120. Sabendo que o primeiro termo da P.G é 5, é correto afirmar que o número de termos dessa P.G é:
a) 11.
b) 10.
c) 8.
d) 9.
e) 25.

Utiliza-se a fórmula do termo geral da P.G: $a_n = a_1 + q^{n-1}$.
Os valores são: $a_n = 5.120$; $a_1 = 5$; $q = 2$.
Substituindo os valores temos: $5120 = 5 \cdot 2^{n-1}$.
Portanto temos que: $5120/5 = 2^{n-1}$.
$1024 = 2^{n-1}$.
$2^{10} = 2^{n-1}$.
Portanto, $n = 11$.
Logo, o número de termos dessa P.G é 11.
GABARITO: A.

166. Um empregado recebe três aumentos salariais de aumento. O primeiro de 30%, o segundo de 20%, e o terceiro de 10%. É correto afirmar que o aumento total recebido pelo funcionário foi de:
a) 60%.
b) 63%.
c) 80%.
d) 71,6%.
e) 82,70%.

Hipótese: R$ 100,00 (valor inicial antes dos aumentos)
1º aumento: R$ 100,00 + 30% = R$ 100,00 + R$ 30,00 = R$ 130,00.
2º aumento: R$ 130,00 + 20% = R$ 130,00 + R$ 26,00 = R$ 156,00.
3º aumento: R$ 156,00 + 10% = R$ 156,00 + R$ 15,60 = R$ 171,60.
Portanto, com relação ao valor inicial o aumento total foi de: R$ 71,60, o que equivale a 71,60%.
GABARITO: D.

167. Em uma fábrica, 34 funcionários trabalhando 7 horas por dia carregam 20 vans de transporte cada uma com 300 caixas de leite em pó. Para carregar 3/5 dessas mesmas vans com 400 caixas do mesmo leite, 28 funcionários irão precisar trabalhar durante quanto tempo?
a) 5 horas e 42 minutos.
b) 6 horas e 42 minutos.
c) 6 horas e 48 minutos.
d) 7 horas e 12 minutos.
e) 7 horas e 24 minutos.

3/5 de 20 = 12

34 funcionários –7h – 20 vans – 300 caixas

28 funcionários – xh – 12 vans – 400 caixas

7 = 20 . 300 . 28

x = 12.400 . 34

x = 6,8 = 6 h48

GABARITO: C.

168. Observe a seguinte propriedade: o dobro do quadrado de um número adicionado ao triplo desse número é igual a 2. Existem apenas dois números que têm essa propriedade. O produto deles é:
a) 2.
b) 1.
c) 0,5.
d) –1.
e) –2.

Considere x o número mencionado, portanto:

O dobro do quadrado de um número adicionado ao triplo desse número é igual a 2. Substituindo por x, temos: $2.x^2 + 3.x = 2$

Utilizando a fórmula de Báskara, os possíveis valores de x são:

$2.x^2 + 3.x = 2$

$2.x^2 + 3.x - 2 = 0$ (Eq. 2º grau) x' = 1/2

x'' = – 2

Logo, o produto destes números é:

–2 . ½ = – 1

GABARITO: D.

169. Uma loja de roupas recebeu uma remessa com 440 camisas e 160 calças. Das peças recebidas, 5% das camisas estavam sem um dos botões e 1,25% das calças tinham problemas com o zíper. O total das peças com defeitos representa, em relação ao total de peças recebidas, uma porcentagem de:
a) 3,6%.
b) 4%.
c) 4,3%.
d) 6,25%.
e) 6,5%.

440 camisas sem um dos botões (com defeito): 5% = 22

160 calças com problemas com zíper (com defeito): 1,25% = 2

Total das peças com defeitos: 22 + 2 = 24

Total de peças: 440 + 160 = 600

Portanto, o total das peças com defeitos representa, em relação ao total de peças recebidas, uma porcentagem de:

600 - 100%
24 - x
x = 24.100 / 600
x = 4%.
GABARITO: B.

170. Uma urna contém 4 bolas idênticas, enumeradas de 1 a 4. São retiradas, simultaneamente, 2 bolas ao acaso. Qual a probabilidade de a soma das bolas retiradas ser maior que 8?
a) 0%.
b) 33,33%
c) 50%
d) 66,66%
e) 100%

Note que como são 4 bolas numeradas de 1 a 4, não existe a possibilidade da soma de 2 bolas ser maior que 8, logo 0%. A maior soma possível seria 3 + 4 = 7.
GABARITO: A.

171. Para embalar 120 livros utiliza-se um determinado número de caixas, todas com a mesma quantidade de livros. Como uma dessas caixas não pode ser utilizada, foi necessário colocar 4 livros a mais em cada uma das caixas restantes. Então, o número de livros colocados em cada caixa foi:
a) 12.
b) 16.
c) 18.
d) 24.
e) 20.

Considere:

x: o número de caixas

y: a quantidade de livros em cada caixa. Portanto, dado o enunciado, seguem as 2 equações:
120/x = y
120/(x-1) = y+4
Logo, 120/x = y
120 = x.y
Substituindo na Equação II:
120/(x-1) = y+4
120 = (y+4).(x-1)
120 = x.y − y +4x − 4
120 = 120 − y +4x − 4
y = 4x-4
Logo, como 120 = x.y, temos que:
120 = x (4x-4)

$120 = 4x^2 - 4x$

$4x^2 - 4x - 120 = 0$ (eq. 2º grau) x' = 6

x" = – 5

Logo, como trata-se de quantidade, descartamos o valor de x" = – 5.

Portanto, x = 6. Como y = 4x-4, y = 20.

Como uma dessas caixas não pode ser utilizada, foi necessário colocar 4 livros a mais em cada uma das caixas restantes. Então, o número de livros colocados em cada caixa foi:

20+4 = 24.

GABARITO: D.

172. Considerando que, em um torneio de basquete, as 11 equipes inscritas serão divididas nos grupos A e B, e que, para formar o grupo A, serão sorteadas 5 equipes. A quantidade de maneiras distintas de se escolher as 5 equipes que formarão o grupo A será igual a:
   a) 924.
   b) 824.
   c) 462.
   d) 342.
   e) 277.

   Das 11 equipes serão sorteadas 5 para formar o grupo A.

   C11,5 = 462

   GABARITO: C.

173. Comprei um terreno de forma retangular, que tem 15 metros de frente por 40 metros de profundidade. Nesse terreno, construí uma casa que tem a forma de um losango, com diagonais medindo respectivamente 12 metros e 24 metros, uma piscina de forma circular com 4 metros de raio e um vestiário, com a forma de um quadrado, com 3,5 metros de lado. Todo o restante do terreno será gramado. Se o metro quadrado da grama custa R$ 2,40, a quantia gasta para comprar a grama será, aproximadamente:
   a) R$ 645,10.
   b) R$ 795,60.
   c) R$ 944,42.
   d) R$ 1.005,50.
   e) R$ 1.376,20.

   Área do gramado: 40 . 15 – [(24.12)/2 + (3,14).42 + 3,52]
   Área do gramado: 600 – 206,49 = 393,51 m².
   Custo com o gramado: R$ 2,40 x 393,51 m² = R$ 944,42

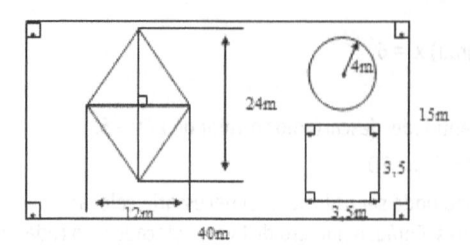

GABARITO: C.

174. Qual é, em radianos, o ângulo descrito pelo ponteiro dos minutos de um relógio, num período de 25 minutos?
a) $6/5\pi$.
b) $5/6\pi$.
c) $3/2\pi$.
d) $1/4\pi$.
e) $1/3\pi$.

25 minutos / 60 minutos = 5/12
1 volta – 2π
5/12 volta – $x\pi$
$x = 5/6\ \pi$

GABARITO: B.

175. Qual é o 23º elemento da P.A. de razão 3 em que a soma dos 30 termos iniciais é 255?
a) 101.
b) 66.
c) 31.
d) 29.
e) 28.

$S_n = [(a_1 + a_n) \cdot n] / 2 \rightarrow$ Soma dos termos de uma P.A.
$S_{30} = [(a_1 + a_{30}) \cdot 30] / 2$ $255 = (a_1 + a_{30}) \cdot 15$
$a_1 + a_{30} = 17$
Substituindo na equação acima a_{30} por $a_1 + 29 \cdot r$, temos:
$a_1 + a_{30} = 17$
$a_1 + a_1 + 29 \cdot r = 17$
$2a_1 + 29 \cdot r = 17$. Como $r = 3$, temos: $2a_1 + 29 \cdot (3) = 17$
$a_1 = -35$
Portanto, como $r = 3$ e $a_1 = -35$, podemos determinar a_{23}.
$a_{23} = a_1 + 22 \cdot r$ $a_{23} = -35 + 22 \cdot (3)$
$a_{23} = 31$

GABARITO: C.

176. Um automóvel, que estava com o tanque de combustível vazio, foi abastecido com 40 litros de gasolina e 10 litros de álcool puro. A gasolina contém 25% de álcool puro e 75% de gasolina pura, e, após abastecido, o combustível dentro do tanque é consumido proporcionalmente às quantidades de álcool puro e gasolina pura. A quantidade de gasolina pura, em litros, que sobra no tanque após o automóvel consumir 35 litros de combustível é:

a) 3.
b) 4.
c) 6.
d) 9.
e) 12.

1ª Situação: situação após o abastecimento

Obs: Observa-se que dentre os 50 litros de combustível, 80% (40 litros) é de gasolina e 20% (10 litros) é de álcool.

50 litros	
Gasolina (40 litros)	Álcool (10 litros)
75% (gasolina pura): 30 litros	Álcool puro: 10 litros
25% (álcool puro): 10 litros	

2ª Situação: situação após consumir 35 litros (restou 15 litros no tanque).

Obs: Mantendo a mesma proporção que a 1ª situação, ou seja, 80% de gasolina e 20% de álcool, a proporção fica da seguinte forma:

15 litros	
Gasolina (12 litros)	Álcool (3 litros)
75% (gasolina pura): 9 litros	Álcool puro: 3 litros
25% (álcool puro): 3 litros	

Portanto, a quantidade de álcool puro será a soma dos 3 litros + 3 litros da parte da gasolina, totalizando 6 litros.

GABARITO: D.

177. Considere verdadeiras as afirmativas:

- Se não fui ao mercado, então não fiz compras.
- Comprei creme e sabonete.
- Ou comprei queijo ou comprei iogurte.
- Comprei cereal ou comprei pão.

A partir dessas afirmações, pode-se concluir que:

a) Não fui ao mercado.
b) Só comprei creme.
c) Fui ao mercado e comprei sabonete.

d) Não comprei nem queijo nem iogurte.
e) Não comprei cereal nem pão.
Considerando as quatro afirmações verdadeiras, podemos concluir que:
Para uma conjunção ser verdadeira, ambas as partes que a compõe devem ser verdadeiras.
Dessa forma, já sabemos que fui ao mercado = verdade e comprei sabonete = verdade.
GABARITO: C.

178. Considere $P(x)=2x^3+bx^2+cx$, tal que $P(1) = -2$ e $P(2) = 6$. Assim, os valores de b e c são, respectivamente:
a) 1 e 2.
b) 1 e – 2.
c) – 1 e 3.
d) – 1 e – 3.
e) – 1 e – 2.

Sendo $P(x)=2x^3+bx^2+cx$, temos que P(1) e P(2), são:
$P(1) = 2.1^3+b1^2+c1 = -2 \Leftrightarrow 2+b+c = -2$ $P(2) = 2.2^3 + b.2^2+c.2 = 6 \Leftrightarrow 16+4b+2c=6$
Logo, temos o seguinte sistema de equações:
I) b+c = – 4
II) 4b+2c = – 10
Resolvendo o sistema encontramos:
b = – 1 e c = – 3
GABARITO: D.

179. Do preço de venda de um determinado produto, 35% corresponde a impostos e comissões pagos pelo lojista. Do restante, 80% corresponde ao preço de custo desse produto. Se o preço de custo desse produto é de R$ 540,80, então, o seu preço de venda é igual a:
a) R$ 364,00.
b) R$ 676,00.
c) R$ 964,00.
d) R$ 1.040,00.
e) R$ 1.081,60.

Preço de venda (100%)	
65%	35%
80% - R$ 540,80 (preço de custo)	
20% - ? (outros)	

Primeiramente, vamos encontrar os "100%" dos 65%, utilizando a regra de três simples:
540,80 – 80%
x –   100%
x = (540,80 x 100)/80 = 676

Note que R$ 676,00 correspondem aos 65% do preço de venda. Logo, para determinar os 100% que equivalem ao preço de venda, utilizamos novamente a regra de três:

676 – 65%

x – 100%

x = (676 x 100)/65 = 1.040

Logo, o valor de R$ 1.040,00 corresponde ao preço de venda.

GABARITO: D.

180. O custo C(x) de produção, em reais, de "x" unidades de um determinado produto é dado por C(x) = 150 – 12x + x². Para uma certa quantidade de unidades produzidas, o custo será mínimo e, nesse caso, o custo de cada unidade resultará em:
- **a)** R$ 5,00.
- **b)** R$ 15,00.
- **c)** R$ 19,00.
- **d)** R$ 23,00.
- **e)** R$ 41,00.

O custo mínimo e a quantidade relacionada a este custo é definida por, respectivamente: (Yv;Xv).

Portanto, Yv = – ∆/4a = – (b² – 4.a.c) = – [(-12)² – 4.1.150]/4(1)

Yv = 456/4 = R$ 114 (custo mínimo)

Xv = – b/2a = – (-12) / 2(1) = 6 (quantidade mínima)

Logo, o custo de cada unidade é:

R$ 114,00 / 6 = R$ 19,00.

GABARITO: C.

181. O 7º termo do binômio $(2x + 1)^9$, desenvolvido segundo as potências decrescentes de x é:
- **a)** $672 x^3$.
- **b)** $635 x^3$.
- **c)** $460 x^3$.
- **d)** $675 x^3$.
- **e)** $330 x^3$.

Devemos aplicar a fórmula do termo geral de $(a + b)^n$, onde a = 2x, b = 1 e n = 9. Como queremos o sétimo termo, fazemos p = 6 na fórmula do termo geral e efetuamos os cálculos indicados.

O termo geral é dado por: Tp + 1 = Cn,p $(a^{n-p}.b^p)$

Temos então:

p + 1 = 7 ⇒ p = 6

$C_{9,6}$ = 9!/6!(9-6)! = 9!/6!3! = 9.8.7.6!/6!3!

= 9.8.7/3.2 = 84

$T_7 = C_{9,6}$. $(2x)^{9-6}$. $(1)^6$ = 84 . $(2x)^3$. 1 = 84 . $8x^3$ = $672x^3$.

Concluímos que o sétimo termo procurado é $672x^3$.

GABARITO: A.

182. Em uma festa com n pessoas, em um dado instante 31 mulheres se retiraram e restaram convidados na razão de 2 homens para cada mulher. Um pouco mais tarde, 55 homens se retiraram e restaram, a seguir, convidados na razão de 3 mulheres para cada homem. O número n de pessoas presentes inicialmente na festa era igual a:
a) 100.
b) 105.
c) 115.
d) 130.
e) 135.

Vamos representar por:
H - número de homens / M - número de mulheres
31 mulheres se retiraram, ficando 2 homens para cada mulher 2(M-31) = H
55 homens se retiram, ficando 3 mulheres para cada homem 3(H – 55) = M – 31
2M – 62 = H
3H – 165 = M – 31
3(2M-62) – M = 165 – 31
6M – 186 – M = 134
5M = 320 M = 320/5 M = 64
H = 2M – 62 H = 2 x 64 – 62
H = 66
Logo, total de convidados = 64 + 66 = 130
GABARITO: D.

183. Se f (g (x)) = 5x – 2 e f (x) = 5x + 4 , então g(x) é igual a:
a) x – 2.
b) x – 6.
c) x – 6/5.
d) 5x – 2.
e) 5x + 2.

f (x) = 5x + 4
Substituímos x por g(x), ficando: f(g(x)) = 5 (g(x)) + 4
5x – 2 = 5 (g(x)) + 4
5x-6/5=g(x)
Simplificando, temos: g(x) = x – 6/5
GABARITO: C.

184. Se $\log_5 x = 2$ e $\log_{10} y = 4$, então $\log_{20} y/x$ é:
a) 2.
b) 4.
c) 6.

d) 8.
e) 10.

Usando a definição de logaritmo, podemos encontrar o valor de x e de y:

$\log_5 x = 2 \rightarrow 5^2 = x \rightarrow x = 25$

$\log_{10} y = 4 \rightarrow 10^4 = y \rightarrow y = 10000$

Substituindo esses valores na expressão apresentada, temos:

$\log_{20} y/x = \log_{20} 10000/25$

$= \log_{20} 400 = \log_{20} 20^2$

$= 2 \log_{20} 20$

$= 2 \cdot 1 = 2$

GABARITO: A.

185. Uma loja vende um produto no valor de R$ 200,00 e oferece duas opções de pagamento aos clientes: à vista, com 10% de desconto, ou em duas prestações mensais de mesmo valor, sem desconto, a primeira sendo paga no momento da compra. A taxa mensal de juros embutida na venda a prazo é de:

a) 5%.
b) 10%.
c) 20%.
d) 25%.
e) 90%.

O preço à vista do produto, em reais, é de 200 −10% de 200 = 180.

Na compra a prazo, depois de pagar a primeira parcela, o cliente ficará devendo (180 − 100) reais = 80 reais.

Na segunda parcela de R$ 100,00, estão embutidos os juros de (100 − 80) reais = 20 reais e que correspondem a 20/80 = 25% da dívida.

GABARITO: D.

186. O número complexo $(1 + i)^{36}$ é:

a) -2^{18}
b) 2^{18}
c) $1 + i$
d) $1 - i$
e) 1

$(1+i)^{36} = [(1+i)^2]^{18} = [1+2i+i^2]^{18}$

$= (2i)^{18} = 2^{18} \cdot i^{18}$

$= 2^{18} \cdot i^2 = -2^{18}$

GABARITO: A.

187. As permutações das letras da palavra PROVA foram listadas em ordem alfabética, como se fossem palavras de cinco letras em um dicionário. A 73ª palavra nessa lista é:
a) PROVA.
b) VAPOR.
c) RAPOV.
d) ROVAP.
e) RAOPV.

Se as permutações das letras da palavra PROVA forem listadas em ordem alfabética, então teremos: P4 = 24 que começam por A

P4 = 24 que começam por O P4 = 24 que começam por P

A 73ª palavra nessa lista é a primeira permutação que começa por R. Ela é RAOPV.

GABARITO: E.

188. Se z = (2 + i) · (1 + i) · i, então z, o conjugado de z, será dado por:
a) −3 − i.
b) 1 − 3i.
c) 3 − i.
d) −3 + i.
e) 3 + i.

Inicialmente, vamos fazer as multiplicações em z:

z = (2 + i) · (1 + i) · i z = (2 + 2i + i + i²) · i z = (2 + 3i − 1) · i

z = (1 + 3i) · i z = i + 3i²

z = i + 3 · (−1) z = − 3 + i

Agora que encontramos a forma mais simples de z, basta alterar o sinal da parte imaginária para termos seu conjugado:

z = − 3 − i

GABARITO: A.

189. Se um polinômio f for divisível separadamente por (x − a) e (x − b) com a ≠ b, então f é divisível pelo produto entre (x–a) e (x–b). Sabendo-se que 5 e − 2 são os restos da divisão de um polinômio f por (x − 1) e (x + 3), respectivamente, então o resto da divisão desse polinômio pelo produto dado por (x − 1) e (x + 3) é igual a:
a) 13x/4 + 7/4.
b) 7x/4 − 13/4.
c) 7x/4 + 13/4.
d) − 13x/4 − 13/4.
e) − 13x/4 − 7/4.

Primeiramente, o resto da divisão de um polinômio P(x) por (x-a) é igual a P(a). Dividindo o polinômio f pelo polinô- mio de grau 2, resultado do produto (x-1). (x+3). Observe que o resto deve ter grau 1 ou 0 (se divisão exata). Vamos chamar o resto de ax + b.

Temos:

P(1) = 5 (5 é o resto da divisão de f por x-1)
P(-3) = – 2 (-2 é o resto da divisão de f por x+3)
Daí:
a.1 + b = 5
a.(-3) + b = – 2
Subtraindo a equação 1 pela equação 2, temos:
4a = 7
a = 7/4
Substituindo "a" na equação 1, temos:
7/4 + b = 5 b = 5 – 7/4
b = 13/4
Concluímos que o resto é ax + b = (7/4). x + 13/4
GABARITO: C.

190. O valor de k para que a equação kx – y – 3k + 6 = 0 represente a reta que passa pelo ponto (5,0) é:
a) 3.
b) – 3.
c) – 6.
d) 6.
e) Nenhuma das alternativas.

Queremos que a reta passe pelo ponto (5, 0), vamos substituir na equação os valores de x e y. kx – y – 3k + 6 = 0
k.5 – 0 – 3k + 6 = 0 5k – 3k + 6 = 0
2k = – 6
k = – 6/2 k = – 3
GABARITO: B.

191. Considere as duas matrizes a seguir.

$$A = \begin{pmatrix} 1 & 8 \\ 1 & 2 \end{pmatrix} \text{ e } B = \begin{pmatrix} 8 & 2 \\ 1 & 2 \end{pmatrix}$$

Sendo C uma nova matriz tal que C = 3B – 2A, então a soma dos elementos da matriz C é igual a:
a) 5.
b) 10.
c) 15.
d) 20.
e) 25.

Vamos calcular os elementos da matriz C: c11 = 3.8 – 2.1 = 24 – 2 = 22
c12 = 3.2 – 2.8 = 6 – 16 = – 10
c21 = 3.1 – 2.1 = 3 – 2 = 1

$c_{22} = 3.2 - 2.2 = 6 - 4 = 2$

Somando os elementos de C:

$22 - 10 + 1 + 2 = 15$

GABARITO: C.

192. A senha de acesso a um jogo de computador consiste em quatro caracteres alfabéticos ou numéricos, sendo o primeiro necessariamente alfabético. O número de senhas possíveis será então:

a) 364.

b) 10.36^3.

c) 26.36^3.

d) 264.

e) 10.264.

Temos quatro escolhas e só podemos ter letras, então, temos 26 opções; para a segunda, a terceira e a quarta podemos ter números e letras, então temos 10 (números) + 26 (letras) = 36 opções para cada escolha. Desta forma, teremos 26.36.36.36 senhas possíveis, ou seja, 26.36^3.

GABARITO: C.

193. A soma dos coeficientes de $(2x + 3y)^4$ é:

a) 5.

b) 365.

c) 580.

d) 625.

e) 835.

Para obter a soma dos coeficientes do desenvolvimento do binômio de Newton $(a + b)^n$ basta fazer a = 1 e b = 1. Resolvendo $(2x + 3y)^4$ temos:

$(2x + 3y)^4 = (2.1 + 3.1)^4 = (2 + 3)^4 = (5)^4 = 625$

GABARITO: D.

194. Uma prova de certo concurso contém 5 questões com 3 alternativas de resposta para cada uma, sendo somente uma dessas alternativas a resposta correta. Em cada questão, o candidato deve escolher uma das três alternativas como resposta. Certo candidato que participa desse concurso decidiu fazer essas escolhas aleatoriamente. A probabilidade, desse candidato, escolher todas as respostas corretas nessa prova é igual a:

a) 3/5.

b) 1/3.

c) 1/15.

d) 1/125.

e) 1/243.

P = (1/3). (1/3). (1/3). (1/3). (1/3) = 1/243

GABARITO: E.

195. Dada a matriz A, a seguir, o determinante da matriz 2A é igual a:

$$A = \begin{bmatrix} 2 & 1 & 3 \\ 1 & 1 & 1 \\ 0 & 1 & 4 \end{bmatrix}$$

a) 40.
b) 10.
c) 18.
d) 16.
e) 36.

Utilizando a Regra de Sarrus:

$$\det A = \begin{vmatrix} 2 & 1 & 3 \\ 1 & 1 & 1 \\ 0 & 1 & 4 \end{vmatrix} \begin{matrix} 2 & 1 \\ 1 & 1 \\ 0 & 1 \end{matrix}$$

detA = 2.1.4 + 1.1.0 + 3.1.1 − 0.1.3 − 1.1.2 − 4.1.1
detA = 8 + 0 + 3 − 0 − 2 − 4
detA = 5
Utilizando a propriedade citada:
det2A = 2^3.detA
det2A = 8.5
det2A = 40
GABARITO: A.

196. Uma janela foi construída com a parte inferior retangular e a parte superior no formato de um semicírculo, como mostra a figura a seguir.

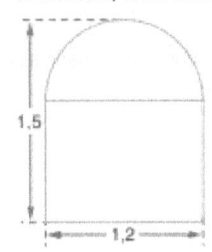

Se a base da janela mede 1,2m e a altura total 1,5m, dentre os valores a seguir, o que melhor aproxima a área total da janela, em metros quadrados, é:

a) 1,40.
b) 1,65.

c) 1,85.
d) 2,21.
e) 2,62.

Pelos dados:

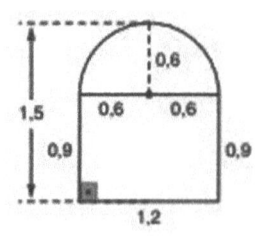

$A = 1,2 \cdot 0,9 + \dfrac{3,14 \cdot (0,6)^2}{2}$

$A = 1,08 + 0,57$

$A = 1,65 m^2$

GABARITO: B.

197. Uma empresa acompanha a produção diária de um funcionário recém-admitido, utilizando uma função F(d), cujo valor corresponde ao número mínimo de peças que a empresa espera que ele produza em cada dia (d), a partir da data de sua admissão. Considere o gráfico auxiliar a seguir, que representa a Função $y = e^x$.

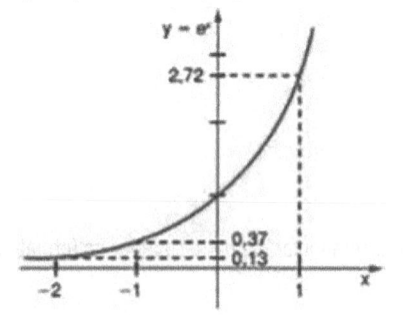

Utilizando $f(d) = 100 - 100 \cdot e^{-0,2d}$ e o gráfico, a empresa pode prever que o funcionário alcançará a produção de 87 peças num mesmo dia, quando d for igual a:

a) 5.
b) 10.
c) 15.
d) 20.
e) Nenhuma das alternativas.

Pelos dados, temos:

$f(d) = 87 \rightarrow 100 - 100 \cdot e^{-0,2d} = 87$

$e^{-0,2d} = 0,13$

Pelo gráfico, temos $e^{-2} = 0{,}13$. Logo:
$e^{-0,2d} = e^{-2} \rightarrow -0{,}2d = -2$
$$d = -2/-0{,}2$$
$$d = 10 \text{ dias}$$
GABARITO: B.

198. A condição para que a equação $x^2 + 4x + y^2 - 6y = m^2 - 29$ represente uma circunferência é:
a) $-1 < m < 1$ ou $0 < m < 3$.
b) $-3 \leq m \leq 3$.
c) $2 \leq m \leq 2$.
d) $m < -4$ ou $m > 4$.
e) $-2 < m < -1$ ou $1 < m < 2$.

$x^2 + 4x + y^2 - 6y = m^2 - 29$ $x^2 + 4x + 4 + y^2 - 6y + 9 = m^2 - 29 + 4 + 9$ $(x+2)^2 + (y-3)^2 = m^2 - 16$
$m^2 - 16 > 0 \rightarrow m < -4$ ou $m > 4$
GABARITO: D.

199. Um poliedro convexo tem cinco faces triangulares e três pentagonais. O número de arestas e o número de vértices desse poliedro são, respectivamente:
a) 30 e 40.
b) 30 e 24.
c) 30 e 8.
d) 15 e 25.
e) 15 e 9.

5 faces triangulares e 3 faces pentagonais $\rightarrow F = 5 + 3 = 8$
$A = 5.3 + 3.5 / 2 = 15$
$A + F = 2 \rightarrow V - 15 + 8 = 2 \rightarrow V = 9$
GABARITO: E.

200. Se $(1 - \text{sen}x, 1 - \cos x, 1 + \text{sen}x)$, $0 < x < \pi/2$, é uma progressão geométrica, $\cos 2x$ vale:
a) $1/2$.
b) $\sqrt{3}/2$.
c) $-\sqrt{3}/2$.
d) $-1/2$.
e) $-\sqrt{2}/2$.

Se $(1 - \text{sen}x, 1 - \cos x, 1 + \text{sen}x)$, $0 < x < \pi/2$, é uma progressão geométrica, então:
$(1 - \cos x)^2 = (1 - \text{sen } x) . (1 + \text{sen } x) \Leftrightarrow 1 - 2 . \cos x + \cos^2 x = 1 - \text{sen}^2 x \Leftrightarrow \cos^2 x + \text{sen}^2 x = 2 . \cos x \Leftrightarrow 2 . \cos x = 1 \Leftrightarrow \cos x = 1/2$
Portanto: $\cos (2x) = 2 . \cos^2 x - 1 = 2.(1/2)^2 - 1 = 1/2 - 1 = -1/2$
GABARITO: D.

201. O argumento do número complexo $z = 1 + i\sqrt{3}$ vale:
- a) $\pi/3$.
- b) $\pi/6$.
- c) $\pi/2$.
- d) π.
- e) 2π.

Calculando o argumento:

- Primeiro vamos calcular o módulo de $z = 1 + i\sqrt{3}$

$|z| = r$

$r^2 = a^2 + b^2$

$r^2 = 1^2 + (\sqrt{3})^2$

$r^2 = 1 + 3$

$r^2 = 4$

$r = 2$

- O argumento θ é dado por:

$\cos\theta = a/r = 1/2$

$\sen\theta = b/r = \sqrt{3}/2$

$\theta = 60° = \pi/3$

GABARITO: A.

202. Uma progressão aritmética e uma progressão geométrica têm, ambas, o primeiro termo igual a 4, sendo que os seus terceiros termos são estritamente positivos e coincidem. Sabe-se ainda que o segundo termo da progressão aritmética excede o segundo termo da progressão geométrica em 2. Então, o terceiro termo das progressões é:
- a) 10.
- b) 12.
- c) 14.
- d) 16.
- e) 18.

Sejam $(a_1, a_2, a_3, ...)$ a PA de razão r e $(g_1, g_2, g_3, ...)$ a PG de razão q. Temos como condições iniciais:

1) $a_1 = g_1 = 4$

2) $a_3 > 0$, $g_3 > 0$ e $a_3 = g_3$

3) $a_2 = g_2 + 2$

Reescrevendo (2) e (3) utilizando as fórmulas gerais dos termos de uma PA e de uma PG e (1) obtemos o seguinte sistema de equações:

4) $a_3 = a_1 + 2r$ e $g_3 = g_1 \cdot q_2 \rightarrow 4 + 2r = 4q_2$

5) $a_2 = a_1 + r$ e $g_2 = g_1 \cdot q \rightarrow 4 + r = 4q + 2$

Expressando, a partir da equação (5), o valor de r em função de q e substituindo r em (4) vem:

6) $\Rightarrow r = 4q + 2 - 4 \Rightarrow r = 4q - 2$

7) $\Rightarrow 4 + 2(4q - 2) = 4q_2 \rightarrow 4 + 8q - 4 = 4q_2 \rightarrow 4q_2 - 8q = 0$

$\rightarrow q(4q - 8) = 0 \rightarrow q = 0$ ou $4q - 8 = 0 \rightarrow q = 2$

Como $g_3 > 0$, q não pode ser zero e então q = 2. Para obter r basta substituir q na equação (5):

R = 4q - 2 $\rightarrow$ r = 8 - 2 = 6

Para concluir calculamos a_3 e g_3:

$a_3 = a_1 + 2r \rightarrow a_3 = 4 + 12 = 16$ $g_3 = g_1 \cdot q_2 \rightarrow g_3 = 4.4 = 16$

GABARITO: D.

203. Sendo $p(x) = ax^4 + bx^3 + c$ e $q(x) = ax^3 - bx - c$, determine os coeficientes a, b e c, sabendo que p(0) = 0, p(1) = 0 e q(1) = 2.

  a) a = 1; b = -1; c = 0.
  b) a = -1; b = 1; c = -1.
  c) a = 0; b = -1; c = 1.
  d) a = -1; b = -1; c = -1.
  e) Nenhuma das anteriores.

Substituindo os pontos cedidos pelo enunciado na questão temos que:

$p(x) = ax^4 + bx^3 + c$; p(0) = 0 $p(0) = a(0)^4 + b(0)^3 + c$

$0 = a \cdot 0 + b \cdot 0 + c$

c = 0

$p(x) = ax^4 + bx^3 + c$; p(1) = 0 $p(1) = a(1)^4 + b(1)^3 + c$

0 = a + b + c

Se c = 0, temos que a + b = 0. $q(x) = ax^3 - bx - c$; q(1) = 2

$q(1) = a(1)^3 - b(1) - c$

2 = a - b - c

Sendo c = 0: a - b = 2

Comparando e somando as equações obtidas temos:

a + b = 0 a - b = 2 2a = 2

a = 1

Se a = 1, b:

a + b = 0 1 + b = 0 b = - 1

Assim, a = 1 e b = - 1.

GABARITO: A.

204. O gráfico da função quadrática definida por $y = x^2 - mx + (m - 1)$, em que m ∈ r, tem um único ponto em comum com o eixo das abscissas. Determine y associado ao valor de x = 2.

  a) - 1.
  b) 0.

c) 1.
d) 2.
e) 3.

Um ponto em comum significa dizer uma única raiz, então $\Delta = 0$.

$\Delta = b^2 - 4ac$

$0 = (-m)^2 - 4 \cdot 1 \cdot (m - 1)$

$m^2 - 4m + 4 = 0$

$\Delta = (-4)^2 - 4 \cdot 1 \cdot 4$

$\Delta = 16 - 16$

$\Delta = 0$

$m = \dfrac{-b \pm \sqrt{\Delta}}{2a}$

$m = \dfrac{-(-4) \pm \sqrt{0}}{2 \cdot 1}$

$m = \dfrac{4}{2}$

$m = 2$

$y = x^2 - mx + (m - 1)$

Substituir m = 2, no intuito de obter a lei da função $y = x^2 - 2x + (2 - 1)$

$y = x^2 - 2x + 1$

Substituindo x = 2, para determinarmos o valor de y $y = 2^2 - 2 * 2 + 1$

$y = 4 - 4 + 1$

$y = 1$

Temos que a equação possui a lei de formação $y = x^2 - 2x + 1$. E quando x = 2, o valor de y se torna igual a 1.

GABARITO: C.

205. Três números reais estão em progressão aritmética de razão 3 e dois termos dessa progressão são as raízes da equação $x^2 - 2x - 8 = 0$. A soma dos termos desta progressão é:

a) 8.
b) – 8.
c) 3.
d) – 3.
e) 4.

Utilizando a Equação de Báskara ou pelas relações de Girard determinamos as raízes da equação $x^2 - 2x - 8 = 0$. As raízes são os números 4 e – 2.

Portanto, para que os números estejam em um P.A de razão 3, a posição dos elementos é a seguinte: (-2, 1, 4)

Onde – 2 é o 1º termo; 1 é o 2º termo e 4 é o 3º termo. Logo a soma destes valores vale:

–2 + 1 + 4 = 3

GABARITO: C.

206. O professor Lustosa tem R$ 23,80 e irá dividir em parcelas proporcionais a idade das duas filhas, lembrando que as idades das meninas são 5 e 9 anos. Portanto, cada filha receberá, respectivamente, o valor de:
a) R$ 9,50 e R$ 14,30.
b) R$ 8,30 e R$ 15,50.
c) R$ 9,30 e R$ 4,50.
d) R$ 7,50 e R$ 16,30.
e) R$ 8,50 e R$ 15,30.

A: quantia que irá receber a filha de 5 anos.

B: quantia que irá receber a filha de 9 anos.

A/5 = B/9 = A+B/5+9 = 23,80/14 = 1,7   A + B = 23,80

A/5 = 1,7 à A = 8,50   B/9 = 1,7 à B = 15,30

GABARITO: E.

207. Um recipiente continha 2,8 litros de água e, desse total, foram retirados 530 ml. O volume restante de água foi colocado em uma jarra de base quadrada com 9 cm de lado, atingindo uma altura h, conforme mostra a figura.

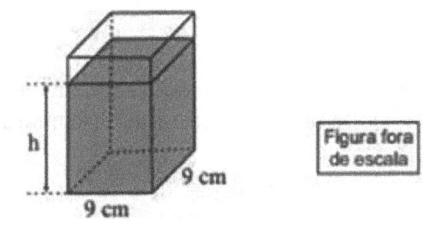

A medida aproximada, em cm, da altura h é:
a) 30.
b) 28.
c) 26.
d) 24.
e) 22.

Como foram retirados 530 ml do recipiente que tinha 2,8 litros, pela diferença vamos encontrar quanto restou:

2,8 l – 530 ml

2,8 l – 0,530 l = 2,270 l (este volume foi colocado em uma jarra com as medidas da figura).

Como o volume está em litros e 1 dm³ = 1 litro, vamos transformar as medidas da base em dm: 9 cm = 0,9 dm

Volume = Área base x altura (h)   2,270 dm³ = (0,9)2 x h

2,270 dm³ = 0,81 dm² x h 2,270 dm³ / 0,81 dm² = h h = 2,802 dm

h = 28,02 cm (aproximadamente 28 cm).

GABARITO: B.

208. Dado o sistema de equações lineares:

$$\begin{cases} 2x + 3y - 4y = 3 \\ x - y + 5z = 6 \\ x + 2y + 3z = 7 \end{cases}$$

O valor de $(x+y+z)^{1/2}$ é igual a:

a) 1/4.
b) 1/2.
c) 2.
d) 4.
e) 8.

Se somarmos as equações, obteremos a seguinte equação:

4x + 4y + 4z = 16.

Logo, 4(x+y+z) = 16

x+y+z = 4.

Portanto, $(x+y+z)^{1/2} = 4^{1/2} = \sqrt{4} = 2$

GABARITO: C.

209. Uma sala retangular, com 8 m de comprimento, será reformada e passará a ter 2 m a menos no comprimento e 1 m a mais na largura, mantendo-se, porém, a mesma área, conforme mostram as figuras.

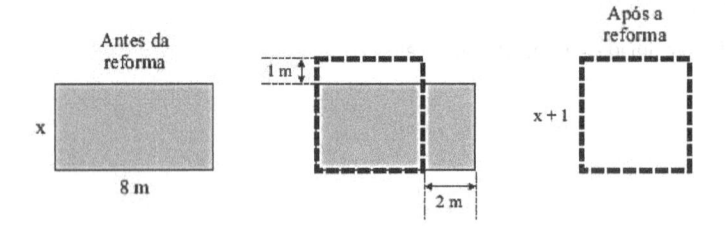

O perímetro da sala antes da reforma, em relação ao perímetro depois da reforma, era de:

a) O mesmo.
b) 3 m menor.
c) 3 m maior.
d) 2 m maior.
e) 2 m menor.

Como as áreas mantiveram-se iguais, vale a seguinte relação:

8.x = 6 . (x+1)

8x − 6x = 6

2x = 6

x = 3 Logo,

O perímetro antes é: 2. (8+3) = 2. 11 = 22 m

O perímetro depois é: 2. (6+4) = 2. 10 = 20 m

Portanto, o perímetro da sala antes da reforma, em relação ao perímetro depois da reforma 22m − 20m = 2m (2m maior)

GABARITO: D.

210. Quantos triângulos distintos podem ser formados com os pontos indicados no círculo abaixo?

a) 60.
b) 80.
c) 120.
d) 190.
e) 210.

Para resolver esse problema é preciso entender alguns conceitos. Um triângulo é formado por 3 retas que se unem em 3 pontos quaisquer. Ou seja, para cada grupo de 3 pontos irá existir um triângulo.

A figura apresentada traz 10 pontos na circunferência. Como a ordem dos elementos não importa então podemos formar uma combinação de 10, tomados 3 a 3:

Como sabemos, a equação da combinação é:

$$C_{n,p} = \frac{n!}{p!(n-p)!}$$

Como sabemos, são 10 elementos possíveis, ou seja, n = 10 e, como um triângulo possui 3 posições, p = 3.

$$C_{10,3} = \frac{10!}{3!(10-3)!}$$

$$C_{10,3} = \frac{10!}{3!(7)!}$$

$$C_{10,3} = \frac{10 \cdot 9 \cdot 8 \cdot 7!}{3!(7)!}$$

$$C_{10,3} = \frac{10 \cdot 9 \cdot 8}{3 \cdot 2 \cdot 1}$$

$$C_{10,3} = \frac{10 \cdot 3 \cdot 4}{1}$$

$C_{10,3} = 120$

GABARITO: C.

211. Uma caixa possui 5 fichas brancas, 4 azuis, 3 vermelhas e 2 pretas. Se retirarmos uma única ficha da caixa, qual é a probabilidade aproximada de aparecer uma ficha preta?
a) 7%.
b) 14%.
c) 15%.
d) 16%.
e) 20%.

Calculando a probabilidade:
P = evento (o que quero – fichas pretas)/espaço amostral(tudo que tenho – todas as fichas)
P = 2/14
P = 0,1428 = 14%

GABARITO: B.

212. Se $5^{x+2} = 100$, então 5^{2x} é igual a:
a) 4.
b) 8.
c) 10.
d) 16.
e) 100.

$5^{x+2} = 100$
$5^x \cdot 5^2 = 100$
$5^x = 4$
$(5^x)^2 = 16$
$5^{2x} = 16$

GABARITO: D.

213. Se $f(2x+1) = x^2 + 2x$, então f(2) vale:
a) 5/4.
b) 3/2.

c) 1/2.
d) 3/4.
e) 5/2.

$f(2x+1) = x^2 + 2x$

$P/x = \dfrac{1}{2} \therefore f\left(2 \cdot \dfrac{1}{2} + 1\right) = \left(\dfrac{1}{2}\right)^2 + 2 \cdot \dfrac{1}{2}$

$f(2) = \dfrac{1}{4} + 1$

$f(2) = \dfrac{5}{4}$

GABARITO: A.

214. A soma dos inversos das raízes da equação do 2º grau $x^2 - 2(\alpha + 1)x + (\alpha + 3) = 0$ é igual a 4. Se nesta equação α é constante, podemos afirmar que α^2 é igual a:
a) 16.
b) 1.
c) 25.
d) 9.
e) 4.

$\dfrac{1}{x_1} + \dfrac{1}{x_2} = 4$

$\dfrac{x_1 + x_2}{x_1 + x_2} = 4 \rightarrow \dfrac{\frac{-b}{a}}{\frac{c}{a}} = 4$

$\rightarrow -\dfrac{b}{c} = 4 \rightarrow \dfrac{2(\alpha+1)}{\alpha+3} = 4 \rightarrow 2\alpha + 2 = 4\alpha + 12$

$\rightarrow \alpha = -5 \rightarrow \alpha^2 = 25$

GABARITO: C.

215. A equação $x + (3x + 7)^2 = 1$ possui uma raiz:
a) Par.
b) Múltipla de 5.
c) Negativa.
d) Maior que 7.
e) Irracional.

$x + (3x+7)^{\frac{1}{2}} = 1$

$(3x+7)^{\frac{1}{2}} = 1 - x$

$3x + 7 = 1 - 2x + x^2$

$x^2 - 5x - 6 = 0$

Raízes: 6 e – 1.

P/ x = 6 ∴ $6 + (3.6+7)^{\frac{1}{2}} = 1$
11 = 1 X

P/ x = – 1 ∴ $-1 + (3.(-1)+7)^{\frac{1}{2}} = 1$
1 = 1 V
x = –1

GABARITO: C.

216. Considere um polígono regular ABCDEF... Sabe-se que as mediatrizes dos lados AB e CD tomam um ângulo de 20° e sua região correspondente contém os vértices "B" e "C" do polígono. Assim sendo, quantas diagonais deste polígono passam pelo centro, dado que o seu número de vértices é maior que seis?

   a) 17.
   b) 15.
   c) 16.
   d) 18.
   e) 14.

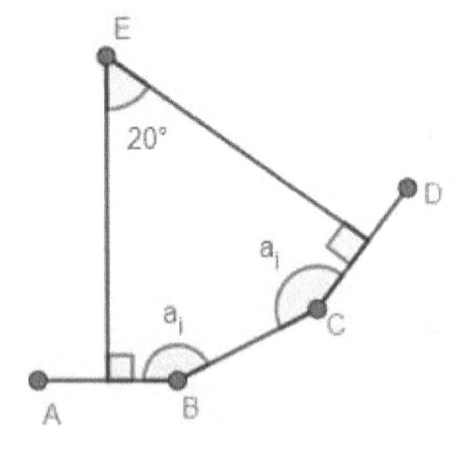

$2a_i + 820 = 540$ (pentágono)
$a_i = 170°$

$$a_i = \frac{180(n-2)}{n} \rightarrow 170 = \frac{180(n-2)}{n} \rightarrow n = 36 \text{ LADOS}$$

Diagonais pelo centro:

$$n_d = \frac{n}{2} \rightarrow n_d = 18$$

GABARITO: D.

217. Da análise combinatória, pode-se afirmar que:
   a) O número de múltiplos inteiros e positivos de 11, formados por três algarismos, é igual a 80.
   b) A quantidade de números ímpares de quatro algarismos distintos que podemos formar com os dígitos 2, 3, 4, 5 e 6 é igual a 24.
   c) O número de anagramas da palavra ESPCEX que têm as vogais juntas é igual a 60.
   d) No cinema, um casal vai sentar-se em uma fileira com dez cadeiras, todas vazias. O número de maneiras que poderão sentar-se em duas cadeiras vizinhas é igual a 90.
   e) A quantidade de funções injetoras definidas em A= {1, 3, 5} com valores em B- = {2, 4, 6, 8} é igual a 24.

   A) Menor múltiplo de 11 com 3 algarismos é 110= 11.10 e o maior é 990= 11.90
   Logo, o n= 90 - 10+1= **81 F**
   B) $\underline{4} \times \underline{3} \times \underline{2} \times \underline{1} \boxed{5}$ = 24 possibilidades
   $\underline{4} \times \underline{3} \times \underline{2} \times \underline{1} \boxed{5}$ = 24 possibilidades
   48 possibilidades **F**
   C) $\boxed{EE}$ S P C X = 5! Possibilidades = **120 F**

   D) $\binom{9}{1} \cdot 2 = 18$ **F**
   ↓   ↓
   Escolher Casal
   uma
   cadeira

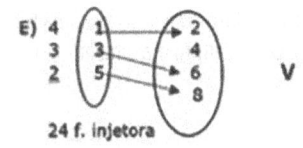

   E) 4   1 → 2
      3   3 → 4
      2   5 → 6
              8   V
      24 f. injetora

GABARITO: E.

218. A figura a seguir representa parte do mapa de uma região da cidade.

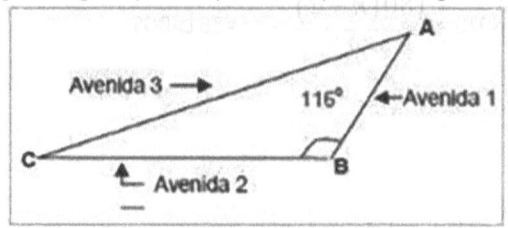

Considere os dois trajetos de A até C:

I) Percorrendo a avenida 3;

II) De A até B pela avenida 1 e de B até C pela avenida 2.

Sabendo que o ângulo ABC mede 116°, que AB = 5 km e BC = 10 km, calcule a diferença, em quilômetros, entre os dois trajetos.

(Use os valores aproximados: sen 116° $\cong$ 0,89; e cos 116° $\cong$ – 0,44)

a) 2.
b) 1,5.
c) 3.
d) 3,5.
e) 4.

Para calcular a diferença entre os trajetos, primeiramente vamos determinar a distância AC (x), utilizando a Lei dos cossenos:

$x^2 = 5^2 + 10^2 - 2.5.\cos 116°$

x = 13km

Portanto, a diferença entre os trajetos é:

15km – 13km = 2km

GABARITO: A.

219. Em um lance de um jogo de futebol, o goleiro chuta a bola, a qual descreve uma trajetória descrita por y = –2x² + 2x + 3, onde y é a altura em metros. Qual a altura máxima atingida por essa bola?

a) 3,5 m.
b) 3,8 m.
c) 4,0 m.
d) 5,5 m.
e) 7,0 m.

Para calcular a altura máxima (ponto máximo) de uma função quadrática, basta determinar o Yv, definido por:

Yv = -Δ/4a

Δ = b² – 4.a.c

Δ = 2² – 4.(-2).(3)

Δ = 28.

Portanto:

Yv = - 28/4(-2)

Yv = -28/-8

Yv = 3,5

GABARITO: A.

220. Lançando-se simultaneamente dois dados não viciados, a probabilidade de que suas faces superiores exibam soma igual a 7 ou 9 é:
a) 1/6.
b) 4/9.
c) 2/11.
d) 5/18.
e) 3/7.

Vamos denotar o espaço amostral ao se lançar dois dados:

(1,1) (1,2) (1,3) (1,4) (1,5) (1,6)

(2,1) (2,2) (3,3) (2,4) (2,5) (2,6)

(3,1) (3,2) (3,3) (3,4) (3,5) (3,6)

(4,1) (4,2) (4,3) (4,4) (4,5) (4,6)

(5,1) (5,2) (5,3) (5,4) (5,5) (5,6)

(6,1) (6,2) (6,3) (6,4) (6,5) (6,6)

Vamos denotar o evento por partes:

I) Soma 7: (1,6); (2,5); (3,4); (4,3); (5,2); (6,1) ---- (6 possibilidades)

II) Soma 9: (3,6); (4,5); (5,4); (6,3) --- (4 possibilidades)

Portanto, a probabilidade de se obter a soma 7 ou a soma 9 no lançamento de dois dados é definida por:

P = Evento (E) / Espaço Amostral (S)

P = E/S

P = (6+4)/36

P = 10/36

P = 5/18

GABARITO: D.

221. O Departamento de Fiscalização de Trânsito dispõe de dez fiscais, sendo 5 do sexo masculino e 5 do sexo feminino. Pretende criar uma equipe com 3 fiscais sorteados ao acaso. Qual é a probabilidade de os componentes da equipe serem do mesmo sexo?
a) 1/6.
b) 1/5.
c) 1/4.
d) 1/3.
e) 1/2.

A equipe é composta por 3 fiscais. Podem ser:

I) Todos do sexo masculino ou

II) Todos do sexo feminino.

Vamos calcular por partes:

I) Probabilidade de a equipe ser do sexo masculino:

Equipe:

1º Fiscal: 5/10

2º Fiscal: 4/9

3º Fiscal: 3/8

Portanto, 5/10 . 4/9 . 3/8 = 1/12.

Logo, como a quantidade de mulheres é a mesma, a probabilidade será também a mesma.

Portanto, a probabilidade de os componentes da equipe serem do mesmo sexo é: 1/12 + 1/12 = 2/12 = 1/6.

GABARITO: A.

222. A média harmônica entre 5, 6 e x é igual a 4,5. Qual é o valor de x?
a) 10/3.
b) 5/3.
c) 3.
d) 3,4.
e) 2,5.

Define-se a média harmônica (H) pela relação:

$$\frac{3}{\frac{1}{5}+\frac{1}{6}+\frac{1}{x}}=4,5 \Leftrightarrow \frac{3}{\frac{6x+5x+30}{30 \cdot x}}=4,5$$

$$\frac{3 \cdot 30x}{11x+30}=4,5$$

90 . x = 4,5 . (11x + 30)

x = 3,33... = 10/3

GABARITO: A.

223. O preço de um sapato, após um aumento de 15%, é R$ 109,25. Se o preço do sapato não tivesse sofrido esse aumento de 15%, mas um aumento de 8%, a diferença, em reais, entre os preços do sapato com cada aumento seria de:
a) R$ 7,65.
b) R$ 5,80.
c) R$ 14,25.
d) R$ 7,60.
e) R$ 6,65.

Considere X o preço do sapato sem o aumento. Logo:

x + 0,15.x = 109,25 ⌠ 1,15.x = 109,25

x = 109,25/1,15

x = 95.

Portanto, se o aumento tivesse sido de 8% o valor do sapato então seria de: R$ 95,00 + 8% de R$ 95,00 ⌠ R$ 95 + R$ 7,6 = R$ 102,60.

Logo, a diferença, em reais, entre os preços do sapato com cada aumento é de: R$ 109,25 – R$ 102,60 = R$ 6,65.

GABARITO: E.

224. Em um grupo de pessoas, nenhuma delas tem menos que 11 anos, nem mais do que 59 anos. Além disso, nenhuma delas tem uma idade que é um número múltiplo de 10. São 31 dessas pessoas com idades entre 10 e 40 anos. São 27 dessas pessoas com idades entre 20 e 50 anos. São 26 dessas pessoas com idades entre 30 e 60 anos. São 9 dessas pessoas com idades entre 30 e 40 anos. O número de pessoas desse grupo cujas idades são entre 10 e 20 anos ou entre 50 e 60 anos é:
a) 19.
b) 20.
c) 21.
d) 22.
e) 23.

Considere o seguinte esquema, que representa graficamente o enunciado:

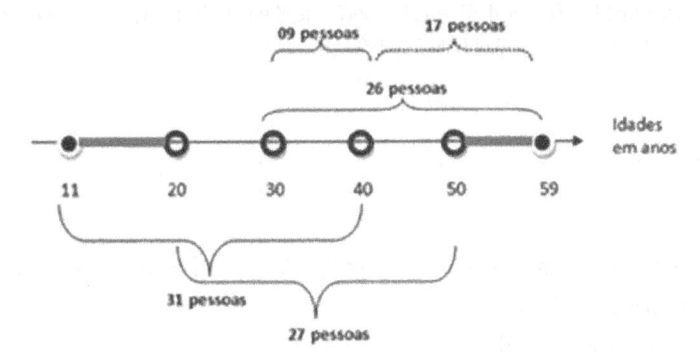

Observando a representação, entre 11 e 59 anos temos um total de 31 + 17 = 48 pessoas. Portanto, o número de pessoas desse grupo cujas idades são entre 10 e 20 anos ou entre 50 e 60 anos é justamente a diferença de 48 – 27 = 21 pessoas.

GABARITO: C.

225. Um policial precisa percorrer 10km de caminhada em 1 hora. Em 20 minutos ele percorreu 2/5 do percurso e, nos outros 20 minutos, percorreu 3/4 do que faltava. Assim, nos últimos 20 minutos ele precisa percorrer:
a) 3 km.
b) 2,5 km.
c) 2 km.

d) 1,5 km.
e) 1 km.

Questão envolvendo fração:
1º 20 min: 2/5 de 10 = 4 (sobram 6 km)
2º 20 min: 3/4 de 6 = 4,5
3º 20 min: 1,5 (10 – 4 – 4,5 = 1,5)
GABARITO: D.

226. A diferença entre o resultado da expressão $(-2)^3 + 2.5 - 20:5$ e da expressão $(-2^3 + 2).(5 - 20):5$ é:
a) 8.
b) 12.
c) 16.
d) 20.
e) 24.

Questão envolvendo expressão. Resolvemos as duas expressões e depois fazemos a diferença.
$(-2)^3 + 2.5 - 20:5 \rightarrow -8 + 10 - 4 \rightarrow 2 - 4 = -2$
$(-2^3 + 2) . (5 - 20):5 \rightarrow (-8 + 2).(-15):5 \rightarrow -6 . -15 : 5 \rightarrow 90:5 = 18$
A diferença é a subtração $\rightarrow 18 - (-2) = 18 + 2 = 20$
GABARITO: D.

227. Dado o conjunto M = {1, 2, 3, 4, 5}, seja f a função de M em IR definida por $f(x) = (x - 2).(x - 4)$. O número de elementos do conjunto imagem de f é:
a) 5.
b) 4.
c) 3.
d) 2.
e) 1.

Substituindo os elementos do domínio M = {1, 2, 3, 4, 5} na função $f(x) = (x - 2).(x - 4)$ temos:
$f(1) = (1 - 2).(1 - 4) = 3$
$f(2) = (2 - 2).(2 - 4) = 0$
$f(3) = (3 - 2).(3 - 4) = -1$
$f(4) = (4 - 2).(4 - 4) = 0$
$f(5) = (5 - 2).(5 - 4) = 3$
Portanto, o conjunto Im = {-1, 0, 3} possui 3 elementos
GABARITO: C.

228. Uma circunferência tem comprimento de 60 cm. Adotando $\pi = 3$, então a área do círculo mede:
a) 300 m².
b) 3.000 mm².
c) 3 m².

d) $3\ dm^2$.
e) $300\ mm^2$.

Questão envolvendo área e sistema de medida:

Comprimento $\to C = 2 . \pi . R \to 60 = 6 . R \to R = 10$

Área $\to A = \pi . R^2 \to A = 3 . 10^2 \to A = 3 . 100 \to A = 300\ cm^2$

$300\ cm^2 = 3\ dm^2 = 0,03\ m^2 = 30.000\ mm^2 = 3dm^2$

GABARITO: D.

229. Sabe-se que sen x + cos x = 0,6. O valor de y = sen x . cos x é igual a:
a) - 0,18.
b) - 0,32.
c) 0,32.
d) 0,64.
e) -0,64.

sen x + cos x = 0,6
$(sen\ x + cos\ x)^2 = (0,6)^2$
$sen^2\ x + 2.sen\ x . cos\ x + cos^2\ x = 0,36$
2.sen x. cos x + 1 = 0,36
2.sen x. cos x = 0,36 – 1
2.sen x. cos x = - 0,64
sen x. cos x = - 0,32

GABARITO: B.

230. Dadas as matrizes $A = \begin{pmatrix} 2 & 3 \\ 1 & 3 \end{pmatrix}$ e $B = \begin{pmatrix} 2 & 4 \\ 1 & 3 \end{pmatrix}$, calcule o determinante do produto das matrizes A e B.
a) 8.
b) 12.
c) 9.
d) 15.
e) 6.

Vamos determinar os determinantes das Matrizes A e B.

det (A) = 2.3 – 1.3 = 6 – 3 = 3

det (B) = 2.3 – 1.4 = 6 – 4 = 2

Portanto, utilizando o teorema de Binet, temos que:

det (A.B) = det(A) . det(B)

det (A.B) = 3 . 2 = 6

GABARITO: E.

231. Se $\dfrac{10i}{2+i}$ = a + bi, então o valor de a^b é:

a) 2.
b) 4.
c) 16.
d) 32.
e) 64.

Desenvolvendo a equação, temos:

$$\dfrac{10i}{2+i} \cdot \dfrac{2-i}{2-i} = \dfrac{20i - 10i^2}{4 - 2i + 2i - i^2} = \dfrac{20i - 10(-1)}{4 - (-1)} = \dfrac{20i + 10}{4 + 1}$$

$\dfrac{20i + 10}{5}$ = 4i + 2

Portanto: A = 4 e b = 2.
Sendo assim: $a^b = 4^2 = 16$.
GABARITO: C.

232. Se log 2 = 0,3 e log 36 = 1,6, então log 3 = _____.

a) 0,4.
b) 0,5.
c) 0,6.
d) 0,7.
e) 1,0.

log 36 = log 6^2 = 2 . log 6 = 2 . [log 3.2]
= 2 . [log 3 + log 2] = 2 . [log 3 + 0,3]
Como log 36 = 1,6, temos que:
2 . [log 3 + 0,3] = 1,6
log 3 + 0,3 = 0,8
log 3 = 0,8 − 0,3
log 3 = 0,5.
GABARITO: B.

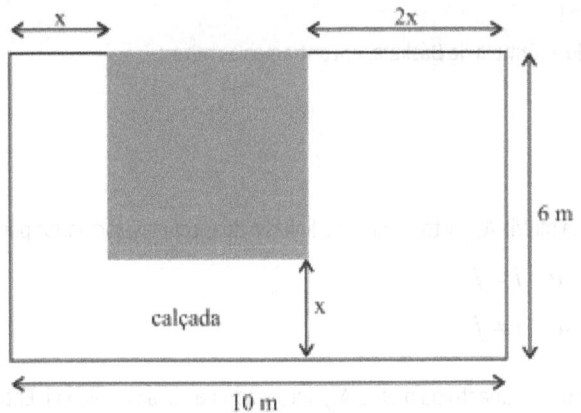

233. Em um terreno retangular de 10 metros por 6 metros, uma pessoa construiu um canteiro quadrado de área de 16m², como mostra a figura.

Uma equação que permite determinar o valor de x, em metros, é:

a) $3x^2 - 28x + 60 = 0$.
b) $x^2 - 16x + 32 = 0$.
c) $3x^2 - 32x + 60 = 0$.
d) $x^2 - 44x + 32 = 0$.
e) $3x^2 - 28x + 44 = 0$.

Note que como o canteiro possui área de 16 m², cada lado do canteiro possui 4 m:

$A = l^2$

$16 \text{ m}^2 = l^2$

$l = 4m$

Logo, conseguimos determinar o valor de x, por comparação com o lado de 6m:

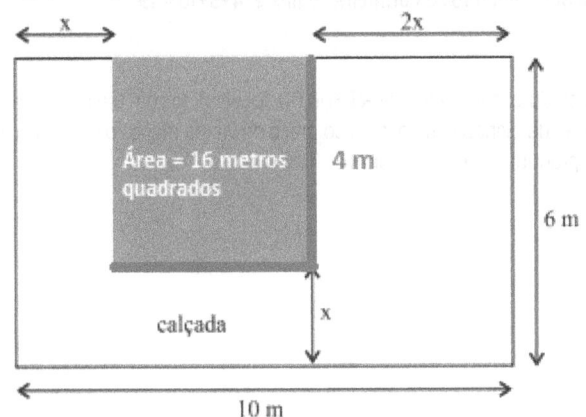

Logo, podemos comparar que:

x + 4 = 6

x = 2 metros

Portanto, dentre as alternativas a equação que tem como raízes o número 2 é a equação da letra E:

3x² – 28x + 44 = 0

Onde, utilizando a fórmula de Báskara, encontramos as raízes:

x' = 22/3

x" = 2.

GABARITO: E.

234. Os elementos de uma matriz A_{3X2}, isto é, com três linhas e duas colunas, são dados por:

$$aij = \begin{cases} (i+j)^2 & se \quad i=j \\ i^2 + j^2 & se \quad i \neq j \end{cases}$$

Em que aij representa o elemento da matriz A_{3X2} localizado na linha i e coluna j. Então, a soma dos elementos da primeira coluna de A_{3X2} é igual a:

a) 17.
b) 15.
c) 12.
d) 19.
e) 13.

Os elementos da primeira coluna são: a_{11}; a_{21} e a_{31}

Vamos definir os elementos, pela lei de formação dada:

a_{11} = (i+j)² = (1+1)² = 2² = 4

a_{21} = i² + j² = 2² + 1² = 4+1 = 5

a_{31} = i² + j² = 3² + 1² = 9 + 1 = 10

Logo, a soma dos elementos da primeira coluna é: 4+5+10 = 19

GABARITO: D.

235. Um determinado produto, comprado por R$ 300,00, foi vendido com um lucro correspondente a 60% do preço de venda. Sendo o lucro igual ao preço de venda menos o preço de custo, pode-se concluir que esse produto foi vendido por:

a) R$ 750,00.
b) R$ 640,00.
c) R$ 550,00.
d) R$ 500,00.
e) R$ 480,00.

L = Lucro

V = Venda

C = Custo ou Compra

L = V - C

L = 60% da Venda, é o mesmo que 60/100

60V/100 = V - 300

60V = 100V - 30000

60V - 100V = - 30000

-40V = -30000. (-1)

40V = 30000

V = 30000/40

V = 750

GABARITO: A.

236. Uma caixa de plástico tem as seguintes dimensões internas: 9 cm por 10 cm de base e 12 cm de altura, conforme mostra a figura.

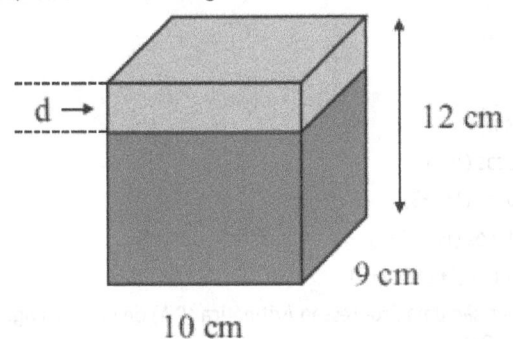

Se dentro dessa caixa forem despejados os conteúdos de 3 latinhas de refrigerantes, com 285 mL cada uma, a distância (d) entre a altura que o líquido atinge na caixa e a borda superior dessa caixa, em cm, será de:

a) 3,50.
b) 3,25.
c) 3,00.
d) 2,75.
e) 2,50.

Volume total: 9cm x 10cm x 12cm = 1080 cm³.

Volume ocupado pelo refrigerante: 3 x 285mL = 855 mL

Como 1cm³ equivale a 1 ml, temos que a altura ocupada pelo refrigerante na caixa é de:

Vol refrigerante = 855 cm³

Base x altura = 855 cm³

9cm x 10cm x altura = 855 cm³

altura = 855 cm³ / 90 cm²

altura = 9,5cm

Portanto, a altura que o líquido atinge na caixa e a borda superior dessa caixa, em cm, será de: 12 – 9,5 = 2,5 cm.

GABARITO: E.

237. A sequência diária de fixação de blocos para a construção de uma pirâmide segue uma lei de formação, conforme a figura a seguir.

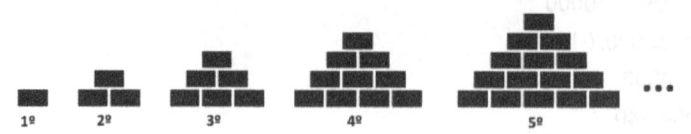

Seguindo essa lei, quantos blocos comporão a pirâmide no 50º dia?

a) 50.
b) 255.
c) 1.050.
d) 1.275.
e) 1.725.

Note que:

No 1º dia temos 1 bloco.

No 2º dia temos 3 blocos (1+2)

No 3º dia temos 6 blocos (1+2+3)

No 4º dia temos 10 blocos (1+2+3+4)

No 5º dia temos 15 blocos (1+2+3+4+5)

Todas essas sequências são uma Progressão Aritmética (P.A) de razão 1. Logo, no 50º dia, teremos (1+2+3+ ... + 49+50).

Para determinarmos o total, podemos usar a fórmula da soma dos termos de uma P.A.

$S_n = [(a_1+a_n) \cdot n]/2$.

$S_{50} = [(1+50) \cdot 50]/2$

$S_{50} = 51 \times 25$

$S_{50} = 1.275$

Portanto, 1.275 blocos comporão a pirâmide no 50º dia.

GABARITO: D.

238. Um dado não viciado é lançado 2 vezes. A probabilidade de aparecer o número 5 nos 2 lançamentos é de:

a) 1/6.
b) 1/66.
c) 2.
d) 1/36.
e) 1/18.

Do total de 36 combinações possíveis, temos que somente uma possui o número 5 nos 2 lançamentos (5,5). Portanto, a probabilidade neste caso é definida por: 1/36.

GABARITO: D.

239. A soma das áreas dos três quadrados a seguir é igual a 83 cm². Qual é a área do quadrado maior?

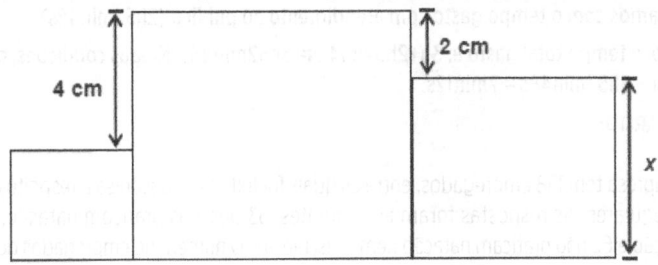

4 cm

2 cm

x

a) 36 cm².
b) 20 cm².
c) 49 cm².
d) 42 cm².
e) 64 cm².

Considerando o quadrado médio de lado x, encontramos os lados dos outros quadrados em função da mesma variável x.

- Lado do quadrado menor: x-2
- Lado do quadrado médio: x
- Lado do quadrado maior: x+2

Como o enunciado forneceu a soma das áreas, então:

$(x-2)^2 + x^2 + (x+2)^2 = 83$

$x^2 - 4x + 4 + x^2 + x^2 + 4x + 4 = 83$

$3x^2 + 8 = 83$

$3x^2 = 75$

$x^2 = 25$

$x = 5$

Portanto, a área do quadrado maior, que tem lado = x+2, fica:

$(5+2)^2 = 7^2 = 49$.

GABARITO: C.

240. Um auxiliar administrativo decidiu registrar suas atividades durante um dia de trabalho na empresa em que trabalha. No final do seu expediente de 6 horas constatou que havia gasto 18% de seu tempo digitando petições, 8/25 na escrituração de livros e 2h52min48s no atendimento ao público. Nestas condições, concluiu que o tempo livre que teve durante este dia de trabalho corresponde a:

a) 7min12s.
b) 3%.
c) 52min48s.
d) 4%.
e) 1%.

Se somarmos o tempo gasto com a digitação de petições com o tempo gasto com a escrituração temos que:

18% + 8/25= 18% + 0,32 + 18% + 32% = 50%. Este valor representa 50% de 6h = 3h. Agora somamos com o tempo gasto com atendimento ao público (2h52min48s).

Logo, o tempo total gasto é: 3h+2h52mi48s= 5h52min48s. Nessas condições, o tempo livre é: 6h − 5h52min48s = 7min12s.

GABARITO: A.

241. Certa empresa tem 158 empregados, entre os quais foi feita uma pesquisa a respeito de exercícios físicos regulares. As respostas foram as seguintes: 53 pessoas praticam natação, 61 praticam musculação e 62 não praticam natação nem musculação. O número de empregados dessa empresa que praticam somente natação é:

a) 18.
b) 35.
c) 29.
d) 44.
e) 23.

Considerando:

n(A) = Nº de empregados que praticam natação

n(B) = Nº de empregados que praticam musculação

n(A∩B) = Nº de empregados que praticam natação e musculação

n(AUB) = Nº de empregados que praticam natação ou musculação

Temos que:
n(AUB) = n(A) + n(B) − n(A∩B)
96 = 53+61 − n(A∩B)
n(A∩B) = 18

Vamos representar os dados pelo diagrama de Venn:

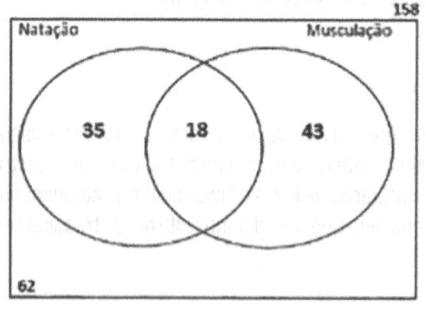

Portanto, o número de empregados dessa empresa que praticam somente natação é 35.

GABARITO: B.

242. Num triângulo retângulo e isósceles, a razão entre a medida da hipotenusa e o perímetro, nessa ordem, é:

a) $\sqrt{2}$.

b) $2\sqrt{2}$.

c) $\sqrt{2} + 1$.

d) $\sqrt{2} - 1$.

e) $2 - \sqrt{2}$.

Como o triângulo retângulo é isósceles, ou seja possui 2 lados iguais, vamos considerar cada lado com medida igual a m. Portanto, temos:

Hipotenusa: $m\sqrt{2}$

Perímetro: $2m + m\sqrt{2}$

Razão entre a medida da hipotenusa e o perímetro:

$$\frac{m\sqrt{2}}{2m + m\sqrt{2}} = \frac{m\sqrt{2}}{m(2+\sqrt{2})} = \frac{\sqrt{2}}{2+\sqrt{2}} = \frac{\sqrt{2}\cdot(2-\sqrt{2})}{2+\sqrt{2}\cdot(2-\sqrt{2})} = \frac{2\sqrt{2}-2}{4-2} =$$

$$\frac{2(\sqrt{2}-1)}{2} = \sqrt{2}-1$$

GABARITO: D.

243. Sejam os números complexos $z_1 = 1 - i$, $z_2 = 3 + 5i$ e $z_3 = z_1 + z_2$. O módulo de z_3 é igual a:

a) $2\sqrt{2}$.

b) $4\sqrt{2}$.

c) $2\sqrt{3}$.

d) $4\sqrt{3}$.

e) $3\sqrt{2}$.

$z_3 = z_1 + z_2$
$z_3 = 1 - i + 3 + 5i$
$z_3 = 4 + 4i$

Logo, o módulo de z_3 é:

$|z_3| = \sqrt{a^2 + b^2}$

$|z_3| = \sqrt{4^2 + 4^2}$

$|z_3| = \sqrt{32}$

$|z_3| = 4\sqrt{2}$

GABARITO: B.

244. Suponha que um avião levanta voo sob um ângulo de 30°. Depois de percorrer 2.800 metros em linha reta sob o mesmo ângulo da decolagem, a altura em que o avião está do solo em relação ao ponto em que decolou é igual a:
    a) 1.300 metros.
    b) 1.400 metros.
    c) 1.650 metros.
    d) 1.480 metros.
    e) 1.340 metros.

    De acordo com esse ângulo de decolagem, a trajetória que o avião descreve com o solo forma um triângulo retângulo, cuja altura do avião em relação ao solo é o cateto oposto ao ângulo de 30° e a hipotenusa é os 2.800 metros já percorridos. Para calcular essa altura basta aplicar o seno do ângulo de 30° (sen 30° = 1/2) e chegar no resultado:

    sen 30° = cateto oposto/hipotenusa

    sen 30° = altura/2.800

    1/2 = x/2.800

    2x = 2.800

    x = 2.800/2 = 1.400 metros.

    GABARITO: B.

245. A razão entre a área e o perímetro de uma circunferência de raio R vale:
    a) R/π.
    b) π/2.
    c) πR/2.
    d) 2R.
    e) R/2.

    A área da circunferência é πR^2 e o perímetro é $2\pi R$. Fazendo a razão entre eles, nessa ordem, fica:

    $\pi R^2 / 2\pi R$ (simplificando πR do numerador com o do denominador) = R/2.

    GABARITO: E.

246. Qual é o resultado da equação x + 2(x+3)/7 = 15?
    a) 21.
    b) 19.
    c) 17.

d) 13.

e) 11.

Resolvendo:

x + 2(x+3)/7 = 15

Fazendo M.M.C dos denominadores:

7x + 2x + 6 = 105

9x = 99

x = 99/9

x = 11

GABARITO: E.

247. Em uma concessionária de veículos, a razão entre o número de carros vermelhos e o número de carros prateados vendidos durante uma semana foi de 7/24. Sabendo-se que nessa semana o número de carros vendidos (somente vermelhos e prateados) foi de 217, pode-se concluir que, nessa venda, o número de carros prateados superou o número de carros vermelhos em:

a) 80.

b) 98.

c) 119.

d) 129.

e) 168.

Considere:

x: nº de carros vermelhos

y: nº de carros prateados

x/y = 7/24

x+y = 217

Resolvendo o sistema encontramos x = 49 e y = 168.

Portanto, o número de carros prateados que superou o número de carros vermelhos é: 168 – 49 = 119.

GABARITO: C.

248. Dada a função composta g(f(x)) = 12x + 35 e f(x) = 3x + 10, determine a função afim g(x).

a) g(x) = 3x + 8.

b) g(x) = 5x + 4.

c) g(x) = 5x – 4.

d) g(x) = 4x – 5.

e) g(x) = 4x + 5.

3x + 10 = k

x = (k – 10)/3

Se g(f(x)) = 12x + 35 então

g(k) = 12.(k – 10)/3 + 35

g(k) = 4k – 5
ou seja
g(x) = 4x – 5
GABARITO: D.

249. A progressão a seguir destaca o tempo, em minutos, gasto por Cláudio em sua caminhada de igual percurso, semanalmente: {240, 237, 234, 231, 228, 225, 222, 219...}. Cláudio parou de caminhar depois de completar 36 semanas de caminhada. Então, o tempo mínimo, em minutos, que Cláudio gastou para percorrer esse trajeto foi:

a) 120.
b) 125.
c) 130.
d) 135.
e) 140.

$a_1 = 240$
$r = -3$
$n = 36$
$a_{36} = ?$
$a_n = a_1 + (n-1) \cdot r$
$a_{36} = 240 + (36-1) \cdot -3$
$a_{36} = 135$
GABARITO: D.

250. Dada a função quadrática f, de R em R, definida por $f(x) = x^2 - 5$, determine a solução da equação modular $x + f(-3) = 10$.

a) S = {-14, 6}.
b) S = {-4, 4}.
c) S = {-10, 10}.
d) S = {-6, 14}.
e) S = {-3, 5}.

Dada a função $f(x) = x^2 - 5$, temos:
$f(-3) = (-3)^2 - 5 = 4$
Logo:
$x + f(-3) = 10$
$x + 4 = 10$
$x + 4 = 10$ ou $x + 4 = -10$
Portanto:
S = {-14, 6}
GABARITO: A.

251. Uma caixa contém 100 bolas coloridas numeradas de 1 a 100. As bolas numeradas de 1 a 20 são vermelhas; as de 21 a 50, azuis e as restantes, amarelas. Será retirada da caixa uma única bola. Dessa forma, a probabilidade de que a bola retirada contenha um número ímpar de dois algarismos e não seja da cor vermelha é:

a) 0,30.
b) 0,35.
c) 0,40.
d) 0,45.
e) 0,50.

Os números ímpares de 2 algarismos que não são vermelhos são os números ímpares do intervalo compreendido entre 21 e 100. Como os números são pares ou ímpares; nesse intervalo, existem 40 números ímpares. Com isso, calculando a probabilidade, tem-se:

P = evento/espaço amostral

P = 40/100

P = 0,40

GABARITO: C.

252. João recebeu seu salário, gastou dele 40% nas despesas habituais e, do restante, 30% foram colocados na caderneta de poupança. A quantia que restou representa, do salário total, a porcentagem de:

a) 18%.
b) 30%.
c) 36%.
d) 40%.
e) 42%.

30% de 60% = 18%

60% - 18% = 42%

Logo a quantia que restou do salário total corresponde a 42%.

GABARITO: E.

253. Um professor aplicou uma prova contendo 3 questões. Cada questão de cada um dos 200 alunos foi depois corrigida e classificada como certa ou errada. Após a correção, verificou-se que:

• 35 alunos não acertaram nenhuma questão;

• A primeira questão foi feita corretamente por 120 alunos;

• A segunda questão foi feita corretamente por 100 alunos;

• A terceira questão foi feita corretamente por 85 alunos;

• 25 alunos acertaram as três questões.

Com base nessas informações, o número de alunos que acertaram exatamente duas das questões é:

a) 45.
b) 50.
c) 65.
d) 90.
e) 98.

Para resolver esse problema é preciso conhecer a equação da união de três conjuntos:

$nA \cup B \cup C = nA + nB + nC - nA \cap B - nA \cap C - nB \cap C + n(A \cap B \cap C)$

Vamos considerar A, B e C como sendo os conjuntos que representam as 3 questões. Dessa forma, dos 200 alunos 35 não acertaram nenhuma questão, então o valor de $nA \cup B \cup C$:

$nA \cup B \cup C = 200 - 35$

$nA \cup B \cup C = 165$

E os demais valores temos:

$nA = 120$

$nB = 100$

$nC = 85$

$n(A \cap B \cap C) = 25$

Dessa forma podemos substituir na equação:

$165 = 120 + 100 + 85 - nA \cap B - nA \cap C - nB \cap C + 25$

$165 = 330 - nA \cap B - nA \cap C - nB \cap C$

$165 - 330 = -nA \cap B - nA \cap C - nB \cap C$

$-165 = -nA \cap B - nA \cap C - nB \cap C$

$165 = nA \cap B + nA \cap C + nB \cap C$

A questão pede a quantidade de pessoas que acertaram somente duas questões. Pelo diagrama é possível verificar que na intersecção de dois conjuntos está contido a intersecção dos 3 conjuntos igual a 25. Então o diagrama pode ser desenhado assim:

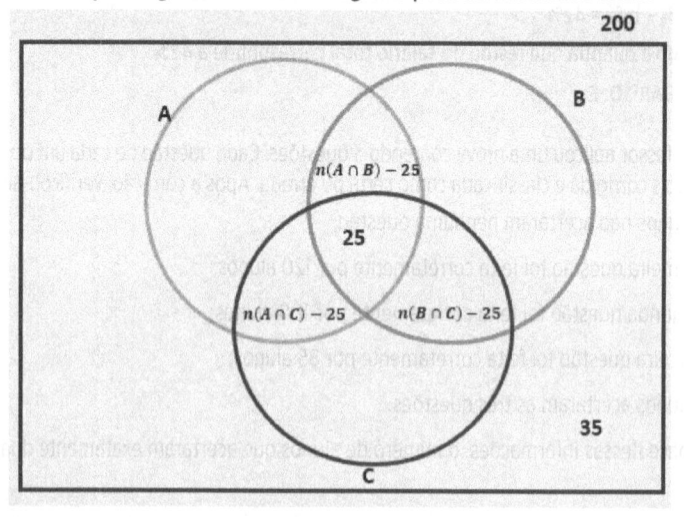

Logo:

$nA \cap B + nA \cap C + nB \cap C = nA \cap B - 25 + nA \cap C - 25 + [nB \cap C - 25]$

$nA \cap B + nA \cap C + nB \cap C = nA \cap B + nA \cap C + nB \cap C - 75$

Como:

$nA \cap B + nA \cap C + nB \cap C = 165$

Então:

$nA \cap B + nA \cap C + nB \cap C - 75$

$165 - 75 = 90$

GABARITO: D.

254. Uma empresa tem diversos funcionários. Um deles é o gerente, que recebe R$ 1.000,00 por semana. Os outros funcionários são diaristas. Cada um trabalha 2 dias por semana, recebendo R$ 80,00 por dia trabalhado. Chamando de x a quantidade total de funcionários da empresa, a quantia y, em reais, que esta empresa gasta semanalmente para pagar seus funcionários é expressa por:

a) y = 80x + 920.

b) y = 80x + 1.000.

c) y = 80x + 1.080.

d) y = 160x + 840.

e) y = 160x + 1.000.

O gasto com o gerente é de R$ 1.000,00 por semana. Cada diarista recebe R$ 80,00 por dia. Como eles trabalham 2 dias por semana, o gasto semanal por cada diarista é definido por: 2 x R$ 80,00 = R$ 160,00. Como a empresa possui "x" funcionários, sendo um deles o gerente e "x-1" diaristas, o gasto "y", que a empresa tem, em reais, é:

y = 1000,00 + 160 . (x-1)

y = 1000,00 + 160x – 160

y = 840 + 160 x

GABARITO = D.

255. O gráfico a seguir mostra a evolução mensal das vendas de certo produto de julho a novembro de 2011.

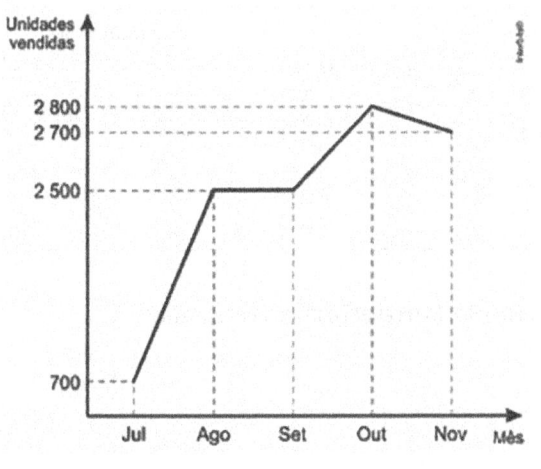

Sabe-se que o mês de julho foi o pior momento da empresa em 2011 e que o número de unidades vendidas desse produto em dezembro de 2011 foi igual à média aritmética do número de unidades vendidas nos meses de julho a novembro do mesmo ano. O gerente de vendas disse, em uma reunião da diretoria, que, se essa redução no número de unidades vendidas de novembro para dezembro de 2011 se mantivesse constante nos meses subsequentes, as vendas voltariam a ficar piores que julho de 2011 apenas no final de 2012. O diretor financeiro rebateu imediatamente esse argumento mostrando que, mantida a tendência, isso aconteceria já em:

a) Janeiro.
b) Fevereiro.
c) Março.
d) Abril.
e) Maio.

A quantidade de unidades vendidas em dezembro de 2011 é:

$$\frac{700+2500+2500+2700+2800}{2} = \frac{11200}{5} = 2240$$

Em 2011, o decréscimo de novembro para dezembro foi de 460 unidades. Assim, mantido este decréscimo tem-se:

Nov/2011	Dez/2011	Jan/2012	Fev/2012	Mar/2012	Abr/2012
2700	2240	1780	1320	860	400

As vendas só voltariam a ficar piores que junho de 2011 (700 unidades) em abril de 2012.

GABARITO: D.

256. A taxa de urbanização de um município é dada pela razão entre a população urbana e a população total do município (isto é, a soma das populações rural e urbana). Os gráficos apresentam, respectivamente, a população urbana e a população rural de cinco municípios (I, II, III, IV, V) de uma mesma região estadual. Em reunião entre o governo do estado e os prefeitos desses municípios, ficou acordado que o município com maior taxa de urbanização receberá um investimento extra em infraestrutura.

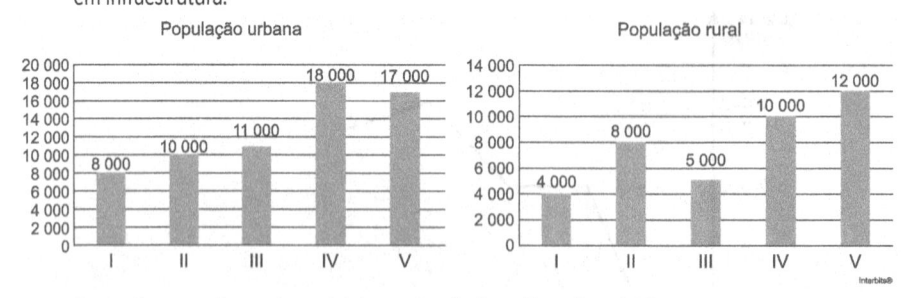

Segundo o acordo, qual município receberá o investimento extra?

a) I.
b) II.
c) III.

d) IV.

e) V.

Calculando as taxas de urbanização, temos que:

I) $\dfrac{8000}{8000+4000} = 0{,}666...$

II) $\dfrac{10000}{10000+8000} = 0{,}555...$

III) $\dfrac{11000}{11000+5000} = 0{,}6875...$

IV) $\dfrac{18000}{18000+10000} = 0{,}6428...$

V) $\dfrac{17000}{17000+12000} = 0{,}5862...$

Portanto, deverá ser o município III.

GABARITO: C.

257. O slogan "Se beber não dirija", muito utilizado em campanhas publicitárias no Brasil, chama a atenção para o grave problema da ingestão de bebida alcoólica por motoristas e suas consequências para o trânsito. A gravidade desse problema pode ser percebida observando como o assunto é tratado pelo Código de Trânsito Brasileiro. Em 2013, a quantidade máxima de álcool permitida no sangue do condutor de um veículo, que já era pequena, foi reduzida, e o valor da multa para motoristas alcoolizados foi aumentado. Em consequência dessas mudanças, observou-se queda no número de acidentes registrados em uma suposta rodovia nos anos que se seguiram às mudanças implantadas em 2013, conforme dados no quadro.

Ano	2013	2014	2015
Número total de acidentes	1050	900	850

Suponha que a tendência de redução no número de acidentes nessa rodovia para os anos subsequentes seja igual à redução absoluta observada de 2014 para 2015. Com base na situação apresentada, o número de acidentes esperados nessa rodovia em 2018 foi de:

a) 150.

b) 450.

c) 550.

d) 700.

e) 800.

A redução no número de acidentes observada de 2014 para 2015 foi de 50 (900 – 850). Caso essa tendência se mantenha nos próximos anos, o número de acidentes esperados nessa rodovia em 2018 será 700, como podemos verificar a seguir:

Anos	Nº total de acidentes
2013	1.050
2014	900
2015	850
2016	800
2017	750
2018	700

GABARITO: D.

258. Um professor aplica, durante os cinco dias úteis de uma semana, testes com quatro questões de múltipla escolha a cinco alunos. Os resultados foram representados na matriz.

$$\begin{bmatrix} 3 & 2 & 0 & 1 & 2 \\ 3 & 2 & 4 & 1 & 2 \\ 2 & 2 & 2 & 3 & 2 \\ 3 & 2 & 4 & 1 & 0 \\ 0 & 2 & 0 & 4 & 4 \end{bmatrix}$$

Nessa matriz os elementos das linhas de 1 a 5 representam as quantidades de questões acertadas pelos alunos Ana, Bruno, Carlos, Denis e Érica, respectivamente, enquanto que as colunas de 1 a 5 indicam os dias da semana, de segunda-feira a sexta-feira, respectivamente, em que os testes foram aplicados. O teste que apresentou maior quantidade de acertos foi o aplicado na:

a) Segunda-feira.

b) Terça-feira.

c) Quarta-feira.

d) Quinta-feira.

e) Sexta-feira.

Considerando os elementos das linhas de 1 a 5 as quantidades de questões acertadas por Ana, Bruno, Carlos, Denis e Érica, respectivamente, e as colunas de 1 a 5 indicando os dias da semana, de segunda a sexta, respectivamente, temos:

I) acertos na segunda: 3+3+2+3+0 = 11.

II) acertos na terça: 2+2+2+2+2 = 10.

III) acertos na quarta: 0+4+2+4+0 = 10.

IV) acertos na quinta: 1+1+3+1+4 = 10.

V) acertos na sexta: 2+2+2+0+4 = 10.

Portanto, a maior quantidade de acertos foi aplicada na segunda-feira.

GABARITO: A.

259. Durante suas férias, oito amigos, dos quais dois são canhotos, decidem realizar um torneio de vôlei de praia. Eles precisam formar quatro duplas para a realização do torneio. Nenhuma dupla pode ser formada por dois jogadores canhotos. De quantas maneiras diferentes podem ser formadas

essas quatro duplas?
a) 69.
b) 70.
c) 90.
d) 104.
e) 105.

Para o 1º canhoto existem 6 possibilidades de escolha para formar uma dupla (6 destros). Para o 2º canhoto existem 5 possibilidades de escolha para formar uma dupla (5 destros). Para o 3º destro (pois dois já foram escolhidos), existem 3 possibilidades de escolha (dos 6, dois já foram e o 3º não pode formar duplas com ele mesmo). Para o 5º destro (quatro já foram escolhidos), existe apenas 1 possibilidade (o destro que sobrou). Portanto, o total de possibilidades é: 6.5.3.1 = 90.

GABARITO: C.

260. Em um determinado ano, os computadores da receita federal de um país identificaram como inconsistentes 20% das declarações de imposto de renda que lhe foram encaminhadas. Uma declaração é classificada como inconsistente quando apresenta algum tipo de erro ou conflito nas informações prestadas. Essas declarações consideradas inconsistentes foram analisadas pelos auditores, que constataram que 25% delas eram fraudulentas. Constatou-se ainda que, dentre as declarações que não apresentaram inconsistências, 6,25% eram fraudulentas. Qual é a probabilidade de, nesse ano, a declaração de um contribuinte ser considerada inconsistente, dado que ela era fraudulenta?

a) 0,0500.
b) 0,1000.
c) 0,1125.
d) 0,3125.
e) 0,5000.

Sendo 20% das declarações inconsistentes, temos que 80% são consistentes. Dentre as inconsistentes, temos 0,25 . 20% = 5% fraudulentas. Logo, dentre as consistentes, temos 0,0625 . 80% = 5% fraudulentas. Com isso, podemos organizar essas informações conforme a tabela a seguir:

	Fraudulentas	Não fraudulentas	Total
Inconsistentes	5%	15%	20%
Consistentes	5%	75%	80%
Total	10%	90%	100%

Portanto, a probabilidade perguntada é de:
Probabilidade (inconsistente/fraudulenta) = 5%/10% = 0,5000.

GABARITO = E.

261. O dono de um restaurante situado às margens de uma rodovia percebeu que, ao colocar uma placa de propaganda de seu restaurante ao longo da rodovia, as vendas aumentaram. Pesquisou junto aos seus clientes e concluiu que a probabilidade de um motorista perceber uma placa de anúncio é 1/2.

Com isso, após autorização do órgão competente, decidiu instalar novas placas com anúncios de seu restaurante ao longo dessa rodovia, de maneira que a probabilidade de um motorista perceber pelo menos uma das placas instaladas fosse superior a $\dfrac{99}{100}$.

A quantidade mínima de novas placas de propaganda a serem instaladas é:
a) 99.
b) 51.
c) 50.
d) 6.
e) 1.

Seja "n" a quantidade de placas, temos que:

$1 - \left(\dfrac{1}{2}\right)^n > \dfrac{99}{100} \Leftrightarrow \left(\dfrac{1}{2}\right)^n < \dfrac{1}{100} \Leftrightarrow n \geq 7$. Como já existe uma placa instalada, a quantidade mínima de novas placas de propaganda a serem instaladas é de: 7 – 1 = 6.
GABARITO: D.

262. Uma construtora pretende conectar um reservatório central (R_c) em formato de um cilindro, com raio interno igual a 2m e altura interna igual a 3,30m, a quatro reservatórios cilíndricos auxiliares (R_1, R_2, R_3 e R_4), os quais possuem raios internos e alturas internas medindo 1,5m.

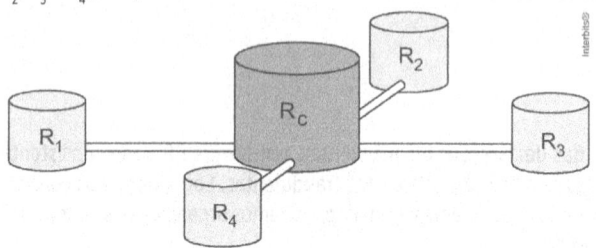

As ligações entre o reservatório central e os auxiliares são feitas por canos cilíndricos com 0,10m de diâmetro interno e 20m de comprimento, conectados próximos às bases de cada reservatório. Na conexão de cada um desses canos com o reservatório central há registros que liberam ou interrompem o fluxo de água. No momento em que o reservatório central está cheio e os auxiliares estão vazios, abrem-se os quatro registros e, após algum tempo, as alturas das colunas de água nos reservatórios se igualam, assim que cessa o fluxo de água entre eles, pelo princípio dos vasos comunicantes. A medida, em metro, das alturas das colunas de água nos reservatórios auxiliares, após cessar o fluxo de água entre eles, é:

a) 1,44.
b) 1,16.
c) 1,10.
d) 1,00.
e) 0,95.

Conforme as informações dadas, temos que:

	Raio	Altura
Reservatório Central (R_c)	2 m	3,3 m
Reservatórios auxiliares (R_1, R_2, R_3 e R_4)	1,5 m	1,5 m
Canos	0,05 m	20 m

Sendo "h" a altura das colunas de água, temos que o volume de reservatório central deve ser igual a soma do volume de água no reservatório central, nos reservatórios auxiliares e nos canos, logo:

. 2^2 . 3,3 = . 2^2 . h + 4 . $1,5^2$. h + 4 . . $0,05^2$. 20

13,2 = 4h + 9h + 0,2

13,2 − 0,2 = 13h

13 = 13h

1 = h

GABARITO: D.

263. As luminárias para um laboratório de matemática serão fabricadas em forma de sólidos geométricos. Uma delas terá a forma de um tetraedro truncado. Esse sólido é gerado a partir de secções paralelas a cada uma das faces de um tetraedro regular. Para essa luminária, as secções serão feitas de maneira que, em cada corte, um terço das arestas seccionadas serão removidas. Uma dessas secções está indicada na figura.

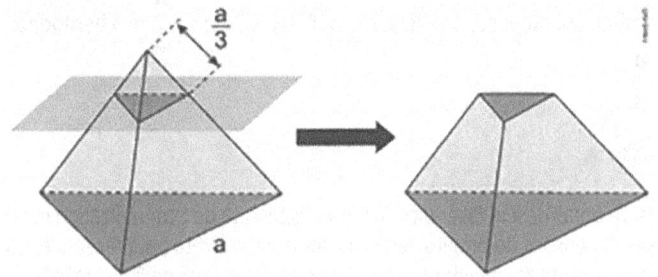

Essa luminária terá por faces:

a) 4 hexágonos regulares e 4 triângulos equiláteros.
b) 2 hexágonos regulares e 4 triângulos equiláteros.
c) 4 quadriláteros e 4 triângulos isósceles.
d) 3 quadriláteros e 4 triângulos isósceles.
e) 3 hexágonos regulares e 4 triângulos equiláteros.

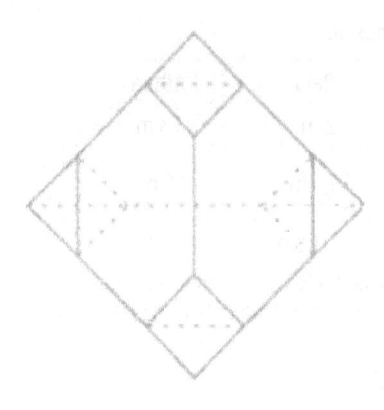

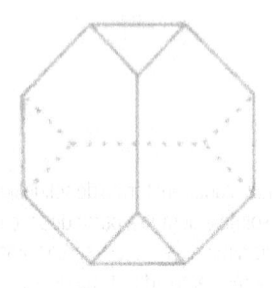

A luminária terá por faces 4 triângulos equiláteros de lado $\dfrac{a}{3}$ e 4 hexágonos regulares de lado $\dfrac{a}{3}$.

GABARITO: A.

264. Um mestre de obras deseja fazer uma laje com espessura de 5cm utilizando concreto usinado, conforme as dimensões do projeto dadas na figura. O concreto para fazer a laje será fornecido por uma usina que utiliza caminhões com capacidades máximas de 2m³, 5m³ e 10m³ de concreto.

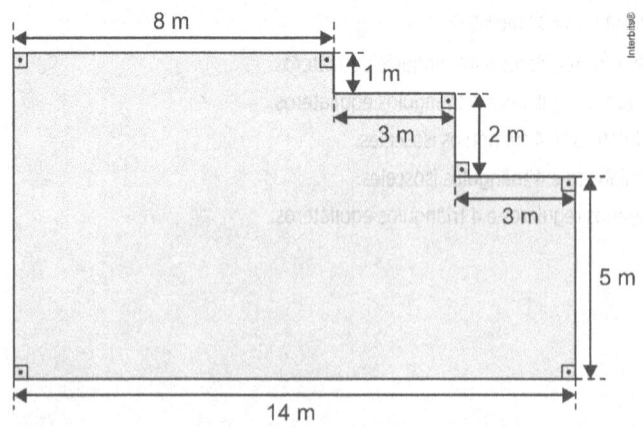

Qual a menor quantidade de caminhões, utilizando suas capacidades máximas, que o mestre de obras deverá pedir à usina de concreto para fazer a laje?

a) Dez caminhões com capacidade máxima de 10m³.
b) Cinco caminhões com capacidade máxima de 10m³.
c) Um caminhão com capacidade máxima de 5m³.
d) Dez caminhões com capacidade máxima de 2m³.
e) Um caminhão com capacidade máxima de 2m³.

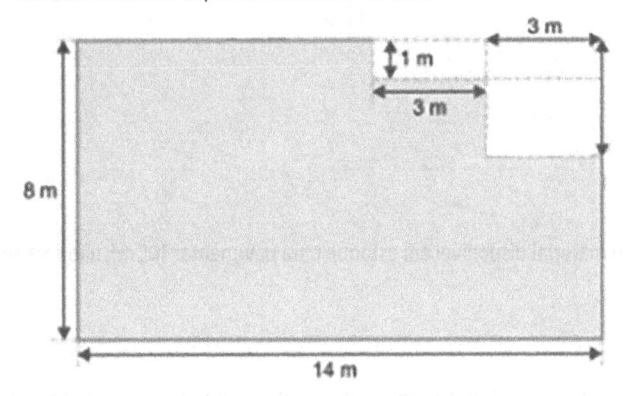

Conforme a figura, a laje tem área, em m², definida por:
14 x 8 – 3 x 1 – 3 x 3 = 100.

Como a espessura é de 5 cm = 0,05 m, então o volume de concreto, em m³, é definido por:
100 x 0,05 = 5.

Logo, o mestre de obras deverá pedir à usina um caminhão com capacidade de 5 m³.

GABARITO: C.

265. Em um condomínio, uma área pavimentada, que tem a forma de um círculo com diâmetro medindo 6m, é cercado por grama. A administração do condomínio deseja ampliar essa área, mantendo seu formato circular, e aumentando, em 8m, o diâmetro dessa região, mantendo o revestimento da parte já existente. O condomínio dispõe, em estoque, de material suficiente para pavimentar mais 100m² de área. O síndico do condomínio irá avaliar se esse material disponível será suficiente para pavimentar a região a ser ampliada.

Utilize 3 como aproximação para π.

A conclusão correta a que o síndico deverá chegar, considerando a nova área a ser pavimentada, é a de que o material disponível em estoque:

a) Será suficiente, pois a área da nova região a ser pavimentada mede 21m².
b) Será suficiente, pois a área da nova região a ser pavimentada mede 24m².
c) Será suficiente, pois a área da nova região a ser pavimentada mede 48m².
d) Não será suficiente, pois a área da nova região a ser pavimentada mede 108m².
e) Não será suficiente, pois a área da nova região a ser pavimentada mede 120m².

Se o diâmetro do círculo vai ser aumentado de 6 metros para 14 metros, a região a ser pavimentada corresponde a uma coroa circular, cuja área em metros quadrados será: Área = $\pi \cdot (7^2 - 3^2)$ = 40. $\pi \cong 40 \cdot 3 = 120$.

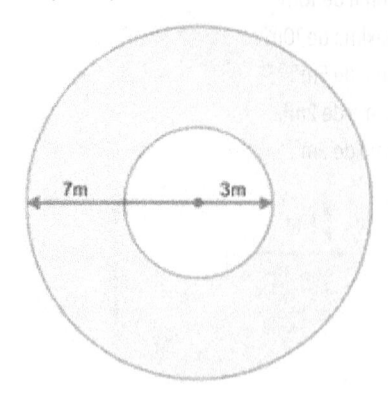

Portanto, o material disponível em estoque para pavimentar 100m², não será suficiente.
GABARITO: E.

266. Uma administração municipal encomendou a pintura de dez placas de sinalização para colocar em seu pátio de estacionamento. O profissional contratado para o serviço inicial pintará o fundo de dez placas e cobrará um valor de acordo com a área total dessas placas. O formato de cada placa é um círculo de diâmetro d = 40cm, que tangencia lados de um retângulo, sendo que o comprimento total da placa é h = 60cm, conforme lustrado na figura. Use 3,14 como aproximação para π.

Qual é a soma das medidas das áreas, em centímetros quadrados, das dez placas?
a) 16.628.
b) 22.280.
c) 28.560.
d) 41.120.
e) 66.240.

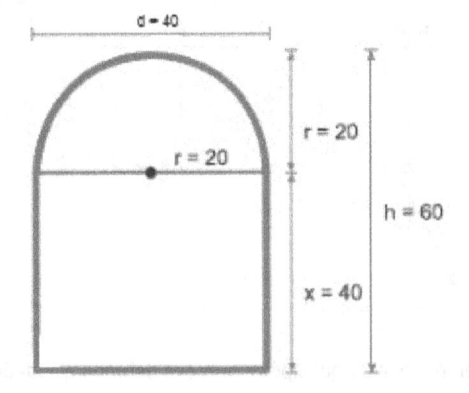

Sendo "S" a soma das medidas das áreas, em cm², das 10 placas, temos:

$$S = 10 \cdot \left(\frac{\pi \cdot r^2}{2} + x \cdot d\right) \Rightarrow S = 10 \cdot \left(\frac{3,14 \cdot 20^2}{2} + 40 \cdot 40\right) \Rightarrow S = 22.280.$$

GABARITO: B.

267. Construir figuras de diversos tipos, apenas dobrando e cortando papel, sem cola e sem tesoura, é a arte do origami (ori = dobrar; kami = papel), que tem um significado altamente simbólico no Japão. A base do origami é o conhecimento do mundo por base do tato. Uma jovem resolveu construir um cisne usando técnica do origami, utilizando uma folha de papel de 18cm por 12cm. Assim, começou por dobrar a folha conforme a figura.

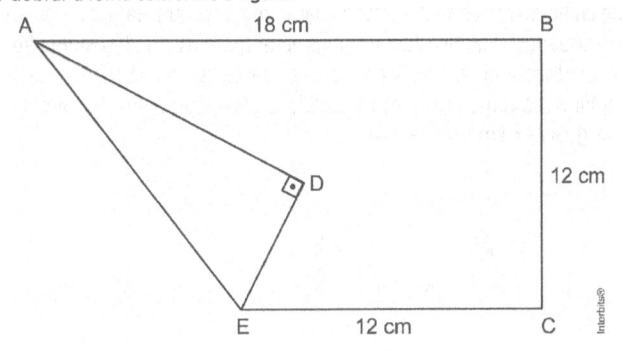

Após essa primeira dobradura, a medida do segmento AE é:

a) $2\sqrt{22}$ cm.

b) $6\sqrt{3}$ cm.

c) 12 cm.

d) $6\sqrt{5}$ cm.

e) $12\sqrt{2}$ cm.

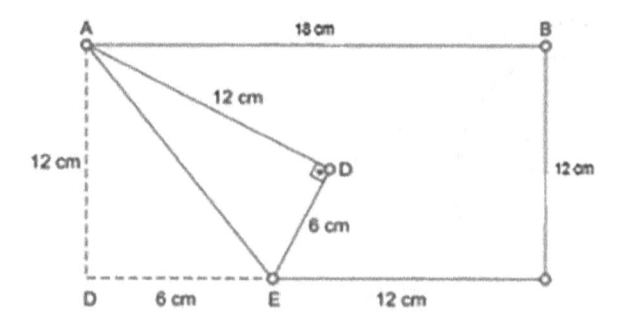

Observando a figura, podemos concluir que após a primeira dobradura a medida do segmento AE é calculada aplicando o Teorema de Pitágoras: $(AE)^2 = 6^2 + 12^2 \Rightarrow (AE)^2 = 180$ $\Rightarrow AE = 6\sqrt{5}$.

GABARITO: D.

268. Um aplicativo de relacionamentos funciona da seguinte forma: o usuário cria um perfil com foto e informações pessoais, indica as características dos usuários com quem deseja estabelecer contato e determina um raio de abrangência a partir da sua localização. O aplicativo identifica as pessoas que se encaixam no perfil desejado e que estão a uma distância do usuário menor ou igual ao raio de abrangência. Caso dois usuários tenham perfis compatíveis e estejam numa região de abrangência comum a ambos, o aplicativo promove o contato entre os usuários, o que é chamado de match. O usuário P define um raio de abrangência com medida de 3 km e busca ampliar a possibilidade de obter um match se deslocando para a região central da cidade, que concentra um maior número de usuários. O gráfico ilustra alguns bares que o usuário P costuma frequentar para ativar o aplicativo, indicados por I, II, III, IV e V. Sabe-se que os usuários Q, R e S, cujas posições estão descritas pelo gráfico, são compatíveis com o usuário P, e que estes definiram raios de abrangência respectivamente iguais a 3 km, 2 km e 5 km.

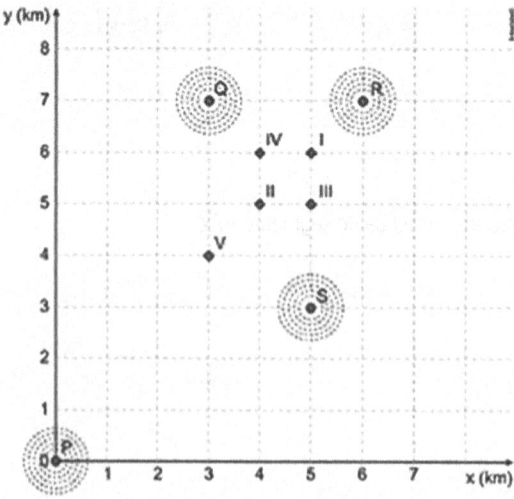

Com base no gráfico e nas afirmações anteriores, em qual bar o usuário P teria a possibilidade de um match com os usuários Q, R e S, simultaneamente?
a) I.
b) II.
c) III.
d) IV.
e) V.

Sendo Q(3; 7), R(6; 7) e S(5; 3) as posições dos usuários e $R_Q = 3$, $R_R = 2$ e $R_S = 5$, seus respectivos raios de abrangência, para o bar I temos:

$d_{IQ} = \sqrt{(3-5)^2 + (7-6)^2} = \sqrt{5} < 3 = R_Q$

$d_{IR} = \sqrt{(6-5)^2 + (7-6)^2} = \sqrt{2} < 2 = R_R$

$d_{IS} = \sqrt{(5-5)^2 + (3-6)^2} = 3 < 5 = R_S$

Portanto, deve ser o bar I.

GABARITO: A.

269. Comum em lançamentos de empreendimentos imobiliários, as maquetes de condomínios funcionam como uma ótima ferramenta de marketing para as construtoras, pois, além de encantar clientes, auxiliam de maneira significativa os corretores na negociação e venda de imóveis.

Um condomínio está sendo lançado em um novo bairro de uma cidade. Na maquete projetada pela construtora, em escala de 1:200, existe um reservatório de água com capacidade de 45 cm³. Quando todas as famílias estiverem residindo no condomínio, a estimativa é que, por dia, sejam consumidos 30.000 litros de água. Em uma eventual falta de água, o reservatório cheio será suficiente para abastecer o condomínio por quantos dias?

a) 30.
b) 15.
c) 12.
d) 6.
e) 3.

Como a escala da maquete é de 1:200, a razão de volume é $\left(\dfrac{1}{200}\right)^3$. Assim, o volume (V) do reservatório é dado por:

$\dfrac{45}{V} = \left(\dfrac{1}{200}\right)^3 \Rightarrow V = 360.000.000$ cm³ $= 360.000$ litros.

Logo, o reservatório cheio será suficiente para abastecer o condomínio por $\dfrac{360.000}{30.000} = 12$ dias.

GABARITO: C.

270. Um casal planejou uma viagem e definiu como teto para o gasto diário um valor de até R$ 1.000,00. Antes de decidir o destino da viagem, fizeram uma pesquisa sobre a taxa de câmbio vigente para as moedas de cinco países que desejavam visitar e também sobre as estimativas de gasto diário em cada um, com o objetivo de escolher o destino que apresentasse o menor custo diário em real. O quadro mostra os resultados obtidos com a pesquisa realizada.

País de destino	Moeda local	Taxa de câmbio	Gasto diário
França	Euro (€)	R$ 3,14	315,00 (€)
EUA	Dólar (US$)	R$ 2,78	US$ 390,00
Austrália	Dólar australiano (A$)	R$ 2,14	A$ 400,00
Canadá	Dólar canadense (C$)	R$ 2,10	C$ 410,00
Reino Unido	Libra esterlina (£)	R$ 4,24	(£) 290,00

Nessas condições, qual será o destino escolhido para a viagem?

a) Austrália.
b) Canadá.
c) EUA.
d) França.
e) Reino Unido.

Com os dados observados da pesquisa, organizamos a seguinte tabela:

País de destino	Moeda local	Taxa de câmbio	Gasto diário	Gasto em R$
França	Euro (€)	R$ 3,14	€ 315,00	989,10
EUA	Dólar (US$)	R$ 2,78	US$ 390,00	1084,20
Austrália	Dólar Australiano (A$)	R$ 2,14	A$ 400,00	856,00
Canadá	Dólar Canadense (C$)	R$ 2,10	C$ 410,00	861,00
Reino Unido	Libra Esterlina (£)	R$ 4,24	£ 290,00	1229,60

Logo, o de menor custo diário é a Austrália R$ 856,00.

GABARITO: A.

271. O álcool é um depressor do sistema nervoso central e age diretamente em diversos órgãos. A concentração de álcool no sangue pode ser entendida como a razão entre a quantidade q de álcool ingerido, medida em grama, e o volume de sangue, em litro, presente no organismo do indivíduo. Em geral, considera-se que esse volume corresponda ao valor numérico dado por 8%

da massa corporal m desse indivíduo, medida em quilograma. De acordo com a Associação Médica Americana, uma concentração alcoólica superior a 0,4 grama por litro de sangue é capaz de trazer prejuízos à saúde do indivíduo.

Disponível em: http://cisa.org.br. Acesso em: 1 dez. 2018 (adaptado).

A expressão relacionando q e m que representa a concentração alcoólica prejudicial à saúde do indivíduo, de acordo com a Associação Médica Americana, é:

a) $\dfrac{q}{0,8m} > 0,4$

b) $\dfrac{0,4m}{q} > 0,8$

c) $\dfrac{q}{0,4m} > 0,8$

d) $\dfrac{0,08m}{q} > 0,4$

e) $\dfrac{q}{0,08m} > 0,4$

Conforme o enunciado, a expressão relacionando "q" e "m" que representa a concentração de álcool prejudicial à saúde do indivíduo é dada por: $\dfrac{q}{0,08\ m} > 0,4$.

GABARITO: E.

272. Em um jogo on-line, cada jogador procura subir de nível e aumentar sua experiência, que são dois parâmetros importantes no jogo, dos quais dependem as forças de defesa e de ataque do participante. A força de defesa de cada jogador é diretamente proporcional ao seu nível e ao quadrado de sua experiência, enquanto sua força de ataque é diretamente proporcional à sua experiência e ao quadrado do seu nível. Nenhum jogador sabe o nível ou a experiência dos demais. Os jogadores iniciam o jogo no nível 1 com experiência 1 e possuem força de ataque 2 e de defesa 1. Nesse jogo, cada participante se movimenta em uma cidade em busca de tesouros para aumentar sua experiência. Quando dois deles se encontram, um deles pode desafiar o outro para um confronto, sendo o desafiante considerado o atacante. Compara-se então a força de ataque do desafiante com a força de defesa do desafiado e vence o confronto aquele cuja força for maior. O vencedor do desafio aumenta seu nível em uma unidade. Caso haja empate no confronto, ambos os jogadores aumentam seus níveis em uma unidade.

Durante um jogo, o jogador J_1, de nível 4 e experiência 5, irá atacar o jogador J_2, de nível 2 e experiência 6. O jogador J_1 venceu esse confronto porque a diferença entre sua força de ataque e a força de defesa de seu oponente era:

a) 112.
b) 88.
c) 60.
d) 28.
e) 24.

Sendo "N" o nível e "E" a experiência de cada jogador: FA = $k_1 \cdot N^2 \cdot E$ (força de ataque) e FD = $k_2 \cdot N \cdot E^2$ (força de defesa), onde k_1 e k_2 são as constantes de proporcionalidade. Como os jogadores iniciam o jogo no nível 1 com experiência 1 e força de ataque 2 e força de defesa 1, temos que:

FA = 2 $\Rightarrow$ $k_1 \cdot 1^2 \cdot 1 = 2$ $\Rightarrow$ $k_1 = 2$
FD = 1 $\Rightarrow$ $k_2 \cdot 1 \cdot 1^2 = 1$ $\Rightarrow$ $k_2 = 1$

Logo: FA = 2 . N^2 . E
FD = 1 . N . E^2

A força de ataque do jogador 1 (desafiante) é de: FA = 2 . 4^2 . 5 = 160. A força de defesa do jogador 2 (desafiado) é de: FD = 1 . 2 . 6^2 = 72. Portanto, a diferença entre a força de ataque e a força de defesa é de: 160 – 72 = 88.

GABARITO: B.

273. Um ciclista quer montar um sistema de marchas usando dois discos dentados na parte traseira de sua bicicleta, chamados catracas. A coroa é o disco dentado que é movimentado pelos pedais da bicicleta, sendo que a corrente transmite esse movimento às catracas, que ficam posicionadas na roda traseira da bicicleta. As diferentes marchas ficam definidas pelos diferentes diâmetros das catracas, que são medidos conforme indicação na figura.

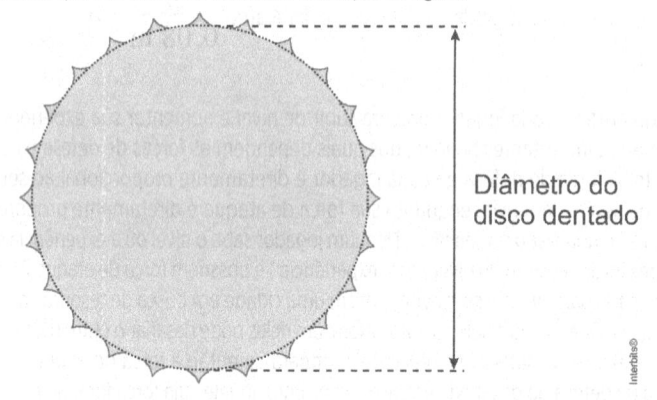

Diâmetro do disco dentado

O ciclista já dispõe de uma catraca com 7 cm de diâmetro e pretende incluir uma segunda catraca, de modo que, à medida em que a corrente passe por ela, a bicicleta avance 50% a mais do que avançaria se a corrente passasse pela primeira catraca, a cada volta completa dos pedais. O valor mais próximo da medida do diâmetro da segunda catraca, em centímetro e com uma casa decimal, é:

a) 2,3.
b) 3,5.
c) 4,7.
d) 5,3.
e) 10,5.

Como Diâmetro (D) e Avanço (A) são grandezas inversamente proporcionais, temos que:

$D_1 \cdot A_1 = D_2 \cdot A_2$

Como, $D_1 = 7cm$ e $A_2 = 1,50.A_1$

$7 \cdot A_1 = D_2 \cdot 1,50 \cdot A_1 \Rightarrow D_2 = \dfrac{7}{1,5} \cong 4,7\ cm$.

GABARITO: C.

274. Para contratar três máquinas que farão o reparo de vias rurais de um município, a prefeitura elaborou um edital que, entre outras cláusulas, previa:

- Cada empresa interessada só pode cadastrar uma única máquina para concorrer ao edital;

- O total de recursos destinados para contratar o conjunto das três máquinas é de R$ 31.000,00;

- O valor a ser pago a cada empresa será inversamente proporcional à idade de uso da máquina cadastrada pela empresa para o presente edital.

As três empresas vencedoras do edital cadastraram máquinas com 2, 3 e 5 anos de idade de uso.

Quanto receberá a empresa que cadastrou a máquina com maior idade de uso?

a) R$ 3.100,00.
b) R$ 6.000,00.
c) R$ 6.200,00.
d) R$ 15.000,00.
e) R$ 15.500,00.

Conforme o enunciado, e considerando a, b e c os valores pagos, em reais, às empresas que cadastraram as máquinas de 2, 3 e 5 anos, respectivamente, temos que:

$\dfrac{a}{\frac{1}{2}} = \dfrac{b}{\frac{1}{3}} = \dfrac{c}{\frac{1}{5}} = \dfrac{a+b+c}{\frac{1}{2}+\frac{1}{3}+\frac{1}{5}} = \dfrac{31000}{\frac{31}{30}}$. Assim, $5c = \dfrac{31000}{\frac{31}{30}} \Rightarrow c = 6000$.

GABARITO: B.

275. Três sócios resolveram fundar uma fábrica. O investimento inicial foi de R$ 1.000.000,00. E, independentemente do valor que cada um investiu nesse primeiro momento, resolveram considerar que cada um deles contribuiu com um terço do investimento inicial. Algum tempo depois, um quarto sócio entrou para a sociedade, e os quatro, juntos, investiram mais R$ 800.000,00 na fábrica. Cada um deles contribuiu com um quarto desse valor. Quando venderam a fábrica, nenhum outro investimento havia sido feito. Os sócios decidiram então dividir o montante de R$ 1.800.000,00 obtido com a venda, de modo proporcional à quantia total investida por cada sócio. Quais os valores mais próximos, em porcentagens, correspondentes às parcelas financeiras que cada um dos três sócios iniciais e o quarto sócio, respectivamente, receberam?

a) 29,60 e 11,11.
b) 28,70 e 13,89.

c) 25,00 e 25,00.
d) 18,52 e 11,11.
e) 12,96 e 13,89.

Os três sócios iniciais investiram, em R$, $\frac{1}{3}$. 1.000.000 + 200.000 cada um e receberam o correspondente a $\dfrac{\frac{1}{3} \cdot 1000.000 + 200.000}{1.800.000} \cong$ 29,60%. O quarto sócio investiu, em R$, 200.000 e recebeu o correspondente a $\dfrac{200.000}{1.800.000} \cong$ 11,11%.

GABARITO: A.

276. Uma pessoa se interessou em adquirir um produto anunciado em uma loja. Negociou com o gerente e conseguiu comprá-lo a uma taxa de juros compostos de 1% ao mês. O primeiro pagamento será um mês após a aquisição do produto, e no valor de R$ 202,00. O segundo pagamento será efetuado um mês após o primeiro, e terá o valor de R$ 204,02. Para concretizar a compra, o gerente emitirá uma nota fiscal com o valor do produto à vista negociado com o cliente, correspondendo ao financiamento aprovado. O valor à vista, em real, que deverá constar na nota fiscal é de:

a) 398,02.
b) 400,00.
c) 401,94.
d) 404,00.
e) 406,02.

Considere a situação I e II a seguir:

I) Sendo x a parte do preço à vista, em reais, do produto, pago ao final do 1º mês, temos: 1,01.x = 202 ⟺ x = 200.

II) Sendo y a parte do preço à vista, em reais, do produto, pago ao final do 2º mês, temos: $(1,01)^2$. y = 204,02 ⟺ y = 200.

Logo, o valor à vista, em reais, do produto é: x + y = 200 + 200 = 400.

GABARITO: B.

277. Uma pessoa, que perdeu um objeto pessoal quando visitou uma cidade, pretende divulgar nos meios de comunicação informações a respeito da perda desse objeto e de seu contato para eventual devolução. No entanto, ela lembra que, de acordo com o Art. 1.234 do Código Civil, poderá ter que pagar pelas despesas do transporte desse objeto até sua cidade e poderá ter que recompensar a pessoa que lhe restituir o objeto em, pelo menos, 5% do valor do objeto. Ela sabe que o custo com transporte será de um quinto do valor atual do objeto e, como ela tem muito interesse em reavê-lo, pretende ofertar o maior percentual possível de recompensa, desde que o gasto total com as despesas não ultrapasse o valor atual do objeto. Nessas condições, o percentual sobre o valor do objeto, dado como recompensa, que ela deverá ofertar é igual a:

a) 20%.
b) 25%.
c) 40%.

d) 60%.

e) 80%.

Sendo "V" e "R" os valores do objeto e recompensa, respectivamente, tem-se:

$\frac{V}{5} + R \leq V \Leftrightarrow R \leq \frac{4}{5} \cdot V \Rightarrow R \leq 80\% \cdot V$. Logo, o maior percentual da possível recompensa é de 80%.

GABARITO: E.

278. Segundo o Instituto Brasileiro de Geografia e Estatística (IBGE), o rendimento médio mensal dos trabalhadores brasileiros, no ano 2000, era de R$ 1.250,00. Já o Censo 2010 mostrou que, em 2010, esse valor teve um aumento de 7,2% em relação a 2000. Esse mesmo instituto projeta que, em 2020, o rendimento médio mensal dos trabalhadores brasileiros poderá ser 10% maior do que foi em 2010.

IBGE. Censo 2010. Disponível em: www.ibge.gov.br. Acesso em: 13 ago. 2012 (adaptado).

Supondo que as projeções do IBGE se realizem, o rendimento médio mensal dos brasileiros em 2020 será de:

a) R$ 1.340,00.
b) R$ 1.349,00.
c) R$ 1.375,00.
d) R$ 1.465,00.
e) R$ 1.474,00.

Conforme as informações do enunciado, o rendimento médio mensal dos brasileiros em 2020 será de:

1,072 . 1,10 . R$ 1.250,00 = R$ 1.474,00.

GABARITO: E.

279. Para construir uma piscina, cuja área total da superfície interna é igual a 40m², uma construtora apresentou o seguinte orçamento:

I. R$ 10.000,00 pela elaboração do projeto;

II. R$ 40.000,00 pelos custos fixos;

III. R$ 2.500,00 por metro quadrado para construção da área interna da piscina.

Após a apresentação do orçamento, essa empresa decidiu reduzir o valor de elaboração do projeto em 50%, mas recalculou o valor do metro quadrado para a construção da área interna da piscina, concluindo haver a necessidade de aumentá-lo em 25%. Além disso, a construtora pretende dar um desconto nos custos fixos, de maneira que o novo valor do orçamento seja reduzido em 10% em relação ao total inicial. O percentual de desconto que a construtora deverá conceder nos custos fixos é de:

a) 23,3%.
b) 25,0%.
c) 50,0%.
d) 87,5%.
e) 100,0%.

O valor do orçamento inicial, em reais, é dado por: 10.000 + 40.000 + 2.500 . 40 = 150.000. Com o desconto de 10%, o novo orçamento passa a ser 150.000 (1 – 0,1) = 135.000. Reduzindo o valor de elaboração do projeto em 50%, aumentando o valor do m² em 25% e dando um desconto de p% nos custos fixos, temos que:

10.000 (1-50%) + 40.000 . (1-p%) + 2500 . 40 . (1+25%) = 135.000 $\Leftrightarrow$ 5000 + 40.000 (1-p%) + 125.000 = 135.000 $\Leftrightarrow$ 40.000 (1-p%) = 5000 $\Leftrightarrow$ 1 – p% = 0,125 $\Leftrightarrow$ p% = 0,875 = 87,5%.

GABARITO: D.

280. O Índice de Desenvolvimento Humano (IDH) é uma medida usada para classificar os países pelo seu grau de desenvolvimento. Para seu cálculo, são levados em consideração expectativa de vida ao nascer, tempo de escolaridade e renda per capita, entre outros. O menor valor deste índice é zero e o maior é um. Cinco países foram avaliados e obtiveram os seguintes índices de desenvolvimento humano: o primeiro país recebeu um valor X, o segundo $\sqrt{X}$, o terceiro $X^{\frac{1}{3}}$, o quarto X^2 e o último X^3. Nenhum desses países zerou ou atingiu o índice máximo. Qual desses países obteve o maior IDH?

a) O primeiro.
b) O segundo.
c) O terceiro.
d) O quarto.
e) O quinto.

Conforme o enunciado, montamos a seguinte tabela:

País	IDH
1	$x = x^1$
2	$\sqrt{x} = x^{1/2}$
3	$\sqrt[3]{x} = x^{1/3}$
4	x^2
5	x^3

Como $0 < x < 1$ e $1/3 < \frac{1}{2} < 1 < 2 < 3$, podemos concluir que:

$x^{1/3} > x^{1/2} > x^1 > x^2 > x^3$ e, portanto, o "país 3" obteve o maior IDH.

GABARITO: C.

281. A gripe é uma infecção respiratória aguda de curta duração causada pelo vírus influenza. Ao entrar no nosso organismo pelo nariz, esse vírus multiplica-se, disseminando-se para a garganta e demais partes das vias respiratórias, incluindo os pulmões. O vírus influenza é uma partícula esférica que tem um diâmetro interno de 0,00011 mm.

Disponível em: www.gripenet.pt. Acesso em: 2 nov. 2013 (adaptado).

Em notação científica, o diâmetro interno do vírus influenza, em mm, é:

a) $1,1 \times 10^{-1}$.
b) $1,1 \times 10^{-2}$.
c) $1,1 \times 10^{-3}$.
d) $1,1 \times 10^{-4}$.
e) $1,1 \times 10^{-5}$.

Em notação científica, o diâmetro interno do vírus influenza (0,00011mm) é $1,1.10^{-4}$ mm.

GABARITO: D.

282. O preparador físico de um time de basquete dispõe de um plantel de 20 jogadores, com média de altura igual a 1,80m. No último treino antes da estreia em um campeonato, um dos jogadores desfalcou o time em razão de uma séria contusão, forçando o técnico a contratar outro jogador para recompor o grupo. Se o novo jogador é 0,20m mais baixo que o anterior, qual é a média de altura, em metro, do novo grupo?

a) 1,60.
b) 1,78.
c) 1,79.
d) 1,81.
e) 1,82.

A soma das alturas dos 20 jogadores é: 20 x 1,8m = 36m. Substituindo o jogador de altura h (em metros) por outro de altura h – 0,2, a nova média será:

$$\frac{36 - h + (h - 0,2)}{20} = \frac{35,8}{20} = 1,79 \text{ metros}.$$

GABARITO: C.

283. Em uma fábrica de refrigerantes, é necessário que se faça periodicamente o controle no processo de engarrafamento para evitar que sejam envasadas garrafas fora da especificação do volume escrito no rótulo. Diariamente, durante 60 dias, foram anotadas as quantidades de garrafas fora dessas especificações. O resultado está apresentado no quadro.

Quantidade de garrafas fora das especificações por dia	Quantidade de dias
0	52
1	5
2	2
3	1

A média diária de garrafas fora das especificações no período considerado é:

a) 0,1.
b) 0,2.
c) 1,5.

d) 2,0.

e) 3,0.

A média diária de garrafas fora das especificações no período considerado é:

$$\frac{0.52+1.5+2.2+1.3}{52+5+2+1} = \frac{12}{60} = \frac{1}{5} = 0,2.$$

GABARITO: B.

284. Os alunos de uma turma escolar foram divididos em dois grupos. Um grupo jogaria basquete, enquanto o outro jogaria futebol. Sabe-se que o grupo de basquete é formado pelos alunos mais altos da classe e tem uma pessoa a mais do que o grupo de futebol. A tabela seguinte apresenta informações sobre as alturas dos alunos da turma.

Média	Mediana	Moda
1,65	1,67	1,70

Os alunos P, J, F e M medem, respectivamente, 1,65m, 1,66m, 1,67m e 1,68m, e as suas alturas não são iguais a de nenhum outro colega da sala. Segundo essas informações, argumenta-se que os alunos P, J, F e M jogaram, respectivamente:

a) Basquete, basquete, basquete, basquete.

b) Futebol, basquete, basquete, basquete.

c) Futebol, futebol, basquete, basquete.

d) Futebol, futebol, futebol, basquete.

e) Futebol, futebol, futebol, futebol.

Se a quantidade de alunos que jogam futebol for x, x+1 alunos jogarão basquete. Portanto, total de alunos da turma é x + x + 1 = 2x + 1, que é um número ímpar. Como a quantidade de alunos é ímpar, a mediana passa a ser o elemento central. Vale 1,67, é a altura do aluno F e ele joga basquete. Todos os alunos com altura inferior a 1,67m jogarão futebol, e os demais jogarão basquete. Portanto, P e J jogarão futebol e F e M jogarão basquete.

GABARITO: C.

285. Charles Richter e Beno Gutenberg desenvolveram a escala Richter, que mede a magnitude de um terremoto. Essa escala pode variar de 0 a 10, com possibilidades de valores maiores. O quadro mostra a escala de magnitude local (MS) de um terremoto que é utilizada para descrevê-lo.

Descrição	Magnitude local (M_S) ($\mu m \cdot Hz$)
Pequeno	$0 \leq M_S \leq 3,9$
Ligeiro	$4,0 \leq M_S \leq 4,9$
Moderado	$5,0 \leq M_S \leq 5,9$
Grande	$6,0 \leq M_S \leq 9,9$
Extremo	$M_S \geq 10,0$

Para se calcular a magnitude local, usa-se a fórmula MS = 3,30 + log(A . f), em que A representa a amplitude máxima da onda registrada por um sismógrafo em micrômetro (μm) e f representa a frequência da onda, em hertz (Hz). Ocorreu um terremoto com amplitude máxima de 2.000 μm e frequência de 0,2Hz.

Disponível em: http://cejarj.cecierj.edu.br. Acesso em: 1 fev. 2015 (adaptado).

Utilize 0,3 como aproximação para log2.

De acordo com os dados fornecidos, o terremoto ocorrido pode ser descrito como:

a) Pequeno.
b) Ligeiro.
c) Moderado.
d) Grande.
e) Extremo.

De acordo com os dados fornecidos, temos:

M_s = 3,30 + log (a.f) $\Rightarrow$ M_s = 3,30 + log (2000 . 0,2) $\Rightarrow$ M_s = 3,30 + log 400 = 3,30 + log (4 . 100) = 3,30 + log 2^2 + log 100 = 3,30 + 2 . 0,3 + 2 = 5,9.

GABARITO: C.

286. A Hydrangea macrophyila é uma planta com flor azul ou cor-de-rosa, dependendo do pH do solo no qual está plantada. Em solo ácido (ou seja, com pH <7) a flor é azul, enquanto em solo alcalino (ou seja, com pH >7) a flor é rosa. Considere que a Hydrangea cor-de-rosa mais valorizada comercialmente numa determinada região seja aquela produzida em solo com pH inferior a 8. Sabe-se que pH = $-\log_{10}$ x, em que x é a concentração de íon hidrogênio (H^+). Para produzir a Hydrangea cor-de-rosa de maior valor comercial, deve-se preparar o solo de modo que x assuma:
a) Qualquer valor acima de 10^{-8}.
b) Qualquer valor positivo inferior a 10^{-7}.
c) Valores maiores que 7 e menores que 8.
d) Valores maiores que 70 e menores que 80.
e) Valores maiores que 10^{-8} e menores que 10^{-7}.

Para produzir a Hydrangea cor de rosa de mairo valor comercial, deve-se ter:

7 < PH < 8 $\Leftrightarrow$ 7 < - log x < 8 $\Leftrightarrow$ -8 < log x < -7 $\Leftrightarrow$ 10^{-8} < x < 10^{-7}. Logo, x assume valores maiores que 10^{-8} e menores que 10^{-7}.

GABARITO: E.

287. Após o Fórum Nacional Contra a Pirataria (FNCP) incluir a linha de autopeças em campanha veiculada contra a falsificação, as agências fiscalizadoras divulgaram que os cinco principais produtos de autopeças falsificados são: rolamento, pastilha de freio, caixa de direção, catalisador e amortecedor.

Disponível em: www.oficinabrasil.com.br. Acesso em: 25 ago. 2014 (adaptado).

Após uma grande apreensão, as peças falsas foram cadastradas utilizando-se a codificação:

1: rolamento, 2: pastilha de freio, 3: caixa de direção, 4: catalisador e 5: amortecedor.

Ao final obteve-se a sequência: 5, 4, 3, 2, 1, 2, 3, 4, 5, 4, 3, 2, 1, 2, 3, 4, 5, 4, 3, 2, 1, 2, 3, 4, ... que apresenta um padrão de formação que consiste na repetição de um bloco de números. Essa sequência descreve a ordem em que os produtos apreendidos foram cadastrados. O 2015º item cadastrado foi um(a):

a) Rolamento.
b) Catalisador.
c) Amortecedor.
d) Pastilha de freio
e) Caixa de direção.

Observando o padrão de formação da sequência, temos que o 8º, 16º e o 24º termos iguais a 4, ou seja, os termos cuja posição é um múltiplo positivo de 8 são iguais a 4. Logo, o 2016º termo é igual a 4 e, portanto, o 2015º termo é igual a 3 que corresponde a uma caixa de direção.

5, 4, 3, 2, 1, 2, 3, 4 / 5, 4, 3, 2, 1, 2, 3, 4 / ... / ... 5, 4, 3, 2, 1, 2, 3, 4 ← 2016º
       ↑   ↑   ↑
       8º   16º   2015º

GABARITO: E.

288. As projeções para a produção de arroz no período de 2012-2021, em uma determinada região produtora, apontam para uma perspectiva de crescimento constante da produção anual. O quadro apresenta a quantidade de arroz, em toneladas, que será produzida nos primeiros anos desse período, de acordo com essa projeção.

Ano	Projeção da produção (t)
2012	50,25
2013	51,50
2014	52,75
2015	54,00

A quantidade total de arroz, em toneladas, que deverá ser produzida no período de 2012 a 2021 será de:

a) 497,25.
b) 500,85.
c) 502,87.
d) 558,75.
e) 563,25.

Conforme o enunciado, a projeção da produção apresentada, em toneladas, para os anos de 2012 a 2015, corresponde aos termos da progressão aritmética (50,25; 51,20; 5275; 54,00; ...).

Admitindo-se que as projeções para os anos de 2016 a 2021 sejam os termos seguintes dessa progressão, temos que:

Em 2021 a produção, em toneladas, será:

$a_n = a_1 + (n-1) \cdot r \rightarrow$ Fórmula do termo geral

$a_{10} = 50,25 + (10-1) \cdot 1,25 = 61,20$

Durante esse período, a quantidade de arroz, em toneladas, a ser produzida será:

$S_n = [(a_1+a_n) \cdot n]/2 \rightarrow$ Fórmula da Soma dos termos

$S_{10} = [(50,25 + 61,50) \cdot 10]/2$

$S_{10} = 558,75$

GABARITO: D.

289. O ciclo de atividade magnética do Sol tem um período de 11 anos. O início do primeiro ciclo registrado se deu no começo de 1755 e se estendeu até o final de 1765. Desde então, todos os ciclos de atividade magnética do Sol têm sido registrados.

Disponível em: http://g1.globo.com. Acesso em: 27 fev. 2013.

No ano de 2101, o Sol estará no ciclo de atividade magnética de número:

a) 32.

b) 34.

c) 33.

d) 35.

e) 31.

Os anos de início dos ciclos de atividade magnética do Sol formam uma progressão aritmética de primeiro termo (a_1) igual a 1755 e razão (r) igual a 11. Notando que o 32º ciclo se inicia no ano de 2096, pois 2096 = 1755 + 31 · 11, e se estende até o final de 2107, em 2101 o Sol estará no ciclo de atividade magnética 32.

GABARITO: A.

290. O acréscimo de tecnologias no sistema produtivo industrial tem por objetivo reduzir custos e aumentar a produtividade. No primeiro ano de funcionamento, uma indústria fabricou 8.000 unidades de um determinado produto. No ano seguinte, investiu em tecnologia adquirindo novas máquinas e aumentou a produção em 50%. Estima-se que esse aumento percentual se repita nos próximos anos, garantindo um crescimento anual de 50%. Considere P a quantidade anual de produtos fabricados no ano t de funcionamento da indústria. Se a estimativa for alcançada, qual é a expressão que determina o número de unidades produzidas P em função de t para t ≥ 1?

a) P(t) = 0,5 · t-1 + 8.000.

b) P(t) = 50 · t-1 + 8.000.

c) P(t) = 4.000 · t-1 + 8.000.

d) P(t) = 8.000 · (0,5)t-1.

e) P(t) = 8.000 · (1,5)t-1.

O número de unidades produzidas P, em função de t, corresponde, em cada ano, aos termos de uma progressão geométrica de primeiro termo (a1) = 8000 unidades e razão (q) = 1,5. Portanto, a expressão que determina esse número de unidade é p = 8000 · (1,5)t-1.

GABARITO: E.

291. Para comemorar o aniversário de uma cidade, a prefeitura organiza quatro dias consecutivos de atrações culturais. A experiência de anos anteriores mostra que, de um dia para o outro, o número de visitantes no evento é triplicado. É esperada a presença de 345 visitantes para o primeiro dia do evento. Uma representação possível do número esperado de participantes para o último dia é:

a) 3 x 345.
b) (3 + 3 + 3) x 345.
c) 3^3 x 345.
d) 3 x 4 x 345.
e) 3^4 x 345.

O número de visitantes no:
1º dia: 345
2º dia: 3 · 345
3º dia: 3 · (3 · 345)
4º dia: 3 · (3 · 3 · 345) = 33 · 345
GABARITO: C.

292. Em setembro de 1987, Goiânia foi palco do maior acidente radioativo ocorrido no Brasil, quando uma amostra de césio-137, removida de um aparelho de radioterapia abandonado, foi manipulada inadvertidamente por parte da população. A meia-vida de um material radioativo é o tempo necessário para que a massa desse material se reduza à metade. A meia-vida do césio-137 é 30 anos e a quantidade restante de massa de um material radioativo, após t anos, é calculada pela expressão M(t) = A · $(2,7)^{kt}$, onde A é a massa inicial e k é uma constante negativa. Considere 0,3 como aproximação para $\log_{10} 2$. Qual o tempo necessário, em anos, para que uma quantidade de massa do césio-137 se reduza a 10% da quantidade inicial?

a) 27.
b) 36.
c) 50.
d) 54.
e) 100.

Do enunciado, temos que:
I) log 2 = 0,3 ↔ 2 = $10^{0,3}$
II) M (30) = A/2 → A · $(2,7)^{k.30}$ = A/2 ↔ $(2,7)^{30k}$ = ½ = 2^{-1} = $(10^{0,3})^{-1}$ = $10^{-0,3}$
III) M(t) = 10/100·A → A.$(2,7)^{k.t}$ = 1/10 · A ↔ $(2,7)^{k.t}$ = 1/10

Portanto, $(2,7)^{30.k.t}$ = $(1/10)^{30}$ → $[(2,7)^{30k}]^t$ = 10^{-30} → $(10^{-0,3})^t$ = 10^{-30} → -0,3·t = -3,0 → t = 100.
GABARITO: E.

293. Uma liga metálica sai do forno a uma temperatura de 3.000°C e diminui 1% de sua temperatura a cada 30 min.
Use 0,477 como aproximação para $\log_{10}(3)$ e 1,041 como aproximação para $\log_{10}(11)$.
O tempo decorrido, em hora, até que a liga atinja 30°C é mais próximo de:
a) 22.
b) 50.
c) 100.
d) 200.
e) 400.

Diminuir 1% a cada 30 minutos significa que a temperatura é multiplicada por 0,99 a cada 30 minutos. Logo, seja n a quantidade mínima necessária para que a temperatura inicial de 3000°C atinja 30°C.

$3000 \cdot (0,99)^n = 30 \leftrightarrow (0,99)^n = 1/100 \leftrightarrow \log(0,99)^n = \log(1/100) \leftrightarrow n \cdot \log(0,99) = -2$

Logo, como:

$\log(0,99) = \log 99/100 = \log(3^2 \cdot 11/100) = 2 \cdot \log 3 + \log 11 - \log 100 = 2 \cdot 0,477 + 1,041 - 2 = -0,005$

Portanto, temos que:

n·log (0,99) = -2

n· (-0,005) = -2

n = -2/-0,005

n = 400

Desse modo, são necessárias 400 meias horas, ou seja, 200 horas.

GABARITO: D.

294. As curvas de oferta e de demanda de um produto representam, respectivamente, as quantidades que vendedores e consumidores estão dispostos a comercializar em função do preço do produto. Em alguns casos, essas curvas podem ser representadas por retas. Suponha que as quantidades de oferta e de demanda de um produto sejam, respectivamente, representadas pelas equações:

$Q_O = -20 + 4P$

$Q_D = 46 - 2P$

em que Q_O é quantidade de oferta, Q_D é a quantidade de demanda e P é o preço do produto.

A partir dessas equações, de oferta e de demanda, os economistas encontram o preço de equilíbrio de mercado, ou seja, quando Q_O e Q_D se igualam.

Para a situação descrita, qual o valor do preço de equilíbrio?

a) 5.

b) 11.

c) 13.

d) 23.

e) 33.

Considerando:

$Q_O = -20 + 4P$

$Q_D = 46 - 2P$

O preço de equilíbrio é encontrado para $Q_O = Q_D$. Logo, -20 + 4P = 46 - 2P.

Portanto, P = 11.

GABARITO: B.

295. O governo de uma cidade está preocupado com a possível epidemia de uma doença infectocontagiosa causada por bactéria. Para decidir que medidas tomar, deve calcular a velocidade de reprodução da bactéria. Em experiências laboratoriais de uma cultura bacteriana, inicialmente com 40 mil unidades, obteve-se a fórmula para a população:

p(t) = 40 · 2^{3t}

em que t é o tempo, em hora, e p(t) é a população, em milhares de bactérias.

Em relação à quantidade inicial de bactérias, após 20 min, a população será:

a) Reduzida a um terço.
b) Reduzida à metade.
c) Reduzida a dois terços.
d) Duplicada.
e) Triplicada.

Como 20 minutos = 1/3 de 1 hora, a população de bactérias após 20 minutos será, em milhares: P(1/3) = 40 · $23.^{1/3}$ = 80, o dobro e 40 mil, que era o número de bactérias inicial.

GABARITO: D.

296. Jogar baralho é uma atividade que estimula o raciocínio. Um jogo tradicional é a Paciência, que utiliza 52 cartas. Inicialmente são formadas sete colunas com as cartas. A primeira coluna tem uma carta, a segunda tem duas cartas, a terceira tem três cartas, a quarta tem quatro cartas, e assim sucessivamente até a sétima coluna, a qual tem sete cartas, e o que sobra forma o monte, que são as cartas não utilizadas nas colunas. A quantidade de cartas que forma o monte é:

a) 21.
b) 24.
c) 26.
d) 28.
e) 31.

A quantidade de cartas que forma o monte é definida pela seguinte expressão:

52 – (1+2+3+4+5+6+7)

52 – (28) = 24

GABARITO: B.

297. O designer português Miguel Neiva criou um sistema de símbolos que permite que pessoas daltônicas identifiquem cores. O sistema consiste na utilização de símbolos que identificam as cores primárias (azul, amarelo e vermelho). Além disso, a justaposição de dois desses símbolos permite identificar cores secundárias (como o verde, que é o amarelo combinado com o azul). O preto e o branco são identificados por pequenos quadrados: o que simboliza o preto é cheio, enquanto o que simboliza o branco é vazio. Os símbolos que representam preto e branco também podem ser associados aos símbolos que identificam cores, significando se estas são claras ou escuras.

Folha de São Paulo. Disponível em: www1.folha.uol.com.br. Acesso em: 18 fev. 2012. (adaptado)

De acordo com o texto, quantas cores podem ser representadas pelo sistema proposto?

- a) 14.
- b) 18.
- c) 20.
- d) 21.
- e) 23.

São quantificadas as 3 cores secundárias; das 3 cores primárias, devemos escolher 2, ($C_{3,2}$ = 3). Portanto, são 3 primárias e 3 secundárias, totalizando 6. Sendo que cada uma destas 6 pode estar no seu tom original, claro ou escuro, totalizando 6 x 3 = 18 possibilidades. Ainda devem ser contabilizadas as cores: preto e branco. Portanto, 20 cores.

GABARITO: C.

298. O diretor de uma escola convidou os 280 alunos de terceiro ano a participarem de uma brincadeira. Suponha que existem 5 objetos e 6 personagens numa casa de 9 cômodos; um dos personagens esconde um dos objetos em um dos cômodos da casa. O objetivo da brincadeira é adivinhar qual objeto foi escondido por qual personagem e em qual cômodo da casa o objeto foi escondido.

Todos os alunos decidiram participar. A cada vez um aluno é sorteado e dá a sua resposta. As respostas devem ser sempre distintas das anteriores, e um mesmo aluno não pode ser sorteado mais de uma vez. Se a resposta do aluno estiver correta, ele é declarado vencedor e a brincadeira é encerrada. O diretor sabe que algum aluno acertará a resposta porque há:

- a) 10 alunos a mais do que possíveis respostas distintas.
- b) 20 alunos a mais do que possíveis respostas distintas.
- c) 119 alunos a mais do que possíveis respostas distintas.
- d) 260 alunos a mais do que possíveis respostas distintas.
- e) 270 alunos a mais do que possíveis respostas distintas.

O número total é definido por: 6·5·9 = 270. Portanto, dadas as condições elencadas e como há 280 alunos na escola, há 10 alunos a mais do que possíveis respostas distintas.

GABARITO: A.

299. José, Paulo e Antônio estão jogando dados não viciados, nos quais, em cada uma das seis faces, há um número de 1 a 6. Cada um deles jogará dois dados simultaneamente. José acredita que, após jogar seus dados, os números das faces voltadas para cima lhe darão uma soma igual a 7. Já Paulo acredita que sua soma será igual a 4 e Antônio acredita que sua soma será igual a 8. Com essa escolha, quem tem a maior probabilidade de acertar sua respectiva soma é:

- a) Antônio, já que sua soma é a maior de todas as escolhidas.
- b) José e Antônio, já que há 6 possibilidades tanto para a escolha de José quanto para a escolha de Antônio, e há apenas 4 possibilidades para a escolha de Paulo.
- c) José e Antônio, já que há 3 possibilidades tanto para a escolha de José quanto para a escolha de Antônio, e há apenas 2 possibilidades para a escolha de Paulo.
- d) José, já que há 6 possibilidades para formar sua soma, 5 possibilidades para formar a soma de Antônio e apenas 3 possibilidades para formar a soma de Paulo.
- e) Paulo, já que sua soma é a menor de todas.

Possibilidades de José / formar a soma igual a 7: (1;6), (2;5), (3;4), (4;3), (5;2) e (6;1). Logo, 6 possibilidades.

Possibilidades de Paulo /formar a soma igual a 4: (1;3), (2;2), (3;1). Logo, 3 possibilidades.

Possibilidades de Antônio / formar a soma igual a 8: (2;6), (3;5), (4;4), (5;3) e (6;2). Logo, 5 possibilidades.

Portanto, José tem a maior possibilidade de acertar a soma.

GABARITO: D.

300. O psicólogo de uma empresa aplica um teste para analisar a aptidão de um candidato a determinado cargo. O teste consiste em uma série de perguntas cujas respostas devem ser verdadeiro ou falso e termina quando o psicólogo fizer a décima pergunta ou quando o candidato der a segunda resposta errada. Com base em testes anteriores, o psicólogo sabe que a probabilidade de o candidato errar uma resposta é 0,20. A probabilidade de o teste terminar na quinta pergunta é:
- **a)** 0,02048.
- **b)** 0,08192.
- **c)** 0,24000.
- **d)** 0,40960.
- **e)** 0,49152.

A probabilidade de errar uma resposta é de 0,20, então, a probabilidade de acertar é 0,80. Para que o teste se encerre na 5ª pergunta, o candidato deve:

Das 4 primeiras respostas errar somente uma, cuja probabilidade é 4 · 0,20 e acertar as outras 3, cuja probabilidade é $0,80^3$.

Errar a 5ª resposta, cuja probabilidade é 0,20.

Portanto, a probabilidade solicitada é definida por: $4 \cdot 0,20 \cdot 0,80^3 \cdot 0,20 = 0,08192$

GABARITO: B.

HISTÓRIA DO BRASIL

1. **(ESA)** O Brasil adquiriu o Acre por meio do Tratado de Petrópolis, mediante pagamento de uma soma em dinheiro e da promessa da construção de uma Ferrovia, que escoaria as exportações bolivianas até trechos navegáveis dos rios amazônicos. A ferrovia que o tratado faz menção é a ferrovia:
   a) Madeira-Mamoré.
   b) Barão de Rio Branco.
   c) Norte-Sul.
   d) Presidente Dutra.
   e) Transamazônica.

   A Estrada de Ferro Madeira-Mamoré (EFMM) é um monumento grandioso, cujo patrimônio simboliza um período estratégico da História do Brasil. Sua construção resultou na integração da Região Norte à economia do país e fortaleceu a incorporação do Acre ao território brasileiro em pleno ciclo de expansão da economia da borracha.

   GABARITO: A.

2. **(ESA)** Nos anos 1624-1635 ocorreu a primeira tentativa dos holandeses de invadir e conquistar territórios do Nordeste brasileiro, que fracassou. Essa primeira invasão ocorreu na cidade de:
   a) Salvador.
   b) São Cristóvão.
   c) Natal.
   d) João Pessoa.
   e) Recife.

   As invasões holandesas no Brasil ocorreram quando os holandeses ocuparam territórios no Nordeste brasileiro no século XVII. Houve um primeiro ataque contra Salvador, na Bahia, em 1624, que não logrou êxito, sendo expulsos de Salvador em 1625. Em 1630, foi orquestrado um forte ataque contra Olinda, a capital da província de Pernambuco, e esse domínio perdurou até 1654.

   GABARITO: A.

3. **(ESA)** As primeiras atividades econômicas na América Portuguesa, por parte do governo, concentraram-se na extração de pau-brasil, dentro do regime de:
   a) Doação.
   b) Concessão.
   c) Permissão.
   d) Estanco.
   e) Escambo.

   A economia pré-colonial baseou-se na extração e no comércio do pau-brasil, que ocorreu dentro do regime de estanco, ou seja, passou a ser um monopólio real, cabendo ao rei conceder a permissão a alguém para explorar comercialmente a madeira. Se o rei outorgava esse direito, cabia ao arrendatário executar o negócio com seus próprios meios, arcando com todos os riscos do empreendimento. Em larga escala, o trabalho indígena foi explorado por meio da prática de escambo.

   GABARITO: D.

4. **(ESA)** O Período Regencial Brasileiro foi uma época de agitações e rebeliões regenciais. Indique a alternativa que contém a relação correta entre o movimento e seu local de ocorrência:

a) Sabinada – Espírito Santo.
b) Balaiada – Ceará.
c) Levante Malê – Bahia.
d) Cabanagem – Goiás.
e) Farroupilha – Paraná.

O único movimento associado corretamente ao seu local de ocorrência é a Revolta dos Malês, que foi um levante de escravos de maioria muçulmana na cidade de Salvador, capital da Bahia, no ano de 1835.

GABARITO: C.

5. **(ESA)** No ano de 1930, foi rompido o acordo da política do café com leite, isto é, o desentendimento entre os partidários do Partido Republicano Paulista (PRP) e do Partido Republicano Mineiro (PRM). Nesse contexto histórico, que agitou a cena política nacional, nasceu a Aliança Liberal (AL), um agrupamento político que reunia líderes dos estados:

a) De Minas Gerais, do Mato Grosso e do Ceará.
b) De São Paulo, do Rio de Janeiro e do Rio Grande do Sul.
c) De São Paulo, da Bahia e de Pernambuco.
d) Do Rio Grande do Sul, de Minas Gerais e da Paraíba.
e) Do Rio de Janeiro, do Rio Grande do Sul e da Bahia.

A Aliança Liberal foi uma coligação oposicionista de âmbito nacional formada no início de agosto de 1929 por iniciativa de líderes políticos de Minas Gerais e Rio Grande do Sul, com o objetivo de apoiar as candidaturas de Getúlio Vargas e João Pessoa, então governador da Paraíba, respectivamente à presidência e vice-presidência da República nas eleições de 1º de março de 1930, rompendo as relações com os paulistas e pondo fim à política do "café com leite".

GABARITO: D.

6. **(ESA)** Na Segunda Guerra Mundial, diferentemente do que ocorreu na Primeira Guerra, houve a participação direta do Brasil no conflito. O governo no qual se deu a inserção brasileira na Segunda Guerra Mundial foi:

a) João Goulart.
b) Jânio Quadros.
c) Getúlio Vargas.
d) Eurico Gaspar Dutra.
e) Juscelino Kubitschek.

A Segunda Guerra Mundial ocorreu entre anos de 1939 a 1945. No Brasil, este período se insere no contexto da Era Vargas, tendo o gaúcho Getúlio Vargas como presidente (1930-1945).

GABARITO: C.

7. **(ESA)** A República Velha vai de 1889 a 1930. O presidente civil que teve todo seu mandato no século XIX foi:
   a) Afonso Pena.
   b) Artur Bernardes.
   c) Prudente de Morais.
   d) Venceslau Brás.
   e) Hermes da Fonseca.

   Prudente de Morais foi o 3º presidente do Brasil República e o primeiro presidente civil da recém-república. Governou o país de 1894 a 1898, iniciando e concluindo, assim, todo o mandato ainda no século XIX.

   GABARITO: C.

8. **(ESA)** Os movimentos de resistência indígena ao domínio e ao escravismo do colonizador se deram de distintas maneiras, inclusive através do combate propriamente dito. No Nordeste, os indígenas promoveram um conflito de resistência que durou mais de dez anos e ficou conhecido como:
   a) Quilombo dos Palmares.
   b) Confederação dos Tamoios.
   c) Batalha dos Guararapes.
   d) Guerras Guaraníticas.
   e) Confederação dos Cariris.

   A Confederação dos Cariris foi um movimento de resistência indígena, ocorrido no Nordeste brasileiro (principalmente no Ceará), entre os anos de 1683 e 1713. A principal causa deste movimento foi a oposição dos índios da nação Kiriri à presença e ocupação dos portugueses em suas terras.

   GABARITO: E.

9. **(ESA)** Durante os séculos XVI e XVII, no Brasil, ocorreram diversas rebeliões que refletiam a divergência de interesses entre colônia e metrópole. Dentre essas revoltas, pode-se destacar, respectivamente, com seu objetivo a:
   a) Conjuração Baiana, movimento da elite baiana que, embora identificada com os ideais da Revolução Francesa, não trazia em seu programa de revolução o fim da escravidão.
   b) Revolta de Beckman, ocorrida no Maranhão, que devido a insatisfação com a Companhia de Comércio do Estado do Maranhão propunha a abolição do monopólio desta companhia.
   c) Conjuração Carioca, organizada por escravos libertos que buscavam melhores condições de trabalhos nas casas da aristocracia fluminense.
   d) Inconfidência Mineira, que objetivava a abolição da escravidão, pois desejava a ampliação do mercado interno com a mudança nas relações de trabalho na região.
   e) Guerra dos Mascates, ocorrida em Pernambuco, um conflito de interesses entre senhores de engenho de Olinda e senhores de engenho do Recife, que disputavam o mercado consumidor de cana-de-açúcar.

Dentre as respostas erradas nas alternativas, destacamos os fatos de que a conjuração baiana foi um movimento popular, a conjuração carioca não foi organizado por negros, a inconfidência mineira não tinha como pauta a abolição dos escravos e a guerra dos mascates não foi uma disputa pelo mercado consumidor do açúcar. No entanto, a Revolta de Beckman foi uma rebelião de comerciantes nordestinos contra o monopólio da Companhia de Comércio do Estado do Maranhão, criada pela Coroa Portuguesa para estimular o desenvolvimento econômico da região.

GABARITO: B.

10. **(ESA)** O governo Castelo Branco buscou resolver os desequilíbrios econômicos dos governos anteriores por meio do PAEG. São ações desse governo, exceto:
   a) Construção de Itaipu.
   b) Conselho Monetário Nacional.
   c) Banco Central do Brasil.
   d) Fundo de Garantia por Tempo de Serviço.
   e) Banco Nacional de Habitação.

   O Programa de Ação Econômica do Governo (PAEG) foi o primeiro plano econômico do governo brasileiro após o Golpe Civil-Militar, criado no ano de 1964. O plano previa a diminuição do consumo no país. Para isso, foram adotadas medidas de restrição ao crédito e diminuição da emissão de papel moeda. Para a Reforma do Sistema Financeiro, foram criados o Banco Central (o "banco dos bancos", responsável pela emissão de papel moeda e pelo controle das operações de comércio exterior do país) e o Banco Nacional de Habitação (BNH). Este último tinha por objetivo atender ao problema de moradia do país. No entanto, a Usina hidroelétrica de Itaipu foi construída em um acordo bilateral entre o Brasil e o Paraguai entre 1975 e 1982.

   GABARITO: A.

11. **(ESA)** Depois da invasão de Portugal pelas tropas napoleônicas, que colocou os portos portugueses sob controle francês, D. João determinou a abertura dos portos brasileiros. Essa medida tinha por objetivo:
   a) Diminuir o poderio dos comerciantes ingleses no Brasil.
   b) Estimular a produção de navios no Brasil Colonial.
   c) Recriar o pacto colonial.
   d) Permitir o comércio do Brasil com a França.
   e) Atender às necessidades de comércio da Corte no Brasil.

   Invadida pelos franceses em 1808, a corte portuguesa se transfere para o Brasil e, visando a manutenção das relações comerciais com os ingleses, o príncipe regente Dom João VI decreta a Abertura dos Portos (1808). O decreto se caracterizou pela possibilidade das colônias portuguesas, na América, estabelecerem relações comerciais com outras nações europeias. Este tratado pôs fim ao exclusivismo comercial português.

   GABARITO: E.

12. **(ESA)** A corrente filosófica presente no movimento republicano e que inspirou o lema "Ordem e Progresso" foi o:
    a) Espiritualismo.
    b) Modernismo.
    c) Relativismo.
    d) Positivismo.
    e) Iluminismo.

    O lema "Ordem e Progresso", escrito na Bandeira republicana do Brasil, foi uma adaptação da frase "O amor por princípio e a ordem por base. O progresso por fim", escrita pelo principal teórico e representante do positivismo, o francês Auguste Comte. O positivismo era uma corrente filosófica popular no final do século XIX e início do Século XX.

    GABARITO: D.

13. **(ESA)** A Revolta dos Malês foi um movimento de escravos africanos, muitos dos quais eram muçulmanos, ocorrido em 1835 na seguinte província:
    a) Maranhão.
    b) Grão-Pará.
    c) Bahia.
    d) Pernambuco.
    e) Minas Gerais.

    A Revolta dos Malês foi um levante de escravos de maioria muçulmana na cidade de Salvador, capital da Bahia, no ano de 1835.

    GABARITO: C.

14. **(ESA)** O Primeiro Governo Geral do Brasil foi instalado em:
    a) São Luís.
    b) Fortaleza.
    c) Olinda.
    d) Salvador.
    e) Rio de Janeiro.

    O Governo-Geral foi criado por Portugal em 1548 com o objetivo de centralizar ainda mais a administração colonial. Sua implantação foi acompanhada da ordem para que uma capital fosse construída para a colônia. Dessa ordem surgiu a cidade de Salvador, no atual estado da Bahia.

    GABARITO: D.

15. **(ESA)** O item da pauta de exportação brasileira do Segundo Reinado que foi considerado um importante fator de modernização da economia foi:
a) O tabaco.
b) O café.
c) A cana-de-açúcar.
d) A soja.
e) O trigo.

A economia brasileira do Segundo Reinado tinha na exportação de café o principal responsável por dar estabilidade política e ser capaz de modernizar a economia brasileira.

GABARITO: B.

16. **(ESA)** A política de emissão de dinheiro em grande quantidade, que causou uma desenfreada especulação na Bolsa de Valores, durante o governo do marechal Deodoro da Fonseca, ficou conhecida como:
a) Encilhamento.
b) Crise de 1929.
c) Crise Contestada.
d) Queda do Banco do Brasil.
e) Queda do Marechal de Ferro.

O Encilhamento foi uma política econômica implementada pelo diplomata e escritor Rui Barbosa, no período conhecido como República Velha, que visava transformar o Brasil em um polo industrial. O objetivo da política do encilhamento era o de estimular o crescimento econômico, incentivando a emissão de papel moeda, ao mesmo tempo em que impulsionava a industrialização e a modernização do país, por meio da expansão da agricultura e do comércio. No entanto, essa proposta provocou uma acelerada inflação, desvalorização da moeda nacional, aumento da dívida externa, boicote de empresas fantasmas (créditos livres sem fiscalizações), arrocho salarial, aumento do desemprego e juros, falências e especulação financeira, sobretudo na Bolsa de Valores do Rio de Janeiro, a partir de 1890, que ficou conhecida como "crise do encilhamento".

GABARITO: A.

17. **(ESA)** A eleição indireta de Getúlio Vargas para a presidência nacional, na qual foi eleito para um mandato de quatro anos, ocorreu no ano de:
a) 1930.
b) 1934.
c) 1937.
d) 1946.
e) 1950.

A Constituição de 1934 foi a 3ª Constituição brasileira e a 2ª da República. A Carta Magna trouxe novidades como a instituição do voto feminino e da Ação Popular. Esta Constituição também favoreceu a manutenção de Vargas no poder por meio de uma eleição indireta.

GABARITO: B.

18. **(ESA)** Qual importante medida administrativa foi tomada em 1834, realizada a partir da modificação na Constituição Brasileira?
a) A abertura dos portos às nações amigas.
b) A cidade do Rio de Janeiro tornou-se município neutro.
c) A assinatura das Tarifas Alves Branco.
d) A aprovação da Lei de Terras.
e) A assinatura do Tratado de Comércio e Navegação com a Inglaterra.

A primeira Constituição do Brasil, outorgada em 1824, teve uma emenda aprovada pela Lei nº 16, de 12 de agosto de 1834, durante o período das Regências, que, em seus artigos, estabeleceu importantes transformações: extinguiu os Conselhos Gerais Provinciais, criando, para substituí-los, as Assembleias Legislativas Provinciais; estabeleceu que, a partir de então, a regência seria uma e criou o Município Neutro (uma cidade livre do raio de ação dos poderes provinciais que então se estabeleciam), formado pela cidade do Rio de Janeiro e seu termo (limites), independente da província do Rio de Janeiro, cuja capital seria Niterói. A nova ordenação política fundava uma cidade-sede do poder imperial.

GABARITO: B.

19. **(ESA)** Com a promulgação da Constituição de 1934, a segunda constituição do período republicano brasileiro, inicia-se o período constitucional da Era Vargas. São elementos presentes nesta Constituição de 1934, exceto:
a) Voto secreto.
b) Voto feminino.
c) Justiça eleitoral.
d) Jornada de trabalho não superior a 8 horas.
e) Eleições diretas para a escolha do próximo presidente da República.

A Constituição de 1934 foi a 3ª Constituição brasileira e a 2ª da República. A Carta Magna trouxe novidades como a instituição do voto feminino e da Ação Popular. No entanto, a Constituição previa a manutenção de Vargas no poder por meio de uma eleição indireta.

GABARITO: E.

20. **(ESA)** Na República Velha, ocorreram vários movimentos contestatórios. Identifique aquele que está localizado geograficamente de forma correta:
a) Revolta da Vacina – Rio de Janeiro.
b) Revolução Federalista – Paraná.
c) Canudos – Minas Gerais.
d) Contestado – Bahia.
e) Revolta da Armada – Rio Grande do Sul.

Dentre os conflitos ocorridos na República Velha temos: Revolta da Vacina, ocorrida no Rio de Janeiro; Revolução federalista que ocorreu no Rio Grande do Sul; Guerra de Canudos, na Bahia; Guerra do Contestado, em Paraná e Santa Cataria; e Revolta da armada, no Rio de Janeiro.

GABARITO: A.

21. **(ESA)** Após ingressar na Segunda Guerra Mundial em agosto de 1942, o Brasil enviou à Europa a Força Expedicionária Brasileira, que integrou o 5º Exército dos Estados Unidos, atuando em território:
a) Alemão.
b) Francês.
c) Italiano.
d) Belga.
e) Suíço.

Criada em 1943, a Força Expedicionária Brasileira (FEB) surge no processo de entrada do Brasil na Segunda Guerra Mundial. A intenção era de o Brasil combater juntamente com os aliados nos campos de guerra na Itália, onde a FEB uniu-se às tropas do Exército norte-americano.

GABARITO: C.

22. **(ESA)** Jânio Quadros representou uma reviravolta no sistema político da época, sendo eleito presidente da República por um partido de pouca expressão nacional. O apoio de um partido tradicional, porém, foi decisivo na obtenção de uma diferença de mais de um milhão de votos. Trata-se do partido:
a) PTB.
b) UDN.
c) PSB.
d) PSD.
e) PSDB.

A União Democrática Nacional (UDN) foi um partido político brasileiro fundado em 7 de abril de 1945, frontalmente opositor às políticas e à figura de Getúlio Vargas e de orientação conservadora. Em 1960, apoiou Jânio Quadros (que não era filiado à UDN), obtendo assim uma vitória histórica.

GABARITO: B.

23. **(ESA)** A primeira Constituição do Brasil, de 1824, estabelecia uma organização do sistema político em quatro poderes. Além dos poderes Executivo, Legislativo e Judiciário, havia o poder:
a) Absoluto.
b) Hierárquico.
c) Moderador.
d) Régio.
e) Patriarcal.

A primeira Constituição brasileira foi outorgada por D. Pedro I em 25 de março de 1824, e conferiu as bases da organização político-institucional do país independente. A Constituição reconheceu quatro poderes políticos: Legislativo, Executivo, Judicial e Moderador. O imperador tinha a prerrogativa do veto sobre as resoluções da Câmara e o poder de dissolvê-la, privilégio exercido por meio do Poder Moderador que lhe ficava privativamente delegado, como um fiel do equilíbrio entre os poderes

GABARITO: C.

24. **(ESA)** A Lei de Terras (1850) regulamentou questões relacionadas à propriedade privada da terra e à mão de obra agrícola. Tal legislação atendeu aos interesses dos grandes fazendeiros da região sudeste, que cultivavam:

a) Cacau.
b) Cana-de-açúcar.
c) Soja.
d) Café.
e) Algodão.

A lei nº 601, de 18 de setembro de 1850, amplamente conhecida como Lei de Terras, foi o dispositivo legal que, pela primeira vez, buscou regulamentar a questão fundiária no Império do Brasil. A legislação atendia aos interesses dos cafeicultores paulistas.

GABARITO: D.

25. **(ESA)** Em 1815, o Brasil foi elevado à categoria de Reino Unido a Portugal e Algarves. Na prática:

a) Foi a causa da Inconfidência Mineira.
b) Nada significou para o Brasil.
c) Provocou enorme satisfação em Portugal.
d) O Brasil volta à condição de colônia.
e) O Brasil adquiria autonomia administrativa.

Até 1815, o Brasil foi somente uma colônia de Portugal. Daquele ano até 1822, quando seria proclamada a nossa independência, passamos a carregar o título de Reino Unido a Portugal e Algarves. Essa mudança de *status* esteve intimamente relacionada à mudança da Corte lusitana para o Brasil e ao Congresso de Viena e proporcionou certa autonomia administrativa ao Brasil, mesmo que houvesse contradições quanto a isso.

GABARITO: E.

26. **(ESA)** Para controlar gastos e investimentos, priorizando saúde, alimentação, transportes e energia, foi criado o Plano SALTE, que tem esse nome por ser a sigla composta pelas letras iniciais das prioridades. É correto afirmar que o Plano SALTE foi lançado no governo de:

a) Juscelino Kubitschek.
b) Getúlio Vargas, durante o Estado Novo.
c) Dutra.
d) João Goulart.
e) Jânio Quadros.

Plano SALTE é o nome de um plano econômico elaborado pelo governo brasileiro, na administração do presidente Eurico Gaspar Dutra (1946-1950), que tinha como objetivo estimular o desenvolvimento de setores como Saúde, Alimentação, Transporte e Energia, exatamente o significado da sigla.

GABARITO: C.

27. **(ESA)** No dia 05 de julho de 1922, jovens oficiais resolveram abandonar o forte e marchar pela praia de Copacabana, no Rio de Janeiro, para enfrentar as forças legalistas. Esse episódio, conhecido como "os 18 do Forte":

a) Provocou, imediatamente, a queda do último presidente da República do "café com leite".
b) Provocou a renúncia do Presidente Artur Bernardes.
c) Levou o Governo Federal a transferir a Escola de Formação de Oficiais do Rio de Janeiro para Porto Alegre.
d) Deu início a um período ditatorial, interrompido apenas com a Revolução de 1930.
e) Originou o movimento denominado de Tenentismo.

O Levante do Forte de Copacabana foi uma das mais significativas demonstrações de crise da hegemonia oligárquica. A revolta foi ocorreu no ano de 1922 e ficou conhecida como uma das primeiras manifestações do movimento tenentista.

GABARITO: E.

28. **(ESA)** Entre as consequências da atividade mineradora na colônia do Brasil, nos séculos XVII e XVIII, é incorreto afirmar que favoreceram:

a) O enfraquecimento do mercado interno.
b) A integração econômica da colônia.
c) O povoamento da região das minas.
d) A conquista do Brasil central.
e) O desenvolvimento urbano.

Além de potencializar as tensões entre a colônia e a metrópole, a mineração também trouxe certa dinamicidade na economia interna. A pecuária e a agricultura nas regiões Sul e Nordeste cresceram com a demanda nas regiões mineradoras. Desta forma, na atividade açucareira prevaleciam o latifúndio e a ruralização, a mineração favorecia a urbanização e a expansão do mercado interno.

GABARITO: A.

29. **(ESA)** O Alvará de 1º de abril de 1808 revogou o Alvará de 1785 de D. Maria I, que proibia a manufatura na colônia. O Brasil estava autorizado a desenvolver manufaturas. Contudo havia dois fatores que se tornaram um obstáculo ao desenvolvimento da indústria brasileira, os quais eram:

a) Escravidão e concorrência inglesa.
b) Interesses dos cafeicultores e pecuaristas.
c) Interesses dos mineradores e dos produtores de açúcar.
d) Concorrência holandesa e interesses dos cafeicultores.
e) Concorrência dos EUA e interesses dos produtores de café.

Apesar do Alvará de Liberdade Industrial, de 1º de abril de 1808, permitir o livre estabelecimento de manufaturas e indústrias no Brasil a industrialização não vingou. As poucas tentativas fracassaram devido à grande concentração de recursos na lavoura exportadora escravista e à ineficácia do Alvará de Liberdade Industrial diante da Abertura dos Portos, uma vez que a havia falta de proteção aos empreendimentos brasileiros e privilégios concedidos aos comerciantes ingleses.

GABARITO: A.

30. **(ESA)** Em resposta ao ataque paraguaio à província de Corrientes, em 1865, foi assinado um tratado que deu origem à Tríplice Aliança. Os países que fizeram parte desta Tríplice Aliança foram:
a) Argentina, Brasil e Chile.
b) Argentina, Brasil e Uruguai.
c) Brasil, Uruguai e Paraguai.
d) Brasil, Argentina e Chile.
e) Paraguai, Chile e Argentina.

Considerada como o maior conflito armado internacional ocorrido na América do Sul, a Guerra do Paraguai foi travada entre o Paraguai e a Tríplice Aliança, composta pelo Brasil, Argentina e Uruguai.

GABARITO: B.

31. **(ESA)** O período que decorreu entre 1946 e 1964 é conhecido, na História do Brasil, como "República" ou "Era Populista". A respeito desse período, é correto afirmar que a política:
a) Interna do governo João Goulart foi marcado pela união de toda a classe política em prol da estabilização do país.
b) Industrial do governo Juscelino Kubistchek terminou por afetar a economia, levando o país a romper com o Fundo Monetário Internacional.
c) Monetária do governo Jânio Quadros pautou-se pela desvalorização da moeda, o que levou a declarar a moratória.
d) Externa do governo Eurico Dutra caracterizou-se por sua independência em relação aos grandes blocos ideológicos vigentes.
e) Mineral do governo Getúlio Vargas buscou a nacionalização de todas as jazidas, ficando o monopólio de exploração para a Companhia vale do Rio Doce.

É no governo Juscelino Kubitschek que o Brasil rompe com o Fundo Monetário Internacional (FMI). A ajuda financeira solicitada ao Fundo no início do ano anterior tinha sua liberação condicionada a um plano recessivo de ajuste fiscal e contenção salarial. O empréstimo seria destinado a reduzir a necessidade de emissão de moeda, à qual JK recorria para bancar os incentivos à industrialização, construir Brasília e erguer a infraestrutura necessária para viabilizar ambas, e que vinha acelerando o processo inflacionário. De outro lado, as exigências recessivas do FMI, se cumpridas, inviabilizariam o Plano de Metas que elegeu JK.

GABARITO: B.

32. **(ESA)** Os anos que se seguiram à queda da monarquia no Brasil foram caracterizados por um período de instabilidade da jovem república. Os eventos que ocorreram durante a "República da Espada" foram:
a) O "Encilhamento" e a "Revolta da Armada".
b) O "Funding Loan" e a "Revolução Federalista".
c) A "Revolta de Canudos" e a "Revolta da Chibata".
d) A "Revolta da Vacina" e a "Guerra do Contestado".
e) A "Revolta da Borracha" e a "Revolta do Juazeiro".

O "Funding Loan", as revoltas da Vacina, Chibata, Juazeiro, Guerra de canudos e Contestado ocorreram no período denominado "República Oligárquica".

GABARITO: A.

33. **(ESA)** Observando-se o sistema de governo vigente durante o Brasil Colonial, é correto afirmar que:
   a) A criação do Governo Geral, centralizando a administração, provocou a extinção imediata das capitanias hereditárias.
   b) O sistema de câmaras municipais instituiu duas novas políticas administrativas: as sesmarias e o serviço militar compulsório.
   c) O sistema de capitanias hereditárias já havia sido empregado por Portugal na administração das ilhas Canárias.
   d) O fracasso das capitanias hereditárias implicou o desuso das Cartas de Doação e das obrigações do Documento Foral.
   e) O sistema de capitanias hereditárias foi um empreendimento que, dirigido pela Coroa, estava a cargo de Particulares.

   As capitanias hereditárias foram um sistema administrativo implementado pela Coroa Portuguesa no Brasil em 1534. O território do Brasil, pertencente a Portugal, foi dividido em faixas de terras e concedidas aos nobres de confiança do rei D. João III. Esses nobres fariam uso de suas próprias posses para desenvolver as terras recebidas.

   GABARITO: E.

34. **(ESA)** No início do século XVIII, a disputa pelo ouro da região das minas, entre os paulistas e mineradores provenientes de outras regiões do Brasil e de Portugal, gerou um conflito que foi denominado:
   a) Revolta de Beckman.
   b) Revolta de Vila Rica.
   c) Aclamação de Amador Bueno.
   d) Guerra dos Mascates.
   e) Guerra dos Emboabas.

   A Guerra dos Emboabas, ocorrida no início do século XVIII, ocorreu entre os anos de 1707 e 1709 e foi um confronto travado pelo direito de exploração das recém-descobertas jazidas de ouro, na região das Minas Gerais, no Brasil. De um lado os Vicentinos (Paulistas) reivindicavam a exclusividade de explorar as minas e do outro imigrantes das demais partes do Brasil – pejorativamente apelidados de "emboabas" pelos vicentinos –, todos atraídos à região pela febre do ouro.

   GABARITO: E.

35. **(ESA)** Entre os anos de 1864 e 1870, desenrolou-se na América do Sul um conflito intitulado Guerra do Paraguai, ou Guerra da Tríplice Aliança. Podemos afirmar que o episódio conhecido como o estopim para o início deste conflito foi o(a):
   a) Aprisionamento do navio brasileiro Marquês de Olinda pelos paraguaios.
   b) Ataque paraguaio às tropas da Tríplice Aliança na Batalha de Tuiuti.

c) Duelo naval ente as marinhas paraguaia e brasileira na batalha do Riachuelo.

d) Invasão de áreas dos estados do Paraná e de São Paulo.

e) Tentativa de tomada de Buenos Aires e La Paz pelo ditador Solano López.

A Guerra do Paraguai foi um conflito que aconteceu de 1864 a 1870 e colocou Brasil, Uruguai e Argentina como aliados contra o Paraguai. Sob a perspectiva da História narrada pelo lado brasileiro, o estopim do conflito ocorreu quando os paraguaios aprisionaram uma embarcação brasileira, o vapor Marquês de Olinda.

GABARITO: A.

36. **(ESA)** A monocultura, o latifúndio e a escravidão marcaram o sistema colonial português no Brasil, resultando:

a) No desenvolvimento interno da colônia, beneficiada pela ausência de monopólio.

b) Na formação de uma sociedade civil forte em decorrência da autonomia desfrutada.

c) Em grande desigualdade social, concentração da propriedade fundiária e dependência econômica.

d) Em acumulação de renda, que permitiu o desenvolvimento manufatureiro.

e) No predomínio do trabalho livre, desenvolvimento tecnológico e cultural.

O sistema produtivo que consolidou a economia do açúcar no Brasil colonial foi o plantation, um sistema de exploração utilizado entre os séculos XV e XIX, principalmente nas colônias europeias da América. Através dos grandes latifúndios, com suas extensas terras, era possível produzir em grande escala um único produto, o que se denomina de monocultura. No entanto, o plantation acabou por gerar uma forte dependência econômica de determinados produtos (como café e açúcar) e deixou como herança uma enorme concentração fundiária no Brasil.

GABARITO: C.

37. **(ESA)** A Política dos Governadores, característica marcante da República Velha, tinha por objetivo:

a) Evitar a fragmentação e o separatismo entre os estados da federação.

b) Eliminar as oposições e consolidar o poder das oligarquias.

c) Favorecer as oligarquias nordestina e urbana.

d) Enfrentar, com o auxílio dos governadores, a oligarquia cafeeira.

e) Solucionar as questões sociais e combater as fraudes eleitorais.

A Política dos Governadores foi um acordo político firmado durante o período da República Velha com o intuito de unir os interesses dos políticos locais marcados pelas oligarquias estatais da época juntamente ao governo federal para, assim, garantir o controle do poder político.

GABARITO: B.

38. **(ESA)** As Províncias onde, durante o Império (1822-1889), ocorreram a Balaiada e a Sabinada, respectivamente, foram:

a) Maranhão e Ceará.

b) Ceará e Pernambuco.

c) Pernambuco e Paraíba.

d) Paraíba e Rio de Janeiro.

e) Maranhão e Bahia.

A Balaiada é o nome pelo qual ficou conhecida a importante revolta que se deu no Maranhão, no século XIX, e a Sabinada foi uma revolta autonomista de caráter separatista transitório, tendo ocorrido de 6 de novembro de 1837 a 16 de março de 1838, na Província da Bahia.

GABARITO: E.

39. **(ESA)** A Constituição, promulgada em 1934, durante o Governo Getúlio Vargas, estabelecia o que se segue, exceto:
    a) Extinção do cargo de Vice-Presidente da República.
    b) Reforma eleitoral, com o voto secreto e o voto feminino.
    c) Representação classista do Poder Judiciário.
    d) Mandato presidencial de 4 anos.
    e) Eleições diretas para o executivo.

    Podemos considerar características da Constituição de 1934: manutenção dos princípios básicos da carta anterior; dissociação dos poderes; criação do Tribunal do Trabalho e respectiva legislação trabalhista. A Constituição de 1934 também cuidou dos direitos culturais; no entanto, a representação classista do Poder Judiciário foi determinada na Constituição de 1988.

    GABARITO: C.

40. **(ESA)** É correto afirmar que o Presidente Dutra:
    a) Legalizou o Partido Comunista Brasileiro.
    b) Rompeu relações com a União Soviética.
    c) Renunciou meses depois de assumir o cargo.
    d) Preferiu suicidar-se a renunciar ao cargo.
    e) Proibiu a importação de produtos estrangeiros.

    As relações diplomáticas entre o Brasil e a União Soviética foram estabelecidas em 2 de abril de 1945 e rompidas em 1947, durante o governo de Eurico Gaspar Dutra. Assim como a maioria dos outros países ocidentais, o Brasil se manteve neutro, mas distante, nas relações com a União Soviética durante a Guerra Fria.

    GABARITO: B.

41. **(ESA)** O Governo Provisório, instituído logo após a proclamação da República representava as diversas forças que derrubaram o Império, a saber:
    a) As camadas médias urbanas e a aristocracia latifundiária do café e do açúcar.
    b) O Exército, os ex-escravos e a burguesia industrial já fortalecida.
    c) Os setores da Igreja, a Guarda Nacional e as camadas urbanas.
    d) O Exército, a Guarda Nacional e a burguesia agrária canavieira.
    e) O Exército, as camadas médias urbanas e a burguesia agrária cafeeira.

A proclamação do regime republicano brasileiro aconteceu em decorrência da crise do poder imperial, ascensão de novas correntes de pensamento político e interesse de determinados grupos sociais, principalmente a elite urbana, os cafeicultores e o exército.

GABARITO: E.

42. (ESA) A importância da Lei Eusébio de Queirós (1850), no contexto do processo de abolição da escravatura, está no fato de ter:
a) Declarado extinto o tráfico de africanos, estipulando penas para seus infratores.
b) Concedido liberdade a todos os escravos que participaram da Praieira (1848).
c) Permitido a repressão dos traficantes de escravos por navios da marinha portuguesa.
d) Libertado os escravos que fossem maiores de 60 anos de idade.
e) Acabado com a venda em separado de casais africanos em leilões públicos.

Na legislação brasileira imperial, a Lei Eusébio de Queirós ou lei nº 581, de 4 de setembro de 1850, promulgada no Segundo Reinado, proibiu a entrada de africanos escravos no Brasil, criminalizando quem a infringisse.

GABARITO: A.

43. (ESA) O Brasil, durante a República Velha, tinha no café o seu principal produto de exportação e, em 1906, o governo federal criou uma política de valorização deste produto que ficou conhecida como:
a) Encilhamento.
b) Convênio de Taubaté.
c) Política Café com Leite.
d) "Funding-loan".
e) Política das Salvações.

O Convênio de Taubaté (1906) foi um plano de intervenção estatal na cafeicultura brasileira, ocorrido durante o governo de Rodrigues Alves, que tinha como objetivo comprar o excedente das safras de café e promover a valorização artificial dos preços do produto, assegurando os lucros dos cafeicultores.

GABARITO: B.

44. (ESA) No século XVII, contribuíram para a penetração do interior brasileiro:
a) O descobrimento da cultura da cana-de-açúcar e da cultura de algodão.
b) O apresamento de indígenas e a procura de riquezas minerais.
c) A necessidade de defesa e o combate aos franceses.
d) O fim do domínio espanhol e a restauração da monarquia portuguesa.
e) A guerra dos Emboabas e a transferência da capital da colônia para o Rio de Janeiro.

Bandeiras de apresamento tinham como objetivo a captura de índios para serem usados como mão-de-obra escrava. As bandeiras eram sempre movimentos direcionados ao interior e promoveram a interiorização do território brasileiro.

GABARITO: B.

45. **(ESA)** Durante a Segunda Guerra Mundial (1939-1945), o governo de Getúlio Vargas decidiu-se pelo alinhamento com as forças das Nações Unidas, para combater o nazi-fascismo. Foi, então, enviada uma Força Expedicionária, a FEB, para a Europa, mais precisamente para:
a) O sul da França.
b) A Itália.
c) A Normandia.
d) A Rússia.
e) O norte da África.

Criada em 1943, a Força Expedicionária Brasileira (FEB) surge no processo de entrada do Brasil na Segunda Guerra Mundial. A intenção era de o Brasil combater juntamente com os Aliados nos campos de guerra na Itália, onde a FEB uniu-se às tropas do Exército norte americano.

GABARITO: B.

46. **(ESA)** Os Governos Gerais foram criados porque:
a) O sistema de capitanias era vantajoso.
b) Seria melhor um governo descentralizado.
c) Os donatários não cumpriram as determinações reais.
d) A Regência seria o melhor sistema.
e) Fracassara o sistema de emprego do capital particular.

O Governo Geral foi um modelo administrativo que a Coroa de Portugal implantou na América Portuguesa em 1548. Esse governo foi centralizado, utilizou recursos da coroa e foi estabelecido a fim de substituir o sistema de capitanias hereditárias, que contava com capital particular e não havia dado o retorno esperado.

GABARITO: E.

47. **(ESA)** Quando o Marquês de Pombal expulsou os jesuítas do Brasil, modificou o ensino e a educação na colônia através de um(a):
a) Estatuto Educacional da Colônia.
b) Estatuto Régio de Ensino Básico.
c) Regimento de 1785.
d) Ministério da Educação.
e) Reforma Educacional.

Dentre as reformas pombalinas se destaca a reforma educacional, que tornou-se uma alta prioridade na década de 1760 devido a expulsão dos jesuítas. A saída da ordem jesuíta dos domínios lusos deixara Portugal desprovido de professores, tanto no nível secundário como no universitário. Os jesuítas haviam dirigido em Portugal 34 faculdades e 17 residências (colégios). No Brasil possuíam 25 residências, 36 missões e 17 faculdades e seminários. As reformas educacionais de Pombal visavam a três objetivos principais: trazer a educação para o controle do Estado, secularizar a educação e padronizar o currículo. Já em 1758 foi introduzido o sistema diretivo para substituir a administração secular dos jesuítas.

GABARITO: E.

48. (ESA) A tentativa de conseguir apoio popular para a inconfidência foi um trabalho realizado por:
a) Cláudio Manoel da Costa.
b) Inácio de Alvarenga Peixoto.
c) Tomás Antônio Gonzaga.
d) Joaquim José da Silva Xavier.
e) Inácio de Loyola.

Tiradentes era o apelido atribuído a Joaquim José da Silva Xavier, que ficou famoso por ser um dos líderes da Inconfidência Mineira. Existem fortes indícios de que Tiradentes ocupava um lugar secundário nas articulações do movimento. Não era, portanto, seu principal líder. Possivelmente, por ser o menos afortunado entre os líderes – quase todos faziam parte da elite mineira –, pode ter sido utilizado para conseguir apoio popular para a Inconfidência.

GABARITO: D.

49. (ESA) Política de maior aproximação entre o governo e as camadas populares retomada por Getúlio Vargas:
a) Populismo.
b) Positivismo.
c) Sindicalismo.
d) Peleguismo.
e) Anarquismo.

O conceito populismo é bastante complexo, mas, de uma forma geral, quando o termo é utilizado ele se refere a práticas políticas exercidas por governos da América Latina, ao longo do século XX. No Brasil, o exemplo máximo do populismo é Getúlio Vargas, que subiu ao poder através de golpe de Estado em 1930, sendo deposto em 1945 e elegendo-se democraticamente presidente em 1951, quando governou até suicidar-se, em 1954.

GABARITO: A.

50. (ESA) Uma das consequências da expulsão dos holandeses do Nordeste, em 1654, foi o(a):
a) Decadência da atividade açucareira.
b) Volta do domínio espanhol sobre o Nordeste.
c) Aumento da produção cafeeira.
d) Expansão da produção de couro.
e) Criação da Companhia de Comércio de São Paulo.

As invasões holandesas no Brasil ocorreram quando os holandeses ocuparam territórios no Nordeste brasileiro no século XVII. Expulsos do Brasil em 1654, os holandeses, que possuíam o controle do mercado fornecedor de escravos africanos, passaram a investir na região das Antilhas. O açúcar produzido nessa região tinha um menor custo de produção devido, entre outros, à isenção de impostos sobre a mão de obra (tributada pela Coroa portuguesa) e ao menor custo de transporte, mergulhando a economia do Brasil em uma crise.

GABARITO: A.

51. **(ESA)** No século XVII, um dos fatores que contribuiu para a conquista do interior do Brasil está ligado ao(à):
a) Desenvolvimento da cultura de algodão.
b) Apresamento indígena.
c) Combate aos franceses.
d) Fim do domínio inglês.
e) Transferência da capital da colônia para São Paulo.

Bandeiras de apresamento tinham como objetivo a captura de índios para serem usados como mão de obra escrava. As bandeiras eram sempre movimentos direcionados ao interior e promoveram a interiorização do território brasileiro.

GABARITO: B.

52. **(ESA)** Sobre a Guerra do Paraguai (1864-1870) é correto afirmar que:
a) Teve início quando Solano Lopes invadiu o Chile.
b) Assim se denomina porque ocorreu totalmente em território paraguaio.
c) O Brasil formou a Tríplice Aliança ao lado do Uruguai e da Argentina.
d) Provocou uma guerra com a Argentina pela posse de Mato Grosso.
e) O Paraguai, embora tendo perdido a guerra, saiu fortalecido politicamente.

Considerada como o maior conflito armado internacional ocorrido na América do Sul, a Guerra do Paraguai foi travada entre o Paraguai e a Tríplice Aliança, composta pelo Brasil, Argentina e Uruguai.

GABARITO: C.

53. **(ESA)** Durante a República Velha (1889-1930), o Brasil teve que resolver várias questões de fronteiras, sendo importantíssimo o trabalho diplomático do:
a) Barão de Caravelas.
b) Barão do Rio Branco.
c) Marquês do Paraná.
d) Visconde de Ouro Preto.
e) Visconde de Mauá.

O Barão do Rio Branco (1845-1912) foi um brasileiro diplomata e Ministro das Relações Exteriores no governo de quatro presidentes durante a República Velha (1889-1930). Empreendeu diversas negociações com outros países cujas fronteiras com o Brasil estavam ainda sem soluções. Os tratados que assinou com Venezuela, Colômbia, Equador, Bolívia, Peru, Uruguai, Argentina e Guiana Holandesa definiram os contornos do território brasileiro.

GABARITO: B.

54. **(ESA)** D. João, em 1808, decretou a Abertura dos Portos Brasileiros às Nações Amigas. Em consequência, essa medida no Brasil:
a) Fortaleceu os laços comerciais com Portugal.
b) Dificultou a compra dos produtos ingleses.

c) Determinou a decadência da lavoura canavieira.
d) Extinguiu o monopólio comercial português.
e) Proibiu a entrada de escravos africanos.

O decreto de Abertura dos Portos (1808) é entendido como um tratado econômico assinado pelo Príncipe regente Dom João VI. O decreto se caracterizou pela possibilidade das colônias portuguesas, na América, estabelecerem relações comerciais com outras nações europeias. Este tratado pôs fim à exclusividade portuguesa de ser a única nação europeia a manter relações comerciais com o Brasil.

GABARITO: D.

55. (ESA) Sobre a expansão do café no século XIX, podemos afirmar que:
a) Surgiu juntamente com o desenvolvimento da cana-de-açúcar.
b) Tornou-se o principal produto agrícola durante o segundo reinado.
c) Fez com que o Brasil se tornasse o terceiro maior produtor mundial do produto.
d) Encontrou seu maior desenvolvimento no nordeste brasileiro.
e) Surgiu juntamente com o ciclo da mineração.

A história da economia durante o Segundo Reinado (1840-1889) perpassa inevitavelmente pelo processo de expansão de um novo gênero agrícola: o café. Desde os meados do século XVIII esse produto era considerado uma especiaria entre os consumidores europeus. Com a crescente demanda europeia, o Brasil ampliou suas plantações de café, que se tornaram o motor da economia brasileira durante o Segundo Reinado.

GABARITO: B.

56. (ESA) A política do "café-com-leite" significava a dominação política dos estados:
a) São Paulo e Minas Gerais.
b) Rio de Janeiro e Minas Gerais.
c) São Paulo e Rio de Janeiro.
d) São Paulo e Paraná.
e) Rio de Janeiro e Paraná.

A Política do café com leite derivou-se da "Política dos Governadores" e visava a predominância do poder nacional por parte das oligarquias paulista e mineira.

GABARITO: A.

57. (ESA) Com a revolução de 1930, assumiu o poder no Brasil:
a) Júlio Prestes.
b) Artur Bernardes.
c) Afonso Pena.
d) Washington Luís.
e) Getúlio Vargas.

A Revolução de 1930 foi o movimento armado, liderado pelos estados de Minas Gerais, Paraíba e Rio Grande do Sul, que culminou com o golpe de Estado, o Golpe de 1930, que depôs o presidente da República Washington Luís e introduziu o gaúcho Getúlio Vargas no poder.

GABARITO: E.

58. (ESA) O acordo nuclear com a Alemanha foi realizado no governo do presidente:
    a) Geisel.
    b) João Figueiredo.
    c) Juscelino Kubistchek.
    d) Médici.
    e) Jânio Quadros.

    Durante a ditadura militar no Brasil (1964-1985), especificamente no dia 18 de novembro de 1975, o Brasil, tendo como presidente Ernesto Geisel (1974 a 1979), assinou um acordo com a Alemanha para cooperação bilateral na utilização pacífica de energia nuclear. Pelo acordo, na teoria, o Brasil se comprometia a desenvolver um programa com empresas alemãs para a construção de oito usinas nucleares.

    GABARITO: A.

59. (ESA) Das rebeliões iniciadas no Período Regencial (1831-1840), a de maior duração foi a:
    a) Cabanada.
    b) Sabinada.
    c) Cabanagem.
    d) Balaiada.
    e) Farroupilha.

    Dentre as revoltas que aconteceram no território brasileiro durante o Período Regencial, a Revolução Farroupilha (1835-1845) foi a que ganhou mais notoriedade pelo maior tempo de duração (10 anos) e, além disso, foi uma das que apresentaram maior ameaça à integridade territorial brasileira.

    GABARITO: E.

60. (ESA) Durante a Guerra da Tríplice Aliança (1864-1870), após a ocupação da capital paraguaia, o comando das forças brasileiras passou a ser exercido por:
    a) Conde D'Eu.
    b) Osório.
    c) Caxias.
    d) Tamandaré.
    e) Solano López.

    A Guerra do Paraguai teve início com a liderança de Duque de Caxias, que após vitórias expressivas sobre os paraguaios e a tomada da Capital, Assunção, considerava a continuidade da ofensiva brasileira uma carnificina e demitiu-se do comando do exército, que passou ao Conde d'Eu, marido da princesa Isabel. A ele coube conduzir as últimas operações do conflito

    GABARITO: A.

61. **(ESA)** Por sua atuação, foi denominado Marechal de Ferro:
a) Hermes da Fonseca.
b) Floriano Peixoto.
c) Deodoro da Fonseca.
d) Cândido Rondon.
e) Castelo Branco.

Após suprimir tanto a Revolução Federalista (1893-1895), que ocorreu na cidade de Desterro (atual Florianópolis), como a Segunda Revolta da Armada (1892-1894), o então presidente da República, Marechal Floriano Peixoto, foi apelido de "Marechal de Ferro".

GABARITO: B.

62. **(ESA)** Ao primeiro governo Vargas (1930-1945) pode ser atribuída uma importante conquista social. Foi a:
a) Construção da Companhia Siderúrgica Nacional (1941).
b) Criação da Companhia Vale do Rio Doce (1942).
c) Entrada do Brasil na Segunda Guerra Mundial (1942).
d) Criação das Leis Trabalhistas, com a jornada de 8 horas, férias remuneradas e indenização por dispensa.
e) Outorga da Constituição de 1937 com características fascistas, a chamada "Polaca".

A Consolidação das Leis do Trabalho foi um conjunto de regras criadas para proteger o trabalhador. A lei que estabelece a CLT data de 1º de maio 1943, mas as normas em favor do trabalhador começam ainda no governo provisório (1930-1945) de Getúlio Vargas. Entre os direitos garantidos neste primeiro momento estão o salário mínimo, a carteira de trabalho, a jornada de oito horas, as férias remuneradas, a previdência social e o descanso semanal.

GABARITO: D.

63. **(ESA)** O princípio do "Uti Possidetis" foi adotado no Tratado de(o):
a) Santo Ildefonso.
b) Utrecht.
c) El Pardo.
d) Badajós.
e) Madri.

"Uti Possidetis" é um princípio de direito internacional segundo o qual os que de fato ocupam um território possuem direito sobre este. Tal conceito norteou as negociações entre Portugal e Espanha visando resolver as tensões territoriais que envolviam principalmente a região da Bacia da Prata. Dessas negociações, realizadas em Madri em 1750, surgiu o acordo conhecido como Tratado de Madri, que definiu os novos limites territoriais do Brasil.

GABARITO: E.

64. **(ESA)** A República Velha:
    a) Foi o resultado de uma imensa participação popular.
    b) Caracterizou-se pelo governo de militares em sua fase inicial e dos grandes fazendeiros, posteriormente.
    c) Caracterizou-se pelo predomínio dos governadores nordestinos.
    d) Caracterizou-se pela ausência de movimentos de oposição.
    e) Teve apenas presidentes civis.

    República Velha é a denominação dada à primeira fase da República brasileira, que se estendeu da Proclamação da República, em 15 de novembro de 1889, até a Revolução de 1930. Este período se subdivide em duas fases: República da Espada (1889-1894) e República Oligárquica (1894-1930).

    GABARITO: B.

65. **(ESA)** O documento que repudiava o nazismo, o fascismo e o autoritarismo do governo de Getúlio Vargas era:
    a) O Queremismo.
    b) O Plano SALTE.
    c) O Manifesto dos Mineiros.
    d) A Instituição nº 113 da SUMOC.
    e) O Plano de Metas.

    O Manifesto dos Mineiros foi uma carta aberta publicada em 24 de outubro de 1943, no aniversário da vitória da Revolução de 1930, por membros da elite liberal de Minas Gerais, defendendo o fim da ditadura do Estado Novo e a redemocratização do país.

    GABARITO: C.

66. **(ESA)** Um dos resultados das chamadas Grandes Navegações, iniciadas pelos portugueses, foi:
    a) O controle do mar mediterrâneo pelos navegadores italianos e turcos.
    b) O deslocamento do eixo comercial da Europa, do mar Mediterrâneo para o oceano Atlântico.
    c) O desenvolvimento das navegações espanholas, inglesas e holandesas no mar Mediterrâneo.
    d) A decadência econômica das cidades portuárias da península ibérica.
    e) A decadência econômica da burguesia mercantil portuguesa.

    As grandes navegações tiveram como principais consequências um afluxo de riquezas, metais preciosos e novos produtos para a Europa – proveniente do comércio e da exploração colonial –, a formação de impérios coloniais, o acúmulo de capitais nas mãos da burguesia europeia, a ascensão de Portugal e Espanha à condição de potências europeias da época e o deslocamento do eixo comercial marítimo do Mediterrâneo para o Atlântico.

    GABARITO: B.

67. **(ESA)** Os movimentos nativistas no Brasil Colônia fizeram com que surgisse um sentimento nacional à medida que os conflitos com a metrópole portuguesa foram se agravando. O primeiro movimento que caracterizou bem este sentimento nacional foi o(a):

a) Insurreição Pernambucana.
b) Guerra dos Mascates.
c) Revolta de Vila Rica.
d) Inconfidência Mineira.
e) Conjuração Baiana.

A Insurreição Pernambucana ocorreu em 1645 e teve como objetivo expulsar os holandeses da região do Nordeste brasileiro. É considerada a primeira revolta nativista, seguido da Revolta de Beckman (1684), da Guerra dos Emboabas (1708), da Guerra dos Mascates (1710) e da Revolta de Filipe dos Santos (1720).

GABARITO: A.

68. (ESA) A Revolução Pernambucana de 1817 foi um movimento que pode ser caracterizado como:
a) Ter contado com a participação de portugueses e espanhóis na luta contra holandeses.
b) Ter sido um movimento que não sofreu influência dos ideais de liberdade surgidos na Independência dos Estados Unidos da América.
c) Um movimento que provocou descontentamento entre os portugueses por causa da contenção de despesas de D. João VI, que não concedeu privilégios aos próprios portugueses.
d) O único movimento em que os revoltosos não instalaram um governo provisório e nem defenderam o ideal republicano.
e) O movimento que contribuiu decisivamente no processo de independência política do Brasil.

A Revolução Pernambucana, também conhecida como Revolução dos Padres, foi um movimento de caráter liberal e republicano que eclodiu no dia 6 de março de 1817, em Pernambuco. Em pleno período joanino, a República foi proclamada pela primeira vez em terras brasileiras, contribuindo para o sentimento de independência que se fortaleceu no período de 1820 a 1822.

GABARITO: E.

69. (ESA) No cenário militar da Guerra do Paraguai podemos afirmar que:
a) Foi uma guerra em que o Brasil teve que enfrentar as forças da Tríplice Aliança.
b) A campanha da "Dezembrada" foi a principal ação naval no rio Paraguai por parte da Marinha Imperial.
c) Foi uma guerra tríplice: do Brasil contra a Argentina, da Argentina contra o Uruguai e do Uruguai contra o Paraguai.
d) A principal ação terrestre por parte do Exército Brasileiro foi nas duas batalhas de Tuiuti.
e) Teve início quando Solano Lopez depôs o governo uruguaio de Aguirre, que contava com o apoio do Brasil.

Ocorrida no dia 24 de maio de 1866, no entorno da lagoa de Tuiuti, localizada no extremo sudoeste do Paraguai, onde se encontram os rios Paraguai e Paraná, a Batalha de Tuiuti foi a maior e mais sangrenta de toda a Guerra do Paraguai (1865-1870), vencida pela Tríplice Aliança, que era formada por Brasil, Argentina e Uruguai.

GABARITO: D.

70. **(ESA)** A Segunda Guerra Mundial representou um importante período na História Brasileira devido à participação do nosso País no período de 1942 a 1945. No contexto deste conflito mundial podemos afirmar que:

a) O Brasil entrou no conflito do lado das democracias que lutaram contra o totalitarismo devido a um pacto de aliança com a Itália.

b) O resultado da participação do Brasil na II Guerra Mundial foi a queda do governo ditatorial de Getúlio Vargas, acompanhando uma tendência do mundo pós-guerra.

c) A Guerra representou um grande obstáculo ao desenvolvimento industrial brasileiro porque os Estados Unidos e a União Soviética dividiram o Mercado Comum Europeu entre si.

d) O Brasil, por não concordar com o desmembramento da Alemanha após a I Guerra Mundial, pressionou os Estados Unidos a entrarem na II Guerra Mundial.

e) O Brasil, inicialmente, entrou na II Guerra ao lado dos regimes totalitários por estar o país vivendo a ditadura de Vargas e, posteriormente em 1942, foi pressionado pelos Estados Unidos a se aliar às democracias.

Após lutar contra forças antidemocráticas no II Guerra Mundial, as contradições frente ao governo antidemocrático de Vargas ficaram cada vez mais evidentes. A deposição de Vargas foi um golpe de Estado imposto por integrantes da alta cúpula das Forças Armadas do Brasil ao então presidente Getúlio Vargas, em 29 de outubro de 1945.

GABARITO: B.

71. Eu, o príncipe regente, faço saber aos que o presente alvará virem: que desejando promover e adiantar a riqueza nacional, e sendo um dos mananciais dela as manufaturas e a indústria, sou servido abolir e revogar toda e qualquer proibição que haja a este respeito no Estado do Brasil.

Alvará de liberdade para as indústrias (1º de Abril de 1808). In: BONAVIDES, P.; AMARAL, R. Textos políticos da História do Brasil. Vol. 1. Brasília: Senado Federal, 2002 (Adaptação).

O projeto industrializante de D. João, conforme expresso no alvará, não se concretizou. Que características desse período explicam esse fato?

a) A ocupação de Portugal pelas tropas francesas e o fechamento das manufaturas portuguesas.

b) A dependência portuguesa da Inglaterra e o predomínio industrial inglês sobre suas redes de comércio.

c) A desconfiança da burguesia industrial colonial diante da chegada da família real portuguesa.

d) O confronto entre a França e a Inglaterra e a posição dúbia assumida por Portugal no comércio internacional.

O atraso industrial da colônia foi provocado pela perda de mercados para as indústrias portuguesas. Com o fim da União Ibérica, Portugal necessitou aproximar-se da Inglaterra para se reestruturar. Alguns tratados foram firmados, sendo que o Tratado de Methuen (Tratado de Panos e Vinhos), de 1703, acabou levando Portugal a uma dependência econômica com relação a Inglaterra. A consequência deste tratado foi a retração das Indústrias Portuguesas, ou seja, elas não se desenvolveram. Com isso, a Inglaterra figurava como a fornecedora de produtos manufaturados.

GABARITO: B.

72. A atividade mineradora no Brasil concentrou-se, sobretudo, na região de Minas Gerais, onde foram construídas vilas e cidades como Ouro Preto, Mariana e Diamantina. Em cidades como essas, é possível ver até hoje os reflexos da vida social e cultural que surgiu em torno da mineração. Em termos relacionados a arquitetura e a escultura, podemos dizer que o gênero de arte largamente praticado em Minas, na época da mineração, foi:

a) O realismo.
b) O surrealismo.
c) O barroco.
d) O expressionismo abstrato.
e) O dadaísmo.

O barroco foi o gênero cultural presente nas expressões relacionadas a escultura e arquitetura no século da mineração no Brasil. Seu principal representante foi Aleijadinho, artista que ficou conhecido por diversas obras, em especial *Os Profetas*, esculpida em pedra-sabão.

GABARITO: C.

73. O primeiro ato assinado por Dom João, quando aqui chegou em 1808, foi considerado decisivo no processo da futura independência do Brasil. Esse ato foi:

a) O Tratado de Livre Comércio e Navegação.
b) A autorização da transferência da capital da Bahia para o Rio de Janeiro.
c) A autorização da invasão da Guiana Francesa.
d) O apoio na substituição gradativa do capitalismo comercial pelo capitalismo industrial.
e) A abertura dos Portos às Nações Amigas.

O primeiro ato assinado por D. João ao chegar ao Brasil foi a Carta Régia, que determinou a Abertura dos Portos às Nações Amigas, em 1808, e que representou o fim do Pacto Colonial, sendo, portanto, considerado como primeiro ato rumo a Independência do Brasil.

GABARITO: E.

74. Dentre os fatores que contribuíram para que o ouro brasileiro passasse "às mãos dos mercantes da astuta Inglaterra", pode-se citar:

a) O Tratado de Methuen, acordo comercial entre Portugal e Inglaterra, que implicava facilidades alfandegárias e teve como consequência a intensificação da dependência econômica portuguesa.
b) A hegemonia inglesa em matéria de prospecção, extração, fundição e lapidação de minérios, que tornou Portugal dependente dessa tecnologia, principalmente com a escassez do ouro de superfície.
c) O Tratado dos panos e vinhos, ao estipular que produtos de alto valor no mercado e bastante consumidos na Colônia, como os tecidos ingleses e os vinhos portugueses, deveriam ser pagos exclusivamente em barras de ouro.
d) O endividamento português em relação à Inglaterra, país que financiou capital necessário para a instauração das linhas férreas que transportavam o ouro fundido aos portos litorâneos.

e) O Tratado de Lisboa, que regulamentou as relações econômicas bilaterais entre Portugal e Inglaterra, conferindo exclusividade aos mercadores ingleses na exportação de produtos manufaturados às colônias portuguesas.

O Tratado de Methuem, também chamado de Tratado dos panos e vinhos, assinado em 1703 entre Portugal e Inglaterra, fez com que a indústria portuguesa não se desenvolvesse, causando a acentuação da dependência econômica portuguesa com relação aos ingleses.

GABARITO: A.

75. É característica do Pacto Colonial:
- **a)** O protecionismo mercantilista.
- **b)** A abertura do comércio da colônia para outras metrópoles.
- **c)** A ausência de representantes da coroa nas colônias.
- **d)** A prática exclusiva da extração de metais.
- **e)** A prática exclusiva da monocultura.

O Pacto Colonial foi imposto ao Brasil colônia logo no início da colonização, quando tivemos o ciclo do açúcar. Por meio do Pacto Colonial tudo da colônia que gerasse riqueza e favorecesse a Metrópole era por esta "protegido", desde a extração de metais preciosos até a produção agrícola nas plantations (grandes latifúndios destinos à monocultura). O protecionismo mercantilista era o principal objetivo do Pacto Colonial e por meio deste sistema a colônia só podia comprar e vender para a metrópole.

GABARITO: A.

76. O Bloqueio Continental, decretado por Napoleão, tinha como um de seus principais objetivos:
- **a)** Dificultar ao Império austríaco a aquisição de mercadorias.
- **b)** Impedir a vinda da Família Real portuguesa para o Brasil.
- **c)** Facilitar a invasão da Espanha.
- **d)** Dificultar o comércio britânico, levando a Inglaterra à crise econômica.
- **e)** Derrotar a Rússia, impedindo-a de comprar armas e alimentos na Europa Ocidental.

Em razão do poderio naval da Inglaterra, Napoleão Bonaparte não conseguia dominar os ingleses por ter uma marinha inferior. Desta forma, procurou dificultar o comércio britânico para, indiretamente, dominar a Inglaterra. Por isso, em 1806 impôs aos países Europeus o Bloqueio Continental, ou seja, os países deveriam fechar seus portos ao comércio com a Inglaterra a fim de arruiná-la economicamente, sob pena de sofrer invasão francesa em seus territórios como retaliação pela desobediência.

GABARITO: D.

77. Com relação ao ciclo do ouro é correto afirmar:
- **a)** Através da Lavra a coroa exercia seu direito monopolizador sobre a colônia retendo 20% do ouro produzido.
- **b)** A derrama ocorria toda vez que o minerador entregava o ouro na casa de fundição.
- **c)** A economia da colônia mudou com a descoberta de ouro pelas entradas na região das Minas Gerais no final do século XVII.

História do Brasil

d) As casas de fundição instituídas em 1702 tinham como um dos objetivos reter a cota pela parte da coroa.

e) O clico do ouro ocorrido no Brasil no início do século XVII serviu para dar novo fôlego a Portugal após o declínio da produção de açúcar.

As casas de fundição criadas em 1702 tinham por finalidade evitar que o ouro fosse comercializado *in natura*. Neste local o ouro era transformado em barra e marcado com o símbolo da coroa portuguesa. Ademais, a própria casa de fundição já fazia a retirada da cota da parte de Portugal, evitando fraudes.

GABARITO: D.

78. A economia mineradora brasileira, florescida na época colonial, na passagem do século XVII para o século XVIII, só foi possível pela ação de determinadas figuras históricas que desbravaram e adentraram pelo sertão brasileiro. Tais figuras eram:

a) Os jesuítas.

b) Os bandeirantes.

c) Os militares.

d) Os comunistas.

e) Os huguenotes.

Os bandeirantes tiveram papel preponderante na descoberta das minas de ouro e diamante nos sertões do Brasil, exatamente em virtude dos empreendimentos como desbravadores. As expedições dos bandeirantes exploraram praticamente todo o atual território do Brasil.

GABARITO: B.

79. No século XVII o Brasil foi marcado por um conflito entre a Colônia Brasileira e os Holandeses entre os anos de 1645 e 1654. Com relação a ocupação dos holandeses é correto dizer, exceto:

a) Os holandeses ocuparam a colônia brasileira em razão da parceria que tinham com a Espanha.

b) Após a renúncia de Maurício de Nassau retomou-se o movimento de expulsão dos holandeses.

c) A Batalha dos Guararapes tem como destaque o índio Poti.

d) A expulsão holandesa refletiu no fim da economia açucareira.

e) Os holandeses se rendem na Campina do Taborda.

A razão para a Holanda ter invadido a Capitania de Pernambuco em 1630 foi embargo que a Espanha lançou sobre a Holanda, proibindo que suas áreas de domínio comercializassem com os holandeses. Como o Brasil estava sob o domínio espanhol, em razão da União Ibérica, não pode manter o acordo de monopólio da distribuição do açúcar que tinha com os holandeses.

GABARITO: A.

80. A centralização político-administrativa do Brasil Colônia foi concretizada com a:

a) Criação do Estado do Brasil.

b) Instituição do Governo Geral.

c) Transferência da capital para o Rio de Janeiro.

d) Instalação do Sistema das Capitanias Hereditárias.

e) Política de descaso do governo português pela atuação predatória dos bandeirantes.

Em razão do fracasso das capitanias hereditárias, que era um modelo de administração descentralizada, Portugal resolveu então centralizar o poder, criando o Governo Geral cuja função era ser o órgão máximo dentro da colônia.

GABARITO: B.

81. Qual é a característica da sociedade colonial brasileira até o século XVIII?
  a) Policultura, ruralismo e grande propriedade.
  b) Monocultura, trabalho escravo e pequena propriedade familiar.
  c) Importação de matéria-prima, escravismo e patriarcado.
  d) Monocultura, agricultura de subsistência e grande propriedade.
  e) Estratificação social, trabalho escravo e grande propriedade.

A sociedade colonial é marcada por grandes propriedades de terras, denominadas engenhos de açúcar, onde o poder era patriarcal, ou seja, o senhor de engenho exercia o poder político e econômico na região. Era também ruralista, porque a vida social girava em torno dos engenhos de açúcar e havia, ainda, a questão da estratificação social, imutabilidade de classe social. Por fim, tinha uma economia monocultora e voltada para a exportação.

GABARITO: E.

82. O dia em que o capitão-mor Pedro Álvares Cabral levantou a cruz [...] era a 3 de maio, quando se celebra a invenção da Santa Cruz em que Cristo, Nosso Redentor, morreu por nós, e por esta causa pôs nome à terra que se encontrava descoberta de Santa Cruz e por este nome foi conhecida muitos anos. Porém, como o demônio com o sinal da cruz perdeu todo o domínio que tinha sobre os homens, receando perder também o muito que tinha em os desta terra, trabalhou que se esquecesse o primeiro nome e lhe ficasse o de Brasil, por causa de um pau assim chamado de cor abrasada e vermelha com que tingem panos [...].

(Frei Vicente do Salvador, 1627. Apud Laura de Mello e Souza. O Diabo e a Terra de Santa Cruz, 1986. Adaptado.)

O texto revela que:

  a) A Igreja católica defendeu a prática do extrativismo durante o processo de conquista e colonização do Brasil.
  b) Um esforço amplo de salvação dos povos nativos do Brasil orientou as ações dos mercadores portugueses.
  c) Os nomes atribuídos pelos colonizadores às terras do Novo Mundo sempre respeitaram motivações e princípios religiosos.
  d) O objetivo primordial da colonização portuguesa do Brasil foi impedir o avanço do protestantismo nas terras do Novo Mundo.
  e) Uma visão mística da colonização acompanhou a exploração dos recursos naturais existentes nas terras conquistadas.

O historiador Frei Vicente de Salvador afirma que a terra "descoberta" por Cabral recebeu um nome de viés religioso, Terra de Santa Cruz, porém o aspecto econômico comercial ligado ao demônio se sobrepôs e a terra recém-descoberta mudou seu nome para "Brasil, ou seja, foi a vitória do profano sobre o sagrado.

GABARITO: E.

83. A União Ibérica foi um importante estímulo à expansão territorial portuguesa sobre o território que legalmente pertencia à Espanha, segundo o Tratado de Tordesilhas. Com isso, aconteceram vários conflitos entre os dois países e foram necessários alguns tratados de limites para que as novas fronteiras se definissem. Sobre os tratados de limites que definiram o território brasileiro, pode-se afirmar que:

a) O Tratado de Lisboa foi assinado entre Portugal e Espanha e restabeleceu os limites territoriais existentes à época do Tratado de Tordesilhas.

b) O Tratado de Madri, assinado entre Portugal e Espanha, usando o princípio da restauração, restabeleceu as fronteiras existentes antes da União Ibérica.

c) Com o Tratado do Santo Ildefonso, Portugal recebeu o domínio dos Sete Povos das Missões, o que provocou a chamada Guerra Guaranítica.

d) O Tratado de Methuen, assinado entre Portugal e Inglaterra, definiu as fronteiras ao norte do Brasil, e a Guiana ficou sob domínio inglês.

e) O Tratado de Badajoz foi o último a ser assinado e praticamente definiu os limites territoriais brasileiros. A única alteração, desde aquela época, foi a anexação do Acre.

O Tratado de Badajoz (1801) foi assinado por Portugal (de um lado) e Espanha/França (de maneira conjunta). Tal tratado continha determinações pesadas para Portugal, como a obrigação de fechar os portos sob seu domínio para os navios ingleses. Após esse acordo, o território brasileiro se manteve inalterado até a anexação do Acre, no Segundo Reinado.

GABARITO: E.

84. Considere o enunciado a seguir e as propostas para completá-lo.

Durante o século XIX, as relações entre Brasil e Inglaterra foram marcadas por diversos momentos de tensão. A denominada Questão Christie levaria ao rompimento diplomático entre os dois países em 1863.

Entre as causas que motivaram o desgaste e a ruptura diplomática, é correto citar:

I. A negativa de renovação dos tratados comerciais que beneficiavam a Inglaterra.

II. A manutenção das relações econômicas com os Estados Unidos.

III. A participação brasileira na intervenção contra o governo colorado no Uruguai.

IV. O naufrágio do navio inglês Prince of Wales no litoral do Rio Grande do Sul.

Quais propostas estão corretas?

a) Apenas I.
b) Apenas II.
c) Apenas I e III.
d) Apenas I e IV.
e) Apenas II, III e IV.

A Questão Christie representou o apogeu das tensões entre Brasil e Inglaterra, iniciadas em 1844 com a promulgação da Tarifa Alves Branco, que prejudicou a importação de gêneros daquele país. As tensões atingiram seu apogeu com a negativa do governo brasileiro de indenizar a Inglaterra pelo roubo da carga do navio Prince of Wales.

GABARITO: D.

85. Em 1834, numa tentativa de harmonizar as diversas forças em conflito no país, grupos políticos, como o dos moderados, promoveram uma reforma na Constituição do Império, mediante a promulgação do Ato Adicional. Observe os enunciados a seguir.

    I. Criação do Conselho de Estado.

    II. Criação das Assembleias Legislativas provinciais.

    III. A regência deixa de ser trina para se tornar una.

    IV. Fundação do Clube da Maioridade.

    Assinale a opção em as afirmativas estão relacionadas ao Ato Adicional.

    a) I e II.
    b) II e IV.
    c) II e III.
    d) I e IV.
    e) III e IV.

    Apenas as afirmativas II e III fazem parte do Ato Adicional de 1834. O Ato extinguiu um Conselho de Estado criado por D. Pedro I em 1823, e o Clube da Maioridade foi fundado em 1840.

    GABARITO: C.

86. "Os interesses na região platina levaram o Brasil a participar de três guerras: contra Oribe e Rosas (presidentes do Uruguai e da Argentina, respectivamente), contra Aguirre (do Uruguai) e a Guerra do Paraguai." (COTRIM, 2009)

    Sobre esse tema, leia as afirmações a seguir:

    I. Garantir o direito de navegação pelo rio da Prata, formado pela junção dos rios Paraná e Uruguai;

    II. Garantir a permanência de Solano Lopes na presidência do Paraguai;

    III. Manter o Uruguai como província;

    IV. Impedir que a Argentina anexasse o Uruguai;

    V. Conquistar uma saída para o Oceano Pacífico.

    Assinale a única alternativa que apresenta todas as afirmações corretas sobre os objetivos brasileiros nesses conflitos:

    a) I e IV.
    b) II, III e V.
    c) II e III.
    d) I, IV e V.
    e) I e III.

O discurso do governo brasileiro se alinhava com o inglês e possuía um tom liberal para a época, de liberdade de navegação, considerando o Rio da Prata como "águas internacionais". Contra essa postura se rebelaram primeiro os argentinos, com o velho sonho de anexar o Uruguai e estabelecer controle sobre o rio, e mais tarde o Paraguai, devido à necessidade de uma saída para o mar.

GABARITO: A.

87. Em termos econômicos, o Estado Novo (1937-1945) caracterizou-se:
   a) Pela política da privatização de empresas ligadas aos serviços urbanos, como o abastecimento de água.
   b) Pela adoção de um nacionalismo extremado, por meio do qual se proibiu a entrada de capitais estrangeiros no país.
   c) Pelo forte intervencionismo estatal, com a criação de conselhos regulatórios, como o Conselho Nacional do Petróleo.
   d) Pela aplicação de medidas liberais, tais como o congelamento dos salários para evitar o aumento da inflação.
   e) Pela redução do déficit público com o corte de gastos em algumas áreas sociais, como a educação.

   O governo de Getúlio Vargas (1930-1945) foi caracterizado por um forte Nacionalismo Econômico, principalmente durante o período do Estado Novo, de 1937 a 1945. Nesse período, tivemos um grande intervencionismo estatal na economia, em que Vargas investiu pesadamente na industrialização do país. Esse investimento teve duas principais características: primeiramente, promover a nacionalização de reservas naturais, como petróleo e metais, além de estimular o desenvolvimento de indústrias nacionais; e em segundo lugar, as políticas de investimento na industrialização davam grande destaque ao papel do Estado e dos investimentos públicos. Por exemplo, em 1939, foi criado o Conselho Nacional do Petróleo, responsável por regulamentar a indústria de Petróleo e Gás Natural no Brasil.

   Foram criados, também, órgãos para controlar o desenvolvimento econômico, como o Conselho Técnico de Economia e Finanças (1937) e a Comissão de Defesa da Economia Nacional (1940), além de investir na criação de empresas estatais (Companhia Siderúrgica Nacional e a Vale do Rio Doce), as quais desempenharam um papel importante no fomento da indústria de base brasileira.

   GABARITO: C.

88. O comércio de Indígenas com espanhóis, os protestos contra a implantação das Casas de Fundição e contra a cobrança de quinto e a disputa pela região das Minas foram episódios que colaboraram, respectivamente, para as seguintes sublevações coloniais:
   a) Guerra dos Emboabas, Inconfidência Mineira e Conjura dos Alfaiates.
   b) Guerra dos Mascates, Revolução Pernambucana e Revolta dos Malês.
   c) Revolta de Beckman, Inconfidência Mineira e Revolta de Vila Rica.
   d) Revolta de Amador Bueno, Revolta de Felipe dos Santos e Guerra dos Emboabas.
   e) Guerra dos Mascates, Revolta de Felipe dos Santos e Guerra dos Emboabas.

A manutenção do comércio dos índios após o fim do domínio espanhol motivou a Aclamação de Amador Bueno, em São Paulo. A revolta de Felipe dos Santos, em Vila Rica, deu-se em razão do descontentamento dos mineradores com a instalação das casas de Fundição e da cobrança forçada do quinto. Já a Guerra dos Emboabas decorreu da disputa pelo domínio da região das Minas Gerais entre paulistas e emboabas (forasteiros).

GABARITO: D.

89. A Guerra dos Emboabas (1707-1709) e a Inconfidência Mineira (1789) foram revoltas ocorridas no Brasil. Sobre elas, assinale a alternativa correta:
   a) Ambas tinham o objetivo de separar o Brasil de Portugal e ocorreram na região da mineração.
   b) A primeira é considerada uma revolução separatista e mais radical do que a segunda, tendo ocorrido na região de São Paulo e liderada pelos Bandeirantes.
   c) Tanto a primeira como a segunda foram influenciadas pelas ideias iluministas e pela independência das Treze Colônias Inglesas, mas só a segunda teve êxito nos seus objetivos.
   d) A primeira foi bem-sucedida, garantindo aos paulistas a posse da região da mineração, enquanto a segunda foi reprimida pela Coroa portuguesa antes de acontecer.
   e) Ambas ocorreram na mesma região do Brasil, contra a dominação portuguesa na área da mineração, no entanto somente a segunda teve influência das ideias iluministas europeias.

   A Guerra dos Emboabas foi um movimento nativista pela disputa do domínio sobre a região aurífera em Minas Gerais, sem pretensões iluministas de independência, ao contrário da Inconfidência Mineira, que além do descontentamento acerca da dominação portuguesa na exploração do ouro também trazia ideais iluministas de independência do Brasil, por isso a Inconfidência Mineira é chamada de movimento de emancipação.

   GABARITO: E.

90. A Guerra dos Emboabas, a dos Mascates e a Revolta de Vila Rica, verificadas nas primeiras décadas do século XVIII, podem ser caracterizadas como:
   a) Movimentos isolados em defesa de ideias liberais, nas diversas capitanias, com a intenção de se criarem governos republicanos.
   b) Movimentos de defesa das terras brasileiras, que resultaram num sentimento nacionalista, visando à independência política.
   c) Manifestações de rebeldia localizadas, que contestavam alguns aspectos da política econômica de dominação do governo português.
   d) Manifestações das camadas populares das regiões envolvidas, contra as elites locais, negando a autoridade do governo metropolitano.
   e) Manifestações separatistas de ideologia liberal contrárias ao domínio português.

   Os três movimentos citados no enunciado estão elencados entre aqueles considerados nativistas, ou seja, movimentos que contestavam uma particularidade local, não abrangiam a colônia como um todo e também não contestavam o Pacto Colonial.

   GABARITO: C.

91. São ocorrências relacionadas ao período Joanino, exceto:
   a) A transferência da Corte Portuguesa para o Brasil.

b) A decretação do Bloqueio Continental por Napoleão Bonaparte.
c) O tratado de Fontainebleau entre França e Inglaterra.
d) A assinatura da Convenção Secreta entre Portugal e Inglaterra.
e) O Tratado de Aliança e Amizade de 1810.

O tratado de Fontainebleau, de 1807, foi realizado entre França e Espanha e visava a invasão de Portugal por ambos em decorrência dos portugueses não terem aderido ao Embargo Continental decretado por Napoleão Bonaparte.

GABARITO: C.

92. Acerca do sistema colonial durante o ciclo do ouro, é correto afirmar que:
a) A intendência das minas consistia em um órgão criado pelos mineiros para cuidar da administração da região aurífera.
b) A Derrama consistia no pagamento anual de 100 arrobas de ouro a Portugal.
c) O Tratado de Methuen pode ser considerado como fator do escoamento do ouro brasileiro para os cofres britânicos.
d) A faiscação como método de extração de ouro em grandes profundidades, no caso das minas subterrâneas, pouco foi utilizado na região das Minas Gerais.
e) Destaca no período a estratificação social.

O Tratado de Methuen entre Portugal e Inglaterra decorreu da crise econômica portuguesa do final do século XVII. Por meio dele, Portugal passou a ser um país exclusivamente agrário. Sem desenvolver sua indústria nacional, Portugal passou a depender dos produtos fornecidos pela Inglaterra. Essa submissão aos ingleses fez com que o maior beneficiado pelo ouro explorado no Brasil fosse a Inglaterra.

GABARITO: C.

93. "D. João ficou encantado com a beleza do Rio de Janeiro e, em pouco tempo, declarou que não mais pretendia retornar a Portugal. Desta maneira, a situação estava invertida, pois o Brasil se tornava sede do Governo." (COTRIN,1989)

Infere-se do período Joanino:
a) O alvará de Liberdade Industrial previa taxa de 15% para produtos Ingleses como protecionismo à Indústria Nacional.
b) O tratado de Aliança e Amizade de 1808 corresponde à abertura dos Portos brasileiros para o comércio com a Inglaterra.
c) O Bloqueio Continental pode ser elencado como causa para a extinção do Pacto Colonial.
d) A elevação do Brasil à condição de Reino Unido a Portugal e Algarves dá início ao Primeiro Reinado.
e) A abertura dos Portos foi condição imposta por Napoleão Bonaparte para que a França passasse a fornecer os produtos manufaturados ao Brasil para evitar uma nova invasão das forças franco-espanholas.

A imposição do Bloqueio Continental por Napoleão Bonaparte acabou levando a Família real e toda sua comitiva a se deslocar para o Brasil. Já em solo brasileiro D. João, então príncipe regente, decreta a Abertura dos Portos às Nações Amigas, em 1808. Com isso ficava extinto o Pacto Colonial e permitia que o Brasil comercializasse com outros países. Estando Portugal sob domínio napoleônico, essa abertura se fazia necessária tanto para o Brasil vender seus produtos como para comprar bens manufaturados.

GABARITO: C.

94. No período joanino (1808-1821), foi encaminhado o processo de Independência, visto que a situação política, econômica e jurídica do Brasil se orientava nesse sentido. Assinale a opção incorreta acerca desse período.
   a) Importantes pensadores ou dirigentes portugueses haviam concebido, de tempos em tempos, a transferência da Corte portuguesa para o Brasil, a qual não ocorreu em 1807 apenas por pressão inglesa.
   b) A promoção das manufaturas era considerada como componente nocivo aos interesses de Portugal e, por tal razão, esteve ausente na política de D. João no Brasil.
   c) A Corte do Rio de Janeiro fez-se representar no Congresso de Viena, que traçou a ordem internacional após a era napoleônica.
   d) No Rio de Janeiro, D. João concebia a expansão ao norte e ao sul do Brasil, por meio de invasões de territórios sob dominação francesa ou espanhola, com o fim de robustecer o império luso na América.
   e) O retorno de D. João a Portugal, em 1821, ocorreu por exigência de Lisboa, onde se instalara um governo dito revolucionário.

   A industrialização (instalação de manufaturas) no Brasil foi uma das medias adotadas por D. João VI assim que chegou ao Brasil, em 1808, quando então decretou o Alvará de Liberdade Industrial. Todavia a indústria não se desenvolveu no período, tendo em vista a dependência econômica com a Inglaterra – era preferível comprar os produtos fabricados pelos ingleses.

   GABARITO: B.

95. A formação do território brasileiro no período colonial resultou de vários movimentos expansionistas e foi consolidada por tratados no século XVIII. Assinale a opção que relaciona corretamente os movimentos de expansão com um dos Tratados de Limites:
   a) A expansão da fronteira norte, impulsionada pela descoberta das minas de ouro, foi consolidada nos Tratados de Utrecht.
   b) A região missioneira no sul constituiu um caso à parte, só resolvido a favor de Portugal com a extinção da Companhia de Jesus.
   c) O Tratado de Madri revogou o de Tordesilhas e deu ao território brasileiro conformação semelhante à atual.
   d) O Tratado do Pardo garantiu a Portugal o controle da região das Missões e do rio da Prata.
   e) Os Tratados de Santo Ildefonso e Badajós consolidaram o domínio português no sul, passando a incluir a região platina.

   O Tratado de Madri, assinado entre os reinos Ibéricos (Portugal e Espanha) em 1750, revogou o de Tordesilhas de 1494 e deu ao território brasileiro conformação semelhante à atual, com poucas alterações subsequentes. O Tratado de Madri foi reafirmado por meio do Tratado de Badajós, assinado entre os reinos em 1801.

   GABARITO: C.

96. A interiorização do povoamento no território brasileiro nos séculos XVII e XVIII decorreu:
  a) Em razão da empresa agrícola que liberou mão de obra livre e escrava para a ocupação do interior.
  b) Do interesse português em ocupar o interior com a cana-de-açúcar.
  c) Da ampliação do quadro administrativo da metrópole.
  d) Da expansão das atividades econômicas, particularmente da pecuária e da mineração.
  e) Exclusivamente do estabelecimento de missões jesuíticas no interior da Colônia.

  A interiorização do povoamento entre os séculos XVII e XVIII se dá por alguns motivos. A exemplo da mineração, com a descoberta de ouro em Minas Gerais houve uma demanda muito grande de pessoas que rumaram para a região, dando início ao surgimento de várias cidades. Com o gado não foi diferente; esta atividade comercial, como exemplo o caso do Tropeirismo no Sul do Brasil, fez surgir várias cidades, levando o povoamento para regiões antes não ocupadas.

  GABARITO: D.

97. Veja o texto:

  Folga, nego, branco não vem cá; se vier, o diabo há de levar.

  Samba, nego, branco não vem cá; se vier, pau há de levar."

  Cantiga de Quilombo, dança folclórica alagoana.

  Sobre a utilização do trabalho escravo, podemos afirmar que:
  a) A submissão dos indígenas foi eficiente, pois eles não ofereciam resistência à dominação, já que eram familiarizados com o meio ambiente.
  b) A escravização dos indígenas não foi satisfatória, pela oposição das ordens religiosas, apesar do apoio da legislação oficial à utilização desses indivíduos.
  c) A Igreja católica condenava a imposição da escravidão aos africanos e estimulava as fugas, em protesto contra as práticas cruéis.
  d) A habilidade dos africanos em atividades como a criação de animais e a agricultura era uma das vantagens oferecidas, apesar de os africanos serem menos resistentes às epidemias.
  e) A utilização dos escravos africanos permitia aumentar o lucro gerado pelo tráfico intercontinental, apesar de os africanos resistirem à dominação, organizando-se em quilombos.

  A opção, por parte de Portugal, pela escravização do negro africano é estritamente comercial. Quando os portugueses avançaram no processo de expansão marítima no século XV, as colônias conquistadas na África serviam fornecendo escravos para os portugueses comercializarem. A escravização do índio no Brasil como mão de obra na própria colônia não era vantajosa economicamente para os portugueses. Desta forma, estabeleceu-se este comércio intercontinental da mão de obra escrava. Fato ainda é que os negros lutavam pela liberdade, se revoltando contra seus senhores e promovendo fugas, situação que levou à formação de Quilombos, sendo o mais importante o Quilombo de Palmares.

  GABARITO: E.

98. A forma mais elaborada de resistência à escravidão se deu por meio dos quilombos. No Brasil, considera-se o mais importante o de Palmares, que:
  a) Foi formado exclusivamente por escravos nascidos na África e esteve em pleno funcionamento apenas durante a presença dos holandeses no nordeste brasileiro.
  b) Se formou no início do século XVII, chegou a ter por volta de 20 mil moradores e foi destruído no fim do mesmo século, pela ação de bandeirantes.
  c) Se especializou, durante todo o século XVI, na exploração de metais preciosos, abundantes nas margens dos rios do interior de Pernambuco.
  d) Foi constituído no fim do século XVIII e contou com a importante contribuição de setores da Igreja Católica, que eram contrários ao escravismo.
  e) Contou com o decisivo apoio de importantes senhores de engenho de Pernambuco e da Bahia, com o intuito de sabotar a presença holandesa nessas capitanias.

  O Quilombo de Palmares foi um símbolo de resistência. Localizado na Serra da Barriga, na capitania de Pernambuco, iniciou sua formação no começo do século XVII e teve seu auge quando houve a invasão holandesa em Pernambuco. Em 1694, o bandeirante Domingos Jorge Velho e sua expedição conseguiram transpor as barreiras de Palmares e destruir o mais importante Quilombo do período colonial.

  GABARITO: B.

99. A respeito da Independência do Brasil, é correto afirmar que:
  a) Implicou em transformações radicais da estrutura produtiva e da ordem social, sob o regime monárquico.
  b) Significou a instauração do sistema republicano de governo, como o dos outros países da América Latina.
  c) Trouxe consigo o fim do escravismo e a implementação do trabalho livre como única forma de trabalho e o fim do domínio metropolitano.
  d) Implicou em autonomia política, todavia com pouco reflexo social.
  e) Decorreu da luta palaciana entre João VI, Carlota Joaquina e Pedro I, que teve como consequência imediata a abertura dos portos.

  A Independência do Brasil, em 07 de setembro de 1822, trouxe a autonomia política, uma vez que rompia definitivamente os laços de dominação de Portugal e nascia o Estado brasileiro. No entanto, provocou pouca alteração na ordem social: continuamos uma monarquia, com o poder concentrado nas mãos da elite (entenda proprietários de terra), com uma produção voltada para o mercado externo e uma sociedade escravista, ou seja, com pouca alteração de fato.

  GABARITO: D.

100. Sobre o período da Primeira República (1889-1930), é correto afirmar que:
  a) Os temas da nação e da cidadania ganharam centralidade na Constituição de 1891, havendo atenção aos problemas sociais e à participação política, com leis trabalhistas e extensão significativa do direito ao voto.

- **b)** A violência e o risco de fraude nas eleições eram reduzidos – assim como a barganha política, a venda de votos e a dependência a chefes locais, havendo combate dos expedientes ilícitos pelo Estado.
- **c)** Havia um Estado forte e centralizador que limitava a autonomia do poder estadual e garantia o controle sobre a produção e comercialização dos principais produtos agrícolas brasileiros.
- **d)** Havia uma ordem liberal e uma organização federativa, o domínio político das oligarquias estaduais e a força dos coronéis nos municípios, além de uma participação eleitoral restrita.
- **e)** Houve a rejeição do capital externo na promoção da urbanização das cidades brasileiras e também o incentivo estatal à industrialização, que superou a fragilidade de uma economia outrora dependente da agroexportação.

São características do Brasil durante a República Velha: restrição eleitoral (analfabetos, mulheres e mendigos não podiam votar), ascendência dos Estados sobre a Federação (a partir da Política dos Governadores) e predominância do poder dos coronéis (coronelismo).
GABARITO: D.

101. No ano de 1916 terminava uma das mais sangrentas guerras ocorridas em Santa Catarina, a Guerra do Contestado. É considerada um movimento social por vários historiadores, como ressalta o professor Paulo Pinheiro Machado:

"Crescia no campo a concentração de gente pobre e sem lar, inclusive posseiros e colonos expulsos de suas casas para a construção de uma estrada de ferro. A crise alimentava a forte religiosidade popular, criando comunidades autônomas, cuja mera existência desafiava o coronelismo vigente."

(MACHADO. Paulo Pinheiro. Tragédia Anunciada. In.: http://www.revistadehistoria.com.br/secao/capa/tragedia-anunciada.)

Sobre essa guerra, é correto afirmar:

- **a)** Uma das principais causas para o início da Guerra do Contestado foi a estrada de ferro que, com sua construção, desalojaria moradores da região.
- **b)** Apesar de ser um fato pouco divulgado, a Igreja Católica estava diretamente ligada aos sertanejos do Contestado, cujo interesse era reforçar a luta e enfraquecer o Império brasileiro para a instituição da República.
- **c)** O início da guerra se deu por invasão militar do Paraná com o intuito de reaver áreas perdidas. Dessa forma, a maior parte dos combates foi entre militares paranaenses e catarinenses.
- **d)** Um dos principais personagens da Guerra do Contestado foi o monge José Maria, frei católico que se infiltrou entre os sertanejos e os convenceu a se render aos militares.
- **e)** O enfrentamento contra os sertanejos foi severo por causa das construções de comunidades autônomas comunistas. Seus líderes pregavam os ideais de Marx contra o capitalismo vigente no Brasil.

A questão aponta para as causas da Guerra do Contestado (1912-1916), entre os estados do Paraná e Santa Catarina. Desde meados do século XIX havia um litígio entre Paraná e Santa Catarina no que diz respeito à fronteira entre as duas regiões. Com a proclamação da República e a construção da ferrovia que ligava o Rio Grande do Sul ao estado de São Paulo (e passava na região do Contestado) intensificou-se a disputa por essas terras.
GABARITO: A.

102. "As diferenças entre o regime representativo, vigente entre 1945 e 1964, e o regime militar são claras".
Fonte: Boris Fausto, História do Brasil. 13ª ed. São Paulo: EDUSP, 2009, p. 513.

Dentre as diferenças mencionadas, é correto afirmar que:

a) A liberdade sindical e o pluripartidarismo, vigentes no primeiro período, foram suplantados pelo controle sindical por parte do governo e pela inexistência de partidos políticos de oposição ao novo regime.

b) A plena democracia e a liberdade de expressão e associação, vigentes no primeiro período, foram suplantados pelos deputados classistas e pela outorga da "Polaca", em 1967.

c) As eleições indiretas e o poder decisório do Congresso, vigentes no primeiro período, foram suplantados pela sistemática perseguição aos opositores e pela imposição dos Atos Institucionais, a partir de 1965.

d) A Constituição de 1946 e a liberdade de expressão, vigentes no primeiro período, foram suplantados pela outorga da Constituição de 1967 e pelas eleições diretas para a escolha dos presidentes militares.

e) O controle dos políticos profissionais e o poder decisório do Congresso, vigentes no primeiro período, foram suplantados pela alta cúpula militar, pelos órgãos de informação e repressão e pela burocracia técnica.

A República Liberal Populista (1946-1964) foi uma experiência relativamente democrática entre duas ditaduras: Ditadura do Estado Novo (1937-1945) e Ditadura Militar (1964-1985). Isso significa que no regime militar havia um forte aparato de repressão e censura nas diversas instituições públicas e políticas, bem diferentes em relação ao período anterior.

GABARITO: E.

103. Durante o governo Vargas (1930-1945), surgiram no Brasil duas agremiações políticas, a Aliança Nacional Libertadora (ANL) e a Ação Integralista Brasileira (AIB).

Leia as afirmações a seguir.

I. A ANL era de tendência fascista e a AIB tinha tendência socialista.

II. Ambas defendiam a moratória (não pagamento da dívida externa), a nacionalização das empresas estrangeiras e o combate aos latifúndios.

III. O líder da AIB era Plínio Salgado.

IV. Argumentando a existência de um "Plano Cohen", o governo Vargas ordenou a dissolução do Congresso Nacional.

V. Em novembro de 1935, a ANL fracassou na tentativa de tomar o poder através de um golpe (Intentona Comunista).

Assinale a alternativa que apresenta apenas afirmações corretas.

a) I e III.
b) II e IV.
c) III e V.
d) II e V.
e) I e IV.

A Ação Integralista Brasileira, que combatia, ao mesmo tempo, o comunismo e o liberalismo econômico, tinha como fundador e presidente o jornalista Plínio Salgado. A Intentona Comunista, ou Golpe Vermelho, foi uma tentativa fracassada de golpe contra o governo de Vargas promovido pelo PCB em nome da Aliança Nacional Libertadora.

GABARITO: C.

104. Se, durante décadas, o dia 13 de maio foi comemorado como a data da abolição da escravidão, recentemente o dia 20 de novembro foi instituído no Brasil como o Dia da Consciência Negra. Sobre os sentidos dessas duas datas, identifique como Verdadeiras (V) ou Falsas (F) as seguintes afirmativas:

( ) O 13 de maio simboliza uma libertação conquistada pelos escravos e pelos abolicionistas junto ao Império, que instituiu políticas de reparação aos ex-escravos e aos seus descendentes.

( ) O 20 de novembro tem se firmado como uma data que relembra a resistência escrava, pois a abolição da escravidão não ocorreu sem a luta de parte dos escravos, seja de forma coletiva organizada (quilombos), seja de forma individual (suicídio, fuga, abandono do trabalho).

( ) O 13 de maio foi resultado tanto da resistência dos escravos quanto da atuação dos abolicionistas, porém a abolição da escravidão foi um processo lento que seguiu a situação e as vontades políticas e econômica das elites.

( ) A razão pela demora em se estabelecer o 20 de novembro como uma data comemorativa deveu-se à escassez de indícios que confirmassem a luta política dos abolicionistas, visto que Rui Barbosa, então ministro da Fazenda do início da República, incinerou os documentos que comprovavam essas ações.

Assinale a alternativa que apresenta a sequência correta, de cima para baixo.

a) F, V, F, V.
b) F, F, V, V.
c) V, V, F, F.
d) V, F, V, V.
e) F, V, V, F.

Sabe-se da importância do 13 de maio na História do Brasil, porém não ocorreu algum tipo de reparação para os ex-escravos e seus descendentes. Ao longo de todo o período em que ocorreu a escravidão no Brasil, entre os séculos XVI e XIX, surgiram inúmeras formas de resistências dos escravos, que não eram meramente objetos e mercadorias, mas também eram sujeitos que procuraram se expressar apesar do chicote dos brancos; daí que o dia 20 de novembro tem se consolidado como uma data importante. A abolição da escravidão no Brasil foi um processo lento, que ocorreu ao longo do século XIX, começando desde os Tratados de 1810 e culminando no 13 de maio de 1888. De um lado havia escravos e abolicionistas e de outro os interesses políticos e econômicos da arcaica elite agrária brasileira. Embora Rui Barbosa queimasse documentos inerentes ao universo da escravidão (compra e venda) logo após 13 de maio, isso não justifica a demora em se estabelecer 20 de novembro como data comemorativa. O fato é que a República implantada no Brasil foi oligárquica e sempre procurou marginalizar os mais humildes, basta observar a Constituição Brasileira de 1891, que não permitia a participação política de analfabetos.

GABARITO: E.

105. Leia o texto para responder à questão.

(...) Sendo, pois, chegada a época de ver o Brasil a justiça da sua causa de acordo com os interesses e as vistas de Inglaterra não cessarei de lembrar a V. Sra. quanto importa aproveitar tão felizes circunstâncias; elas são tão favoráveis que sendo manejadas com aptidão e habilidade de V. Sra. darão em resultado o reconhecimento pronto e formal deste Império pela Inglaterra, sem talvez haver precisão de o fazer dependente de condições algumas; pois bem longe de estarmos agora em circunstâncias de propor e pedir, mui pelo contrário, a própria Inglaterra sentirá por si mesma a necessidade de reconhecer a nossa independência e contrabalançar a influência do Governo [francês], que ora domina os conselhos de Madrid e de Lisboa ..." (Arquivo da Independência, vol. I, p. 56.)

A correspondência de Carvalho e Mello, Secretário dos Negócios Estrangeiros do Brasil, em 1824, revela características da diplomacia brasileira no sentido do reconhecimento da independência. No texto, fica evidente o interesse em:

a) Buscar fazer acordo com Portugal e Espanha.
b) Oferecer a abolição do tráfico negreiro como condição.
c) Resistir ao pagamento de indenização em dinheiro.
d) Utilizar o cenário político europeu favoravelmente ao Brasil.
e) Participar do jogo de alianças internacionais.

A questão remete ao reconhecimento externo da independência do Brasil. Após o "Grito do Ipiranga", em 1822, o Brasil foi buscar apoio externo ou reconhecimento de outros países, sobretudo da Europa. O primeiro país a reconhecer nossa independência foram os Estados Unidos no contexto da "Doutrina Monroe", em 1824. Na Europa, a Inglaterra intermediou o apoio de outros países à independência do Brasil. O Velho Continente estava mergulhado em um contexto histórico conservador e a "Santa Aliança" defendia a recolonização da América Latina.

GABARITO: D.

106. O café foi introduzido no Brasil no início do século XVIII para consumo doméstico. Com o avanço da Revolução Industrial, na Europa e depois nos Estados Unidos, a agricultura do café expandiu-se rapidamente e na terceira década do século XIX este produto já era exportado em larga escala. Sobre esse assunto, assinale a alternativa correta.

a) Os primeiros cafezais para exportação concentraram-se no Vale do Rio Paraíba, no estado do Rio de Janeiro e no oeste de São Paulo.
b) O trabalho assalariado foi a principal forma de uso da mão de obra nesta etapa inicial.
c) Na medida em que as boas terras do vale do Paraíba foram esgotando-se o plantio do café deslocou-se para o Espírito Santo e a Bahia.

d) Na segunda metade do século XIX o café já era o principal produto de exportação com largo crescimento em São Paulo.

e) Os governos dos estados produtores optaram por não proteger a agricultura do café, para manter os princípios da não intervenção.

O café assumiu papel de destaque na economia brasileira durante o Segundo Reinado, tornando-se o principal produto de exportação do país. O principal centro produtor de café era o Vale do Paraíba, tanto paulista quanto fluminense.

GABARITO: D.

107. Sobre o governo de Fernando Henrique Cardoso, é correto afirmar que:
a) Foi um governo conhecido por sua política econômica altamente protecionista, caracterizada pelo fechamento comercial do país.
b) Foi um governo que promoveu a abertura comercial, incentivando o fluxo de importações e exportações.
c) Foi um governo que combateu de maneira intensa as políticas e reformas neoliberais indicadas pelas agências reguladoras internacionais.
d) Foi um governo que empenhou-se em promover as empresas estatais brasileiras contra as políticas de privatizações iniciadas pelo governo Collor.
e) Foi um governo que em seu primeiro mandato elegeu como uma de suas prioridades o combate à interferência do capital externo no Brasil.

O governo FHC foi marcado por uma expansão econômica obtida, em especial, em função de dois fatores: a estabilidade do Real e a abertura do país aos investimentos exteriores, com a entrada de várias empresas estrangeiras para alavancar a produção no país (como Peugeot, Nissan e Honda).

GABARITO: B.

108. As atividades manufatureiras eram geralmente proibidas no Brasil Colonial. Tal proibição ocorria porque:
a) Os produtos consumidos pelos centros urbanos coloniais deveriam ser exclusivamente produzidos na Metrópole.
b) Era preciso garantir que a Colônia fosse consumidora dos produtos oferecidos pelos detentores do monopólio comercial.
c) A produção artesanal e industrial no Brasil Colônia poderia competir com os produtos metropolitanos.
d) A produção que atendia ao consumo dos núcleos rurais significava uma ameaça ao monopólio comercial.
e) Nenhuma das alternativas.

O Pacto Colonial que Portugal impôs ao Brasil no início da colonização restringia a liberdade comercial do Brasil Colônia, isto é, o Brasil só poderia comprar e vender produtos (matérias-primas) a Portugal e não podia produzir bens que viessem a concorrer com a Metrópole, devendo adquirir todos os produtos manufaturados de Portugal.

GABARITO: A.

109. O sertanismo de contrato tinha por atividade:
   a) A captura do índio na região do Nordeste, onde mais fortemente se tinha a economia açucareira.
   b) A busca de metais preciosos pelas entradas e nadeiras.
   c) O tráfico negreiro para a Inglaterra.
   d) Consistia na expansão das missões ou reduções jesuítas pelo sertão.
   e) Combater índios e negros que obstassem a colonização.

   O sertanismo de contrato era uma espécie de bandeira que prestava serviços à elite colonial feito mediante contrato onde o bandeirante atuava contra negros e indígenas que muitas vezes atrapalhavam os planos dos colonizadores. Na falta de força policial esses bandeirantes representavam o braço armado da classe dominante colonial.

   GABARITO: E.

110. A implantação do sistema de Governo Geral, em 1548, não representou a extinção das capitanias hereditárias. Assinale a alternativa diretamente relacionada com o governo Tomé de Souza.
   a) Expulsão dos franceses do Rio de Janeiro.
   b) Fundação de São Paulo de Piratininga e da cidade de São Sebastião do Rio de Janeiro.
   c) Criação de Salvador, a primeira cidade do Brasil.
   d) Assinatura do Tratado de Madrid, restabelecendo os limites naturais previstos no Tratado de Tordesilhas de 1494.
   e) Os franceses expulsos desistiram de contestar a soberania lusitana no Brasil.

   O governo de Tomé de Souza compreende o período de 1548-1553 e tem como característica a resistência dos donatários em acatar as determinações do governo geral, a transformação da Bahia na sede do Governo Geral, a fundação do primeiro bispado do Brasil e a fundação da primeira cidade, Salvador.

   GABARITO: C.

111. Seu período de dominação corresponde à fase de transição do feudalismo para o capitalismo e ficou marcado pela intervenção estatal na economia, caracterizado:
   a) Pela limitação das atividades das companhias comerciais privadas, em função dos privilégios concedidos às empresas estatais.
   b) Pela preocupação com o enriquecimento da burguesia em detrimento da nobreza feudal, garantindo a aliança de burgueses de vários países.
   c) Pelo monopólio metropolitano sobre as colônias da América, o qual passou a estimular as disputas entre as grandes empresas comerciais de propriedade da burguesia.
   d) Pelas teorias metalistas, que, ao defender práticas protecionistas, promoveram grande rivalidade entre as nações europeias.
   e) Pelo controle exclusivo externo, em contraposição à livre concorrência interna, tanto nas áreas coloniais quanto nas metropolitanas.

   A política econômica Mercantilista caracterizou o período de transição do feudalismo para o capitalismo. Entre as características desta política econômica podem ser mencionados: o intervencionismo estatal no qual o Estado interferia na economia, o protecionismo com aumento das tarifas alfandegárias visando proteger o mercado interno, balança comercial favorável, metalismo e o monopólio das metrópoles sobre as colônias, bem como a atuação das companhias de comércio.

GABARITO: C.

112. Ao receberem menos dinheiro por suas vendas ao exterior, os exportadores e produtores ligados à exportação reduzem suas compras. Os produtores internos afetados por essa redução também reduzem as suas, e assim por diante.

(Celso Furtado. Formação econômica do Brasil, 1989.)

O autor refere-se aos desdobramentos da queda no preço e no volume da exportação do café brasileiro decorrente da Crise de 1929. Tendo em vista o cenário econômico descrito pelo texto, o governo Getúlio Vargas decidiu, entre 1931 e 1939:

a) Equilibrar a oferta e a procura do produto, comprando e destruindo os excedentes das colheitas.

b) Substituir os latifúndios cafeeiros por pequenas propriedades, desapropriando terras e concedendo incentivos fiscais a agricultores.

c) Limitar a venda do produto ao mercado interno, considerando os prejuízos que a exportação de café causava ao país.

d) Adquirir empréstimos no exterior, visando à manutenção da política de valorização do preço do café.

e) Extinguir em curto prazo a dependência do país à economia cafeeira, abandonando os empresários do setor.

A Crise Mundial do capitalismo, em 1929, fez com que a Europa e os Estados Unidos diminuíssem drasticamente a compra do café brasileiro, que era o principal produto de exportação do país à época. Para tentar resolver a grave crise econômica que acometeu o país por esse motivo, Getúlio Vargas adotou uma política de sustentação ou valorização dos preços do café. Por meio do Conselho Nacional do Café, o governo comprou o produto excedente dos latifundiários que não foi consumido internamente e nem externamente, e o queimou. Foi uma tentativa de elevar o preço do produto, segundo a lei da oferta e da procura. A ideia era de diminuir a quantidade de café circulando para aumentar o seu preço. Entre 1931 e 1944, cerca de cem milhões de sacas foram retiradas do mercado e queimadas no Brasil.

GABARITO: A.

113. Sobre o período conhecido como Primeira República (1889-1930), ou República Velha, assinale a alternativa correta.

a) A prática frequente da desvalorização da moeda nacional em face da moeda estrangeira, durante esse período, beneficiava primordialmente os setores econômicos ligados à exportação, como, por exemplo, os grandes cafeicultores.

b) Durante a República Velha, o coronelismo, que teve origem ainda no período do Império, com a criação da Guarda Nacional, garantia a ética no trato do bem público, o combate à corrupção e a lisura no processo eleitoral.

c) Esse período foi marcado pela inexistência de revoltas sociais, pois a permanência no poder das oligarquias rurais garantiu, ainda que brevemente, uma maior justiça social.

d) O coronelismo, como uma manifestação de um poder privado, não tinha nenhuma influência na nomeação de cargos e nos diversos processos eleitorais.

e) Durante a primeira república, o tenentismo representou uma forma de oposição ao regime político oligárquico, pregando a moralização dos costumes e a implantação de uma república socialista.

Durante a Primeira República do Brasil (1889-1930), também conhecida como República das Oligarquias, quem de fato comandava o Brasil eram os latifundiários produtores de café. A economia cafeeira, principalmente em São Paulo, foi o grande motor da economia brasileira desde a segunda metade do século XIX até a década de 1920. O Brasil detinha o controle sobre grande parte da oferta mundial desse produto. Contudo, mesmo com o aumento do consumo mundial da bebida no início do século XX, o Brasil produzia muito mais que a demanda mundial. Essa superprodução brasileira do período e, consequentemente, o aumento dos estoques de café levaram à queda dos preços nos mercados consumidores internacionais. Os índices da época nos demonstram tal fato: em 1887 o saco de café era comprado por 4,10 libras esterlinas e em 1903 o preço estava em 1,07 libras. Com essa queda do preço internacional do café, o governo desvalorizava, seguidamente, a moeda brasileira, facilitando o lucro em exportações, favorecendo sempre as oligarquias cafeeiras e não a nação como um todo. A política de interferência econômica no câmbio foi marca comum durante a República das Oligarquias (ou República Velha), ora valorizando, ora desvalorizando a moeda.

GABARITO: A.

114. "(...) a aldeia é um espaço escolhido e organizado pelo próprio índio, e 'o aldeamento é resultado de uma política feita por vontade dos europeus para concentrar comunidades indígenas'."
(Aldeias que não estão no mapa. Entrevista com a Profª Dra Nanci Vieira de Oliveira por Maria Alice Cruz. Jornal da Unicamp. 197, novembro de 2002, p.5.)

Essa afirmação refere-se aos aldeamentos missionários e às transformações que eles trouxeram à vida dos indígenas no período colonial da América portuguesa. Os objetivos das missões jesuíticas eram:

a) A catequese e a escravidão dos indígenas como mão de obra para a monocultura, o que implicou para os índios a mestiçagem com os escravos negros e a modificação de sistema de trabalho e organização social.

b) A aculturação, a conversão religiosa e a escravização dos indígenas para extração do pau-brasil, o que implicou para os índios a mestiçagem com os brancos europeus e a modificação da sua organização social.

c) A catequese, o isolamento político e cultural dos jesuítas e o controle das áreas de fronteiras com as colônias espanholas, o que implicou para os índios uma grande mortalidade por conta dos confrontos com os espanhóis.

d) A aculturação e a proteção dos indígenas perante os bandeirantes, o que implicou para os índios a conversão religiosa e a formação de clérigos e de noviças para a Companhia de Jesus.

e) A catequese, a proteção dos indígenas e a assimilação dos nativos ao sistema colonial, o que implicou para os índios a modificação de hábitos, crenças religiosas, sistema de trabalho e organização habitacional.

Criadas pela "Companhia de Jesus", as Missões Jesuíticas eram construções em aldeias que reuniam os nativos do Brasil em um espaço seguro e isolado, sem a interferência direta dos

colonizadores que os perseguiam para escravização. As missões eram uma forma de garantir a presença católica no interior do território colonial e de catequizar os nativos, aumentando o seu número de fiéis. A maioria dos aldeamentos jesuítas estabeleceram-se ao sul e ao norte da colônia. Fato a se destacar é que as missões entraram em inúmeros confrontos com os Bandeirantes, que atacavam as aldeias com o objetivo de escravizar os indígenas catequizados por considerá-los mais submissos.

Dentro dos aldeamentos ocorria todo um processo de mudança cultural dos indígenas, uma vez que o objetivo era evangelizá-los para, assim, assimilar os costumes europeus, bem como a dinâmica do sistema colonial. Para isso, os jesuítas impunham regras de conduta, de trabalho e de horário, até então desnecessárias à rotina dos nativos, o que interferiu na organização do seu cotidiano. Os nativos aprendiam a língua portuguesa, alguns ofícios e os costumes da doutrina católica. Consequentemente, milhares de nativos perderam sua identidade religiosa e cultural, passando a ter o catolicismo como religião oficial e o português como língua principal. Ou seja, várias culturas foram devastadas em um processo, muitas vezes, feito de forma forçada.

GABARITO: E.

115. O período de 1900 a 1930, identificado no processo histórico brasileiro como República Velha, teve por traço marcante:

a) O fortalecimento da burguesia mercantil, que se utilizou do Estado como instrumento coordenador do desenvolvimento.

b) A abertura para o capital estrangeiro, principal alavanca do rápido desenvolvimento da região amazônica.

c) A modificação da composição social dos grandes centros urbanos, com a transferência de mão de obra do Centro-Sul para áreas do Nordeste.

d) O pleno enquadramento do Brasil às exigências do capitalismo inglês, ao qual o país se mantinha cada vez mais atrelado.

e) O predomínio das oligarquias dos grandes Estados, que procuravam assegurar a supremacia do setor agrário-exportador.

Grandes proprietários de terras e produtores de café, durante a República Velha, constituíram as chamadas oligarquias, que eram na verdade algumas famílias mas que detinham grande poder político e econômico. Por meio dessa influência política faziam prevalecer seus interesses econômicos, como é o caso do setor agrário-exportador.

GABARITO: E.

116. O sistema de capitanias hereditárias não foi um fracasso total, pois pelo menos duas capitanias conseguiram prosperar. São elas:

a) São Vicente e Bahia.

b) Pernambuco e São Vicente.

c) Pernambuco e Itamaracá.

d) São Vicente e Espírito Santo.

e) São Vicente e Porto Seguro.

Apesar de ser lembrado como um completo fracasso, o sistema de capitanias hereditárias foi parcialmente exitoso, se levarmos em consideração a experiência das capitanias de Pernambuco e São Vicente (São Paulo).

GABARITO: B.

117. O Período Regencial deu-se:
a) Durante a maioridade de D. Pedro II.
b) Entre a abdicação de D. Pedro I e 1840.
c) Entre a Independência e o 2º Reinado.
d) No início da maioridade de D. Pedro II.
e) Durante o 1º Reinado.

O Período Regencial é compreendido como o decênio de 1831 a 1840 na História do Brasil. Ocorre entre a abdicação de D. Pedro I e a "Declaração da Maioridade", quando seu filho D. Pedro II teve a maioridade proclamada.

GABARITO: B.

118. Entre os movimentos nativistas ocorridos no Brasil colonial, podem ser citados:
a) A Revolta de Filipe dos Santos e a Guerra dos Emboabas.
b) A Guerra dos Mascates e a Revolta Liberal de 1842.
c) As Expedições Bandeirantes e a Revolta de Beckman.
d) A Guerra Guaranítica a e Conjuração Baiana.
e) A Conjuração Baiana e a Farroupilha.

São consideradas revoltas nativistas: Insurreição pernambucana (1645), Revolta de Beckman (1684), Guerra dos Emboabas (1708), Guerra dos Mascates (1710) e Revolta de Filipe dos Santos (1720).

GABARITO: A.

119. Sobre o Brasil Republicano, assinale a alternativa correta.
a) Na história política republicana brasileira não houve espaço para populismo.
b) Em 1937 houve a criação do Estado Democrático de Getúlio Vargas.
c) Durante o regime militar houve ampliação dos direitos individuais.
d) A censura foi uma característica importante da república brasileira, a exemplo do período de 1964 a 1985.
e) O voto deixou de ser obrigatório no Brasil republicano.

O período de 1964 a 1985 é chamado de período militar, regime militar ou ditadura militar. Este período foi marcado por forte atuação do estado na centralização administrativa e no autoritarismo. Também possui como características censura, governos sucessivos e edição de Atos Institucionais.

GABARITO: D.

120. O primeiro presidente eleito da chamada "Nova República", por meio das eleições diretas de 1989, foi Fernando Collor de Melo. Sobre o governo Collor, é incorreto dizer que:

a) Foi interrompido por um processo de impeachment, em 1992.
b) Teve como vice-presidente da República Itamar Franco.
c) O movimento popular que contribuiu para o seu fim chamava-se "Caras pintadas".
d) Ficou marcado, no plano econômico, pelo confisco das poupanças dos brasileiros.
e) Deu início ao Plano Real, que criou a moeda de mesmo nome.

O Plano Real foi criado já durante o governo de Itamar Franco, quando passou a suceder Collor na Presidência da República após o impeachment.

GABARITO: E.

121. Acerca do Período Militar, é correto dizer, com exceção:

a) Representação do Legislativo na forma do bipartidarismo.
b) Restrições de direitos por meio de Atos Institucionais.
c) Início da censura no Brasil.
d) Endurecimento do governo pela Emenda Constitucional de 69.
e) Substituição de Costa e Silva por uma junta militar provisória.

Embora o período militar tenha sido marcado por forte censura, a censura no Brasil não iniciou neste período, remetendo, na verdade, a tempos anteriores. No período da Ditadura Vargas o DIP, que atuava juntamente com a polícia secreta, realizava a censura no Brasil, a exemplo das letras de samba, que falavam da malandragem e precisaram ser substituídas por letras cujo conteúdo valorizasse o trabalho.

GABARITO: C.

122. É possível dizer que a Lei da Anistia, promulgada em 1979, durante o governo do presidente General João Batista Figueiredo:

a) Foi aplicada apenas nos casos dos militares que cometeram crimes durante o Regime.
b) Pode ser incluída no processo de abertura democrática pós-período militar.
c) Foi aplicada apenas nos casos dos guerrilheiros, acusados de crimes de terrorismo pelo Regime.
d) Foi revogada durante o primeiro governo Lula, em 2003.
e) Impediu que ex-guerrilheiros exilados voltassem para o Brasil.

A Lei da Anistia promulgada durante o governo do general Figueiredo fez parte do processo de abertura política ou, melhor dizendo, da transição do Regime Militar para a "Nova República". Por meio dessa lei, os crimes cometidos tanto pelos militares quanto pelos guerrilheiros revolucionários foram perdoados pelo Estado.

GABARITO: B.

123. Qual importante órgão foi criado com a finalidade de manter a paz internacional e a cooperação dos povos, após a Segunda Guerra Mundial?

a) Organização das Nações Unidas.
b) Tratado de Versalhes.

c) Liga das Nações.
d) Companhia das Índias.
e) Tratado de Latrão.

Delegados de 50 nações (bloco aliado) reuniram-se na Conferência de San Francisco, nos EUA, entre abril e junho de 1945, assinando a Carta das Nações Unidas que cria a Organização das Nações Unidas (ONU), um órgão internacional criado em 24 de outubro de 1945, após a Segunda Guerra Mundial.

GABARITO: A.

124. A "Marcha da Família com Deus pela Liberdade", em março de 1964, na cidade de São Paulo, foi:
a) Uma demonstração de forças conservadoras de direita contra o que chamavam de esquerdismo e comunismo do governo João Goulart.
b) Uma manifestação de apoio das famílias de trabalhadores brasileiros ao governo do presidente Goulart.
c) Uma resposta das massas populares, apoiando as Reformas de Base, após o Comício na Central do Brasil (RJ/março de 1964).
d) Uma demonstração de repúdio das classes trabalhadoras a uma possível intervenção militar, com apoio norte-americano, ao governo de Goulart.
e) Uma manifestação de setores conservadores da sociedade brasileira, de revolta contra a tentativa de se derrubar o governo constitucional.

A Marcha da Família com Deus pela Liberdade, realizada após o Comício da Central do Brasil, representou a mobilização dos setores civis conservadores do país. Em âmbito geral, a manifestação contou com a presença de grupos da classe média, empresários e setores ligados à Igreja Católica. Sendo contrários às medidas anunciadas por João Goulart no Comício da Central, os participantes dessa manifestação acabaram oferecendo o respaldo necessário para que as forças militares articulassem o golpe militar de 1964.

GABARITO: A.

125. Por qual nome ficou conhecida a proposta legislativa de alteração constitucional cujo objetivo era realizar eleições diretas para a presidência da República?
a) Emenda Tancredo Neves.
b) Ulisses Guimarães.
c) Emenda Dante de Oliveira.
d) Emenda Paulo Maluf.
e) Lei Antônio Carlos Magalhães.

Durante o processo de redemocratização do Brasil foi enviada para votação na Câmara e no Senado uma proposta de Emenda Constitucional chamada Dante de Oliveira, em 1893, que tinha por finalidade restabelecer eleições diretas para a presidência da república após o período militar no Brasil. A emenda acabou não sendo na Câmara e, por conta disso, a primeira eleição para a presidência após o fim do regime militar foi feita de forma indireta.

GABARITO: C.

126. Em agosto de 1969, quando o presidente Costa e Silva adoeceu gravemente, ficando impedido de exercer o governo, o poder foi:

a) Devolvido ao grupo político civil rival do governo Goulart, que havia apoiado o Golpe de 1964.
b) Passado ao vice-presidente civil Pedro Aleixo, que reabriu o Congresso Nacional, fechado pelo AI-5.
c) Delegado ao Congresso Nacional, até a eleição do general Médici para um novo mandato.
d) Equilibrado entre a ARENA e o MDB, que passaram a exercer o poder de forma colegiada.
e) Exercido por uma Junta Militar das três armas, devido à desconfiança dos militares em relação aos civis.

Com a doença do presidente Costa e Silva os militares impediram que seu vice, Pedro Aleixo, um civil, assumisse a presidência, por isso o Brasil passou a ser governado por uma junta militar, tendo sido esta junta militar a responsável pela Emenda Constitucional 69 que fez alterações na Constituição de 1967.

GABARITO: E.

127. Dentre os Atos Institucionais editados durante o regime militar temos o AI-2, que previa a extinção dos partidos políticos e a instituição do bipartidarismo no Brasil. Em qual governo foi instituído o AI-2?

a) General Lima e Silva.
b) General Ernesto Geisel.
c) General Castelo Branco.
d) General Luis Osório.
e) General Costa e Silva.

O Ato Institucional AI-2 foi baixado em 1965, durante o governo do general Castelo Branco, primeiro presidente militar após a derrubada de João Goulart do poder em 64.

GABARITO: C.

128. Durante o governo Vargas tivemos a atuação da UDN (União Democrática Nacional) na política nacional. Acerca da UDN, é correto afirmar:

a) O partido era liderado por Carlos Lacerda.
b) Teve como principal representação política Ademar de Barros.
c) Representava os interesses da elite oligárquica.
d) Apoiou Eurico Gaspar Dutra nas eleições de 1945.
e) Partido composto por simpatizantes a Getúlio, que juntamente com o PCB passaram a integrar o movimento Queremista.

A UDN foi criada a partir da redemocratização do país promovida por Getúlio Vargas ao final do Estado Novo. A UDN era antigetulista e defendia a entrada do capital estrangeiro e a internacionalização da nossa economia. Teve como um de seus líderes o Jornalista e político Carlos Lacerda.

GABARITO: A.

129. Em 1954, aconteceu o Atentado da Rua Tonelero, famoso episódio em que atentaram contra a vida do jornalista Carlos Lacerda. Esse evento, que foi decisivo para o desfecho do governo de Getúlio Vargas, foi planejado por quem?
a) Auro de Moura.
b) Gregório Fortunato.
c) Eduardo Gomes.
d) Plínio Salgado.
e) Luís Carlos Prestes.

O Atentado da Rua Tonelero aconteceu em 5 de agosto de 1954 contra o jornalista e opositor de Getúlio Vargas, que resultou na morte do Major Vaz da aeronáutica. O atentado contra a vida de Carlos Lacerda fracassou, e as investigações concluíram que o mandante do crime fora Gregório Fortunato, chefe de segurança do Palácio do Catete, o palácio presidencial.

GABARITO: B.

130. Em relação à participação do Brasil na Primeira Guerra Mundial, é correto afirmar que:
a) Teve uma participação decisiva durante o confronto naval que influenciou diretamente o resultado da guerra, dando a vitória aos países da Tríplice Aliança.
b) A participação do Brasil contribuiu para o fornecimento de suprimentos agrícolas aos países da Tríplice Entente. Além disso, a economia brasileira passou por um grande processo de industrialização, figurando entre as principais potências capitalistas do mundo pós-guerra.
c) O governo brasileiro participou timidamente da Primeira Guerra Mundial: ficou responsável pelo envio de navios para a defesa do Atlântico, caso houvesse ataques alemães, além do envio de suprimentos agrícolas e apoio médico aos países da Tríplice Entente.
d) A Alemanha, no ano de 1917, financiou a industrialização brasileira para conseguir seu apoio durante a Primeira Guerra Mundial. O governo do Presidente Venceslau Brás aceitou a ajuda econômica e, no mesmo ano, invadiu o território da França.
e) A aproximação de Getúlio Vargas com ideias fascistas foi um dos motivos que levou o Brasil a entrar na Primeira Guerra Mundial.

O Brasil não atuou em campo de batalha durante a Primeira Guerra Mundial, por isso dizemos que houve uma participação tímida. O papel brasileiro foi fornecer produtos para os países da Tríplice Entente. Além disso, enviou um grupo de médicos e aviadores para a Europa e a Marinha brasileira colaborou no policiamento do oceano Atlântico.

GABARITO: C.

131. A partir de 1750, com os Tratados de Limites, fixou-se a área territorial brasileira, com pequenas diferenças em relação a configuração atual. A expansão geográfica havia rompido os limites impostos pelo Tratado de Tordesilhas. No período colonial, os fatores que mais contribuíram para a referida expansão foram:
a) Criação de gado no vale do São Francisco e desenvolvimento de uma sólida rede urbana.
b) Apresamento do indígena e constante procura de riquezas minerais.
c) Cultivo de cana-de-açúcar e expansão da pecuária no Nordeste.
d) Ação dos donatários das capitanias hereditárias e Guerra dos Emboabas.
e) Incremento da cultura do algodão e penetração dos jesuítas no Maranhão.

História do Brasil

A expansão territorial do Brasil se deve a fatores como a atuação dos jesuítas, a pecuária e as entradas e bandeiras. As bandeiras eram expedições particulares que tinha basicamente três conotações: bandeirismo apresador, onde se praticava o aprisionamento do índio; bandeirismo prospector, baseado na busca de metais preciosos; e sertanismo de contrato, que era uma espécie de prestação de serviço feita aos senhores de engenho.

GABARITO: B.

132. A Independência do Brasil é um dos fatos históricos mais importantes de nosso país, pois marca o fim do domínio português e a conquista da autonomia política. Muitas tentativas anteriores ocorreram e muitas pessoas morreram na luta por este ideal. Podemos citar o caso mais conhecido: Tiradentes. Foi executado pela coroa portuguesa por defender a liberdade de nosso país, durante o processo da Inconfidência Mineira. Assinale a opção correta a respeito do processo de independência do Brasil.

a) O movimento republicano secessionista no norte do Brasil, em 1820, propiciou a conscientização da elite do sudeste da necessidade da independência, a fim de se impedir que regiões brasileiras a fizessem autonomamente e se desintegrassem do território nacional.

b) Embora o exclusivismo comercial tenha acabado em 1808, com a abertura dos portos às nações amigas, somente em 7 de setembro de 1822 o Brasil deixou de ser colônia política.

c) A Revolução Liberal do Porto, em 1820, criou, tanto em Portugal quanto no Brasil, um clima de liberdade, que favoreceu a discussão de novas ideias políticas.

d) A tentativa das Cortes de Lisboa de impor à colônia brasileira a condição de Reino Unido, por acarretar impostos adicionais à elite local, foi o fato desencadeador da Proclamação da Independência do Brasil.

e) A derrota portuguesa da tentativa de ocupar a Banda Oriental desmoralizou D. João perante as elites brasileiras e contribuiu para o surgimento do projeto de rompimento dos laços coloniais.

A Revolução Liberal do Porto reuniu setores da burguesia portuguesa que demandavam o retorno da família real e a constitucionalização do reino. O projeto liberal foi recebido com simpatia pelos liberais da Corte e do movimento constitucionalista do Rio de Janeiro. De forma geral, consistia na volta de D. João VI e sua família para Lisboa, que deixaria seu filho Pedro na colônia, além da eleição de deputados para as Cortes constitucionais em todas as províncias, inclusive no Brasil e na África. Porém, o debate nas Cortes resultou em modelos políticos inaceitáveis para os brasileiros, pois propunham a volta ao sistema colonial tradicional. A elite brasileira-portuguesa interiorizada, por sua vez, vinculou-se então à figura do príncipe regente D. Pedro e elaborou um projeto político emancipatório que atendesse aos interesses desse grupo.

GABARITO: C.

133. Torna-se claro que quem descobriu a África no Brasil, muito antes dos europeus, foram os próprios africanos trazidos como escravos. E esta descoberta não se restringia apenas ao reino linguístico, estendia-se também a outras áreas culturais, inclusive à da religião. Há razões para pensar que os africanos, quando misturados e transportados ao Brasil, não demoraram em perceber a existência entre si de elos culturais mais profundos.

SLENES, R. Malungu, ngoma vem! África coberta e descoberta do Brasil. Revista USP, n.º 12, dez./jan./fev. 1991-92 (adaptado).

Com base no texto, ao favorecer o contato de indivíduos de diferentes partes da África, a experiência da escravidão no Brasil tornou possível a:

a) Formação de uma identidade cultural afro-brasileira.
b) Superação de aspectos culturais africanos por antigas tradições europeias.
c) Reprodução de conflitos entre grupos étnicos africanos.
d) Manutenção das características culturais específicas de cada etnia.
e) Resistência à incorporação de elementos culturais indígenas.

As diversas populações africanas trazidas ao Brasil foram se organizando e construindo uma identidade afro-brasileira, pois as origens africanas de cada grupo foram diluídas e esquecidas no processo violento de escravização.

GABARITO: A.

134. A partir da segunda metade do século XVIII, o número de escravos recém-chegados cresce no Rio e se estabiliza na Bahia. Nenhum lugar servia tão bem à recepção de escravos quanto o Rio de Janeiro.
FRANÇA, R. O tamanho real da escravidão. O Globo, 5 abr. 2015 (adaptado).

Na matéria, o jornalista informa uma mudança na dinâmica do tráfico atlântico que está relacionada à seguinte atividade:

a) Coleta de drogas do sertão.
b) Extração de metais preciosos.
c) Adoção da pecuária extensiva.
d) Retirada de madeira do litoral.
e) Exploração da lavoura de tabaco.

O tráfico de escravizados tinha como principal destino o Nordeste até meados do século XVII. A crise açucareira e a descoberta de ouro, no final do século XVII na região sudeste, mobilizou capitais, pessoas e escravizados para a região. A inversão do eixo econômico para a região centro-sul do país motivou a transferência da capital de Salvador para o Rio de Janeiro. A necessidade crescente de braços para a mineração fez o fluxo de escravizados ir para o porto do Rio de Janeiro.

GABARITO: B.

135. A escravidão não há de ser suprimida no Brasil por uma guerra servil, muito menos por insurreições ou atentados locais. Não deve sê-lo, tampouco, por uma guerra civil, como o foi nos Estados Unidos. Ela poderia desaparecer, talvez, depois de uma revolução, como aconteceu na França, sendo essa revolução obra exclusiva da população livre. É no Parlamento, e não em fazendas ou quilombos do interior, nem nas ruas e praças das cidades, que se há de ganhar, ou perder, a causa da liberdade.
NABUCO, J. O abolicionismo [1883]. Rio de Janeiro: Nova Fronteira; São Paulo: Publifolha 2000 (adaptado).

No texto, Joaquim Nabuco defende um projeto político sobre como deveria ocorrer o fim da escravidão no Brasil, no qual:

a) Copiava o modelo haitiano de emancipação negra.
b) Incentivava a conquista de alforrias por meio de ações judiciais.

c) Optava pela via legalista de libertação.
d) Priorizava a negociação em torno das indenizações aos senhores.
e) Antecipava a libertação paternalista dos cativos.

Joaquim Nabuco, assim como outros de seu tempo, via a abolição como um processo institucional de debate e aprovação de leis. Esta visão legalista era diferente das revoltas que ocorreram no Haiti e nos Estados Unidos.

GABARITO: C.

136. Respeitar a diversidade de circunstâncias entre as pequenas sociedades locais que constituem uma mesma nacionalidade, tal deve ser a regra suprema das leis internas de cada Estado. As leis municipais seriam as cartas de cada povoação doadas pela assembleia provincial, alargadas conforme o seu desenvolvimento, alteradas segundo os conselhos da experiência. Então, administrar-se-ia de perto, governar-se-ia de longe, alvo a que jamais se atingirá de outra sorte.
BASTOS, T. A província (1870). São Paulo: Cia. Editora Nacional, 1937 (adaptado).

O discurso do autor, no período do Segundo Reinado no Brasil, tinha como meta a implantação do:

a) Regime monárquico representativo.
b) Sistema educacional democrático.
c) Modelo territorial federalista.
d) Padrão político autoritário.
e) Poder oligárquico regional.

A partir da crise do II Reinado e do fortalecimento do Republicanismo no Brasil, o federalismo (autonomia para os Estados) passou a ser defendido, especialmente no Oeste de São Paulo, reduto dos cafeicultores fundadores do Partido Republicano Paulista.

GABARITO: C.

137. A transferência da corte trouxe para a América portuguesa a família real e o governo da Metrópole. Trouxe também, e sobretudo, boa parte do aparato administrativo português. Personalidades diversas e funcionários régios continuaram embarcando para o Brasil atrás da corte, dos seus empregos e dos seus parentes após o ano de 1808.
NOVAIS, F. A.; ALENCASTRO, L. F. (Org.). História da vida privada no Brasil. São Paulo: Cia. das Letras, 1997.

Os fatos apresentados se relacionam ao processo de independência da América portuguesa por terem:

a) Incentivado o clamor popular por liberdade.
b) Enfraquecido o pacto de dominação metropolitana.
c) Motivado as revoltas escravas contra a elite colonial.
d) Obtido o apoio do grupo constitucionalista português.
e) Provocado os movimentos separatistas das províncias.

A fuga da família real para o Brasil foi motivada pelos conflitos entre o Império Francês de Napoleão e a Inglaterra. A aliança entre Portugal e Inglaterra foi o motivo da invasão francesa que trouxe a família real para o Brasil e o consequente enfraquecimento dos laços coloniais.

GABARITO: B.

138. Quando a Corte chegou ao Rio de Janeiro, a Colônia tinha acabado de passar por uma explosão populacional. Em pouco mais de cem anos, o número de habitantes aumentara dez vezes.

GOMES, L. 1808: como uma rainha louca, um príncipe medroso e uma corte corrupta enganaram Napoleão e mudaram a História de Portugal e do Brasil. São Paulo: Planeta do Brasil, 2008 (adaptado).

A alteração demográfica destacada no período teve como causa a atividade:

a) Cafeeira, com a atração da imigração europeia.
b) Industrial, com a intensificação do êxodo rural.
c) Mineradora, com a ampliação do tráfico africano.
d) Canavieira, com o aumento do apresamento indígena.
e) Manufatureira, com a incorporação do trabalho assalariado.

As atividades mineradoras promoveram grande fluxo de pessoas para o interior do Brasil, especialmente o atual estado de Minas Gerais. Tal fluxo populacional foi acompanhado por intensa atividade econômica e uso de escravos.

GABARITO: C.

139. O número de votantes potenciais em 1872 era de 1.097.698, o que correspondia a 10,8% da população total. Esse número poderia chegar a 13%, quando separamos os escravos dos demais indivíduos. Em 1886, cinco anos depois de a Lei Saraiva ter sido aprovada, o número de cidadãos que poderiam se qualificar eleitores era de 117.022, isto é, 0,8% da população.

CASTELLUCCI, A. A. S. Trabalhadores, máquina política e eleições na Primeira República. Disponível em: www.ifch.unicamp.br. Acesso em: 28 jul. 2012.

A explicação para a alteração envolvendo o número de eleitores no período é a:

a) Criação da Justiça Eleitoral.
b) Exigência da alfabetização.
c) Redução da renda nacional.
d) Exclusão do voto feminino.
e) Coibição do voto de cabresto.

Durante quase todo o Império, a legislação eleitoral diferenciava os cidadãos de acordo com a renda (voto censitário). A partir da regulamentação do voto, apenas no caso dos alfabetizados houve a redução do número de eleitores.

GABARITO: B.

140. Entre os combatentes estava a mais famosa heroína da Independência. Nascida em Feira de Santana, filha de lavradores pobres, Maria Quitéria de Jesus tinha trinta anos quando a Bahia começou a pegar em armas contra os portugueses. Apesar da proibição de mulheres nos batalhões de voluntários, decidiu se alistar às escondidas. Cortou os cabelos, amarrou os seios, vestiu-se de homem e incorporou-se às fileiras brasileiras com o nome de Soldado Medeiros.

GOMES, L. 1822. Rio de Janeiro: Nova Fronteira, 2010.

No processo de Independência do Brasil, o caso mencionado é emblemático porque evidencia a:

a) Rigidez hierárquica da estrutura social.

b) Inserção feminina nos ofícios militares.
c) Adesão pública dos imigrantes portugueses.
d) Flexibilidade administrativa do governo imperial.
e) Receptividade metropolitana aos ideais emancipatórios.

Após a declaração de Independência do Brasil, em 1822, seguiu-se um conflito nas Províncias do norte e nordeste, tanto de grupos contra a separação de Portugal quanto por grupos separatistas, que não aceitavam a autoridade do Rio de Janeiro. A Província da Bahia lutou contra os grupos portugueses e Pedro I convocou voluntários e pagou mercenários. A guerra evidenciava o centralismo de Pedro I contra os interesses locais, que durou até julho de 1823. Durante os conflitos, Maria Quitéria vestiu-se com roupas masculinas e se apresentou. Ainda durante os combates, revelou ser mulher e foi mantida nas fileiras após ter mostrado bravura. Ao término do conflito, foi para a reserva na patente de tenente. O ato revela a dificuldade da emancipação feminina no século XIX, pois se tornou famoso quando Maria Quitéria rompeu com a hierarquia social e de gênero da sociedade brasileira oitocentista.

GABARITO: A.

141. Nos estados, entretanto, se instalavam as oligarquias, de cujo perigo já nos advertia Saint-Hilaire, e sob o disfarce do que se chamou "a política dos governadores". Em círculos concêntricos esse sistema vem cumular no próprio poder central que é o sol do nosso sistema.

PRADO, P. Retrato do Brasil. Rio de Janeiro: José Olympio, 1972.

A crítica presente no texto remete ao acordo que fundamentou o regime republicano brasileiro durante as três primeiras décadas do século XX e fortaleceu o(a):

a) Poder militar, enquanto fiador da ordem econômica.
b) Presidencialismo, com o objetivo de limitar o poder dos coronéis.
c) Domínio de grupos regionais sobre a ordem federativa.
d) Intervenção nos estados, autorizada pelas normas constitucionais.
e) Isonomia do governo federal no tratamento das disputas locais.

Os governadores eram eleitos com o apoio dos latifundiários. Ao mesmo tempo, o governo federal, dominado pelas oligarquias paulista e mineira, se beneficiava do apoio dos governadores na obtenção de votos.

GABARITO: C.

142. O problema central a ser resolvido pelo Novo Regime era a organização de outro pacto de poder que pudesse substituir o arranjo imperial com grau suficiente de estabilidade. O próprio presidente Campos Sales resumiu claramente seu objetivo: "É de lá, dos estados, que se governa a República, por cima das multidões que tumultuam agitadas nas ruas da capital da União. A política dos estados é a política nacional".

CARVALHO, J. M. Os Bestializados: o Rio de Janeiro e a República que não foi. São Paulo: Companhia das Letras, 1987 (adaptado).

Nessa citação, o presidente do Brasil no período expressa uma estratégia política no sentido de:

a) Governar com a adesão popular.

b) Atrair o apoio das oligarquias regionais.
c) Conferir maior autonomia às prefeituras.
d) Democratizar o poder do governo central.
e) Ampliar a influência da capital no cenário nacional.

O governo federal atraía o apoio das oligarquias – os coronéis – em troca de apoio econômico e autonomia administrativa. Ao mesmo tempo, os governadores só poderiam assumir caso o Senado, por meio da Comissão Verificadora de Poderes, homologasse a eleição.

GABARITO: B.

143. A Revolta da Vacina (1904) mostrou claramente o aspecto defensivo, desorganizado, fragmentado da ação popular. Não se negava o Estado, não se reivindicava participação nas decisões políticas; defendiam-se valores e direitos considerados acima da intervenção do Estado.

CARVALHO, J. M. Os bestializados: o Rio de Janeiro e a República que não foi. São Paulo: Cia. das Letras, 1987 (adaptado).

A mobilização analisada representou um alerta, na medida em que a ação popular questionava:

a) A alta dos preços.
b) A política clientelista.
c) As reformas urbanas.
d) O arbítrio governamental.
e) As práticas eleitorais.

A Revolta da Vacina, ocorrida no Rio de Janeiro em 1904, era uma revolta popular que tinha como principais bandeiras o direito individual do corpo e o direito de moradia. Os jornais da época – pertencentes aos grupos dominantes – taxavam o movimento de ignorância em relação à vacinação obrigatória. Porém, intelectuais como Rui Barbosa perceberam a rebeldia em relação à intromissão dos agentes de vacina nas casas e nos corpos. Por outro lado, o governo federal promovia o "bota abaixo" que consistia na destruição dos cortiços para dar lugar às avenidas de uma cidade sanada.

GABARITO: D.

144. Fugindo à luta de classes, a nossa organização sindical tem sido um instrumento de harmonia e de cooperação entre o capital e o trabalho. Não se limitou a um sindicalismo puramente "operário", que conduziria certamente a luta contra o "patrão", como aconteceu com outros povos.

FALCÃO, W. Cartas sindicais. In: Boletim do Ministério do Trabalho, Indústria e Comércio. Rio de Janeiro, 10 (85), set. 1941 (adaptado).

Nesse documento oficial, à época do Estado Novo (1937-1945), é apresentada uma concepção de organização sindical que:

a) Elimina os conflitos no ambiente das fábricas.
b) Limita os direitos associativos do segmento patronal.
c) Orienta a busca do consenso entre trabalhadores e patrões.
d) Proíbe o registro de estrangeiros nas entidades profissionais do país.
e) Desobriga o Estado quanto aos direitos e deveres da classe trabalhadora.

O discurso político do Estado Novo interpretava o controle sobre os movimentos sindicais como busca racional dos interesses comuns.

GABARITO: C.

145. Ao deflagrar-se a crise mundial de 1929, a situação da economia cafeeira se apresentava como se segue. A produção, que se encontrava em altos níveis, teria que seguir crescendo, pois os produtores haviam continuado a expandir as plantações até aquele momento. Com efeito, a produção máxima seria alcançada em 1933, ou seja, no ponto mais baixo da depressão, como reflexo das grandes plantações de 1927-1928. Entretanto, era totalmente impossível obter crédito no exterior para financiar a retenção de novos estoques, pois o mercado internacional de capitais se encontrava em profunda depressão, e o crédito do governo desaparecera com a evaporação das reservas.

FURTADO, C. Formação econômica do Brasil. São Paulo: Cia. Editora Nacional, 1997 (adaptado).

Uma resposta do Estado brasileiro à conjuntura econômica mencionada foi o(a):

a) Atração de empresas estrangeiras.
b) Reformulação do sistema fundiário.
c) Incremento da mão de obra imigrante.
d) Desenvolvimento de política industrial.
e) Financiamento de pequenos agricultores.

A crise de 1929 no Brasil atingiu diretamente o setor cafeeiro, que dependia da compra dos excedentes feita pelo governo. A ausência de recursos externos para o setor motivou o governo a buscar investimentos em outro setor, a indústria.

GABARITO: D.

146. De ponta a ponta, é tudo praia-palma, muito chã e muito formosa. Pelo sertão nos pareceu, vista do mar, muito grande, porque, a estender olhos, não podíamos ver senão terra com arvoredos, que nos parecia muito longa. Nela, até agora, não pudemos saber que haja ouro, nem prata, nem coisa alguma de metal ou ferro; nem lho vimos. Porém a terra em si é de muito bons ares [...]. Porém o melhor fruto que dela se pode tirar me parece que será salvar esta gente.

Carta de Pero Vaz de Caminha. In: MARQUES, A.; BERUTTI, F.; FARIA, R. História moderna através de textos. São Paulo: Contexto, 2001.

A carta de Pero Vaz de Caminha permite entender o projeto colonizador para a nova terra. Nesse trecho, o relato enfatiza o seguinte objetivo:

a) Valorizar a catequese a ser realizada sobre os povos nativos.
b) Descrever a cultura local para enaltecer a prosperidade portuguesa.
c) Transmitir o conhecimento dos indígenas sobre o potencial econômico existente.
d) Realçar a pobreza dos habitantes nativos para demarcar a superioridade europeia.
e) Criticar o modo de vida dos povos autóctones para evidenciar a ausência de trabalho.

Diante da inexistência de metais preciosos, o escrivão da frota de Cabral indicava que a maior riqueza da terra era promover a catequese para os indígenas. Tal visão era típica de uma sociedade europeia marcada pela contrarreforma católica.

GABARITO: A.

147. Após o retorno de uma viagem a Minas Gerais, onde Pedro I fora recebido com grande frieza, seus partidários prepararam uma série de manifestações a favor do imperador no Rio de Janeiro, armando fogueiras e luminárias na cidade. Contudo, na noite de 11 de março, tiveram início os conflitos que ficaram conhecidos como a Noite das Garrafadas, durante os quais os "brasileiros" apagavam as fogueiras "portuguesas" e atacavam as casas iluminadas, sendo respondidos com cacos de garrafas jogadas das janelas.

VAINFAS, R. (Org.). Dicionário do Brasil Imperial. Rio de Janeiro: Objetiva, 2008 (adaptado).

Os anos finais do I Reinado (1822-1831) se caracterizaram pelo aumento da tensão política. Nesse sentido, a análise dos episódios descritos em Minas Gerais e no Rio de Janeiro revela:

a) Estímulos ao racismo.

b) Apoio ao xenofobismo.

c) Críticas ao federalismo.

d) Repúdio ao republicanismo.

e) Questionamentos ao autoritarismo.

O governo de Pedro I foi marcado pelo autoritarismo, que era institucionalizado no Poder Moderador da Constituição de 1824. Esse comportamento político foi criticado por diversos grupos sociais no país.

GABARITO: E.

148. Ninguém desconhece a necessidade que todos os fazendeiros têm de aumentar o número de seus trabalhadores. E como até há pouco supriam-se os fazendeiros dos braços necessários? As fazendas eram alimentadas pela aquisição de escravos, sem o menor auxílio pecuniário do governo. Ora, se os fazendeiros se supriam de braços à sua custa, e se é possível obtê-los ainda, posto que de outra qualidade, por que motivo não hão de procurar alcançá-los pela mesma maneira, isto é, à sua custa?

Resposta de Manuel Felizardo de Sousa e Mello, diretor geral das Terras Públicas, ao Senador Vergueiro. In: ALENCASTRO, L. F. (Org.). História da vida privada no Brasil. São Paulo: Cia. das Letras, 1988 (adaptado).

O fragmento do discurso dirigido ao parlamentar do Império refere-se às mudanças então em curso no campo brasileiro, que confrontam o Estado e a elite agrária em torno do objetivo de:

a) Fomentar ações públicas para ocupação das terras do interior.

b) Adotar o regime assalariado para proteção da mão de obra estrangeira.

c) Definir uma política de subsídio governamental para o fomento da imigração.

d) Regulamentar o tráfico interprovincial de cativos para a sobrevivência das fazendas.

e) Financiar a fixação de famílias camponesas para estímulo da agricultura de subsistência.

O Senador Vergueiro defendeu a migração subsidiada pelo Estado para abastecer a cafeicultura com mão de obra barata. O autor do texto, Manuel Felizardo de Sousa e Mello, criticava o uso do dinheiro público para favorecer o grupo econômico cafeicultor.

GABARITO: C.

149. A linhagem dos primeiros críticos ambientais brasileiros não praticou o elogio laudatório da beleza e da grandeza do meio natural brasileiro. O meio natural foi elogiado por sua riqueza e potencial econômico, sendo sua destruição interpretada como um signo de atraso, ignorância e falta de cuidado.

> PADUA, J. A. Um sopro de destruição: pensamento político e crítica ambiental no Brasil escravista (1786-1888). Rio de Janeiro: Zahar, 2002 (adaptado).

Descrevendo a posição dos críticos ambientais brasileiros dos séculos XVIII e XIX, o autor demonstra que, via de regra, eles viam o meio natural como:

a) Ferramenta essencial para o avanço da nação.
b) Dádiva divina para o desenvolvimento industrial.
c) Paisagem privilegiada para a valorização fundiária.
d) Limitação topográfica para a promoção da urbanização.
e) Obstáculo climático para o estabelecimento da civilização.

É uma questão de interpretação sobre o potencial da riqueza natural brasileira. O pensamento político da época enxergava o meio natural enquanto condição para o crescimento da nação.
GABARITO: A.

150. Art. 90. As nomeações dos deputados e senadores para a Assembleia Geral, e dos membros dos Conselhos Gerais das províncias, serão feitas por eleições, elegendo a massa dos cidadãos ativos em assembleias paroquiais, os eleitores de província, e estes, os representantes da nação e província.

Art. 92. São excluídos de votar nas assembleias paroquiais:

I. Os menores de vinte e cinco anos, nos quais se não compreendem os casados, os oficiais militares, que forem maiores de vinte e um anos, os bacharéis formados e os clérigos de ordens sacras.

II. Os filhos de famílias, que estiverem na companhia de seus pais, salvo se servirem a ofícios públicos.

III. Os criados de servir, em cuja classe não entram os guarda-livros, e primeiros caixeiros das casas de comércio, os criados da Casa Imperial, que não forem de galão branco, e os administradores das fazendas rurais e fábricas.

IV. Os religiosos e quaisquer que vivam em comunidade claustral.

V. Os que não tiverem de renda líquida anual cem mil réis por bens de raiz, indústria, comércio ou emprego.

> BRASIL. Constituição de 1824. Disponível em: www.planalto.gov.br. Acesso em: 4 abr. 2015 (adaptado).

De acordo com os artigos do dispositivo legal apresentado, o sistema eleitoral instituído no início do Império é marcado pelo(a):

a) Representação popular e sigilo individual.
b) Voto indireto e perfil censitário.
c) Liberdade pública e abertura política.
d) Ética partidária e supervisão estatal.
e) Caráter liberal e sistema parlamentar.

A primeira Constituição do Brasil – outorgada em 1824 – tinha regras eleitorais que impediam a participação eficiente da maioria da população. Além da exclusão de mulheres e escravizados, a referida Constituição também instituía o voto censitário, ou seja, o voto por renda. A eleições eram realizadas em dois turnos. No primeiro – as eleições de paróquia – todos os homens livres poderiam votar independente da renda. No segundo – as eleições provinciais –, permitia-se a participação de eleitores que tivessem uma renda mínima. A Constituição era conservadora mesmo para a época mas, se comparada com outras constituições, foram comuns as restrições por renda, criando duas categorias de cidadãos: os ativos e os passivos.

GABARITO: B.

GEOGRAFIA DO BRASIL

1. **(ESA)** O Brasil adquiriu o Acre por meio do Tratado de Petrópolis, mediante pagamento de uma soma em dinheiro e a promessa da construção de uma Ferrovia, que escoaria as exportações bolivianas até trechos navegáveis dos rios amazônicos. A ferrovia que o tratado faz menção é a ferrovia:
   a) Madeira-Mamoré.
   b) Barão de Rio Branco.
   c) Norte-Sul.
   d) Presidente Dutra.
   e) Transamazônica.

   A Estrada de Ferro Madeira-Mamoré (EFMM) é um monumento grandioso, cujo patrimônio simboliza um período estratégico da História do Brasil. Sua construção resultou na integração da Região Norte à economia do país e fortaleceu a incorporação do Acre ao território brasileiro em pleno ciclo de expansão da economia da borracha.
   GABARITO: A.

2. **(ESA)** Em 1980, deu-se o estouro da corrida do ouro em Serra Pelada, localizada no estado de(o):
   a) Acre.
   b) Pernambuco.
   c) Pará.
   d) Sergipe.
   e) Maranhão.

   Serra Pelada é uma localidade brasileira, vila e distrito do município de Curionópolis, no sudeste do Pará. Na década de 1980, essa área foi invadida por milhares de pessoas em busca do enriquecimento rápido através do ouro e rapidamente se tornou no maior garimpo a céu aberto do mundo.
   GABARITO: C.

3. **(ESA)** A partir da década de 1990, intensificou-se no Brasil o processo de desconcentração industrial, ou seja, muitas indústrias deixaram áreas tradicionais e instalaram unidades fabris em novos espaços na busca de vantagens econômicas, como menores custos de produção. Um dos fatores responsáveis pelo processo de dispersão espacial da indústria, no Brasil, é:
   a) Predomínio de mão de obra qualificada no interior do território.
   b) Esgotamento das atividades tecnológicas nas áreas industriais tradicionais.
   c) Crescimento das cidades médias.
   d) Dispersão demográfica do país.
   e) Guerra fiscal entre estados e municípios.

A industrialização brasileira pode ser dividida em 4 etapas: I – 1500 a 1808: a proibição; II – 1808 a 1930: o surto industrial; III – 1930 a 1950: a revolução industrial; A partir de 1950: a internacionalização.

Na década de 1990, a industrialização brasileira passa a vivenciar o neoliberalismo, e o ingresso de indústrias estrangeiras ao país em larga escala. Começa uma verdadeira guerra fiscal entre os Estados, com o objetivo de atrair tais investimentos.

GABARITO: E.

4. **(ESA)** Quando se observa a distribuição setorial da PEA (População Economicamente Ativa) no Brasil, percebe-se que os trabalhadores ligados ao Comércio e Serviços respondem pela maioria absoluta, na comparação com aqueles que trabalham nos outros dois setores da economia. Esse fenômeno é conhecido como:
   a) Hipertrofia do terciário.
   b) Informalidade.
   c) Terceirização.
   d) Razão de dependência.
   e) Desemprego tecnológico.

   A população economicamente ativa está distribuída em três setores: primário – agropecuária e extrativismo; secundário – atividade industrial; terciário – prestação de serviço, comércio e turismo.

   O setor terciário é o mais amplo, pois envolve uma grande variedade de serviços, e é o setor que mais cresce. No Brasil, o setor terciário corresponde a mais de 50% da PEA.

   GABARITO: A.

5. **(ESA)** Caracteriza-se por ser quente e úmida, por originar-se no oceano Atlântico norte e, ainda, por atuar no litoral do Nordeste, principalmente, durante a primavera e o verão:
   a) A massa equatorial continental.
   b) A massa polar atlântica.
   c) A massa tropical atlântica.
   d) A massa tropical continental.
   e) A massa equatorial atlântica.

   Cinco massas de ar atuam no território brasileiro: massa tropical atlântica (mTa) – quente e úmida; massa tropical continental (mTc) – quente e seca; massa equatorial atlântica (mEa) – quente e úmida; massa equatorial continental (mEc) – quente e úmida; e massa polar atlântica (mPa) – fria e úmida.

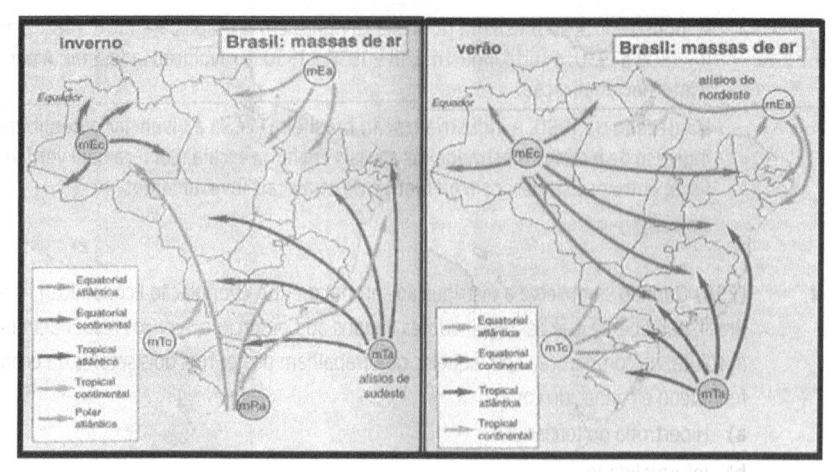

Fonte: https://www.sogeografia.com.br/Conteudos/GeografiaFisica/Clima/massas.php

GABARITO: E.

6. **(ESA)** Em relação à produção de petróleo no Brasil é correto afirmar que:
   a) Ocorre em escudos cristalinos.
   b) Um percentual muito expressivo das reservas encontra-se em áreas marítimas.
   c) As maiores jazidas ficam nas regiões metropolitanas.
   d) A produção em terra firme supera a produção offshore.
   e) A Amazônia brasileira é maior área produtora.

   O petróleo é um recurso natural não renovável, de origem fóssil, sendo encontrado nas bacias sedimentares. O Brasil possui grandes reservas de petróleo, na fixa litorânea entre os Estados de Espírito Santo e Santa Catarina, sob uma extensa camada de sal, a mais de 7 km de profundidade.

   GABARITO: B.

7. **(ESA)** O período entre 1968 e 1973, conhecido como "milagre econômico brasileiro", permitiu um acelerado crescimento da economia brasileira. Nesse período, diversos programas na área de transportes, infraestrutura e energia foram implementados, visando a acabar com a estagnação e estimular o desenvolvimento do país. Dentre os projetos iniciados no período citado, a única alternativa correta é:
   a) Usina de Itaipu.
   b) Ferrovia Norte-Sul.
   c) Estrada de Ferro Vitória a Minas.
   d) Usina Hidrelétrica de Belo Monte.
   e) Usina Hidrelétrica de Jirau.

   Os anos de 1968 a 1973 são classificados como do "milagre econômico brasileiro" pelo fato do PIB do país ter crescido, em média, 10% ao ano. Tal crescimento, no entanto, foi responsável pelo aprofundamento das desigualdades sociais. Um dos investimentos do governo militar foi o setor energético, iniciando no período do milagre econômico brasileiro a Usina binacional de Itaipu.

Os demais projetos que tiveram suas obras iniciadas em: 1985 – Ferrovia Norte-Sul; 1903 – Estrada de Ferro Vitória a Minas; 2011 – Usina Hidrelétrica de Belo Monte; 2016 – Usina Hidrelétrica de Jirau.

GABARITO: A.

8. **(ESA)** Dentre as opções a seguir, a correta ordem crescente da oferta interna de energia por fonte no Brasil é:
   a) Derivados da cana-de-açúcar; carvão mineral; hidráulica.
   b) Carvão mineral; hidráulica; petróleo; gás e derivados.
   c) Petróleo, gás e derivados; hidráulica; biomassa.
   d) Hidráulica; biomassa; carvão mineral.
   e) Hidráulica; petróleo, gás e derivados; nuclear.

   O Brasil apresenta relativa variedade de fontes de energia, podendo ser tanto renováveis quanto não renováveis. A fonte de energia de menor oferta no Brasil é o carvão mineral. Tal fato ocorre porque o carvão brasileiro, em sua maior parte, possui baixa e média qualidade devido às condições geográficas responsáveis pela sua formação.

   GABARITO: B.

9. **(ESA)** O fenômeno influenciado pela massa de ar polar atlântica e responsável por provocar queda brusca de temperatura e ventos frios no Centro-Oeste do Brasil é chamado de:
   a) Friagem.
   b) Convecção.
   c) Orográfica.
   d) Inversão térmica.
   e) Frente fria.

   A mPa é uma massa de ar que atua no território brasileiro, sendo uma massa de ar fria e úmida. A mesma apresenta essas características pelo fato de ser formada por ventos que partem da região polar sul. Entra no Brasil pela porção sul do país, nos meses de inverno, causando nessa área o fenômeno da geada. No Centro-Oeste e nas porções mais a norte do país, causa o fenômeno da friagem.

   GABARITO: A.

10. **(ESA)** O processo de integração funcional, que ocorre entre dois ou mais núcleos urbanos limítrofes cuja população compartilha a infraestrutura urbana e a rede de distribuição de bens e serviços, provoca uma dinâmica de fluxos, na qual muitos trabalhadores se movimentam diariamente entre os municípios da região metropolitana, retornando aos seus lares após a jornada de trabalho. Esse movimento pode ser denominado migração:
    a) Perene.
    b) Inter-regional.
    c) Pendular.

d) Êxodo rural.

e) Sazonal.

Migrações envolvem o deslocamento de pessoas na superfície terrestre, podendo ser tanto temporárias como definitivas e possuir causas voluntárias ou forçadas. Em regiões metropolitanas, é comum uma pessoa morar numa cidade e trabalhar em outra, realizando o processo migratório diariamente, voltando no final do expediente para a cidade onde reside. Tal migração diária é definida de migração pendular.

GABARITO: C.

11. **(ESA)** Podemos classificar as fontes de energia como tradicionais, modernas e alternativas. Sobre as fontes de energia alternativas ou renováveis, que causam menos impactos ao meio ambiente, podemos citar os seguintes exemplos:

a) Carvão vegetal, lenha e petróleo.

b) Eólica, solar e biomassa.

c) Hidráulica, solar e lenha.

d) Biomassa, gás natural e petróleo.

e) Os principais combustíveis fósseis – petróleo e carvão mineral.

Fontes de energia são matérias-primas que direta ou indiretamente produzem energia para movimentar as máquinas, os transportes, a indústria, o comércio, a agricultura, as casas etc.

As fontes de energia são divididas em dois grupos: as renováveis, ou seja, que se renovam a curto prazo, ou continuam existindo após o seu uso; e as não renováveis, ou seja, que não possuem a capacidade de se renovar a curto prazo e se esgotam após o seu uso. Fontes de energia podem ainda ser caracterizadas como tradicionais e alternativas. As fontes tradicionais, em sua maioria, derivam de combustíveis fósseis e seu uso pode gerar impactos ambientais. As fontes alternativas de energia possuem a consciência ecológica e podemos citar como exemplos a energia eólica, a energia solar e a biomassa.

GABARITO: B.

12. **(ESA)** O Índice de Desenvolvimento Humano (IDH) é utilizado como referência em estudos comparativos das condições de vida das populações. Seus três grandes indicadores são:

a) Expectativa de vida ao nascer, nível de instrução e quantidade de trabalhadores abaixo da linha da pobreza.

b) Nível de instrução, PIB *per capita* e número de empregos com carteira assinada.

c) Expectativa de vida ao nascer, PIB *per capita* e a quantidade de trabalhadores domésticos.

d) PIB *per capita*, nível de instrução e taxa de fecundidade.

e) Expectativa de vida ao nascer, nível de instrução e PIB *per capita*.

O Índice de Desenvolvimento Humano (IDH) é um conjunto de indicadores que possui como objetivo analisar o grau de desenvolvimento dos países. Para um país ser considerado desenvolvido, necessita de um equilíbrio entre desenvolvimento econômico e desenvolvimento social. Os principais indicadores são: expectativa de vida, nível de escolaridade, produto interno bruto e renda *per capita*.

GABARITO: E.

13. **(ESA)** Sobre a atual dinâmica demográfica brasileira, assinale a afirmativa correta:
a) O Brasil está deixando de ser um país jovem.
b) A participação relativa dos idosos vem declinando desde a década de 1980.
c) O crescimento vegetativo compreendido entre 1940 e 1970 não foi afetado pela redução da mortalidade.
d) A migração é um dos fatores de maior impacto na composição atual da estrutura etária do Brasil.
e) A taxa de mortalidade infantil equipara-se a dos padrões do conjunto dos países desenvolvidos.

Crescimento vegetativo de uma população é a diferença entre as taxas de natalidade e mortalidade, podendo ser positivo (taxas de natalidade superam as taxas de mortalidade), negativo (taxas de mortalidade superam as taxas de natalidade) ou ainda podendo ser nulo (taxas de natalidade e mortalidade iguais). O crescimento vegetativo da população brasileira pode ser dividido em três estágios: até 1940 – pequeno crescimento, fruto de elevadas taxas de natalidade e mortalidade; entre 1940 e 1970 – grande crescimento vegetativo, causado pela diminuição das taxas de mortalidade e permanência das elevadas taxas de natalidade; a partir de 1970 – início da transição demográfica, devido a redução tanto das taxas de natalidade e como das taxas de mortalidade.

A principal consequência da redução nas taxas de natalidade e mortalidade é a diminuição da população jovem, ou seja, o envelhecimento da população.

GABARITO: A.

14. **(ESA)** No romance "O Tempo e o Vento", o escritor Érico Veríssimo descreve a história do Rio Grande do Sul e suas paisagens, que marcam a formação territorial da região. Identifique e marque o clima predominante desse estado brasileiro:
a) Equatorial.
b) Tropical.
c) Subtropical.
d) Semiárido.
e) Temperado.

O Brasil é um país intertropical, onde 92% é tropical e 8% subtropical. O clima tropical brasileiro subdivide-se em: tropical típico ou semiúmido (Centro-Oeste), tropical semiárido (sertão nordestino), tropical litorâneo (litoral), equatorial (região Amazônica) e tropical de altitude (regiões serranas do Sudeste). O Rio Grande do Sul está abaixo do tropico da Capricórnio, portanto, possui o clima subtropical.

GABARITO: C.

15. **(ESA)** Assinale a principal atividade econômica da Campanha Gaúcha:
a) Pecuária extensiva.
b) Extrativismo vegetal.
c) Mineração.
d) Turismo.
e) Pesca.

Na Campanha Gaúcha a pecuária extensiva é a atividade econômica mais tradicional, pois ela é desenvolvida em extensas áreas de pastagens naturais, o que contribuiu para o desenvolvimento da pecuária extensiva de corte.

GABARITO: A.

16. **(ESA)** A classificação do relevo brasileiro em grandes unidades, ou compartimentos, é uma síntese dos processos de construção e modelagem da superfície terrestre e das formas resultantes. Esta classificação distingue três tipos de compartimentos, que são:
    a) Planaltos, planícies e dobramentos modernos.
    b) Escudos cristalinos, bacias sedimentares e dobramentos modernos.
    c) Planaltos, planícies e depressões.
    d) Plataforma continental, talude continental e fossa abissal.
    e) Chapadas, depressões e bacias sedimentares.

    Três estudiosos fizeram a compartimentação do relevo brasileiro, sendo a última, realizada na década de 1990, por Jurandyr Luciano Sanches Ross, fruto do projeto Radambrasil, que compartimentou o relevo brasileiro em 28 unidades, agrupadas em planaltos, planícies e depressões.

    GABARITO: C.

17. **(ESA)** Em relação às bacias hidrográficas no Brasil, assinale a assertiva correta.
    a) A região hidrográfica do Paraná é a bacia hidrográfica com maior capacidade instalada de geração de energia hidrelétrica.
    b) A região hidrográfica do São Francisco é a terceira em volume de escoamento superficial.
    c) A região hidrográfica do Uruguai é a segunda mais importante da Região Nordeste.
    d) Na região hidrográfica do Atlântico leste, situa-se o Aquífero Guarani.
    e) A região hidrográfica do Parnaíba é formada por córregos que nascem nas vertentes da Serra do Mar.

    O Brasil é um país rico em recursos hídricos, possuindo em seu território bacias hidrográficas principais e bacias hidrográficas secundárias. As bacias hidrográficas principais são: Bacia Amazônica, Bacia do Tocantins-Araguaia, Bacia do São Francisco e Bacia da Prata ou Platina, formada pelas bacias dos rios Paraná, Paraguai e Uruguai.

    No que se refere a hidreletricidade, a bacia amazônica possui o potencial hidrelétrico, porém não aproveitado. A Bacia do Paraná possui o maior aproveitamento hidrelétrico, inclusive sediando a Usina binacional de Itaipu.

    GABARITO: A.

18. **(ESA)** Analisando a dinâmica relativa aos climas que atuam no Brasil, percebe-se que em toda a região Sul ocorre o clima:
    a) Tropical semiárido.
    b) Subtropical úmido.
    c) Litorâneo úmido.
    d) Equatorial úmido.
    e) Tropical.

O clima subtropical úmido, caracterizado, dentre outros aspectos, por significativas amplitudes térmicas anuais e por precipitações bem distribuídas ao longo de todo o ano, predomina nas áreas de latitudes mais elevadas do território brasileiro, ocorrendo em toda a Região Sul, bem como na porção meridional dos estados de São Paulo e Mato Grosso do Sul.

GABARITO: B.

19. **(ESA)** As cactáceas, tais como o xique-xique e o mandacaru, são espécies de vegetação brasileira que apresentam folhas de tamanho reduzido para minimizar a perda de água pela transpiração. Tais espécies podem ser encontradas na/no(s):
    a) Mata Atlântica.
    b) Manguezais.
    c) Mata dos Cocais.
    d) Araucária.
    e) Caatinga.

    O domínio morfoclimático da caatinga está presente no sertão nordestino e possui como principais características: clima tropical semiárido (quente e seco), com grande irregularidade na distribuição das chuvas; vegetação xerófila, ou seja, vegetação adaptada a períodos de longas estiagens; solo raso e pedregoso, pobre em matéria orgânica, porém rico em minerais; hidrografia intermitente; relevo caracterizado pelo predomínio de depressões. O solo no interior do Nordeste brasileiro sofre pouco com a lixiviação devido à escassez de chuvas.

    GABARITO: E.

20. **(ESA)** A carnaúba é uma árvore (palmeira) esguia, que se apresenta em formações espaçadas e atinge até 20 metros de altura. Indique a alternativa que apresenta três estados brasileiros onde esta espécie pode ser encontrada.
    a) Piauí, Ceará e Rio Grande do Norte.
    b) Rio de Janeiro, São Paulo e Paraná.
    c) Rio Grande do Sul, São Paulo e Santa Catarina.
    d) São Paulo, Espírito Santo e Rio de Janeiro.
    e) Rio de Janeiro, Santa Catarina e São Paulo.

    A carnaúba (*Copernicia prunifera*), também chamada carnaubeira e carnaíba, é uma palmeira, da família Arecaceae, endêmica do semiárido da Região Nordeste do Brasil. É a árvore-símbolo do Estado do Ceará e do Estado do Piauí, conhecida como "árvore da vida", pois oferece uma infinidade de usos ao homem. É encontrada no nordeste brasileiro, principalmente nos estados do Ceará, Piauí e Rio Grande do Norte.

    GABARITO: A.

21. **(ESA)** A vegetação brasileira, com espécie de conífera tipicamente sul-americana, é encontrada na/no(s):
a) Mata Atlântica.
b) Manguezais.
c) Mata dos Cocais.
d) Araucária.
e) Cerrado.

A floresta de araucária, cujo nome científico é *Araucaria angustifólia*, é uma espécie arbórea dominante da floresta ombrófila mista, ocorrendo majoritariamente na região Sul do Brasil.

GABARITO: D.

22. **(ESA)** Assinale a alternativa que apresenta os estados brasileiros que compõem a Amazônia Ocidental.
a) Mato Grosso do Sul, Acre e Pará.
b) Maranhão, Amazonas e Tocantins.
c) Amazonas, Roraima e Piauí.
d) Acre, Rondônia e Mato Grosso.
e) Amazonas, Acre, Rondônia e Roraima.

A Região geoeconômica da Amazônia ou Complexo Regional Amazônico compreende todos os estados da região Norte do Brasil (apenas parte no Tocantins está fora), praticamente todo o Mato Grosso e o oeste do Maranhão, numa área de aproximadamente 5,1 milhões de quilômetros (cerca de 60% do território do país). O Oeste da Amazônia envolve os Estados de Roraima, Amazonas, Acre e Rondônia.

GABARITO: E.

23. **(ESA)** O clima que abrange as terras altas do Sudeste, caracterizado por invernos mais rigorosos sob influência da massa de ar Polar Atlântica, trata-se do clima:
a) Subtropical úmido.
b) Tropical semiárido.
c) Litorâneo úmido.
d) Equatorial úmido.
e) Tropical de altitude.

O Brasil é um país intertropical, onde 92% é tropical e 8% subtropical. O clima tropical brasileiro subdivide-se em: tropical típico ou semiúmido (Centro-Oeste), tropical semiárido (sertão nordestino), tropical litorâneo (litoral), equatorial (região Amazônica) e tropical de altitude (regiões serranas do Sudeste). Nas regiões serranas do Sudeste predomina o clima tropical de altitude.

GABARITO: E.

24. **(ESA)** Nas áreas muito úmidas da Amazônia, típicas de clima equatorial, os solos são lavados e têm seus minerais e nutrientes escoados pela água das chuvas, causando o empobrecimento do solo em curto prazo. A este processo de degradação do solo denominamos:
a) Laterização.
b) Lixiviação.
c) Desertificação.
d) Antropização.
e) Ravinamento.

Solo é a fina camada superficial da litosfera, processo final da erosão. A lixiviação ocorre quando a água da chuva penetra das camadas de solo lavando-o.

GABARITO: B.

25. **(ESA)** O Índice de Desenvolvimento Humano (IDH) serve para aferir as condições de vida de uma população. Assim, o Brasil que, em 2011, obteve 0,718 de IDH, ficou na 84ª posição no ranking de 187 países, deve promover ações para melhorar sobretudo os seguintes indicadores socioeconômicos:
a) Expectativa de vida e nível de instrução.
b) Renda *per capita* e taxa de mortalidade infantil.
c) Taxa de alfabetização e taxa de fecundidade.
d) Índice de desemprego e esperança de vida.
e) Dívida externa e PIB *per capita*.

O Índice de Desenvolvimento Humano (IDH) é um conjunto de indicadores que possui como objetivo analisar o grau de desenvolvimento dos países. Para um país ser considerado desenvolvido, necessita de um equilíbrio entre desenvolvimento econômico e desenvolvimento social.

Para elevar o IDH, necessita de investimentos sociais, como a expectativa de vida e o nível de alfabetização. Quanto maior a expectativa de vida, melhor o grau de desenvolvimento dos países.

GABARITO: A.

26. **(ESA)** Nas últimas décadas, o crescimento populacional e econômico resultou em contínuo aumento da demanda por energia no Brasil. O grande destaque no consumo final de energia no país tem sido o setor
a) De transporte.
b) Industrial.
c) Agropecuário.
d) Residencial.
e) Comercial.

O ranking no consumo de energia do Brasil é: 1º indústrias, 2º residências e 3º comércios.

GABARITO: B.

27. **(ESA)** Sobre a divisão política atual do território brasileiro é correto afirmar que o Brasil é uma República Federativa formada por:
   a) 27 estados, 3 territórios e o distrito federal.
   b) 27 estados e o distrito federal.
   c) 26 estados, 3 territórios e o distrito federal.
   d) 26 estados e o distrito federal.
   e) 26 estados, 2 territórios e o distrito federal.

A Constituição Federal, lei maior do país, define o Brasil como uma República Federativa, formada por 26 Estados e um Distrito Federal.

GABARITO: D.

28. **(ESA)** O Brasil apresenta estações intermodais que tornam as transferências de cargas mais eficientes e menos custosas. As estações intermodais se referem a(às):
   a) Trens de alta velocidade, que são especializados no transporte de mercadorias de alto valor agregado.
   b) Transportes que transferem as mercadorias apenas de um país para outro.
   c) Mercadorias estocadas de diversos modos, evitando a sua deterioração e o seu desperdício.
   d) Transferências de mercadorias entre modos de transportes distintos.
   e) Formas de manuseio de cargas frágeis que possuem alto valor agregado.

Os principais modais no sistema de transportes são aéreo, ferroviário, rodoviário e aquaviário. Quando a mesma mercadoria ou transporte de pessoas usa mais de um sistema de transporte, ou seja, quando ocorre uma transferência para transportes distintos, chama-se de intermodalidade.

GABARITO: D.

29. **(ESA)** Assinale a alternativa que apresenta a segunda maior bacia hidrográfica brasileira em termos de volume de vazão e que possui uma imensa bacia sedimentar onde está localizada a maior ilha fluvial do mundo.
   a) Bacia Amazônica.
   b) Bacia do Paraná.
   c) Bacia do Tocantins-Araguaia.
   d) Bacia do São Francisco.
   e) Bacia do Paraguai.

O Brasil é um país rico em recurso hídricos, possuindo, em seu território bacias hidrográficas principais e bacias hidrográficas secundárias. As bacias hidrográficas principais são: Bacia Amazônica, Bacia do Tocantins-Araguaia, Bacia do São Francisco, e Bacia da Prata ou Platina, formada pelas bacias dos rios Paraná, Paraguai e Uruguai.

A Bacia do Tocantins-Araguaia configura a maior Bacia Hidrográfica genuinamente brasileira e a segunda maior bacia hidrográfica do país, perdendo apenas para a bacia Amazônica.

GABARITO: C.

30. **(ESA)** O Aquífero Guarani constitui-se num grande reservatório subterrâneo de água doce e distribui-se por oito estados brasileiros. Dentre eles encontra-se o estado do(a):
a) Rio de Janeiro.
b) Bahia.
c) Amazonas.
d) Minas Gerais.
e) Pará.

A água segue três caminhos distintos: infiltra, evapora e escoa. Quando a água infiltra, alimenta os lençóes subterrâneos ou aquíferos. No Brasil existem dois grandes aquíferos: Alter do Chão, no subsolo amazônico, com capacidade de 86 mil km^3 de água, sendo totalmente brasileiro, e o Guarany, localizado na Bacia Platina, com capacidade de 45 mil km^3 de água, pertencente ao Brasil, Paraguai, Uruguai e Argentina. No Brasil, o aquífero Guarany pertence aos estados do Mato Grosso do Sul (213.700 km^2), Rio Grande do Sul (157.600 km^2), São Paulo (155.800 km^2), Paraná (131.300 km^2), Goiás (55.000 km^2), Minas Gerais (51.300 km^2), Santa Catarina (49.200 km^2) e Mato Grosso (26.400 km^2).

GABARITO: D.

31. **(ESA)** A formação vegetal na qual predominam espécies de palmeiras como a carnaúba, o babaçu e o buriti, e que é considerada uma zona de transição entre os domínios da Amazônia e o da Caatinga é a(o):
a) Pantanal.
b) Mata dos Cocais.
c) Manguezal.
d) Restinga.
e) Pradaria.

No Meio-Norte, separando o Domínio Amazônico do Domínio das Caatingas, ocorre uma faixa de transição na qual o clima varia de subúmido, a oeste, a semiárido, a leste. A formação vegetal da Mata dos Cocais, na qual predominam espécies de palmeiras como a carnaúba, o babaçu, o buriti e a buritirana, marca a paisagem dessa região.

GABARITO: B.

32. **(ESA)** A população brasileira sempre teve um histórico de grande mobilidade desde a colonização. Cerca de um terço da população brasileira não reside onde nasceu. Entre as características da mobilidade da população nacional na década de 1990, está a(o):
a) Queda do movimento migratório interno em direção ao Sudeste.
b) Aumento do crescimento populacional de São Paulo, principal região atratora.
c) Redução drástica da corrente migratória em direção à Amazônia.
d) Involução dos municípios de médio e pequeno porte que tiveram suas populações atraídas pelas metrópoles.
e) Grande onda migratória de sulistas em direção ao Nordeste.

A migração inter-regional brasileira sempre foi marcada pelo fluxo Nordeste/Sudeste, tendo como principal motivo as secas prolongadas na Região Repulsora (Nordeste) e a busca de melhoras condições de vida na Região Receptora (Sudeste). No entanto, a partir dos anos 1990 houve melhoria nas condições de vida no Nordeste devido a atração de indústrias e ao aumento do turismo, gerando emprego para a população local, o que diminuiu o fluxo migratório em direção ao Sudeste e promoveu a migração de retorno.

GABARITO: A.

33. **(ESA)** "Em abril de 2007, durante a Cúpula Energética Sul Americana, foi criado(a) o(a) _____, integrado(a) por vários países da América do Sul, tendo o Panamá e o México como observadores."

(TERRA, Lygia; ARAUJO, Regina; GUIMARÃES, Raul Borges. Conexões: estudos de geografia do Brasil).

O texto refere-se ao:

a) Mercosul.
b) Banco da América do Sul.
c) Unasul.
d) Conesul.
e) Alca.

Para tentar unificar todas as economias dos países sul-americanos e promover o desenvolvimento cultural, econômico, social e ambiental da América do Sul, em 2004 foi proposta a criação de uma Comunidade Sul- Americana de Nações. Em 2007, doze países assinaram, em Brasília, um documento instituindo a criação do bloco que, a partir daquele momento, passou a se chamar Unasul – União de Nações Sul-Americanas.

GABARITO: C.

34. **(ESA)** No território brasileiro, o clima subtropical é predominante na região:

a) Nordeste e trechos de maior altitude da região Norte.
b) Sudeste, além do extremo norte da Serra da Mantiqueira.
c) Sul, além de todo o extremo norte de Minas Gerais.
d) Sul, excluindo toda a parte serrana do Planalto Meridional.
e) Sul, além do extremo sul de São Paulo e Mato Grosso do Sul.

O Brasil é um país intertropical, onde 92% é tropical e 8% subtropical. O clima tropical brasileiro subdivide-se em: tropical típico ou semiúmido (Centro-Oeste), tropical semiárido (sertão nordestino), tropical litorâneo (litoral), equatorial (região Amazônica) e tropical de altitude (regiões serranas do Sudeste). O trópico de Câncer corta o Estado de São Paulo, fazendo com que as terras abaixo dessa latitude sejam classificadas como clima subtropical.

GABARITO: E.

35. **(ESA)** No Nordeste do Brasil, os polos produtores de grãos, entre eles a soja, associados aos fluxos migratórios de agricultores do Sul do País, estão concentrados no(a):

a) Zona da Mata Pernambucana.
b) Entorno de Petrolina-PE e de Juazeiro-BA.
c) Região do Seridó, no Rio Grande do Norte.

d) Oeste baiano, no sul do Maranhão e do Piauí.

e) Agreste da Paraíba e de Pernambuco.

O Sul do Piauí e do Maranhão, além do Oeste do Estado da Bahia se destacam como a maiores produtores de soja da Região Nordeste. Tal área é identificada como "Vale do Gurgueia".

GABARITO: D.

36. **(ESA)** Devido à relativa escassez de chuvas, o domínio em que quase todas as espécies são decíduas e apresentam folhas de tamanho reduzido, e os solos são pouco profundos em virtude do baixo nível de decomposição química das rochas é o do(a):

a) Caatinga.

b) Cerrado.

c) Amazônia.

d) Araucária.

e) Pradaria.

O geógrafo Aziz Nacib Ab' Saber dividiu o Brasil em seis domínios morfoclimáticos ou climato-botânicos, mais a faixa de transição. Os domínios morfoclimáticos brasileiros são: domínio amazônico, domínio do cerrado, domínio da caatinga, domínio dos mares de morros, domínio das araucárias e domínio das pradarias. O domínio morfoclimático brasileiro que possui o clima tropical semiárido e vegetação de xerófila é a caatinga.

GABARITO: A.

37. **(ESA)** Devido à sua grande extensão _____, o território brasileiro é abrangido por diferentes fusos horários, que conferem ao País horários _____ em relação à hora de Greenwich.

Assinale a única alternativa que completa de forma correta as lacunas.

a) longitudinal – adiantados

b) latitudinal – atrasados

c) geográfica – atrasados

d) longitudinal – atrasados

e) latitudinal – adiantados

Denominam-se fusos horários a faixa longitudinal que apresenta o mesmo horário, tendo como referência o Meridiano de Greenwich. Devido ao movimento de rotação, as terras à Leste possuem horário adiantado e as à Oeste possuem horário atrasado. O Brasil possui atualmente 4 fusos horários. Como o território brasileiro está a Oeste de Greenwich, todos os fusos horários brasileiros são atrasados em relação ao meridiano principal.

GABARITO: D.

38. **(ESA)** Identifique a Região onde está localizado o Cinturão carbonífero do Brasil.

a) Norte.

b) Sudeste.

c) Sul.

d) Nordeste.
e) Centro-Oeste.

O carvão mineral é um combustível fóssil formado pelo soterramento de áreas florestadas. No Brasil, o cinturão carbonífero encontra-se na Região Sul, especialmente na Bacia Sedimentar Paranáica.

GABARITO: C.

39. (ESA) Marque a alternativa correspondente ao domínio vegetal que cobria vastas extensões dos Planaltos e Serras da Região Sul e trechos da Região Sudeste do Brasil.
   a) Floresta equatorial.
   b) Mata de Araucária.
   c) Pantanal.
   d) Cerrado.
   e) Caatinga.

   O geógrafo Aziz Nacib Ab' Saber dividiu o Brasil em seis domínios morfoclimáticos ou climato-botânicos, mais a faixa de transição. Os domínios morfoclimáticos brasileiros são: domínio amazônico, domínio do cerrado, domínio da caatinga, domínio dos mares de morros, domínio das araucárias e domínio das pradarias. Os trechos das Regiões Sul e Sudeste, mais especificamente o Planalto Meridional, corresponde ao domínio das araucárias.

   GABARITO: B.

40. (ESA) Quanto aos trabalhadores do campo, os posseiros são ocupantes de terras:
   a) Devolutas ou propriedades inexploradas.
   b) De outros mediante o pagamento de uma renda em dinheiro.
   c) De outros mediante o pagamento de uma renda em produto.
   d) Das quais são proprietários formais.
   e) Pertencentes ao Governo Federal e que são exploradas mediante contratos com o Ministério da Agricultura.

   Os movimentos sociais do campo possuem como objetivo a igualdade de terras por meio da reforma agrária. O principal movimento social do campo é o Movimento dos Trabalhadores Sem Terra (MST). Quando é comprovado que uma propriedade está na categoria de latifúndio improdutivo, ou terras devolutas, pode ser aplicada a Lei de Desapropriação e esta é doada para os trabalhadores rurais sem terras e estes passam a trabalhar a terra de forma coletiva.

   GABARITO: A.

41. (ESA) A partir da década de 1960, o Governo Federal adotou uma forte política de integração do Norte ao restante do país. A seguir estão destacadas algumas medidas:
   I. Implantação de projetos de exploração mineral como o Grande Carajás, iniciado na década de 1980.
   II. Incentivo à concretização de projetos hidroelétricos visando explorar o grande potencial do Rio Amazonas.

III. A instalação de projetos militares que visavam, dentre outros objetos, a ocupação do grande vazio demográfico da região.

IV. O incentivo em infraestrutura, como a construção de grandes rodovias: Transamazônica, Cuiabá-Porto Velho, Cuiabá-Santarém, Porto Velho-Manaus.

Assinale a única alternativa em que aparecem todas as medidas verdadeiras:

a) I e III.
b) II e IV.
c) I, II e IV.
d) I, III e IV.
e) I, II e III.

A Superintendência do Desenvolvimento da Amazônia é uma autarquia do governo federal do Brasil, criada no governo do presidente Castelo Branco em 1966, com a finalidade de promover o desenvolvimento da Região. Uma das realizações da SUDAM foi a instalação da Zona Franca de Manaus.

O ítem II está incorreto, pois o Rio Amazonas é considerado um rio da planície, sendo assim inapropriado para a construção de hidrelétricas, ou seja, não há potencial hidrelétrico para ser explorado.

GABARITO: D.

42. **(ESA)** Com o desenvolvimento da agricultura empresarial no Brasil, principalmente a partir da década de 1970, houve várias consequências importantes, dentre as quais pode-se destacar:
   a) A substituição do trabalho assalariado rural temporário pelo trabalho assalariado permanente.
   b) O crescimento tanto do trabalho assalariado quanto do trabalho familiar, embora o segundo seja restrito à cultura de subsistência.
   c) A permanência do latifúndio agroexportador de monocultura, ainda que subordinado técnica e comercialmente ao referido processo de industrialização.
   d) A decadência da agricultura familiar, excluída das novas relações de trabalho no campo.
   e) O aumento relativo do número de trabalhadores em atividades agrícolas, apesar do processo de industrialização da agricultura caracterizar-se pela extrema mecanização desta atividade.

O Brasil é considerado um país agroexportador desde sua colonização. Após a exploração do pau-brasil, os ciclos econômicos do país foram baseados na produção de gêneros agrícolas. Como reflexo de seu passado colonial baseado no plantation monocultor, a estrutura fundiária brasileira apresenta-se distribuída de forma irregular, predominando o latifúndio monocultor.

GABARITO: C.

43. **(ESA)** O porto que permite o escoamento dos produtos advindos do Complexo Carboquímico localizado na porção meridional do Estado de Santa Catarina, pode ser apontado como:
   a) São Francisco do Sul.
   b) Tubarão.
   c) Itajaí.

d) Barra do Sul.

e) Imbituba.

O sistema de transporte que possui maior destaque no Brasil está na modalidade rodoviária. No entanto, pelo fato de ser um país produtor e exportador de gêneros agrícolas, como a soja e o café, necessita de investimento no modal aquaviário, o que exige o investimento portuário.

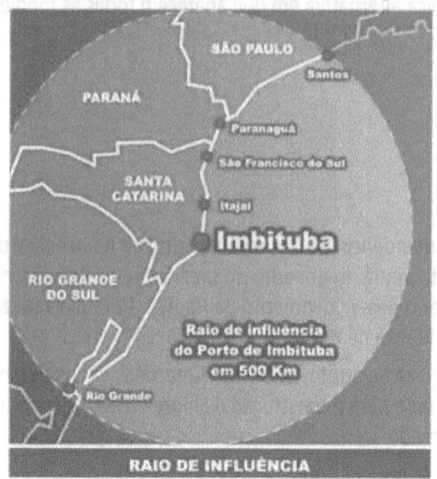

O Porto de Imbituba está localizado no litoral sul do estado de Santa Catarina a cerca de 90km da capital Florianópolis.

GABARITO: E.

44. **(ESA)** No Brasil, as concentrações minerais localizadas no Quadrilátero Ferrífero e em Carajás formaram-se na Era Geológica:
a) Pré-Cambriana.
b) Paleozoica.
c) Mesozoica.
d) Cenozoica.
e) Quaternária.

A estrutura geológica brasileira é caracterizada pela presença de escudos cristalinos e bacias sedimentares; não existem dobramentos modernos. Os escudos cristalinos remontam ao pré-cambriano, sendo ricos em metálicos.

GABARITO: A.

45. **(ESA)** Sobre a dinâmica das massas de ar brasileiras podemos afirmar que as chuvas de inverno no litoral oriental do Nordeste e as geadas no Centro-Sul do país são provocadas, respectivamente, pela:
a) mTa e mPa.
b) mEa e mEc.
c) mPa e mTc.
d) mEa e mTa.
e) mTc e mTa.

Cinco massas de ar atuam no território brasileiro: mTa (quente e úmida), mTc (quente e seca), mEa (quente e úmida), mEc (quente e úmida) e mPa (fria e úmida). A mTa e a mPa se encontram, ocorre a troca de características e consequentes precipitações.

GABARITO: A.

46. **(ESA)** Um dos rios de grande importância para a Região Sul é o Rio Uruguai, e ele começa no encontro das águas dos rios:
a) Taquarí e Jacuí.
b) Jacuí e Ibicuí.
c) Iguá e Itajaí.
d) Paraná e Paranapanema.
e) Canoas e Pelotas.

O Brasil possui em seu território as duas maiores bacias hidrográficas do planeta: a Bacia Amazônica e a Bacia Hidrográfica Platina. A Bacia Platina é formada pelas bacias dos rios Paraná, Paraguai e Uruguai. Todos os rios que formam a Bacia Platina, apesar de desaguarem no estuário da prata, nascem em território brasileiro. Quanto ao Rio Uruguai, nasce na Serra Geral e se forma pela junção dos rios Canoas e Pelotas, em altitude de 440 m, na divisa entre os estados do Rio Grande do Sul e Santa Catarina.

GABARITO: E.

47. **(ESA)** O fenômeno resultante da ligação de núcleos urbanos é conhecido pela denominação de:
a) Urbanização.
b) Favelização.
c) Industrialização.
d) Conurbação.
e) Metropolização.

A urbanização é um fenômeno que ocorre quando o crescimento da população de uma cidade supera o crescimento da população do campo; o principal fator responsável por esse fenômeno é o êxodo rural. O crescimento desordenado das cidades promoveu a criação das redes urbanas. Quando a malha urbana de duas ou mais cidades se encontra, forma algo denominado conurbação.

GABARITO: D.

48. **(ESA)** As maiores concentrações de xisto betuminoso no Brasil encontram-se na região:
a) Norte.
b) Sudeste.
c) Centro-Oeste.
d) Nordeste.
e) Sul.

Xisto betuminoso são hidrocarbonetos (substâncias constituídas de hidrogênio e carbono) que aparecem em rochas sedimentares. A matéria orgânica (betume) disseminada em seu meio é quase fluída, sendo facilmente extraída. O Brasil possui uma das maiores reservas de xisto betuminoso do planeta, se concentrando, em sua maioria, na Região Sul.

GABARITO: E

49. **(ESA)** Nas áreas de planaltos, a retirada da vegetação original intensificou a erosão dos solos agrícolas. Quando a cobertura vegetal é removida, o solo fica exposto às chuvas e enxurradas, pois não tem mais a proteção das gramíneas e arbustos e das raízes das árvores. As enxurradas provocam um tipo de erosão conhecida como:

   a) Lixiviação.
   b) Laterização.
   c) Compactação.
   d) Voçoroca.
   e) Ravinamento.

   A cobertura vegetal desempenha um papel fundamental para o equilíbrio ecológico, os ciclos naturais e para a preservação do solo. A retirada da cobertura vegetal favorece o desgaste do solo, o que promove erosão, ravinas e voçorocas. As voçorocas são formações de grandes buracos de erosão causados por chuva e intempéries, em solos onde a vegetação é escassa.

   GABARITO: D.

50. **(ESA)** Sobre a agricultura do Sudeste, podemos afirmar que:

   a) O café é o único produto de exportação.
   b) A produção é feita, exclusivamente, para a subsistência.
   c) As técnicas modernas são utilizadas na agricultura comercial.
   d) O Norte é a principal área produtiva de trigo.
   e) Não existe agricultura voltada para a exportação.

   A agricultura está dividida em agricultura patronal e agricultura familiar. O café, concentrado no Sudeste brasileiro, é considerado agricultura patronal, por ser um tipo de plantation, utilizando sistemas intensivos de cultivo e voltado para a exportação.

   GABARITO: C.

51. **(ESA)** A formação vegetal que recobre a parte norte da Região Centro-Oeste é o(a):

   a) Floresta Amazônica.
   b) Cerrado.
   c) Caatinga.
   d) Complexo do Pantanal.
   e) Savana.

   Devido à variedade climática e aos diferentes tipos de solos, o Brasil apresenta uma diversidade de formações vegetais, possuindo na Região Centro-Oeste um tipo de savana denominada cerrado. Apesar do bioma predominante do Centro-Oeste ser o cerrado, o norte do Mato Grosso é recoberto pela Floresta Amazônica.

   GABARITO: A

52. **(ESA)** O rio que serve de limite entre o Maranhão e o Piauí é:
a) Mearim.
b) Parnaíba.
c) Itapecuru.
d) Pindaré.
e) Guaporé.

O Rio Parnaíba, também conhecido como Velho Monge, é um curso de água que divide politicamente os estados do Maranhão e do Piauí. Possui 1.400 km de extensão e é o maior rio genuinamente nordestino sendo navegável em toda sua extensão.

GABARITO: B.

53. **(ESA)** A área que apresenta maior densidade demográfica na Região Norte é o(a):
a) Margem direita do Rio Xingu.
b) Margem esquerda do Rio Tapajós.
c) Baixo Amazonas.
d) Baixo Rio Branco.
e) Baixo Rio Purus.

Dentro da Região Norte, devido às condições naturais, como a área de floresta, existe uma grande disparidade no tocante a distribuição da população. A maior densidade demográfica da Região encontra-se no Baixo Amazonas. Isso ocorre pela dificuldade de locomoção da população dentro da floresta Amazônica e pela falta de infraestrutura de transporte, como rodovias e ferrovias. Sendo assim, a melhor alternativa é a utilização dos rios como via de circulação (hidrovia).

GABARITO: C

54. **(ESA)** A principal elevação do Planalto Meridional na Região Sul é o(a):
a) Serra do Mar.
b) Serra Geral.
c) Depressão Periférica.
d) Espigão Mestre.
e) Serra do Italiano.

A Serra Geral é uma formação rochosa que tem origem no Paraguai, corta diagonalmente o estado do Paraná, divide o litoral do interior de Santa Catarina e corta, também em sentido diagonal, o estado do Rio Grande do Sul, ingressando pela Argentina e pelo Uruguai. As serras Catarinense e Gaúcha são subdivisões desta cadeia.

GABARITO: B.

55. **(ESA)** A partir da Constituição de 1988 e das macrorregiões estabelecidas, é correto dizer que:
a) O território de Fernando de Noronha transformou-se em um novo estado da Região Nordeste.
b) Com a divisão do estado do Mato Grosso, surgiu o estado do Tocantins.
c) A Região Nordeste passou a incorporar os estados de Fernando Noronha e do Amapá.

d) Surgiram três novos estados: Amapá, Tocantins e Roraima.

e) O Estado do Triângulo Mineiro surgiu do deslocamento do estado de Minas Gerais.

A última aquisição territorial brasileira foi o Estado do Acre, fato que ocorreu no início do século XX por meio do Tratado de Petrópolis, assinado entre Brasil e Bolívia. A partir de então, as mudanças foram apenas internas. A última modificação do território brasileiro ocorreu na década de 1980 onde, em 1988, Roraima e Amapá foram elevados à categoria de estado. A ilha de Fernando de Noronha, que anteriormente era considerada um território, transformou-se em município subordinado ao governo de Pernambuco. O de Goiás se fragmentou, onde a porção sul do território continuou com o mesmo nome e fazendo parte da região Centro-Oeste, e a porção norte deu origem ao Tocantins.

GABARITO: D.

56. (ESA) "Apesar de ter sido uma atividade subsidiada daquela que se desenvolvia com vistas à exportação, foi responsável pelo desbravamento de extensas parcelas do nordeste colonial brasileiro." O texto refere-se à:

a) Extração do pau-brasil.

b) Prática da pecuária.

c) Exploração das drogas do sertão.

d) Agricultura canavieira.

e) Exploração aurífera.

O povoamento do território brasileiro começou do litoral para o interior, a partir da Zona da Mata nordestina. Após a exploração do pau-brasil, teve início na Região a agricultura canavieira, influenciando fortemente a formação de núcleos populacionais, que posteriormente se transformaram em grandes cidades. À medida que os pés de cana-de-açúcar se multiplicavam, novas áreas no Nordeste iam sendo desbravadas e, consequentemente, ocupadas.

GABARITO: D.

57. (ESA) Apesar de sua importância regional, o São Francisco é, hoje, um dos rios brasileiros mais seriamente comprometidos em termos ambientais. Entre as atividades e ações humanas que podem ser responsabilizadas pela "morte do Velho Chico" aponta-se:

a) A transposição de águas para bacias intermitentes do Sertão Nordestino.

b) A poluição pelos resíduos químicos liberados pelos complexos industriais ao longo do seu curso.

c) O desmatamento das áreas de nascentes para a formação de pastos e lavouras na Serra da Canastra.

d) O lançamento constante de grandes volumes de vinhoto pelas destilarias de álcool do interior baiano.

e) O intenso aproveitamento hidrelétrico.

O Rio São Francisco é de grande importância para o Nordeste brasileiro, pois configura-se como o maior rio perene da região, sendo aproveitado tanto como fornecedor de água e alimento para a população, como fornecedor de energia, sendo construídas ao longo de seu curso várias usinas hidrelétricas. As nascentes do Rio São Francisco estão presentes na Serra da Canastra/MG. Quando ocorre o desmatamento, a infiltração da água diminui, impedindo a formação do lençol freático. Quando os desmatamentos ocorrem nas nascentes de um rio, isso vai comprometer a sua existência, fato esse que tem ocorrido na Serra da Canastra, nascente do Rio São Francisco.

GABARITO: C.

58. **(ESA)** Os tipos de clima que apresentam os maiores e os menores índices pluviométricos anuais são, respectivamente, os seguintes:
    a) Equatorial e tropical.
    b) Tropical e equatorial.
    c) Equatorial e subtropical.
    d) Subtropical e equatorial.
    e) Equatorial e semiárido.

    O Brasil é um país intertropical, onde 92% é tropical e 8% subtropical. O clima tropical brasileiro subdivide-se em: tropical típico ou semiúmido (Centro-Oeste), tropical semiárido (sertão nordestino), tropical litorâneo (litoral), equatorial (região Amazônica) e tropical de altitude (regiões serranas do Sudeste).

    O clima brasileiro que apresenta os maiores índices pluviométricos é o equatorial, com média pluviométrica anual de 2.000 a 3.000 mm, sem uma estação seca. Por outro lado, o clima semiárido apresenta os menores índices pluviométricos, com média anual de 200 a 800 mm, com uma distribuição irregular das chuvas.

    GABARITO: E

59. **(ESA)** Considerando as transformações provocadas pela indústria no processo de organização do espaço brasileiro, podemos afirmar que a industrialização promoveu:
    a) Maior integração das diversas regiões que compõem o país, permanecendo, porém, a economia nacional descentralizada.
    b) Maior articulação econômica entre as várias regiões brasileiras, permitindo a diminuição das desigualdades sociais.
    c) Modernização da economia, levando a uma desarticulação regional, porém com áreas autossuficientes.
    d) Construção de um espaço urbano moderno e desenvolvido, com maior equilíbrio entre as pequenas e grandes cidades.
    e) Divisão inter-regional do trabalho, reproduzindo internamente as relações centro-periferia que ocorrem a nível internacional.

    O grande desenvolvimento industrial brasileiro ocorreu a partir dos pós Primeira Guerra, baseada na produção de bens de consumo não duráveis, com o objetivo de substituir as importações. O processo histórico/econômico brasileiro promoveu grande concentração de recursos na Região Sudeste, principalmente no estado de São Paulo. Dessa forma, a industrialização brasileira gerou grande desigualdade regional, promovendo o Centro-Sul do país a centro e o Norte e Nordeste do Brasil a periferia.

    GABARITO: E.

60. **(ESA)** Em extensão superficial, o menor dos domínios climato-bôtanicos brasileiro é:
    a) Cerrado.
    b) Pradarias.
    c) Mares e morros.
    d) Caatinga.
    e) Araucária.

    O geógrafo Aziz Nacib Ab' Saber dividiu o Brasil em seis domínios morfoclimáticos ou climato-botânicos, mais a faixa de transição. Os domínios morfoclimáticos brasileiros são: domínio amazônico, domínio do cerrado, domínio da caatinga, domínio dos mares de morros, domínio das araucárias e domínio das pradarias.

    O domínio morfoclimático brasileiro de menor extensão é o domínio das pradarias, com uma área de 700 mil km², ocupando cerca de 2, 4% da vegetação brasileira.

    GABARITO: B.

61. **(ESA)** A garimpagem na Amazônia tem causado enormes danos ao meio ambiente. Como exemplos desses danos podemos destacar:
    a) Erosão da terra e conflitos de terras.
    b) Erosão da terra e uso indiscriminado do mercúrio.
    c) Conflitos de terras e ação de grupos empresariais.
    d) Desmatamentos e chuvas ácidas.
    e) Construção de rodovias e matança de grupos indígenas.

    O processo de degradação do solo, bem como suas causas e consequências, ocorre por variados motivos e resulta na perda da produtividade, além de causar impactos socioambientais. A garimpagem agride o meio ambiente de duas formas: erosão, causada pela retirada das camadas do solo e exposição dos mesmos às intempéries naturais; e poluição por mercúrio, metal pesado usado no garimpo.

    GABARITO: B.

62. **(ESA)** Indique a opção que representa as atividades econômicas mais importantes da sub-região nordestina chamada Agreste:
    a) Pecuária extensiva e extrativismo vegetal.
    b) Latifúndio da cana e comércio.
    c) Agricultura de vazante e comércio.
    d) Pecuária extensiva e policultura de alimentos.
    e) Modernas indústrias e monocultura da cana.

    O Nordeste brasileiro é uma região heterogênea, dividida em quatro sub-regiões: Zona da Mata, Agreste, Sertão e Meio Norte. O Agreste nordestino apresenta-se como faixa de transição entre litoral e caatinga; ao contrário da Zona da Mata, onde predomina o latifúndio monocultor, no Agreste predominam pequenas e médias propriedades policulturas.

    GABARITO: D.

63. **(ESA)** A Usiminas foi a primeira das grandes siderúrgicas brasileiras a sofrer processo de desestatização. Ela apresenta as suas instalações industriais no município de:
    a) Araguari.
    b) Ipatinga.
    c) Montes Claros.
    d) Governador Valadares.
    e) João Montevade.

    O neoliberalismo teve início no Brasil no começo dos anos 1990, no governo de Fernando Collor, sendo dada continuidade no governo FHC. A partir de então, diversas estatais brasileiras foram privatizadas.

    Localizada em Ipatinga/MG, a Usiminas foi a primeira estatal vendida, sendo desde 2010 uma *joint venture* entre a Usiminas e o grupo japonês Sumitomo Corporation.

    GABARITO: B

64. **(ESA)** A BR-116 constitui um importante eixo rodoviário federal, cruzando o nosso país no sentido longitudinal norte/sul. Os pontos extremos desta enorme rodovia estão em:
    a) Teresina e Bagé.
    b) Fortaleza e Osório.
    c) Natal e Porto Alegre.
    d) Fortaleza e Jaguarão.
    e) Campina Grande e Lagunas.

    A BR-116 é uma rodovia federal brasileira, tendo início em Fortaleza/CE, passando por 10 estados, finalizando em Jaguarão/RS, na fronteira com o Uruguai. É considerada a maior rodovia pavimentada do Brasil, perfazendo um total de 4.486 quilômetros de extensão.

    GABARITO: D.

65. **(ESA)** Reconhecemos como um espaço tipicamente "anecumênico" (desfavorável a uma ocupação normal pelo homem), pertencente ao território brasileiro, o(a):
    a) Pantanal Mato-Grosssense.
    b) Campanha Gaúcha.
    c) Vale do Jequitinhonha.
    d) Rochedos de São Pedro e São Paulo.
    e) Sertão dos Inhamus.

    São consideradas regiões anecúmenas as áreas de vazio demográfico onde, algumas das vezes, as condições naturais dificultam a ocupação populacional, como é o caso dos rochedos de São Pedro e São Paulo.

    GABARITO: D.

66. **(ESA)** A maior concentração de Unidades Federadas no território brasileiro ocorre na região:
    a) Norte.
    b) Nordeste.

c) Sudeste.
d) Centro-Oeste.
e) Sul.

O Brasil é formado por 26 Estados mais o Distrito Federal. Está dividido, segundo o IBGE, em cinco macrorregiões: Nordeste, Sudeste, Sul, Centro-Oeste e Norte. Destas, a Região Nordeste é a que apresenta a maior quantidade de unidades da Federação, apresentando nove Estados.

GABARITO: B.

67. **(ESA)** O clima tropical de altitude, no Brasil, aparece no(na):
a) Bacia do rio Uruguai.
b) Planalto Central.
c) Sul de Minas.
d) Agreste Nordestino.
e) Bacia do rio Parnaíba.

O Brasil é um país intertropical, onde 92% é tropical e 8% subtropical. O clima tropical brasileiro subdivide-se em: tropical típico ou semiúmido (Centro-Oeste), tropical semiárido (sertão nordestino), tropical litorâneo (litoral), equatorial (região Amazônica) e tropical de altitude (regiões serranas do Sudeste).

GABARITO: C

68. **(ESA)** O ponto culminante do relevo brasileiro localiza-se na Serra:
a) Acaraí.
b) Parima.
c) Pacaraíma.
d) Tumucumaque.
e) Imeri.

O território brasileiro é caracterizado por apresentar baixas altitudes, onde cerca de 92% do relevo brasileiro está inferior a 900 metros e apenas 8% do território supera os 900 metros. A serra do Imeri é uma formação do relevo brasileiro localizada no planalto das Guianas, na fronteira do Brasil com a Venezuela. Nela, estão situados os picos mais altos do Brasil, sendo em primeiro lugar o pico da Neblina (2994 m) e, em segundo lugar, o pico 31 de Março (2973m), no Amazonas.

GABARITO: E

69. **(ESA)** Os movimentos nativistas no Brasil-Colônia fizeram com que surgisse um sentimento nacional à medida que os conflitos com a metrópole portuguesa foram se agravando. O primeiro movimento que caracterizou bem este sentimento nacional foi o(a):
a) Insurreição Pernambucana.
b) Guerra dos Mascates.
c) Revolta de Vila Rica.
d) Inconfidência Mineira.
e) Conjuração Baiana.

As Revoltas Nativistas foram movimentos locais, rebeliões e revoltas que ocorreram no século XVII e tiveram uma coisa em comum: o sentimento de apego profundo pelo lugar em que nasceu. Muitas vezes o nativismo expressava o desagrado da população da colônia brasileira em relação às medidas tomadas pela coroa portuguesa, e era formado por pessoas de várias classes, desde escravos até donos de terras.

As revoluções nativistas foram: Aclamação de Amador Bueno; Revolta da Cachaça; Conjuração de "Nosso Pai"; Revolta de Beckman; Guerra dos Emboabas; Revolta do Sal; Guerra dos Mascates; Revolta de Filipe dos Santos.

GABARITO: B.

70. **(ESA)** Um dos resultados das chamadas Grandes Navegações iniciadas pelos portugueses foi:
a) O controle do mar Mediterrâneo pelos navegadores italianos e turcos.
b) O deslocamento do eixo comercial da Europa, do mar Mediterrâneo para o oceano Atlântico.
c) O desenvolvimento das navegações espanholas, inglesas e holandesas no mar Mediterrâneo.
d) A decadência econômica das cidades portuárias da península ibérica.
e) A decadência econômica da burguesia mercantil portuguesa.

Um dos objetivos das grandes navegações foi a busca de novas rotas comerciais, uma vez que essa fase é também definida como doutrina mercantilista. As potências mercantilistas europeias tinham como alvo o novo mundo (continente americano), utilizando o Oceânico Atlântico como via de circulação.

GABARITO: B.

71. O território brasileiro está contido na Plataforma Americana, que é uma das três grandes unidades geológicas da América do Sul. Essa Plataforma abrange três vastos escudos cristalinos. Assinale a alternativa que apresenta esses três escudos.
a) Das Guianas, do Parnaíba e do Paraná.
b) Atlântico, Amazônico e do Parnaíba.
c) Do Paraná, Brasil Central e Amazônico.
d) Brasil Central, Atlântico e das Guianas.
e) Do Parnaíba, Amazônico e do Paraná.

Escudos cristalinos ou maciços antigos são estruturas compostas por rochas cristalinas de origem mais antiga, ou seja, pouco modificadas por agentes endógenos. Destacam-se, na Plataforma Americana, o Escudo do Brasil Central ou Planalto Central, o Escudo Atlântico e o Escudo das Guianas.

GABARITO: D.

72. Analise a tabela a seguir referente à participação das regiões brasileiras no valor da transformação industrial:

Disponível em http://www.ibge.gov.br/home/presidencial/noticias/noticia _ visualiza.php?id_ noticia=1653&rid_pagina1>

Participação das regiões no valor da transformação industrial (%)							
	1969	1979	1990	1995	1996	2001	2008
Sudeste	80,3	73,4	70,8	70,9	68,4	64,6	62,2
Sul	11,7	15,3	16,8	16,4	17,4	19,2	18,3
Nordeste	5,9	7,4	7,8	7,4	7,5	8,6	9,7
Norte	1	2	3,4	3,8	4,5	5	6,2
Centro-Oeste	0,7	1,3	1,1	1,6	2,2	2,6	3,7

Tendo por base as características da industrialização brasileira e considerando os dados apresentados na tabela, é correto afirmar que:

I. A partir da década de 1970, constata-se a perda de participação da Região Sudeste no valor total da produção industrial do país, como reflexo direto do desvio dos investimentos empresariais para novas localizações, longe das chamadas deseconomias de aglomeração daquela Região.

II. O significativo aumento do valor da produção industrial da Região Centro-Oeste pode ser explicado pela migração de indústrias de bens de capital de São Paulo, em busca de vantagens econômicas de produção nessa Região.

III. Empresas inovadoras de alta tecnologia reforçaram sua concentração industrial na Região Sudeste, especialmente no estado de São Paulo, tendo em vista estarem ligadas aos centros de pesquisas avançadas, fundamentais à garantia da competitividade nos mercados interno e externo.

IV. A indústria automobilística tem se destacado no cenário da desconcentração espacial no país, buscando condições mais competitivas de produção, principalmente nas Regiões Norte e Nordeste, que apresentam menores custos de mão de obra.

Assinale a alternativa em que todas as afirmativas estão corretas.

a) I e III.
b) II e III.
c) I e IV.
d) I, II e IV.
e) II, III e IV.

Os itens incorretos são:

II - O aumento da participação do Centro-Oeste no valor da produção industrial deve-se a descentralização dos investimentos industriais movida a incentivos fiscais e mão de obra barata, sendo os setores mais importantes os de bens de consumo duráveis e não duráveis, desde automóveis até alimentos.

IV - A descentralização das montadoras de automóveis levou a novos investimentos nas regiões Sul, a exemplo da Renault, no Paraná e Nordeste, da Ford, na Bahia e no Centro-Oeste, e da Hyundai, em Goiás. Na região Norte, a implantação de empresas foi pouco expressiva.

GABARITO: A.

73. As sucessivas crises no abastecimento de energia elétrica no Brasil, ocorridas nos anos de 2001 e 2009, fizeram com que o governo brasileiro investisse em projetos para a solução dos problemas relacionados à produção e distribuição de energia elétrica no País.

Dentre as principais ações governamentais para superar essa problemática, podem-se destacar:

I. A construção de novas usinas hidrelétricas, com prioridade para as usinas de grande porte e com grandes reservatórios, sobretudo no Sudeste, a fim de aumentar a geração de energia elétrica na Região de maior demanda energética do país.

II. A interligação do sistema de transmissão de energia elétrica entre as regiões do país, de modo a permitir o direcionamento de energia das usinas do Sul e do Norte para as demais regiões nos momentos de pico no consumo.

III. A expansão do parque nuclear brasileiro, visando não apenas a ampliar a oferta de energia elétrica, mas também a honrar os compromissos assumidos pelo país no Acordo de Quioto, não obstante as polêmicas existentes em torno do programa nuclear brasileiro.

IV. A instalação de novas usinas termelétricas movidas a carvão mineral, as quais, aproveitando-se da abundante produção carbonífera de alto poder calorífico do país, geram energia mais barata que a gerada pelas usinas hidrelétricas.

Assinale a alternativa em que todas as afirmativas estão corretas.

a) I e III.
b) II e III.
c) I e IV.
d) I, II e IV.
e) II, III e IV.

Os itens incorretos são:

I - Nos anos 2000, devido ao crescimento do PIB e do consumo de energia, o governo federal decidiu implantar novas hidrelétricas na Amazônia devido ao grande potencial relacionado ao elevado volume de água e aos desníveis topográficos. São exemplos as hidrelétricas fio d'água, como Belo Monte, no rio Xingu – Pará, e Jirau e Santo Antônio, no rio Madeira – Rondônia.

IV - Devido ao grande número de hidrelétricas, este tipo de energia é a que apresenta menor custo no Brasil. O país apresenta poucas termelétricas que utilizam carvão mineral hulha, sendo uma energia mais cara. Além disso, o Brasil tem reservas pouco significativas de hulha e depende de importação de carvão de melhor qualidade.

GABARITO: B.

74. Segundo o geógrafo Aziz Ab'Sáber, existem grandes extensões do território brasileiro em que vários elementos naturais (clima, vegetação, relevo, hidrografia e solo) interagem de forma singular, caracterizando uma unidade paisagística: são os chamados domínios morfoclimáticos. Entre eles ocorrem faixas de transição.

Sobre os domínios morfoclimáticos e as faixas de transição, considere as seguintes afirmações:

I. A exuberância da Floresta Amazônica contrasta com a pobreza de grande parte de seus solos, geralmente ácidos, intemperizados e de baixa fertilidade.

II. Tipicamente associados à Campanha Gaúcha, os campos apresentam um relevo com suaves ondulações, cobertas principalmente por gramíneas. Neste domínio, há um preocupante processo de desertificação advindo de anomalias climáticas observadas nas últimas décadas.

III. O Cerrado, adaptado à alternância do clima tropical, ocupa mais de 3 milhões de km^2 e apresenta solos pobres. É uma formação tipicamente latifoliada que, dentre outras características, perde as folhas durante o período de seca.

IV. A Mata dos Cocais é uma faixa de transição situada entre os domínios da Floresta Amazônica, do Cerrado e da Caatinga. Predominam as palmeiras, com destaque para o babaçu, a carnaúba e o buriti.

Assinale a alternativa que apresenta todas as afirmativas corretas, dentre as listadas.

a) I e II.
b) I e III.
c) I e IV.
d) II e III.
e) II e IV.

No item I temos o solo da região Amazônica, considerado pobre em nutrientes, portanto é correto.

No item II temos os campos no Sul, onde ocorre o processo de arenização, que por vezes é comum que se confunda com o processo de desertificação. Portanto, tratam-se de fenômenos basicamente diferentes (item incorreto).

No item III temos as plantas latifoliadas, que se caracterizam por apresentar folhas largas e grandes. É o tipo de vegetação predominante em nossa Mata Atlântica e Floresta Amazônica, não ocorrendo no cerrado (item incorreto).

No item IV temos a Mata dos Cocais, que é considerada uma "mata de transição", ou seja, está localizada entre as florestas úmidas da Amazônia e o clima semiárido do sertão, a Caatinga, portanto está correto.

GABARITO: C.

75. O mundo moderno é um voraz consumidor de energia. Atender a essa demanda, pressionada cada vez mais pelas economias emergentes, bem como observar as exigências de um mercado balizado pelo paradigma da eficiência, são desafios incontornáveis.

Sobre as características e a participação das diversas fontes de energia, considere as seguintes afirmativas:

I. O drástico aumento do preço do petróleo causado pelas crises internacionais de 1973 e 1979/1980 teve um duplo efeito: viabilizou sua extração em locais de difícil acesso (Sibéria, Alasca e plataformas continentais) e estimulou a pesquisa de fontes alternativas.

II. Impulsionado pelas políticas de redução das emissões de CO_2 adotadas pela China, o gás natural já é, desde 2010, a segunda fonte de energia mais utilizada no mundo.

III. Fontes de energia como o etanol e o biodiesel despontam atualmente como excelentes alternativas, pois apresentam os seguintes benefícios: poluem menos que os combustíveis fósseis, geram vários empregos no campo e dinamizam a economia por conta do seu efeito multiplicador.

IV. Isenta de impactos ambientais, a energia eólica vem conquistando cada vez mais espaço na matriz energética de países como China, EUA, Alemanha, Espanha e Índia.

V. Países como França, Ucrânia, Japão e Coreia do Sul continuam a ter nas usinas nucleares uma importante fonte energia, mesmo com problemas relacionados à destinação dos seus rejeitos, à pressão da opinião pública e aos altos custos de construção e manutenção.

Assinale a alternativa que apresenta todas as afirmativas corretas, dentre as listadas.

a) I, II e III.
b) I, III e V.
c) I, IV e V.
d) II, III e IV.
e) II, IV e V.

Os itens incorretos são:

II - O petróleo é a principal fonte de energia utilizada no mundo. Na segunda posição está o carvão mineral, principalmente devido sua utilização em termelétricas em países com grande economia como China, Índia, Rússia, Estados Unidos e Austrália.

IV - A energia eólica não está totalmente isenta de impactos ambientais, visto que os aerogeradores ocupam grandes superfícies e trazem impactos negativos para a fauna (principalmente de aves).

GABARITO: B.

76. Leia os trechos a seguir:

"17/07/2017 – Canela, Gramado e Caxias do Sul [...] registraram o fenômeno. Frio chegou com intensidade ao estado e temperatura deve cair ainda mais ao longo do dia.

(https://g1.globo.com)

"31/03/2016 – Com chances de neve já no outono, o frio em Gramado promete chegar com tudo [...]"

(https://www.dicasdegramado.com.br)

Nos últimos anos, temos observado na mídia uma série de notícias evidenciando o rigor do inverno na região referida. Esta região tem atraído inúmeros turistas que gostam de contemplar o frio, as comidas típicas locais e têm o anseio de conhecer, ao vivo, a neve e o congelamento das águas em pleno Brasil. A associação de dois importantes fatores climáticos justifica a ocorrência de tais fenômenos meteorológicos nesta região. São eles:

a) Matitimidade de latitude.
b) Continentalidade e maritimidade.
c) Altitude e longitude.
d) Correntes marítimas e massas de ar.
e) Latitude e altitude.

O Município de Gramado, no RS, fica a uma latitude 29° 22' 43" S, estando, desta forma, muito distante da linha do Equador, onde a insolação é maior e as temperaturas são mais elevadas. Outro ponto é a sua altitude de 825 metros, o que também colabora para as baixas temperaturas nas épocas mais frias do ano, tendo em vista que quanto maior a altitude menor é a temperatura.

GABARITO: E.

77. Assinale a alternativa que apresenta o clima que ocorre em latitudes de 45° a 55°, aproximadamente, e que se caracteriza por apresentar elevadas amplitudes térmicas anuais, invernos rigorosos e precipitações anuais que variam de 500 a 1.200 milímetros.

a) Temperado continental.
b) Temperado marítimo/oceânico.
c) Subtropical úmido.
d) Temperado mediterrâneo.
e) Temperado semiárido.

O clima temperado continental é um clima típico das zonas temperadas. Caracteriza-se por estar situado em uma zona temperada com latitude variando de 45 a 55°. Por localizar-se em áreas interiores aos continentes, possui também como característica grandes amplitudes térmicas em virtude da influência de áreas continentais.

GABARITO: A.

78. Em 27 de fevereiro de 2010, o Chile sofreu um terremoto de 8.8 graus na Escala Richter. Esse país encontra-se em uma extensa faixa da Costa Oeste da América do Sul. A causa desse e de outros terremotos deve-se ao fato do Chile estar situado:

a) Na porção central da placa tecnônica sul-americana, zona de constantes acomodações da litosfera.

b) Na borda ocidental da Placa Tectônica Sul-Americana, junto à Cordilheira dos Andes, dobramento moderno formado por movimentos orogenéticos.

c) No limite ocidental da Placa Tectônica do Pacífico, zona de grande intensidade de movimentos orogenéticos.

d) No limite oriental da Placa Tectônica Sul-Americana, que se afasta da Placa de Nazca, formando grande falha geológica.

e) No limite ocidental da Placa Tectônica de Nazca, que se movimenta em sentido contrário ao da Placa do Pacífico, provocando epirogênese.

O território do Chile encontra-se situado sobre a placa tectônica Sul-Americana, em sua parte ocidental, e devido aos movimentos orogenéticos causados pela convergência desta placa com a de Nazca são comuns grandes terremotos. Além disso, devido ao contato dessas placas também encontramos a formação de uma grande cadeia montanhosa chamada cordilheira dos Andes.

GABARITO: B.

79. "(...) Uma população jovem e numerosa, em virtude de elevadas taxas de natalidade, não causa, mas consequência do subdesenvolvimento.(...) Foi constatado que quanto maior a escolaridade da mulher, menor é o número de filhos e a taxa de mortalidade infantil."

http://www.brasilescola.com consulta em 05/04/20

O trecho reflete aspectos defendidos pela teoria:

a) Reformista.

b) Malthusiana.

c) Neomalthusiana.

d) Ecomalthusiana.

e) Da Explosão Demográfica.

No trecho, depreende-se o pensamento da teoria reformista, que tem como base a distribuição igualitária de riquezas por meio da oportunização de acesso à educação, à saúde e ao saneamento básico. Segundo os reformistas, a diminuição das desigualdades aproxima as pessoas do acesso aos métodos contraceptivos e, por consequência, ocorre uma regulação dos índices de natalidade.

GABARITO: A.

80. Sobre a agricultura familiar no Brasil, pode-se afirmar que:

a) Por falta de acesso ao crédito rural, não participa das cadeias agroindustriais.

b) É responsável pelo fornecimento da maior parte da alimentação básica dos brasileiros e, por isso, concentra a maior parte da área cultivada com lavouras e pastagens do país.

c) Concentra a maioria do pessoal ocupado nos estabelecimentos rurais brasileiros.

d) Por não ser competitiva frente à agricultura patronal, não participa da produção de gêneros de exportação.

e) Embora os membros da família participem da produção, a maior parte da mão de obra é contratada e quem comanda a produção não trabalha diretamente na terra.

Os pequenos estabelecimentos rurais no Brasil, chamados de minifúndios, correspondem a grande maioria dos estabelecimentos. Estes, por sua vez, são regidos por unidades familiares, que possuem uma agricultura do tipo familiar, ou seja, aquela que é realizada com mão de obra totalmente familiar, que gera baixa produção e pouco lucro.

GABARITO: C.

81. As chuvas torrenciais de verão, denominadas chuvas _____, são caracterizadas por serem precipitações breves, mas violentas, que ocorrem na maior parte do território brasileiro. Essas chuvas estão associadas ao deslocamento da Zona de Convergência Intertropical (ZCIT) para a porção central da América do Sul entre os meses de setembro e março, fazendo com que a massa _____ expanda-se para a Bolívia e o Brasil central, chegando a atuar sobre São Paulo, provocando os chamados aguaceiros de verão.

Assinale a alternativa que completa corretamente as lacunas.

a) Convectivas / Equatorial continental (mEc).

b) Orográficas / Tropical continental (mTc).

c) Convectivas / Equatorial atlântica (mEa).

d) Orográficas / Equatorial continental (mEc).

e) Frontais / Equatorial atlântica (mEa).

Chuvas convectivas ou de verão são chuvas causadas pela evaporação das águas e consequente condensação dessas. Nesse sentido, elas ocorrem em áreas localizadas, que possuem altos índices de evaporação. Por outro lado, a massa equatorial continental, que se forma sobre a região amazônica, tende, nos meses de setembro a março, a deslocar-se até áreas do Centro-Oeste e Sudeste do Brasil, levando consigo grandes volumes de precipitações.

GABARITO: A.

82. Sobre as fontes de energia e poluição ambiental, podemos afirmar que:

I. As usinas hidrelétricas utilizam um recurso natural renovável, portanto não provocam impactos ambientais que causam, por exemplo, prejuízos à flora e à fauna.

II. Uma importante vantagem da produção de energia nuclear é a de que suas usinas, mantendo seu funcionamento normal, não lançam partículas poluentes na atmosfera.

III. A queima de combustíveis fósseis, como o carvão mineral, provoca a chuva ácida, polui o ar e destrói a vegetação, dentre outros impactos.

IV. A energia eólica é uma fonte de energia ilimitada nos lugares que apresentam as condições adequadas, mas emite poluentes no ar durante a operação.

Assinale a alternativa que apresenta todas as afirmativas corretas:

a) I e II.
b) I, II e IV.
c) I, III e IV.
d) II e III.
e) III e IV.

A produção da energia nuclear tem como vantagem a não emissão de poluentes, porém gera uma pequena quantidade de lixo atômico que, em contato com o meio ambiente, pode causar grandes catástrofes se não acondicionada adequadamente. Por outro lado, a queima de combustíveis fósseis lança na atmosfera gases poluentes que podem ser prejudiciais ao ser humano e ao meio ambiente e que, em contato com a chuva, a torna ácida.

GABARITO: D.

83. Em encostas montanhosas, para a proteção dos solos contra a erosão pluvial, são construídos patamares aplainados, em curva de nível, que possibilitam a retenção de água e de sedimentos.

Essa técnica descrita, empregada na agricultura, é o(a):

a) Terraceamento.
b) Calagem.
c) Coivara.
d) Plantation.
e) Rotação.

O terraceamento é uma técnica da agricultura de jardinagem muito utilizada no sul da Ásia, devido ao relevo acidentado e ao clima de monções. Esta técnica consiste na construção de platôs para diminuir o escoamento superficial da água.

GABARITO: A.

84. Sabe-se que uma área de quatro hectares de floresta, na região tropical, pode conter cerca de 375 espécies de plantas, enquanto uma área florestal do mesmo tamanho, em região temperada, pode apresentar entre 10 e 15 espécies. O notável padrão de diversidade das florestas tropicais se deve a vários fatores, entre os quais é possível citar:

a) Altitudes elevadas e solos profundos.
b) A ainda pequena intervenção do ser humano.
c) Sua transformação em áreas de preservação.
d) Maior insolação e umidade e menor variação climática.
e) Alternância de períodos de chuvas com secas prolongadas.

A diversidade das espécies de regiões tropicais deve-se à grande insolação durante o ano, à grande umidade proporcionada, na maioria dos casos, pela própria vegetação e à pequena variação climática, ou seja, o calor predomina nessa região ao longo do ano.

GABARITO: D.

85. Deseja-se instalar uma estação de geração de energia elétrica em um município localizado no interior de um pequeno vale cercado de altas montanhas de difícil acesso. A cidade é cruzada por um rio, que é fonte de água para consumo, irrigação das lavouras de subsistência e pesca. Na região, que possui pequena extensão territorial, a incidência solar é alta o ano todo. A estação em questão irá abastecer apenas o município apresentado.

Qual forma de obtenção de energia, entre as apresentadas, é a mais indicada para ser implantada nesse município de modo a causar o menor impacto ambiental?

a) Termoelétrica, pois é possível utilizar a água do rio no sistema de refrigeração.

b) Eólica, pois a geografia do local é própria para a captação desse tipo de energia.

c) Nuclear, pois o modo de resfriamento de seus sistemas não afetaria a população.

d) Hidrelétrica, pois o rio que corta o município é suficiente para abastecer a usina construída.

e) Fotovoltaica, pois é possível aproveitar a energia solar que chega à superfície do local.

Essas instalações das células fotovoltaicas devem ser feitas preferencialmente em regiões onde a incidência de sol é bastante intensa para gerar mais energia. Como na região em questão é observada uma incidência solar alta o ano todo, essa área se torna ideal para a instalação desse tipo de central energética.

GABARITO: E.

86. A partir dos anos 1970, impõe-se um movimento de desconcentração da produção industrial, uma das manifestações do desdobramento da divisão territorial do trabalho no Brasil. A produção industrial torna-se mais complexa, estendendo-se, sobretudo, para novas áreas do Sul e para alguns pontos do Centro-Oeste, do Nordeste e do Norte.

SANTOS, M.; SILVEIRA, M. L. O Brasil: território e sociedade no início do século XXI. Rio de Janeiro: Record, 2002 (fragmento).

Um fator geográfico que contribui para o tipo de alteração da configuração territorial descrito no texto é:

a) Obsolência dos portos.

b) Estatização de empresas.

c) Eliminação de incentivos fiscais.

d) Ampliação de políticas protecionistas.

e) Desenvolvimento dos meios de comunicação.

A migração das indústrias acontece pelos incentivos governamentais, mas também depende de uma mínima infraestrutura para se concretizar, o que perpassa, entre outros fatores, pelo desenvolvimento dos meios de comunicação e pela integração desse sistema em todo o território nacional.

GABARITO: E.

87. Na charge faz-se referência a uma modificação produtiva ocorrida na agricultura. Uma contradição presente no espaço rural brasileiro derivada dessa modificação produtiva está presente em:

[Charge: duas plantinhas conversando. Uma diz: "OH, TRANSGÊNICO... DIZEM QUE ESTÁ FALTANDO ALIMENTO NO MUNDO. MAS NÃO TINHAM INVENTADO UM TIPO DE PLANTA QUE IA ACABAR COM A FOME?" A outra responde: "AHN... NÃO TÔ SABENDO..."]

Disponível em: http://nutriteengv.blogspot.com.br. Acesso em: 28 dez. 2011. (Foto: Enem)

a) Expansão das terras agricultáveis, com manutenção de desigualdades sociais.
b) Modernização técnica do território, com redução do nível de emprego formal.
c) Valorização de atividades de subsistência, com redução da produtividade da terra.
d) Desenvolvimento de núcleos policultores, com ampliação da concentração fundiária.
e) Melhora da qualidade dos produtos, com retração na exportação de produtos primários.

Nas últimas décadas, houve expressivo avanço do agronegócio no espaço rural brasileiro visando o abastecimento do mercado externo e da indústria. O crescimento deu-se, inclusive, sobre novas terras agricultáveis e em decorrência da elevação da produtividade relacionada ao uso da biotecnologia (incluindo a utilização crescente de transgênicos), mecanização e insumos (agrotóxicos e fertilizantes). A modernização do setor não eliminou problemas tradicionais do espaço agrário brasileiro como a desigualdade social e a concentração fundiária.

GABARITO: A.

88. O desgaste acelerado sempre existirá se o agricultor não tiver o devido cuidado de combater as causas, relacionadas a vários processos, tais como: empobrecimento químico e lixiviação, provocados pelo esgotamento causado pelas colheitas e pela lavagem vertical de nutrientes da água que se infiltra no solo, bem como pela retirada de elementos nutritivos com as colheitas. Os nutrientes retirados, quando não repostos, são comumente substituídos por elementos tóxicos, como, por exemplo, o alumínio.

LEPSCH, I. Formação e conservação dos solos. São Paulo: Oficinas de Texto, 2002 (adaptado).

A dinâmica ambiental exemplificada no texto gera a seguinte consequência para o solo agricultável:

a) Elevação da acidez.
b) Ampliação da salinidade.

c) Formação de voçorocas.
d) Remoção da camada superior.
e) Intensificação do escoamento superficial.

A lixiviação retira os nutrientes do solo, que são solúveis em água. Esse processo ocorre pelo arraste dos nutrientes para o subsolo pela infiltração de água da chuva. Metais pesados, como o alumínio, têm solubilidade reduzida e, por isso, tendem a se acumular no solo e aumentar sua acidez. A acidez do solo aumenta à medida que o PH diminui.

GABARITO: A.

89. Os maiores consumidores da infraestrutura logística para exportação no Brasil são os produtos a granel, dentre os quais se destacam o minério de ferro, petróleo e seus derivados e a soja, que, por possuírem baixo valor agregado, e por serem movimentados em grande volume, necessitam de uma estrutura de grande porte e baixos custos. No caso da soja, a infraestrutura deixa muito a desejar, resultando em enormes filas de navios, caminhões e trens, que, por ficarem grande parte do tempo ocioso nas filas, têm seu custo majorado, onerando fortemente o exportador, afetando sua margem de lucro e ameaçando nossa competitividade internacional.

FLEURY, P. F. A infraestrutura e os desafios logísticos das exportações brasileiras. Rio de Janeiro: CEL; Coppead; UFRJ, 2005 (adaptado).

No contexto do início do século XXI, uma ação para solucionar os problemas logísticos da soja apresentados no texto seria a:

a) Insenção de impostos de transportes.
b) Construção de terminais atracadouros.
c) Diversificação dos parceiros comerciais.
d) Contratação de trabalhadores portuários.
e) Intensificação do policiamento nas rodovias.

A construção de novos atracadouros otimizaria o escoamento da soja e solucionaria o problema relativo às filas de navios, caminhões e trens e diminuiria o tempo ocioso dos mesmos.

GABARITO: B.

90. As plataformas ou crátons correspondem aos terrenos mais antigos e arrasados por muitas fases de erosão. Apresentam grande complexidade litológica, prevalecendo as rochas metamórficas muito antigas (Pré-Cambriano Médio e Inferior). Também ocorrem rochas intrusivas antigas e resíduos de rochas sedimentares. São três as áreas de plataforma de crátons no Brasil: a das Guianas, a Sul-Amazônica e a do São Francisco.

ROSS, J. L. S. Geografia do Brasil. São Paulo: Edusp, 1998.

As regiões cratônicas das Guianas e a Sul-Amazônica têm como arcabouço geológico vastas extensões de escudos cristalinos, ricos em minérios, que atraíram a ação de empresas nacionais e estrangeiras do setor de mineração e destacam-se pela sua história geológica por:

a) Apresentar áreas de intrusões graníticas, ricas em jazidas minerais (ferro, manganês).
b) Corresponder ao principal evento geológico do Cenozoico no território brasileiro.
c) Apresentar áreas arrasadas pela erosão, que originaram a maior planície do país.

d) Possuir em sua extensão terrenos cristalinos ricos em reservas de petróleo e gás natural.

e) Ser esculpidas pela ação do intemperismo físico, decorrente da variação de temperatura.

O Éon Pré-Cambriano divide-se em duas eras geológicas: Arqueozoica e Proterozoica. Os Escudos Cristalinos são formações muito antigas (crátons) compostas por rochas magmáticas intrusivas (granito) e metamórficas (gnaisse). As que se originaram na Era Proterozoica são muito ricas em minerais metálicos como ferro e manganês. No Brasil, são exemplos dessas formações a Serra dos Carajás, no Pará, o Quadrilátero Ferrífero, em Minas Gerais, e o Maciço de Urucum, no Mato Grosso do Sul.

GABARITO: A.

91. A África Ocidental é conhecida pela dinâmica das suas mulheres comerciantes, caracterizadas pela perícia, autonomia e mobilidade. A sua presença, que fora atestada por viajantes e por missionários portugueses que visitaram a costa a partir do século XV, consta também na ampla documentação sobre a região. A literatura é rica em referências às grandes mulheres como as vendedoras ambulantes, cujo jeito para o negócio, bem como a autonomia e mobilidade, é tão típico da região.

HAVIK, P. Dinâmicas e assimetrias afro-atlânticas: a agência feminina e representações em mudança na Guiné (séculos XIX e XX). In: PANTOJA. S. (Org.). Identidades, memórias e histórias em terras africanas. Brasília: LGE; Luanda: Nzila, 2006.

A abordagem realizada pelo autor sobre a vida social da África Ocidental pode ser relacionada a uma característica marcante das cidades no Brasil escravista nos séculos XVIII e XIX, que se observa pela:

a) Restrição à realização do comércio ambulante por africanos escravizados e seus descendentes.

b) Convivência entre homens e mulheres livres, de diversas origens, no pequeno comércio.

c) Presença de mulheres negras no comércio de rua de diversos produtos e alimentos.

d) Dissolução dos hábitos culturais trazidos do continente de origem dos escravizados.

e) Entrada de imigrantes portugueses nas atividades ligadas ao pequeno comércio urbano.

O texto destaca a grande habilidade comercial das mulheres da costa ocidental africana, tanto no passado como nos dias atuais. No Brasil, essa característica foi herdada e era comum, nos períodos colonial e imperial, tanto homens como mulheres escravos realizarem comércio ambulante nas cidades. Essa atividade foi chamada de escravismo de ganho e a remuneração obtida era entregue ao seu senhor. Hoje ainda é possível observar em algumas cidades brasileiras o comércio ambulante, uma atividade do setor informal da economia.

GABARITO: C.

92. A situação demográfica de Israel é muito particular. Desde 1967, a esquerda sionista afirma que Israel deveria se desfazer rapidamente da Cisjordânia e da Faixa de Gaza, argumentando a partir da lógica demográfica aparentemente inexorável. Devido à taxa de nascimento árabe ser muito mais elevada, a anexação dos territórios palestinos, formal ou informal, acarretaria dentro de uma ou duas gerações uma maioria árabe "entre o rio e o mar".

DEMANT, P. Israel: a crise próxima. História, n.2, jul-dez.2014

A preocupação apresentada no texto revela um aspecto da condução política desse Estado identificado ao(à):

a) Abdicação de interferência militar em conflito local.
b) Busca da preeminência étnica sobre o espaço nacional.
c) Admissão da participação proativa em blocos regionais.
d) Rompimento com os interesses geopolíticos das potências globais.
e) Compromisso com as resoluções emanadas dos organismos internacionais.

A partir das conquistas territoriais obtidas por Israel, no contexto da Guerra dos Seis Dias (1967), a questão analisa o crescimento demográfico da população árabe e como isso é "ameaçador" para os judeus, suas fronteiras e a soberania nacional.

GABARITO: B.

93. Embora haja dados comuns que dão unidade ao fenômeno da urbanização na África, na Ásia e na América Latina, os impactos são distintos em cada continente e mesmo dentro de cada país, ainda que as modernizações se deem com o mesmo conjunto de inovações.

ELIAS, D. Fim do século e urbanização no Brasil. Revista Ciência Geográfica, ano IV, n. 11, set./dez. 1988.

O texto aponta para a complexidade da urbanização nos diferentes contextos socioespaciais. Comparando a organização socioeconômica das regiões citadas, a unidade desse fenômeno é perceptível no aspecto:

a) Espacial, em função do sistema integrado que envolve as cidades locais e globais.
b) Cultural, em função da semelhança histórica e da condição de modernização econômica e política.
c) Demográfico, em função da localização das maiores aglomerações urbanas e continuidade do fluxo campo-cidade.
d) Territorial, em função da estrutura de organização e planejamento das cidades que atravessam as fronteiras nacionais.
e) Econômico, em função da revolução agrícola que transformou o campo e a cidade e contribui para a fixação do homem ao lugar.

Nos países dos continentes citados no texto, com raríssimas exceções, a urbanização se deu de forma anômala e rápida, em função do elevado crescimento vegetativo e do êxodo rural, principalmente após a Segunda Guerra Mundial, surgindo cidades desordenadas e hipertrofiadas, com graves problemas socioeconômicos.

GABARITO: C.

94. Foi-se o tempo em que era possível mostrar um mundo econômico organizado em camadas bem definidas, onde grandes centros urbanos se ligavam, por si próprios, a economias adjacentes "lentas", com o ritmo muito mais rápido do comércio e das finanças de longo alcance. Hoje tudo ocorre como se essas camadas sobrepostas estivessem mescladas e interdependências de curto e longo alcance não podem mais ser separadas uma das outras.

BRENNER, N.A. A globalização como reterritorialização. Cadernos Metrópole. nº.24, jul-dez, 2010 (adaptado)

A maior complexidade dos espaços urbanos contemporâneos ressaltada no texto explica-se pela:

a) Expansão de áreas metropolitanas.
b) Emancipação de novos municípios.
c) Consolidação de domínios jurídicos.
d) Articulação de redes multiescalares.
e) Redefinição de regiões administrativas.

Os espaços urbanos aparecem, nos dias atuais, como um emaranhado de redes de enorme complexidade, além de maior integração espacial e econômica, decorrente do próprio processo de globalização e integração econômica. As atuais cidades globais são causas e consequências da globalização. As redes urbanas alcançam um espaço mais amplo e apresentam uma dinamicidade antes inexistente.

GABARITO: D.

95. O jovem espanhol Daniel se sente perdido. Seu diploma de desenhista industrial e seu alto conhecimento de inglês devem ajudá-lo a tomar um rumo. Mas a taxa de desemprego, que supera 52% entre os que têm menos de 25 anos, o desnorteia. Ele está convencido de que seu futuro profissional não está na Espanha, como o de, pelo menos, 120 mil conterrâneos que emigraram nos últimos dois anos. O irmão dele, que é engenheiro-agrônomo, conseguiu emprego no Chile. Atualmente, Daniel participa de uma "oficina de procura de emprego" em países como Brasil, Alemanha e China. A oficina é oferecida por uma universidade espanhola.

GUILAYN, P. "Na Espanha, universidade ensina a emigrar". O Globo, 17 fev. 2013 (adaptado).

A situação ilustra uma crise econômica que implica:

a) Valorização do trabalho fabril.
b) Expansão dos recursos tecnológicos.
c) Exportação de mão de obra qualificada.
d) Diversificação dos mercados produtivos.
e) Intensificação dos intercâmbios estudantis.

A globalização flexibilizou a produção e muitos empregos deixaram os países considerados desenvolvidos, que não conseguem mais absorver toda a mão de obra especializada que entra no mercado de trabalho. Assim, apresentam altas taxas de desemprego e uma das soluções é o deslocamento desses trabalhadores para países emergentes ou de economias pouco dinâmicas que também oferecem oportunidades para esse tipo de mão de obra.

GABARITO: C.

96. Ações de educação patrimonial são realizadas em diferentes contextos e localidades e têm mostrado resultados surpreendentes ao trazer à tona a autoestima das comunidades. Em alguns casos, promovem o desenvolvimento local e indicam soluções inovadoras de reconhecimento e salvaguarda do patrimônio cultural para muitas populações.

PELEGRINI, S. C. A.; PINHEIRO, A. P. (Orgs.). Tempo, memória e patrimônio cultural. Piauí: Edupi, 2010.

A valorização dos bens mencionados encontra-se correlacionada a ações educativas que promovem a(s):

a) Evolução de atividades artesanais herdadas do passado.
b) Representações sociais formadoras de identidades coletivas.
c) Mobilizações políticas criadoras de tradições culturais urbanas.
d) Hierarquização de festas folclóricas praticadas por grupos locais.
e) Formação escolar dos jovens para o trabalho realizado nas comunidades.

As ações de educação patrimonial direcionadas para a conservação e valorização do patrimônio histórico contribuem para a memória cultural de comunidades e a formação de identidades coletivas. Os patrimônios históricos, culturais e arquitetônicos podem gerar renda através do turismo, podendo promover, em muitos casos, o desenvolvimento socioeconômico das comunidades e, dessa forma, elevar a sua autoestima.

GABARITO: B.

97. Em algumas línguas de Moçambique não existe a palavra "pobre". O indivíduo é pobre quando não tem parentes. A pobreza é a solidão, a ruptura das relações familiares que, na sociedade rural, servem de apoio à sobrevivência. Os consultores internacionais, especialistas em elaborar relatórios sobre a miséria, talvez não tenham em conta o impacto dramático da destruição dos laços familiares e das relações de entreajuda. Nações inteiras estão tornando-se "órfãs", e a mendicidade parece ser a única via de uma agonizante sobrevivência.

COUTO, M. E se Obama fosse africano? & outras intervenções. Porgual: Caminho, 2009 (adaptado)

Em uma leitura que extrapola a esfera econômica, o autor associa o acirramento da pobreza à:

a) Afirmação das origens ancestrais.
b) Fragilização das redes de sociais.
c) Padronização das políticas educacionais.
d) Fragmentação das propriedades agrícolas.
e) Globalização das tecnologias de comunicação.

O texto retrata uma realidade que foge ao processo de globalização e suas áreas centrais. Mia Couto aponta uma realidade local, não perceptível ao mundo ocidentalizado como uma condição natural: onde a pobreza está associada à falta de relacionamentos sociais, e não à falta de recursos. Assim, se faz uma crítica sobre a destruição das relações pessoais, que contribuem para o acirramento da pobreza.

GABARITO: B.

98. No Segundo Congresso Internacional de Ciências Geográficas, em 1875, a que compareceram o presidente da República, o governador de Paris e o presidente da Assembleia, o discurso inaugural do almirante La Roucière-Le Noury expôs a atitude predominante no encontro: "Cavalheiro, a Providência nos ditou a obrigação de conhecer e conquistar a terra. Essa ordem suprema é um dos deveres imperiosos inscritos em nossas inteligências e nossas atividades. A geografia, essa ciência que inspira tão bela devoção e em cujo nome foram sacrificadas tantas vítimas tornou-se a filosofia da terra".

SAID, E. Cultura e política. São Paulo: Cia. Das Letras, 1995.

No contexto histórico apresentado, a exaltação da ciência geográfica decorre do seu uso para o(a):

a) Preservação cultural dos territórios ocupados.
b) Formação humanitária da sociedade europeia.
c) Catalogação de dados úteis aos propósitos colonialistas.
d) Desenvolvimento de teorias matemáticas de construção de cartas.
e) Consolidação do conhecimento topográfico como campo acadêmico.

O destaque do almirante La Roucière-Le Noury é para os novos conceitos obtidos pelo pensamento geográfico, uma espécie de corolário de informações obtidas ao longo do processo de expansão capitalista colonial na África e Ásia.

GABARITO: C.

99. O bioma Cerrado foi considerado recentemente um dos 25 hotspots de biodiversidade do mundo, segundo uma análise em escala mundial das regiões biogeográficas sobre áreas globais prioritárias para conservação. O conceito de hotspot foi criado tendo em vista a escassez de recursos direcionados para conservação, com o objetivo de apresentar os chamados "pontos quentes", ou seja, locais para os quais existe maior necessidade de direcionamento de esforços, buscando evitar a extinção de muitas espécies que estão altamente ameaçadas por ações antrópicas.

PINTO, P.P.; DINIZ-FILHO, J. A. F. In: ALMEIDA, M. G. (Org.). Tantos cerrados: múltiplas abordagens sobre a biogeodiversidade e singularidade cultural. Goiânia: Vieira. 2005 (adaptado).

A necessidade desse tipo de ação na área mencionada tem como causa a:

a) Intensificação da atividade turística.
b) Implantação de parques ecológicos.
c) Exploração dos recursos minerais.
d) Elevação do extrativismo vegetal.
e) Expansão da fronteira agrícola.

A necessidade de direcionar esforços para a conservação do bioma do cerrado justifica-se pelo avanço, nos últimos anos, da agropecuária sobre este bioma da Região Centro-Oeste, de clima tropical semiúmido, principalmente pela soja e pela pecuária bovina de corte. A cobertura vegetal foi reduzida pela metade, provocando a perda de grande parte de sua biodiversidade, diminuindo a retenção de água pelo solo e, consequentemente, prejudicando as nascentes e o volume de água dos rios que nascem na região.

GABARITO: E.

100. Veja a charge:

AROEIRA. Disponível em: http://appsodia.ig.com.br. Acesso em: 19 jun. 2012 (adaptado).

O processo ambiental ao qual a charge faz referência tende a se agravar em função do(a):

a) Expansão gradual das áreas de desertificação.
b) Aumento acelerado do nível médio dos oceanos.
c) Controle eficaz da emissão antrópica de gases poluentes.
d) Crescimento paulatino do uso de fontes energéticas alternativas.
e) Dissenso político entre países componentes de acordos climáticos internacionais.

A charge faz referência ao aquecimento global e o consequente derretimento das geleiras devido à emissão de gases estufa, principalmente o dióxido de carbono. Muitos países que assinaram o Protocolo de Kyoto, um acordo climático internacional que visa reduzir a emissão de poluentes, não mudam o modo de produzir e, dessa forma, descumprem as metas estabelecidas. Concomitante a isso existem diversos países que não acreditam no aquecimento global como uma consequência das ações humanas e sim como um ciclo normal de elevação de temperatura pelo qual o planeta está passando.

GABARITO: E.

101. Uma pesquisa realizada por Carolina Levis, especialista em ecologia no Instituto Nacional de Pesquisas da Amazônia, e publicada na revista Science, demonstra que as espécies vegetais domesticadas pelas civilizações pré-colombianas são as mais dominantes. "A domesticação de plantas na floresta começou há mais de 8.000 anos. Primeiro eram selecionadas as plantas com características que poderiam ser úteis ao homem e em um segundo momento era feita a propagação dessas espécies. Começaram a cultivá-las em pátios e jardins por meio de um processo quase intuitivo de seleção".

OLIVEIRA, J. Indígenas foram os primeiros a alterar o ecossistema da Amazônia. Disponível em: https://brasil.elpais.com. Acesso em: 11 dez, 2017.(adaptado)

O texto apresenta um novo olhar sobre a configuração da Floresta Amazônica por romper com a ideia de:

a) Primazia de saberes locais.
b) Ausência de ação antrópica.
c) Insuficiência de recursos naturais.
d) Necessidade de manejo ambiental.
e) Predominância de práticas agropecuárias.

O texto destaca que os povos pré-colombianos, por meio de práticas agrícolas, já praticavam alterações na natureza, criando espaços geográficos, resultantes das ações antrópicas.

GABARITO: B.

102. Em agosto de 2013, o Instituto Brasileiro de Geografia e Estatística (IBGE) divulgou a projeção de que a "população brasileira continuará crescendo até 2042, quando deverá chegar a 228,4 milhões de pessoas. A partir do ano seguinte, ela diminuirá gradualmente e estará em torno de 218,2 milhões em 2060".

Adaptado de IBGE – Sala de imprensa. População brasileira deve chegar ao máximo (228,4 milhões) em 2042. Disponível em: <http://saladeimprensa.ibge.gov.br/noticias?view=noticia&id=1&busca=1&idnoticia=2455>.

A redução do ritmo de crescimento nas próximas três décadas e a diminuição da quantidade de brasileiros a partir de 2043 são reflexos, principalmente:

a) Da queda da taxa de fecundidade da mulher brasileira.
b) Do aumento da expectativa de vida.
c) Da atual implantação de políticas de controle populacional.
d) Da evasão de brasileiros em direção aos países desenvolvidos, devido à crise econômica iniciada a partir de 2004.
e) Da mudança do perfil da população brasileira de uma nação jovem para um país de idosos.

Como mencionado corretamente na alternativa A, a redução do ritmo do crescimento populacional resulta da queda da taxa de fecundidade. Estão incorretas as alternativas: B, porque embora a expectativa de vida esteja aumentando, tal fato não se constitui como causa do ritmo do crescimento populacional; C, porque não há políticas de controle populacional no Brasil; D, porque o processo imigratório decresceu a partir da década de 2000 e não se constitui como causa da redução do ritmo do crescimento populacional; E, porque a mudança do perfil jovem para maduro é consequência e não causa da redução do ritmo do crescimento.

GABARITO: A.

103. O gráfico a seguir apresenta as pirâmides etárias dos migrantes da Região Sudeste do Brasil de 2000 e 2010. Nele, é possível observar o aumento da proporção de:

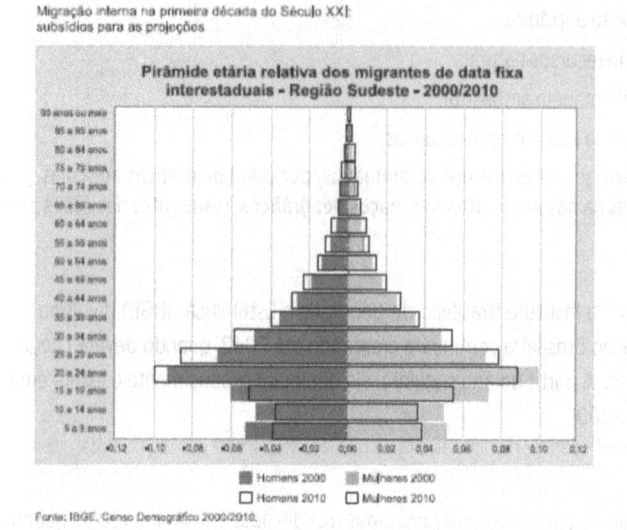

Migração interna na primeira década do Século XXI:
subsídios para as projeções

Pirâmide etária relativa dos migrantes de data fixa
interestaduais - Região Sudeste - 2000/2010

■ Homens 2000   ■ Mulheres 2000
□ Homens 2010   □ Mulheres 2010

Fonte: IBGE, Censo Demográfico 2000/2010.

a) Crianças entre 5 e 14 anos, graças à migração de famílias jovens.
b) Homens e mulheres entre 25 e 29 anos, inseridos na população economicamente ativa.
c) Mulheres entre 20 e 24 anos, associada à emancipação feminina.
d) Adolescentes entre 15 e 19 anos, em busca de cursos preparativos para ingresso no ensino superior.
e) Homens e mulheres entre 20 e 24 anos, atraídos por oportunidades de estudo e trabalho.

A população economicamente ativa é constituída por indivíduos em situação ativa de trabalho proporcional, seja formal ou informal. A PEA (como é chamada) é a base para a compreensão de uma sociedade que desenvolve suas atividades cotidianas e o entendimento da economia produtiva no setor de serviços de uma dada região. Assim, a pirâmide etária mostra uma população relevantemente ativa jovem, de 20 a 29 anos, sendo a mesma composta por um padrão quantitativo de uma população jovem.

GABARITO: B.

104. O processo de concentração fundiária caminha junto à industrialização da agropecuária com predomínio de capitais. Sobre esse tema, assinale o que for incorreto:
a) O discurso de modernidade das elites tem contribuído para que a terra esteja concentrada nas mãos da grande maioria dos agricultores brasileiros.
b) Os pequenos agricultores não conseguem competir e são forçados a abandonar suas lavouras de subsistência e vender suas terras.
c) A intensa mecanização leva à redução do trabalho humano e à mudança nas relações de trabalho, com a especialização de funções e o aumento do trabalho assalariado e de diaristas.

d) As modificações na estrutura fundiária (concentração e mecanização), provocam desemprego no campo, intenso êxodo rural, além de aumentar o contingente de trabalhadores sem direito à terra e sua exclusão social.

e) A reforma agrária não representa uma simples distribuição de terras, mas a viabilização para que os produtores possam nela produzir, com incentivos fiscais (tais quais os que alguns grandes produtores hoje recebem) e fornecimento de tecnologias, métodos e condições de cultivo.

A propriedade sobre a terra no Brasil está concentrada nas mãos da minoria dos agricultores brasileiros, e não da maioria.

GABARITO: A.

105. O relevo é o resultado da atuação de forças de origem interna e externa, as quais determinam as reentrâncias e as saliências da crosta terrestre. Sobre esse assunto, podemos afirmar que:

I. O surgimento das grandes cadeias montanhosas, como os Andes, os Alpes e o Himalaia, resulta dos movimentos orogenéticos, caracterizados pelos choques entre placas tectônicas.

II. O intemperismo químico é um agente esculpidor do relevo muito característico das regiões desérticas, em virtude da intensa variação de temperatura nessas áreas.

III. Extensas planícies, como as dos rios Ganges, na Índia, e Mekong, no Vietnã, são resultantes do trabalho de deposição de sedimentos feito pelos rios, formando as planícies aluviais.

IV. Os planaltos brasileiros caracterizam-se como relevos residuais, pois permaneceram mais altos que o relevo circundante, por apresentarem estrutura rochosa mais resistente ao trabalho erosivo.

V. Por situar-se em área de estabilidade tectônica, o Brasil não possui formas de relevo resultantes da ação do vulcanismo.

Assinale a alternativa que apresenta todas as afirmativas corretas.

a) I, II e III.
b) I, III e IV.
c) II, IV e V.
d) I, II e V.
e) III, IV e V.

Grandes cadeias montanhosas, como os Andes, os Alpes e o Himalaia, originaram-se de movimentos orogenéticos, ou seja, devido ao choque de placas tectônicas; são também conhecidos como dobramentos modernos. Já as planícies aluviais são formadas pela deposição de sedimentos trazidos pelos rios e são consideradas relevos em construção; como exemplos temos as dos rios Ganges, na Índia, e Mekong, no Vietnã. Por fim, o relevo brasileiro tem característica de ser antigo e desgastado, ou seja, foi aprimorado devido ao longo tempo que esteve exposto às intempéries, resultando na formação de alguns planaltos que, por possuírem uma formação de rocha mais resistente, permaneceram, destacando-se no relevo com maiores elevações.

GABARITO: B.

106. No Sudeste Ocidental do Brasil, a decomposição de rocha vulcânica do tipo basáltico originou um solo típico de regiões onde se cultiva café, conhecido como:
a) Látex.
b) Arenoso.
c) Terra roxa.
d) Salmourão.
e) Calcário.

O solo de terra roxa é originado pela decomposição do basalto, uma rocha magmática extrusiva. Este solo é muito fértil e muito aproveitado para o cultivo do café.

GABARITO: C.

107. Os novos investimentos em regiões mais distantes do eixo Rio-São Paulo estão permitindo a algumas cidades nordestinas um crescimento industrial maior do que alguns polos econômicos do Centro-Sul. Essa expansão se deve, basicamente:
a) Ao esgotamento do mercado consumidor no eixo Rio-São Paulo.
b) À resposta dos problemas sociais que até a década de 1980 impediram a entrada de capital.
c) Ao aquecimento recente da indústria do turismo, exigindo maior tecnologia para a região.
d) À estabilidade da moeda, que permitiu operar o significativo parque industrial nordestino.
e) Ao crescimento do mercado consumidor nordestino associado às vantagens fiscais e ao baixo custo da mão de obra.

Com o processo de desconcentração industrial ocorrido no Brasil, muitas indústrias migraram para a região do nordeste brasileiro, atraídos por novos mercados consumidores, vantagens fiscais e mão de obra com baixo custo.

GABARITO: E.

108. EUA e Portugal tentam "esquecer" o clima de Manaus. Como acontece antes de todo jogo da Copa do Mundo em Manaus, o calor e a umidade da capital do Amazonas são assunto obrigatório. Desta vez, no entanto, norte-americanos, que se enfrentarão neste domingo, chegaram à cidade dizendo que o clima não vai interferir no andamento do jogo [...]. Os protagonistas da partida a ser disputada na Arena Amazônia estão tentando fugir desse tema. [...]

Fonte: Gazeta do Povo, 22/06/2014. Disponível em: http://www.gazetadopovo.com. br/copa2014/conteudo.phtml?id=1478421. Acesso em: 15/08/2014).

As condições climáticas acima citadas na capital do Amazonas explicam-se:
a) Pela localização em extremas latitudes e a acentuada altitude.
b) Pela variação irregular da altimetria topográfica e a elevada amplitude térmica.
c) Pelo acentuado processo de poluição local e a concentração de calor.
d) Pela posição geográfica e evapotranspiração intensa da vegetação regional.
e) Pelo calor gerado nas correntes oceânicas do Atlântico.

A cidade de Manaus localiza-se no norte do Brasil, em uma área de proximidade ao Equador (baixas latitudes), uma posição que recebe mais intensamente os raios solares, aumentando o calor. Além disso, a elevada umidade da região causada pela vegetação ajuda na conservação das temperaturas, fato que se observa nas baixas amplitudes térmicas locais.

GABARITO: D.

109. A análise geográfica é feita a partir de várias lentes e conceitos. Assim, é preciso conhecer bem esses conceitos para que a leitura da sociedade e do espaço seja feita de forma adequada. Pensando por esse prisma, observe o conceito a seguir:

"É uma instituição formada por povo, território e governo. Representa, portanto, um conjunto de instituições públicas que administra um território, procurando atender os anseios e interesses de sua população."

A que conceito refere-se a afirmação?

a) Território.
b) Nação.
c) Estado.
d) Governo.
e) País.

O Estado corresponde ao conjunto de instituições no campo político e administrativo que organiza o espaço de um povo ou nação. Para o Estado existir, é necessário que ele possua o seu próprio território e que exerça sobre este a sua cidadania, ou seja, o Estado deve ser a autoridade máxima na área a ele correspondente.

GABARITO: C.

110. Assinale a alternativa que descreve corretamente a metodologia utilizada na elaboração dos fusos horários:

a) Divisão dos 360° da circunferência terrestre em 24 partes, cujos limites entre uma e outra são de 15°, o que equivale a uma hora do dia.
b) Divisão dos 180° da Terra em 12 partes, que se tornam dia conforme a presença da luz do sol e se tornam noite conforme a ausência desta.
c) Mapeamento do movimento de translação, que resulta na sucessão das horas, e registro do momento exato em que a luz solar incide sobre cada ponto da Terra.
d) Observação do movimento aparente do Sol que, por definição, nasce às 6h e se põe às 18h.
e) Criação de uma convenção em que se padronizou o horário mundial com base na hora legal da cidade de Nova York.

Os fusos horários são elaborados ao considerar a Terra como uma esfera, que possui, portanto, 360°, que se dividem em 24 fusos diferentes, o que corresponde a 15° para cada um deles. Como o dia na Terra possui, oficialmente, 24 horas, então cada um dos 24 fusos equivale a uma hora do dia.

GABARITO: A.

111. Localizado principalmente na Região Centro-Oeste, esse bioma é caracterizado pela presença de pequenos arbustos e árvores retorcidas, com cascas grossas e folhas recobertas de pelos. Solo deficiente em nutrientes e com alta concentração de alumínio. Marque a alternativa que corresponde ao bioma que apresenta as características descritas.
   a) Mangue.
   b) Caatinga.
   c) Campos.
   d) Cerrado.
   e) Mata de araucária.

   Sua vegetação é composta por árvores esparsas, arbustos e gramíneas. Uma das principais características do cerrado são as árvores com caules tortuosos e folhas coriáceas (semelhantes a couro), além do solo com poucos nutrientes e com grande concentração de alumínio.
   GABARITO: D.

112. A hidrografia brasileira, basicamente constituída de rios e lagos, pode ser considerada a mais densa do mundo. Dentre as características descritas, assinale a alternativa incorreta.
   a) Os padrões de drenagem dos rios brasileiros são endorreicos e arreicos.
   b) O regime de alimentação dos rios brasileiros é pluvial e não registra regimes nival ou glacial. Somente o rio Amazonas depende, em parte, do derretimento da neve na cordilheira dos Andes.
   c) A grande maioria dos rios é perene, isto é, nunca seca totalmente. Apenas alguns rios nordestinos são intermitentes.
   d) O padrão de drenagem dos rios brasileiros é exorreico.
   e) A hidrografia brasileira é bastante utilizada como fonte de energia, mas muito pouco para a navegação.

   Endorreica – corresponde às bacias que escoam as águas para o interior do continente. Arreica – drenagem no qual o relevo não favorece o escoamento e ocorre em áreas desérticas. A drenagem predominante dos rios da hidrografia brasileira é do padrão exorreica (quando o escoamento das águas se faz de modo contínuo até o mar).
   GABARITO: A.

113. Sabe-se que o Rio São Francisco é considerado o mais importante para a Região Nordeste, devido ao seu aspecto perene. O Velho Chico, como é mais conhecido, passa pelos estados do:
   a) Piauí, Pernambuco, Bahia e Alagoas.
   b) Pernambuco, Sergipe, Alagoas e Ceará.
   c) Bahia, Pernambuco, Alagoas e Sergipe.
   d) Bahia, Piauí, Paraíba e Pernambuco.
   e) Bahia, Maranhão, Ceará e Alagoas.

   O rio passa por cinco estados e 521 municípios, sendo sua nascente geográfica no município de Medeiros e sua nascente histórica na serra da Canastra, no município de São Roque de Minas, centro-oeste de Minas Gerais. Seu percurso atravessa o estado da Bahia, fazendo sua divisa ao norte com Pernambuco, bem como constituindo a divisa natural dos estados de

Sergipe e Alagoas e, por fim, deságua no oceano Atlântico, drenando uma área de aproximadamente 641.000km². Seu comprimento medido a partir da nascente histórica é de 2.814km.

GABARITO: C.

114. A inevitável devastação ambiental decorrente do processo de desenvolvimento industrial é um "quadro" que começa a se modificar a partir da defesa pública de um novo conceito: "o desenvolvimento sustentável". O uso dessa expressão tem a finalidade de:
a) Sustentar a inevitável necessidade do desenvolvimento.
b) Garantir que o desenvolvimento contemporâneo não se sustente.
c) Sustentar o meio ambiente em detrimento do desenvolvimento.
d) Propor a conciliação do desenvolvimento com o meio ambiente.
e) Divulgar a insustentável situação do meio ambiente.

O principal objetivo do desenvolvimento sustentável é proporcionar o desenvolvimento socioeconômico de forma planejada e em harmonia com o meio ambiente, de forma que não comprometa a capacidade de suprir as necessidades das futuras gerações.

GABARITO: D.

115. Em relação às condições de transporte no Brasil, todas as afirmativas são corretas, exceto:
a) A frota de caminhões é insuficiente e desgastada pelo uso contínuo com sobrecarga e pistas mal conservadas.
b) As ferrovias são responsáveis pela circulação da maior parte da carga do país e constituem a única forma de transporte eficiente na porção norte-ocidental.
c) As rodovias são insuficientes, apresentam alguns trechos já intransitáveis e demandam grande volume de recursos para recuperação.
d) As tentativas de aproveitamento das vias fluviais são extremamente modestas em relação à potencialidade da rede hidroviária.
e) O transporte aéreo cresceu muito nos últimos anos, porém sua manutenção é cara, suas instalações requerem amplas áreas e estruturas modernas, o que encarece os custos e torna-o um meio de transporte ainda com alto custo, sendo no Brasil mais utilizado para o transporte de passageiros e não de cargas.

Observa-se que a malha ferroviária do Brasil não é de qualidade, pois os investimentos realizados por Juscelino Kubitschek e, posteriormente, pela ditadura militar, focaram-se em construção de rodovias.

GABARITO: B.

116. Um conjunto de municípios contíguos e integrados socioeconomicamente a uma cidade central, com serviços públicos e infraestrutura define a:
a) Metropolização.
b) Área metropolitana.
c) Rede urbana.
d) Megalópole.
e) Hierarquia urbana.

São aglomerações urbanas, havendo fácil acesso da população de um município ao outro em virtude da rede de transporte integrado e a proximidade entre as cidades, e desenvolvem projetos em comum acordo nas áreas de infraestrutura.

GABARITO: B.

117. A grande variação climática no planeta é resultante da interação dos fatores climáticos, que são os responsáveis pela grande heterogeneidade climática da Terra e estão diretamente relacionados com a geografia de cada porção da superfície terrestre. Em qual das alternativas a seguir há apenas fatores climáticos, isto é, aqueles que contribuem para determinar as condições climáticas de uma região do globo?
a) Concorrentes matítimas, temperatura do ar, umidade relativa do ar e grau geotérmico.
b) Temperatura do ar, pressão, altitude, hidrografia e massas de ar.
c) Hidrografia, correntes marítimas, latitude e relevo.
d) Altitude, massas de ar, maritimidade e latitude.
e) Temperatura do ar, umidade relativa do ar, insolação e grau geotérmico.

A – Incorreta. A temperatura do ar e a umidade relativa são fatores temporais meteorológicos.

B – Incorreta. Observamos que a temperatura e a pressão são fatores do tempo, e não do clima.

C – Incorreta. A hidrografia não é um fator climático.

D – Correta. Altitude, massas de ar, maritimidade e latitude são fatores que condicionam o clima.

E – Incorreta. Os fatores listados não são climáticos.

GABARITO: D.

118. De acordo com o Censo Demográfico de 2010, realizado pelo Instituto Brasileiro de Geografia e Estatística (IBGE), o Brasil alcançou uma população de 190.755.799 pessoas, totalizando 22.4 habitantes por km². Diante desses números, podemos concluir que o país é:
a) Densamente populoso.
b) Populoso.
c) Homogeneamente povoado.
d) Proporcionalmente adensado.
e) Pouco habitado.

Observa-se que a população absoluta do Brasil está entre as maiores do mundo, atrás apenas de China, Índia, Estados Unidos e Indonésia. No entanto, em razão de sua elevada margem territorial, é considerado um país pouco povoado, ou seja, sua densidade demográfica é baixa em relação ao restante do mundo. Apesar disso, há elevadas concentrações populacionais em função do fato de a população não estar bem distribuída no território.
GABARITO: B.

119. "Em estudo sobre a hierarquia urbana do Brasil, Fortaleza figura como o terceiro mais importante polo agregador de pessoas em todo o país, perdendo apenas para dois centros reconhecidamente bem maiores em termos populacionais e econômicos: Rio de Janeiro e São Paulo. Referido estudo mostra que a influência de algumas cidades se expande além da jurisdição de seu território, um fenômeno denominado de região de influência urbana, e é exatamente nesse item que está enquadrada a metrópole cearense".

Diário do Nordeste, Editorial, 07 jul. 2012. Disponível em: http://diariodonordeste.verdesmares.com.br>. Acesso em: 21 ago. 2015.

De acordo com as informações apresentadas, a cidade supracitada pode ser classificada como:

a) Metrópole global de longo alcance.

b) Metrópole global continental.

c) Metrópole nacional.

d) Metrópole regional.

e) Capital comercial.

Realizada a análise do território brasileiro, sabemos que há duas cidades ou metrópoles globais: São Paulo e Rio de Janeiro. Assim, as cidades que se posicionam logo abaixo delas na hierarquia urbana figuram entre as metrópoles nacionais, como é o caso de Fortaleza, Salvador e Curitiba.

GABARITO: C.

120. O Brasil é um dos países que apresentam os maiores potenciais hidrelétricos do mundo, o que justifica, em partes, o fato de esse tipo de energia ser bastante utilizada no país. As usinas hidrelétricas são bastante elogiadas por serem consideradas ambientalmente mais corretas do que outras alternativas de produção de energia, mas vale lembrar que não existem formas 100% limpas de realizar esse processo. Assinale a alternativa que indica, respectivamente, uma vantagem e uma desvantagem das hidroelétricas.

a) Não emitem poluentes na atmosfera; porém não são muito eficientes.

b) São ambientalmente corretas; porém interferem diretamente no efeito estufa.

c) A produção pode ser controlada; porém os custos são muito elevados.

d) Ocupam pequenas áreas; porém interferem no curso dos rios.

e) A construção é rápida; porém dura pouco tempo.

Entre as vantagens das hidroelétricas, citam-se: não emitem poluentes, são renováveis, a produção pode ser controlada ou administrada; possui uma eficiência considerável; duram muito tempo. Entre as desvantagens, podemos elencar: são não totalmente corretas no campo do meio ambiente; ocupam grandes áreas; possuem custos elevados de construção; interferem nos cursos d'água; a construção é demorada.

GABARITO: C.

121. Assinale a alternativa que contém duas causas que prejudicam a navegação fluvial no Brasil.
   a) A maior parte dos rios é de planaltos e os rios de planícies situam-se longe das áreas mais desenvolvidas.
   b) Os rios não têm volume de água suficiente e as embarcações são muito defcitárias.
   c) A rede de drenagem é endorreica e os rios de planícies encontram-se fora das áreas mais desenvolvidas.
   d) O custo de transporte rodoviário é baixo e a expansão da rede ferroviária foi rápida.
   e) A maioria dos rios é intermitente e as embarcações possuem pequeno calado.

   Os rios brasileiros são predominantemente de planaltos, ou seja, são propícios para a produção de energia e não para a navegação. As áreas mais desenvolvidas do Brasil estão localizadas longe de planícies, o que inviabiliza e encarece a construção de hidrovias.

   GABARITO: A.

122. Assinale a alternativa que indica as formas de relevo onde predominam os processos de erosão em detrimento do acúmulo da sedimentação:
   a) Montanhas e planaltos.
   b) Planícies e depressões.
   c) Planícies e planaltos.
   d) Montanhas e planícies.
   e) Planaltos e depressões.

   Nas montanhas e nos planaltos, por serem relevos mais íngremes e acidentados, predominam as ações erosivas, cuja sedimentação acumula-se majoritariamente nas áreas de depressão e planícies.

   GABARITO: A.

123. O maior parque industrial brasileiro encontra-se em (no):
   a) Atatu.
   b) Vale do Itajaí.
   c) Chamado Triângulo Mineiro.
   d) Chamado ABCD Paulista.
   e) Zona Franca do Amazonas.

   O ABCD Paulista destaca-se no setor industrial brasileiro desde o início do processo de industrialização no país, que ocorreu após a decadência do ciclo do café.

   GABARITO: D.

124. Sobre os mangues, assinale a alternativa incorreta:
a) São encontrados em ambientes alagados.
b) São adaptados a cursos d'água com alta concentração de sal, em razão da proximidade com o mar.
c) No Brasil, são encontrados em regiões litorâneas.
d) A extração de caranguejo é a principal atividade econômica nesse ambiente.
e) É uma vegetação do tipo homogênea.

Os mangues são formações vegetais encontradas em ambientes alagados, próximos a regiões costeiras ou litorâneas, em áreas alagadas pela invasão das águas do mar nos continentes e, por isso, com alta salinidade. Nos mangues, existem muitos caranguejos, cuja extração e venda se torna a principal atividade econômica das populações que moram próximas a essas formações vegetais. Entretanto, não se trata de uma formação homogênea, apresentando características fisionômicas variadas, ou seja, heterogêneas.

GABARITO: E.

125. A rede hidrográfica brasileira apresenta, dentre outras, as seguintes características:
a) Grande potencial hidráulico, predomínio de rios perenes e predomínio de foz do tipo delta.
b) Drenagem exorreica, predomínio de rios de planalto e predomínio de foz do tipo estuário.
c) Predomínio de rios temporários, drenagem endorreica e grande potencial hidráulico.
d) Regime de alimentação pluvial, baixo potencial hidráulico e predomínio de rios de planície.
e) Drenagem endorreica, predomínio de rios perenes e regime de alimentação pluvial.

A predominância da drenagem dos rios brasileiros é do tipo exorreica, ou seja, rios que correm para o mar. Os rios brasileiros são predominantemente de planalto, tendo em vista que no relevo brasileiro predominam os planaltos. A foz predominante dos rios brasileiros é do tipo estuário, pelo fato de os rios, por serem de planalto, desaguarem com grande potência hídrica, não permitindo a formação de deltas.

GABARITO: B.

126. Na disputa entre Portugal e Espanha pelos territórios a serem descobertos navegando-se a Oeste, o limite que vigorou até o fim da União Ibérica foi o:
a) Meridiano de Tordesilhas.
b) Meridiano de Utrecht.
c) Trópico de Capricórnio.
d) Meridiano de Greenwich.
e) Meridiano de Cabo Verde.

Na disputa territorial pelas terras do novo mundo, as duas potências mercantilistas, Portugal e Espanha, assinaram, em junho de 1494, na vila espanhola de Tordesilhas, o Tratado de Tordesilhas, com o objetivo de demarcar suas conquistas, onde o território a oeste da linha ficaria com a Espanha e a leste com Portugal.

GABARITO: A.

127. Sudene, Sudam e Codevasf são exemplos de:
a) Empresas estatais de siderurgia.
b) Planos econômicos para controle de inflação.
c) Órgãos de desenvolvimento regional.
d) Hidrelétricas situadas no Nordeste, na Amazônia e no Vale do São Francisco.
e) Empresas privadas de siderurgia.

O crescimento econômico brasileiro apresentou grande desigualdade e o processo de industrialização do país fez com que a Região Sudeste passasse a concentrar inúmeras indústrias, aprofundando a desigualdade regional do país. Com o objetivo de diminuir ou amenizar tais desigualdades, o governo brasileiro passou a elaborar, a partir da década de 1950, projetos de desenvolvimento regional, tendo como exemplos Sudene, Sudam e Codevasf.

GABARITO: C.

128. O clima semiárido no interior do Nordeste do Brasil, com suas escassas e irregulares chuvas, impõe o predomínio do intemperismo físico, que torna comum na paisagem da área:
a) Solos profundos, recobertos por vegetação com espécies latifoliadas.
b) Solos rasos com vegetação de mangues.
c) Relevo de meia-laranja, drenado por extensa rede de rios perenes.
d) Vegetação com espécies xerófilas, revestindo um solo raso e pouco lixiviado.
e) Relevo de "mar de morro".

O Domínio morfoclimático da caatinga, presente no sertão nordestino, possui como principais características: clima tropical semiárido (quente e seco), com grande irregularidade na distribuição das chuvas; vegetação xerófila, ou seja, vegetação adaptada a períodos de longas estiagens; solo raso e pedregoso, pobre em matéria orgânica, porém rico em minerais; hidrografia intermitente; relevo caracterizado pelo predomínio de depressões. O solo no interior do Nordeste brasileiro sofre pouco com a lixiviação devido à escassez de chuvas.

GABARITO: D.

129. O Tratado de Methuen, assinado em 1703, por portugueses e ingleses:
a) Incrementou a industrialização em Portugal e no Brasil.
b) Abriu um importante canal para a transferência da riqueza produzida no Brasil para a Inglaterra.
c) Criou foro especial para julgar cidadãos britânicos que viviam no Brasil.
d) Trouxe vantagens para Portugal nas relações comerciais bilaterais com a Inglaterra.
e) Favoreceu o desenvolvimento da indústria luso-brasileira.

O Tratado de Methuen, também chamado de tratado de panos e vinhos, foi um tratado assinado em Portugal e Inglaterra, em 1703, onde a coroa portuguesa se comprometia a comprar os produtos têxteis da Inglaterra e, em contrapartida, a Inglaterra passaria a comprar o vinho português. Como o Brasil era colônia portuguesa, isso facilitaria na transferência das riquezas extraídas para a Inglaterra.

GABARITO: B.

130. No contexto da expansão marítima, que levou os europeus a encontrar a América, Portugal destacou-se como pioneiro das grandes navegações do século XV. Entre os muitos fatores que contribuíram para o pioneirismo português, destacam-se:
a) A associação Estado/Igreja e a centralização do poder.
b) A política mercantilista e a expulsão dos mouros da península Ibérica.
c) A centralização administrativa e a posição geográfica.
d) A ausência de guerras e a ascensão da nobreza fundiária.
e) A industrialização e a centralização do poder.

Durante o período colonial, a posse da terra era obtida por meio do *uti possidetis*, um princípio de direito internacional segundo o qual os que de fato ocupam um território possuem direito sobre este. Portugal foi o pioneiro no que se refere às grandes navegações e, consequentemente, a colonizar as terras do novo mundo. O que favoreceu esse pioneirismo foi a posição geográfica, uma vez que este país se localiza numa porção estratégica na Península Ibérica.

GABARITO: C.

131. O período de maior crescimento vegetativo da população brasileira ocorreu:
a) Entre os anos de 1940 e 1970, devido ao rápido declínio das taxas de mortalidade e manutenção, em patamares elevados, das taxas de natalidade.
b) Entre 1872 e 1940, devido à entrada de milhares de imigrantes no país.
c) Entre os anos de 1960 e 1990, devido às mudanças estruturais ocorridas na economia brasileira.
d) Nos primeiros anos do século XX, em decorrência das medidas sanitárias implantadas em todo o território nacional.
e) Entre os anos de 1988 e 2008, em decorrência do planejamento familiar sugerido em nossa última Constituição Federal.

Crescimento vegetativo de uma população é a diferença entre as taxas de natalidade e mortalidade, podendo ser positivo (taxas de natalidade superam as taxas de mortalidade), negativo (taxas de mortalidade superam as taxas de natalidade) ou ainda podendo ser nulo (taxas de natalidade e mortalidade iguais). O crescimento vegetativo da população brasileira pode ser dividido em três estágios: até 1940 – pequeno crescimento, fruto de elevadas taxas de natalidade e mortalidade; entre 1940 e 1970 – grande crescimento vegetativo, causado pela diminuição das taxas de mortalidade e permanência das elevadas taxas de natalidade; a partir de 1970 – início da transição demográfica, devido a redução tanto das taxas de natalidade como das taxas de mortalidade.

GABARITO: A.

132. Os lugares do Sertão nordestino favoráveis à agricultura são:
a) Litoral da Bahia.
b) Próximo ao litoral norte.
c) Brejos e vales dos rios.
d) Áreas de clima semiárido.
e) Áreas da mata atlântica.

A agricultura do Sertão Nordestino baseia-se na agricultura de subsistência, tendo em vista o clima não proporcionar o seu desenvolvimento, porém os brejos e os vales dos rios são as áreas onde esta prática se desenvolve, tendo em vista a ocorrência de solos com maior umidade que o restante da região.

GABARITO: C.

133. As indústrias de automóveis e eletrodomésticos integram o conjunto das indústrias de:
a) Base.
b) Bens de capital.
c) Bens intermediários.
d) Bens de consumo não duráveis.
e) Bens de consumo duráveis.

As indústrias de bens de consumo duráveis são indústrias que produzem bens com tempo de duração maior do que os de consumo imediato; estes produtos são destinados também ao consumidor final.

GABARITO: E.

134. Durante o Estado Novo (1937-1945), no Governo de Getúlio Vargas, foram criadas as bases necessárias para o desenvolvimento industrial brasileiro a partir dos anos 1950. O Estado tornou-se o grande investidor na indústria de base, criando empresas que foram fundamentais para o desenvolvimento industrial posterior. Entre essas empresas, destacamos a primeira grande indústria de base no Brasil, que foi o(a):
a) Eletrobrás.
b) Banco Central.
c) Companhia Siderúrgica Nacional.
d) Banco do Brasil.
e) Petrobras.

Durante o período em destaque (1937-1945), o presidente Getúlio Vargas, como forma de incentivar e dar base para a produção industrial, deu início a construção, em 1942, da Companhia Siderúrgica Nacional (CSN), no município de Volta Redonda/RJ.

GABARITO: C.

135. A entrada maciça dos grupos haitianos no Brasil, a partir de 2010, gerou diversas polêmicas na sociedade e acirrou o debate acerca das condições humanas de estrangeiros ilegais no território nacional. A entrada clandestina desses migrantes ocorreu, principalmente:
a) Pelas zonas litorâneas, em embarcações ilegais.
b) Em rotas de imigração na fronteira amazônica.
c) Durante a realização da Copa do Mundo de 2014.
d) Por via aérea, com falsificação de documentos.
e) Por estradas e fluxos do extremo sul do país.

Observa-se a chegada dos haitianos no Brasil no início da década de 2010 ocorrendo, principalmente, pelas fronteiras brasileiras na região da floresta Amazônica, sobretudo no estado do Acre.

GABARITO: B.

136. A energia solar, apesar de amplamente vantajosa no sentido ambiental e em seu nível de produtividade, não é amplamente utilizada no Brasil e na maior parte do mundo, em função de suas desvantagens, entre as quais podemos assinalar:
   a) O baixo índice de radiação solar em países tropicais, a exemplo do território brasileiro.
   b) A baixa capacidade de aquecimento do sol mesmo nos períodos de maior insolação.
   c) A elevada instabilidade dos geradores solares no atual nível de tecnologia.
   d) Os painéis solares são caros e o seu rendimento é baixo.
   e) As usinas de energia solar necessitam de grandes áreas, destruindo florestas e áreas agricultáveis.

   Os painéis de captação da energia solar são caros, além de todo o sistema de armazenamento também apresentar custos elevados. Além disso, o rendimento desses painéis, atualmente, não ultrapassa os 25%.

   GABARITO: D.

137. A falta de mobilidade urbana no Brasil, um problema recorrente nas grandes metrópoles do país, vem se tornando uma questão com soluções cada vez mais difíceis. Dentre suas principais causas, podemos destacar, exceto:
   a) O crescimento desordenado das grandes cidades brasileiras.
   b) A precarização dos sistemas públicos de transporte urbano.
   c) As políticas urbanas e sociais que privilegiaram o uso do automóvel.
   d) A falta de investimentos públicos em políticas de mobilidade.
   e) O excesso de ciclovias e faixas exclusivas de ônibus nos grandes centros citadinos.

   Dentre os fatores que contribuem para o inchaço das cidades e dificuldade em termos de mobilidade, citam-se o grande crescimento urbano ao longo da segunda metade do século XX, a oferta ruim de serviços públicos de transporte e a ausência de políticas de mobilidade (ciclofaixas e outros). O uso de ciclovias e faixas exclusivas não é algo muito difundido no Brasil e também não se configura como um obstáculo à mobilidade urbana.

   GABARITO: E

138. A poluição nos grandes centros urbanos, como Curitiba, pode causar determinadas doenças, como rinite, alergias, asma, problemas de pele e cabelo. Pessoas sensíveis às partículas em suspensão no ar podem desenvolver tais doenças ao respirar o ar poluído dos grandes centros.

   Durante todo o ano, essas doenças podem acontecer, mas é no inverno que ficam mais acentuadas.

   (Adaptado de Jornal do Estado, Curitiba, 01/06/2009.)

   Durante o inverno, em Curitiba, é comum a ação da Massa Polar Atlântica, que facilita a ocorrência de problemas respiratórios, pois:

a) Aumenta a umidade relativa do ar e promove a inversão térmica, o que provoca a concentração de poluentes nas partes altas da cidade.

b) Aumenta a umidade relativa do ar e promove a inversão térmica, o que provoca a concentração de poluentes próximos à superfície do solo.

c) Reduz a umidade relativa do ar e promove um maior aquecimento da parte central da cidade se comparado à periferia, concentrando poluentes.

d) Reduz a umidade relativa do ar e promove a inversão térmica, o que provoca a concentração de poluentes próximos à superfície do solo.

e) Nenhuma das anteriores.

A atuação da massa de ar faz com que a umidade do ar seja reduzida, visto que, no inverno, diminui-se o período de chuvas. Nessa época do ano, é comum a ocorrência do fenômeno atmosférico conhecido como inversão térmica, que, em decorrência da maior perda de calor e da diminuição dos índices pluviométricos, dificulta a dispersão dos gases poluentes que ficam retidos próximos à superfície.

GABARITO: D.

139. Sobre a agricultura brasileira são feitas as seguintes afirmações.

I. A mecanização da agricultura é uma das manifestações da modernização agrícola, e trouxe consigo o êxodo rural.

II. A estrutura fundiária brasileira mantém-se excludente, na medida em que privilegia o grande capital e as culturas de exportação, em detrimento da agricultura familiar.

III. A reforma agrária é atualmente uma das grandes questões sociais e políticas do Brasil, congregando vários setores da sociedade e partidos políticos.

Quais estão corretas?

a) Apenas I.
b) Apenas II.
c) Apenas III.
d) Apenas I e II.
e) I, II e III

A mecanização é sinônimo de modernização e uma das responsáveis pelo êxodo rural.

Na estrutura fundiária brasileira predominam os minifúndios, porém os latifúndios ocupam maiores áreas e são privilegiados, pois geram mais lucros com suas monoculturas de exportação.

A reforma agrária no Brasil vem sendo pensada desde 1964, quando foi estabelecido o Estatuto das Terras, porém até hoje não foi solucionada devido a questões sociais, políticas e morosidade por parte dos governos.

GABARITO: E.

140. Os países-membros associados ao Mercosul são:
a) Estados Unidos, Chile, Colômbia, Uruguai e Peru.
b) Bolívia, Chile, Colômbia, Equador, Guiana, Suriname e Peru.
c) China, Paraguai, Equador, Colômbia e Bolívia.
d) Bolívia, Chile, Colômbia, Venezuela e Equador.
e) Rússia, Equador, Argentina, Peru e Bolívia.

Estados Unidos, China e Rússia não fazem parte do Mercosul. Brasil, Paraguai, Uruguai e Argentina são países-membros efetivos – ou plenos – do bloco econômico do Mercosul. Já Bolívia, Chile, Colômbia, Equador, Peru, Guiana e Suriname são os países associados ao Mercado Comum do Sul.

GABARITO: B.

141. Entre todos os movimentos realizados pela Terra, a rotação e a translação são consideradas como os dois mais importantes, pois são os que exercem maior influência no cotidiano das sociedades. As consequências principais da rotação e da translação da Terra são, respectivamente:
a) A intercalação das atividades solares e a variação cíclica dos climas.
b) A ocorrência das estações do ano e a sucessão dos dias e noites.
c) A sucessão dos dias e noites e a ocorrência das estações do ano.
d) A existência dos solstícios e equinócios e a duração do ano em 365 dias.
e) A duração dos ciclos solares e a diferenciação entre climas frios e quentes.

A consequência do movimento de rotação da Terra é a sucessão dos dias e das noites e o movimento de translação realizado pela Terra traz como consequência as estações do ano. Isso se deve ao fato de a rotação ser o movimento realizado pela Terra em torno de seu próprio eixo, enquanto a translação é o movimento em que a Terra gira em torno do Sol.

GABARITO: C.

142. Embora muitos especialistas recomendem o uso da agropecuária intensiva, em razão de seus benefícios, a utilização do modelo extensivo ainda é muito comum em todo o país e também em várias partes do mundo, principalmente em áreas com menor oferta tecnológica. Uma das vantagens que justifica o emprego da agropecuária extensiva é:
a) O menor uso de fertilizantes e agrotóxicos.
b) A possibilidade de produção de transgênicos.
c) A redução do preço dos produtos agrícolas.
d) O diminuto índice de desflorestamento.
e) A maximização da relação custo/benefício.

A agropecuária extensiva tem como vantagem o controle de pragas na agricultura, que é realizado por meios naturais, com menor emprego de fertilizantes, agrotóxicos e outros tipos de produtos químicos.

GABARITO: A.

Geografia do Brasil

143. As regiões brasileiras exercem diferentes papéis no que diz respeito à "divisão inter-regional do trabalho", ressaltando-se que:
   a) A Região Sudeste, coordenando o mercado nacional, caracteriza-se por ser exportadora unicamente de produtos provenientes do setor primário.
   b) A Região Sul desempenha um papel eminentemente industrial como fornecedora de produtos do setor secundário.
   c) A Região Nordeste, mesmo com seus problemas endêmicos, consegue ser fornecedora de alimentos para a força de trabalho de outras regiões.
   d) A Região Centro-Oeste caracteriza-se principalmente pela exportação de produtos agrícolas, com destaque para o cacau e o fumo.
   e) A Região Norte caracteriza-se pela exportação de matérias-primas de origem diversa, com destaque para os minérios.

   A região Norte destaca-se no setor de mineração, assim como no extrativismo vegetal, que é uma das principais atividades econômicas dessa região.

   GABARITO: E.

144. Na imagem a seguir, temos a caracterização:

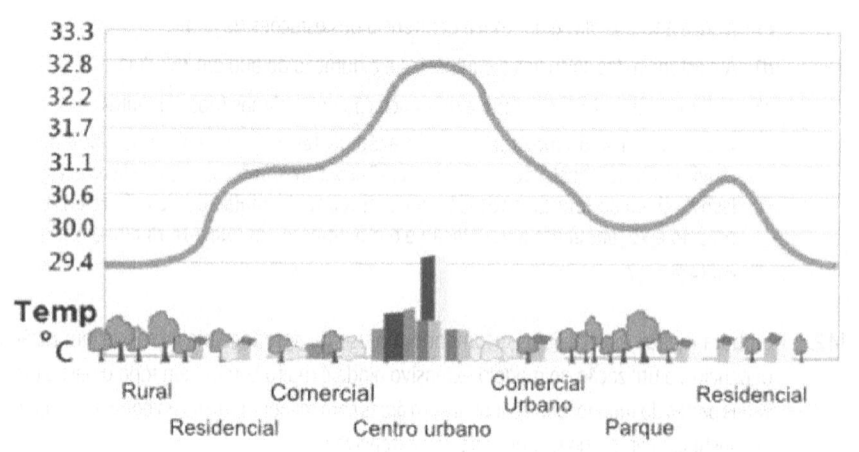

   a) Da inversão térmica.
   b) Das ilhas de calor.
   c) Da poluição do ar.
   d) Do acúmulo de resíduos tóxicos.
   e) Do efeito estufa.

   A partir da análise do gráfico apresentado, observa-se maior média de temperaturas nas áreas centrais e mais densamente urbanizadas, enquanto as zonas periféricas, mais arborizadas e rurais, apresentam temperaturas menores. Esse é o retrato das ilhas de calor, muito comuns em zonas com menor presença de vegetação e maior concentração predial.

   GABARITO: B.

145. As rochas ígneas são classificadas em dois tipos distintos: rochas ígneas intrusivas e rochas ígneas extrusivas. A diferença entre elas é que:
a) As rochas extrusivas são formadas na superfície do planeta e as rochas intrusivas são formadas no interior do planeta.
b) Os dois tipos de rochas são formados na superfície terrestre, porém com minerais distintos.
c) Os dois tipos de rochas são formados no interior do planeta, porém com minerais distintos.
d) As rochas extrusivas são formadas no interior do planeta e as rochas intrusivas são formadas na superfície terrestre.
e) As rochas ígneas extrusivas são formadas pela acumulação de restos de rochas e detritos orgânicos e as rochas ígneas intrusivas são formadas pela transformação das rochas em razão do aumento de pressão e temperatura.

A formação das rochas ígneas extrusivas se dá na superfície terrestre a partir da lava expelida pelos vulcões durante uma erupção. Já as rochas ígneas intrusivas formam-se a partir do resfriamento lento do magma no interior do planeta.
GABARITO: A.

146. Segundo a Conferência de Quioto, os países centrais industrializados, responsáveis históricos pela poluição, deveriam alcançar a meta de redução de 5,2% do total de emissões segundo níveis de 1990. O nó da questão é o enorme custo desse processo, demandando mudanças radicais nas indústrias para que se adaptem rapidamente aos limites de emissão estabelecidos e adotem tecnologias energéticas limpas. A comercialização internacional de créditos de sequestro ou de redução de gases causadores do efeito estufa foi a solução encontrada para reduzir o custo global do processo. Países ou empresas que conseguirem reduzir as emissões abaixo de suas metas poderão vender este crédito para outro país ou empresa que não consiga.
BECKER, B. Amazônia: geopolítica na virada do II milênio. Rio de Janeiro: Garamond. 2009.

As posições contrárias à estratégia de compensação presente no texto relacionam-se à ideia de que ela promove:
a) Retração nos atuais níveis de consumo.
b) Surgimento de conflitos de caráter diplomático.
c) Diminuição dos lucros na produção de energia.
d) Desigualdade na distribuição do impacto ecológico.
e) Decréscimo dos índices de desenvolvimento econômico.

O Protocolo de Kyoto foi um acordo ambiental entre os países para a redução da emissão de gases estufa, assinado em 1997 com vencimento em 2012, mas os países o prorrogaram até 2020. Aos países desenvolvidos foram estabelecidas metas de redução obrigatórias e para os mais pobres as reduções são voluntárias. Os países que não conseguem atingir suas metas podem comprar o direito de ultrapassar a sua cota de emissão por meio do crédito de carbono, financiando projetos sustentáveis em outros países (de preferência os mais pobres). Isso gera desigualdade quanto às responsabilidades e distribuição dos impactos ambientais.
GABARITO: D.

147. A irrigação da agricultura é responsável pelo consumo de mais de 2/3 de toda a água retirada dos rios, lagos e lençóis freáticos do mundo. Mesmo no Brasil, onde achamos que temos muita água, os agricultores que tentam produzir alimentos também enfrentam secas periódicas e uma competição crescente por água.

> MARAFON, G. J. et al. O desencanto da terra: produção de alimentos, ambiente e sociedade. Rio de Janeiro: Garamond, 2011.

No Brasil, as técnicas de irrigação utilizadas na agricultura produziram impactos socioambientais como:

a) Redução do custo de produção.
b) Agravamento da poluição hídrica.
c) Compactação do material do solo.
d) Aceleração da fertilização natural.
e) Redirecionamento dos cursos fluviais.

> Algumas atividades rurais utilizam cada vez mais a água dos rios (grandes ou pequenos) para obter bons resultados, como a irrigação da agricultura, os represamentos para criação de peixes ou dessedentação dos animais. Em muitos casos, utiliza-se o desvio de parte das águas por meio de canais artificiais, provocando, muitas vezes, impactos socioambientais, como a perda de parte da biodiversidade fluvial, modificação da vegetação no entorno dos rios e diminuição da água para o consumo humano.

GABARITO: E.

148. O conceito de função social da cidade incorpora a organização do espaço físico como fruto da regulação social, isto é, a cidade deve contemplar todos os seus moradores e não somente aqueles que estão no mercado formal da produção capitalista da cidade. A tradição dos códigos de edificação, uso e ocupação do solo no Brasil sempre partiram do pressuposto de que a cidade não tem divisões entre os incluídos e os excluídos socialmente.

> QUINTO JR., L. P. Nova legislação urbana e os velhos fantasmas. Estudos Avançados (USP), n. 47, 2003 (adaptado).

Uma política governamental que contribui para viabilizar a função social da cidade, nos moldes indicados no texto, é a:

a) Qualificação de serviços públicos em bairros periféricos.
b) Implantação de centros comerciais em eixos rodoviários.
c) Proibição de construções residenciais em regiões íngremes.
d) Disseminação de equipamentos culturais em locais turísticos.
e) Desregulamentação do setor imobiliário em áreas favelizadas.

> As cidades brasileiras se caracterizam por possuir desigualdades socioeconômicas profundas que geram a segregação espacial entre, por exemplo, centro/periferia e áreas nobres/áreas pobres. A função social da cidade se manifesta pela qualificação dos serviços públicos estendidos a todo cidadão, independente de seu *status* social. Assim, as regiões periféricas também devem ser atendidas com serviços públicos de qualidade em saúde, educação, transportes, esportes, lazer, saneamento básico, eletricidade, habitação, entre outros.

GABARITO: A.

149. Então, a travessia das veredas sertanejas é mais exaustiva que a de uma estepe nua. Nesta, ao menos, o viajante tem o desafogo de um horizonte largo e a perspectiva das planuras francas. Ao passo que a outra o afoga; abrevia-lhe o olhar; agride-o e estonteia-o; enlaça-o na trama espinescente e não o atrai; repulsa-o com as folhas urticantes, com o espinho, com os gravetos estalados em lanças, e desdobra-se-lhe na frente léguas e léguas, imutável no aspecto desolado; árvore sem folhas, de galhos estorcidos e secos, revoltos, entrecruzados, apontando rijamente no espaço ou estirando-se flexuosos pelo solo, lembrando um bracejar imenso, de tortura, da flora agonizante...

CUNHA, E. Os sertões. Disponível em: http://pt.scribd.com. Acesso em: 2 jun. 2012.

Os elementos da paisagem descritos no texto correspondem a aspectos biogeográficos presentes na:

a) Composição de vegetação xerófila.
b) Formação de florestas latifoliadas.
c) Transição para mata de grande porte.
d) Adaptação à elevada salinidade.
e) Homogeneização da cobertura perenifólia.

O texto descreve a vegetação de caatinga, de clima semiárido, própria do Sertão Nordestino, com as seguintes características: vegetação xerófila, isto é, adaptada a poucas chuvas, sem folhas, galhos retorcidos e secos e espinhenta.

GABARITO: A.

150. A Estrada de Ferro Noroeste do Brasil, que começa a ser construída apenas em 1905, foi criada, ao contrário das outras grandes ferrovias paulistas, para ser uma ferrovia de penetração, buscando novas áreas para a agricultura e povoamento. Até 1890, o café era quem ditava o traçado das ferrovias, que eram vistas apenas como auxiliadoras da produção cafeeira.

CARVALHO, D. F. Café, ferrovias e crescimento populacional: o florescimento da região noroeste paulista.
Disponível em: www.historica.arquivoestado.sp.gov.br. Acesso em: 2 ago. 2012.

Essa nova orientação dada à expansão ferroviária, durante a Primeira República, tinha como objetivo a:

a) Articulação de polos produtores para exportação.
b) Criação de infraestrutura para atividade industrial.
c) Integração de pequenas propriedades policultoras.
d) Valorização de regiões de baixa densidade demográfica.
e) Promoção de fluxos migratórios do campo para a cidade.

A Estrada de Ferro Noroeste do Brasil foi construída com a finalidade de incentivar a interiorização da população e conquistar novas áreas para a agricultura, ao contrário das outras ferrovias do estado de São Paulo, que tinham como objetivo principal o transporte do café das fazendas até o porto de Santos. Com essa medida, as terras ao longo da nova ferrovia seriam valorizadas e as áreas em questão se tornariam mais densamente povoadas.

GABARITO: D.

INGLÊS

Read the text and answer questions 1, 2 and 3.

Why facebook will never die

I first heard about a new website for people my age in 2004 when I was a freshman at Indiana University. I was chatting with some friends on AOL Instant Messenger in my dorm room, at the start of a new semester. "Have you heard of The Facebook?" a couple of them asked. "You should sign up. It's this new site for college kids."

http://www.bbc.com/capital/story/20180523-why-facebook-willnever-die

1. The main idea of the text refers to:
   a) How college students depend on the internet.
   b) The importance of chatting during classes.
   c) The description of a freshman.
   d) The beginning of a recent site.
   e) How to sign up Facebook.

   A alternativa correta é a letra D, pois o texto da ênfase ao início de um novo site, o "Facebook". A alternativa A fala sobre como os alunos dependem da internet; a alternativa B é marcada pela importância das conversas on-line durante as aulas; a C fala sobre a descrição de um calouro; e a E sobre como se inscrever no Facebook.

   GABARITO: D.

2. The sentence "You should sign up" expresses:
   a) Possibility.
   b) Deduction.
   c) Advice.
   d) Ability.
   e) Creativity.

   A alternativa C é a única possível, uma vez que o verbo modal "should" pode ser entendido como um conselho dado ao calouro, que significa "Você deveria se cadastrar, ou fazer parte do Facebook".

   GABARITO: C.

3. The sentence in bold type in the text refers to:
   a) Actions that happened at a specific time in the past.
   b) Things in general or things that happen repeatedly.
   c) The relationship between the verb and the noun.
   d) Actions and states that were unfinished.
   e) How students know each other nowadays.

   A alternativa correta é a letra A pois o tempo verbal usado no trecho em negrito é o passado simples (simple past). O passado simples expressa nessa frase algumas ações que ocorreram em um tempo certo e determinado no passado. As demais alternativas se referem aos tempos verbais presente simples, voz passiva e presente perfeito.

   GABARITO: A.

4. Fill in the blank with the correct pronoun.

"An archeologist is a man _____ work is the study of ancient things."

a) whose
b) which
c) how
d) who
e) that

A alternativa correta é a letra A, "whose", que em português é equivalente a cujo e dá ideia de posse. A tradução da frase ficaria: "Um arqueologista é um homem cujo trabalho é o estudo de coisas antigas".

GABARITO: A.

A handwritten note from September 11

In moments of crisis, our first thoughts are usually to get in contact with the people we love. September 11, 2001, was a day when many people wanted to know that their loved ones were safe. At 9:37 a.m., the Pentagon was attacked by terrorists who crashed an airplane into the western side of the building.

Many people tried using the mobile phones that existed then, but few were successful. Franklin and Daria Gaillard (Frank and Chip) were both members of the Air Force and worked at the Pentagon. They worked in different parts of the building and had a previous agreement that they would meet at their car in the parking lot if there were any emergency.

Daria was the first to arrive at the car and wrote a note to Franklin saying "Frank – Sweetie I am okay. I'm w/ my office over by the Lyndon B. Johnson Memorial Sign. I'll stay there till you come. Love lots & lots, Chip." Frank found the note and was able to locate his wife in the aftermath of the attack.

What makes this story so interesting is the handwritten note. Today, in our digital culture, we have a variety of ways to let people know that we are safe. Text messages, voicemail, and different forms of social media can be used to get the information out to loved ones. In 2001, when these attacks (1), the cellular network was still growing and was not as robust as it is today.

This letter is just one of the many objects that The National Museum of American History (2) since 2001. To learn more, visit our online exhibition September 11th: Bearing Witness to History.

Adapted from http://americanhistory.si.edu/biog/ handwritten-note-september-11-2001

5. In the sentence "the cellular network... was not as robust as it is today" (paragraph 4), the word robust means:

a) Capable of producing repeated failures in bad conditions.
b) Capable of performing without failure under a variety of conditions.
c) Capable of predicting critical weather changes in other countries.
d) Capable of creating standard responses to technical problems.
e) Capable of manufacturing its own components in bad conditions.

A correta é a B, com base no trecho "was not as robust as it is today" (não era tão robusto quanto é hoje). A palavra robusto pode ser definida conforme a alternativa correta: Capaz de ter uma performance sem falhas sob uma variedade de condições.

GABARITO: B.

Rio 2016

Yes, we can! For the first time ever a South American city was chosen in Copenhagen, Denmark, to host the 2016 Olympic and Paralympic Games. In the next **few** years, Brazil's image abroad could benefit if the country organizes the Olympics well (and the World Cup in 2014). The first challenge is to tackle violence, to invest in social projects, and to step up security in Rio.

(From Maganews SET/2010) GLOSSARY abroad – no exterior to tackle – enfrentar to step up – melhorar/ dar um passo à frente

6. The opposite of "few", in bold type in the text, is:
   a) Little.
   b) None.
   c) Some.
   d) Lots of.
   e) Every.

   Lembre-se sempre que no inglês há duas opções para falar "pouco" e "muito". No caso de coisas contáveis "few" e "lots of", já para as coisas incontáveis "little" e "some". Na questão está pedindo o oposto de "few" (pouco para coisas contáveis), portanto, a alternativa correta é a letra D.

   GABARITO: D.

7. A fact about Australia is that one Australian family in three (that's **approximately** 33%) speak another language, apart from English.

   The word "approximately", in bold in the text, means:
   a) Exactly.
   b) Roughly.
   c) Precisely.
   d) Undoubtedly.
   e) Permanently.

   Vamos olhar para cada alternativa e ver a tradução. A – exactly (exatamente), B – roughly (mais ou menos), C – precisely (precisamente), D – undoubtedly (indubitavelmente) e E – permanently (permanentemente). A alternativa nos pede o significado da palavra "approximately" (aproximadamente). Assim, a única alternativa que pode ser utilizada como sinônimo é a letra B.

   GABARITO: B.

Prison without guards or weapons in Brazil

Tatiane Correia de Lima is a 26-year-old mother of two who is serving a 12-year sentence in Brazil. The South American country has the world's fourth largest prison population and its jails regularly come under the spotlight for their poor conditions, with chronic overcrowding and gang violence provoking deadly riots.

Lima had just been moved from a prison in the mainstream penitential system to a facility _____(1) run the Association for the Protection and Assistance to Convicts (APAC) in the town of Itaúna, in Minas Gerais state. Unlike in the mainstream system, "which steals your femininity", as Lima puts it, at the APAC jail she is allowed to wear her own clothes and have a mirror, make-up and hair dye. But the difference between the regimes is far more than skin-deep.

The APAC system has been gaining growing recognition as a safer, cheaper and more humane answer to the country's prison crisis. All APAC prisoners must have passed through the mainstream system and must show remorse and be willing to follow the strict regime of work and study which is part of the system's philosophy. There are no guards or weapons and visitors are greeted by an inmate who unlocks the main door to the small women's jail.

Inmates are known as recuperandos (recovering people), reflecting the APAC focus _____ (2) restorative justice and rehabilitation. They must study and work, sometimes in collaboration with the local community. If they do not - or if they try to abscond - they risk being returned to the mainstream system. There have been physical fights but never a murder at an APAC jail.

Adapted from https://www.bbc.com/news/world-latin-america-44056946

8. According to the text, choose the correct statement.
- **a)** Brazil's prison system is the most populous in the world.
- **b)** The prisoners must regret their previous crimes to be relocated to an APAC jail.
- **c)** There have been no cases of aggression inside APAC facilities.
- **d)** Lima has a child who is 12 years old.
- **e)** Brazil is known for its poverty and street protests.

O enunciado diz: De acordo com o texto, escolha a afirmação correta. Sendo assim, a única que se enquadra nesse contexto é alternativa B, a qual traz o seguinte enunciado: Os prisioneiros devem arrepender-se de seus crimes anteriores para que sejam transferidos para uma prisão da APAC.

De acordo com o texto: "All APAC prisoners must have passed through the mainstream system and must show remorse and be willing to follow the strict regime...". (Todos os presos da APAC devem ter passado pelo sistema convencional e devem mostrar remorso e estar dispostos a seguir o regime...). Nesse caso, podemos considerar que "show remorse" (mostrar remorso) pode ser considerado sinônimo de "regret their previous crimes" (arrepender-se de seus crimes anteriores).

GABARITO: B.

9. In the sentence "But the difference between the regimes is far more than skin-deep." (paragraph 2), the expression **skin-deep** means:
   a) Protective.
   b) Extreme.
   c) Shocking.
   d) Profound.
   e) Superficial.

   Estamos diante de uma questão de sinônimos, em que o enunciado busca a palavra que tenha o mesmo significado de skin-deep (superficial). Assim, ao traduzir as duas palavras separadas, teríamos um provável significado, o qual poderia ser compreendido como "profundidade da pele", uma vez que "skin = pele" e "deep = profundo".
   GABARITO: E.

10. Choose the alternative containing the correct words to respectively complete gaps (1) and (2).
   a) to, in
   b) in, of
   c) at, on
   d) by, from
   e) by, on

   A questão está nos cobrando o uso das preposições no texto. No primeiro caso, precisamos olhar para o verbo "run", que, nesse contexto, não pode ser traduzido como "correr", mas como "administrar/executar". "Lima had just been moved from a prison in the mainstream penitential system to a facility run by the Association for the Protection and Assistance to Convicts (APAC)". (Lima acabara de ser transferida de uma prisão no sistema penitenciário convencional para uma instalação administrada pela Associação para a Proteção e Assistência aos Condenados (APAC)). Olhando para o segundo caso, temos: "reflecting the APAC focus on restorative justice and rehabilitation." (refletindo o foco da APAC na justiça restaurativa e na reabilitação.) Nesse caso, precisamos usar a preposição "on" por conta da regência verbal: "focar em alguma coisa".
   GABARITO: E.

Cuba plane crash: 110 dead as investigators recover flight'black box

The fiery crash of an ageing passenger jet close to Havana's main airport killed 110 people while three survivors remain gravily in the hospital, making it the Caribean island's <u>deadliest</u> air disaster in nearly 30 years. The weather was rainy at the airport at the time of the accident and some people could hear a strange noise and saw the plane with an engine on fire. Among the dead are 20 clergy members of an evangelical church, the Mexican pilots and the cabin crew.

Adapted from Independent Online, May 25.

11. The word "deadliest", undelined in the text, is a:
   a) Superlative.
   b) Comparative of equality.
   c) Comparative of inequality.
   d) Comparative of superiority.
   e) Comparative of inferiority.

   Essa questão pode ser resolvida com facilidade. Vejamos a frase "...making it the Caribean island's deadliest air disaster in nerarly 30 years" (tornando esse o desastre aéreo mais mortal das ilhas do Caribe nos últimos 30 anos.).

   A palavra desdliest significa "o mais mortal"; nesse caso, trata-se de um superlativo e não comparativo. Fica evidente na terminação da palavra, lembrando que para formar a estrutura comparativa é necessário o uso do more/less than ou verb+er. Já no caso dos superlativos seria the most/least ou verb+est.

   GABARITO: A.

Woman who rescued Nigerian 'witch-child' beats Obama and Pope Francis to top list of world's most inspiring people

A woman who rescued a two-year-old boy who had been cast out by his own community for being a "witch-child" has been recognised in an international list of the most inspiring people of the year. Anja Ringgren Lovén, a Danish care worker who rescued the young Nigerian boy back in February 2016, beat the likes of Pope Francis, Barack Obama and the Dalai Lama to top the list of 100 inspiring individuals compiled by German-language OOOM Magazine.

An image of Ms Lovén giving the two-year-old boy (now called Hope) some water was shared around the world, and **served to highlight the work she was doing to help orphan children in Nigeria.** Witch accusations is a growing problem in many African countries, especially in Nigeria, where Anja's charity African Children's Aid Education and Development Foundation cares for other children like Hope.

"When she saw the starving child, she acted like a human being and became an inspiration for millions," said Georg Kindel, OOOM's editor-in-chief, who led the jury that chose the list. Speaking today about the experience, she said: "He was the size of a little baby, my whole body froze. I was thinking of my own son when I saw the boy. For me it was clear at that moment that I would fight with all my strength for him to survive."

Adapted from http://www.independent.co.uk/news/people/ worlds-most-inspiring-person-2016-ooomanja--ringgren-lovennigeria-witch-child-a7460976.html

12. Choose the best alternative that correctly substitutes the word "highlight" in the sentence "... served to highlight the work she was doing to help orphan children in Nigeria." (paragraph 2).
   a) Emphasize.
   b) Observe.
   c) Implement.
   d) Diminish.
   e) Console.

O significado da palavra highlight é realçar/enfatizar. Vejamos as alternativas: emphasize = enfatizar; observe = observar; implement = implementar; diminish = diminuir; console = consolar.

GABARITO: A

13. Choose the alternative that best completes the dialogue below.

    Mary: Whose pencil is that? Is it yours, Paul?

    Paul: No, it's not _____. I saw Susan using it. I think it's _____.

    a) mine – him
    b) mine – hers
    c) my – hers
    d) my – her
    e) mine – his

    Essa questão cobra o conhecimento sobre o uso dos pronomes possessivos.

    Vejamos a frase "não, isso não é meu. Eu vi Susan o usando. Eu acho que é dela". Sabe-se que no inglês temos duas classes de pronomes possessivos: uma que funciona como adjetivo (possessive adjectives) e outra que não acompanha nada (possessive pronouns). Nessa frase, nas duas lacunas, faz-se necessário utilizar os possessive pronouns, uma vez que em ambos os campos o pronome não funciona como um adjetivo.

    No primeiro espaço, portanto, utilizamos o mine e no segundo hers.

    No segundo espaço a banca ainda tenta confundir você com o uso do masculino e feminino, mas estamos falando da "Susan", que é uma mulher.

    GABARITO: B.

14. Read the text and answer question.

    Good day! My name is Sheila. I'm from Melbourne, Australia. My _____ is from Montreal, Canada. We live in Sydney. A lot of _____ living in Australia come from other _____.

    Choose the best alternative to complete the blanks in the text:

    a) husband – peoples – country
    b) husband – people – countries
    c) husbands – persons – country
    d) husbands – person – countries
    e) husband – peoples – contryes

    Para responder essa questão faz-se necessário compreender o texto e conhecer a formação do plural das palavras.

    Vejamos primeiro o texto "Bom dia! Meu nome é Sheila. Eu sou de Melbourne, Austrália. Meu MARIDO é de Montreal, Canadá. Nós vivemos em Sydney. Muitas PESSOAS que vivem na Austrália vêm de outros PAÍSES".

A primeira palavra você consegue identificar se é singular ou plural pelo fato de depois da lacuna ter o verbo "is", o qual somente é usando na terceira pessoa do singular.

A segunda lacuna podemos saber que está no plural por conta do "a lot of ", que significa "muito de" ou "grande quantidade". Depois disso ainda precisamos falar que trata-se de uma palavra que tem a formação irregular no plural: pessoa = person/pessoas = people.

Para preencher a última lacuna precisamos compreender o contexto geral do texto e saber que se trata de países e não país. Além disso ainda precisamos falar sobre a formação do plural de country. Para as palavras terminadas por vogal + y acrescenta-se somente o "S" (boys/ toys); já nas palavras que terminam com consoante + y deve-se eliminar o y e colocar "ies" (countries/ cities).

GABARITO: B.

Read text I and answer question.

There's nowhere like Scotland. Scotland is a country in a country. It is part of Great Britain (England, Scotland and Wales), and of the United Kingdom (England, Scotland, Wales and Northern Ireland). Scotland is in the far northwest of Europe, between

Atlantic Ocean and the North Sea. It is often cold and grey, and it often **rains** a lot. But the people of Scotland love their country, and many visitors to Scotland love it too. They love the beautiful hills and mountains of the north, the sea and the eight hundred islands, and the six cities: Edinburgh, Glasgow, Aberdeen, Dundee, Inverness and Stirling. The country is special, and Scottish people are special too: often warm and friendly. There are about five million people in Scotland. Most Scots live in the south, in or near the big cities of Edinburgh and Glasgow. Most of the north of the country is very empty; not many people live there. A Scottish person is also called a Scot, but you cannot talk about a Scotch person: Scotch means whisky, a drink made in Scotland. Scottish people are British, because Scotland is part of Great Britain, but you must not call Scottish people English! The Scots and the English are different. These days everyone in Scotland speaks English. But, at one time, people in the north and west of Scotland did not speak English. They had a different language, a beautiful language called Gaelic. About 60,000 people, 1% of the people in Scotland, speak Gaelic now. But many more want Gaelic in their lives because it is part of the story of Scotland.

Adapted from: FLINDERS, S. Factfiles Seotland. OUP, 2010.

15. Say if the following statements are T (True) or F (False) about Scotland. Then, mark the correct option, from top to bottom.
( ) It is part of Great Britain but not of the United Kingdom.
( ) It is located between the Atlantic Ocean and the North Sea.
( ) The weather there is usually cold, grey, and rainy.
( ) There are 80 islands in the country.
( ) Tourists can see hills, mountains and the sea there.

a) (F) (T) (F) (T) (T).
b) (T) (F) (T) (F) (F).

c) (F) (T) (T) (T) (T).
d) (F) (T) (T) (F) (T).
e) (T) (F) (F) (T) (F).

O erro da primeira afirmação está em dizer que a Escócia (Scotland) não faz parte do Reino Unido (United Kingdom): no primeiro parágrafo do texto diz que Scotland is part of Great Britain and of the United Kingdom.

O erro da quarta afirmação está em dizer que são 80 ilhas (islands), uma vez que no texto, no segundo parágrafo, o autor diz "eight hundred islands" (800 Ilhas). Se fossem 80 ilhas seria "eighty islands".

GABARITO: D.

16. About Scotland's people/population, it is correct to say that:
   a) They are often friendly and kind.
   b) Most of them live in the north.
   c) They are also called Scotch.
   d) They do not speak English.
   e) Nobody speaks Gaelic anymore.

   A alternativa correta é a letra A. Quanto às demais alternativas:
   - Alternativa B está incorreta porque diz "a maioria deles vive no Norte", porém no texto encontramos o seguinte trecho: Most of the north of the country is very empty; not many people live there. (A maior parte do norte do país está muito vazia; poucas pessoas vivem lá.)
   - Alternativa C está incorreta porque diz "eles também são chamados de scotch", mas no texto encontramos o seguinte trecho: A Scottish person is also called a Scot, but you cannot talk about a Scotch person: Scotch means whisky, a drink made in Scotland. (Uma pessoa da Escócia também é chamada de Scot, mas você não poderá chamá-los de Scotch: Scotch significa whisky, uma bebida feita na Escócia.)
   - Na alternativa D encontramos "eles não falam inglês" e no texto encontramos: These days everyone in Scotland speaks English. (Hoje em dia todo mundo na Escócia fala inglês.)
   - Na alternativa E encontramos "ninguém mais fala Gaélico", mas no texto encontramos o trecho: 1% of the people in Scotland, speak Gaelic now. (1% das pessoas Escocesas falam gaélico atualmente.)

   GABARITO: A.

17. The word "rains", in bold, is a:
   a) Pronoun.
   b) Noun.
   c) Adjective.
   d) Superlative.
   e) Verb.

   "To Rain" é o verbo chover, no inglês. Quando ele vai para a forma "Rains" significa que ele está sendo conjugado na terceira pessoa do singular. Vale lembrar que o "S" nem sempre diz respeito a pluralização da palavra. Nesse caso, por exemplo, ficou evidenciado que era apenas a forma do verbo conjugado.

   GABARITO: E.

Founded in 1923, Interpol is an international police organisation made up of 194 member countries. It is not a police force in the traditional sense – its agents are not able to arrest criminals. Instead, it is more of an informationsharing network, providing a way for national police forces to co-operate effectively and tackle international crime ranging from human trafficking and terro- rism to money laundering and illegal art dealing.

The organisation, based in France, operates centralised criminal databases that contain fingerprint records, DNA samples and stolen documents: a treasure trove so valuable that police consulted it 146 times every second in 2017. Interpol's other main function is to issue notices: alerts to member states for missing or wanted persons. The bestknown of these is the "Red Notice", a notification that a member state would like someone arrested. States are not obliged to follow these notices, but will often treat them as a warrant for someone's arrest and extradition. "Diffusions", which can be issued with less bureaucracy, are another popular way of seeking arrests through Interpol.

Notices and diffusions lie at the heart of the organisation's recent turmoil. Though Interpol's constitution explicitly forbids any activities of a political character, activists accuse it of failing to enforce this rule.

(www.economist.com/the-economist-explains/2018/11/22/ what-is-interpol. Adaptado)

18. According to the second paragraph:
    a) Most missing people were identified after an Interpol notice was issued.
    b) Interpol issues notices to arrest criminals based on its own investigation.
    c) Centralized criminal databases organized by Interpol had a high consultation rate in 2017.
    d) Interpol centralizes information about French citizens such as fingerprints and DNA samples since 1923.
    e) Stolen or lost passports have to be reported to Interpol by local police authority.

    O enunciado está perguntando qual das afirmações corresponde ao que está sendo dito no segundo parágrafo. A alternativa C diz o seguinte: os bancos de dados criminais centralizados organizados pela Interpol tiveram uma alta taxa de consultas em 2017. Pode-se confirmar que é a afirmativa correta com base no seguinte trecho do parágrafo: The organisation, based in France, operates centralised criminal databases that contain fingerprint records, DNA samples and stolen documents: a treasure trove so valuable that police consulted it 146 times every second in 2017. (A organização, com sede na França, opera bancos de dados criminais centralizados que contêm registros de impressões digitais, amostras de DNA e documentos roubados: um tesouro tão valioso que a polícia o consultava 146 vezes por segundo em 2017.)

    GABARITO: C.

19. According to the text, Interpol:
    a) Is an association of the police forces from all countries in the world.
    b) Allows national police forces to combat international crime more effectively.
    c) Should treat political issues under a special category.
    d) Obliges the member states to enforce its notices and diffusions.
    e) Is criticized because it became too slow and bureaucratic.

A questão está perguntando o que é/faz a Interpol. De acordo com o texto, permite que as forças policiais nacionais combatam o crime internacional de maneira mais eficaz. Pode-se confirmar a afirmação da letra B com base no seguinte trecho do texto: Instead, it is more of an informationsharing network, providing a way for national police forces to co-operate effectively and tackle international crime ranging from human trafficking and terrorism to money laundering and illegal art dealing. (Em vez disso, é mais uma rede de compartilhamento de informações, fornecendo um meio para as forças policiais nacionais cooperarem efetivamente e combaterem o crime internacional, que vai do tráfico de pessoas e terrorismo à lavagem de dinheiro e comércio ilegal de arte).

GABARITO: B.

Read the text to answer question.

Grounding

Grounding is a common form of punishment for young people who disobey their parents. **Grounding means that they are not allowed to go out, after school or on weekends, for a certain period of time**. This could be from one day to____month or more, depending upon the gravity of the offense. During that time, thought, theu must continue to go to school, to work if they had a job, and do other errands approved by their parents.

____ Term "griunding" is ____aviation term. A plane is grounded when it is not allowed to fly for any readon. Similarly, pilots or other flying personnel are grounded when they are not allowed to fly because of illness or disobeying the rules.

Adapted from Life in the USA: A simplified reader on American Culture, book 1.

20. The sentence "Grounding means that they are not allowed to go out, after school or on weekends, for a certain period of time", in bold in the text, is in the:
   a) Simple Past.
   b) Future Perfect.
   c) Simple Present.
   d) Present Perfect.
   e) Past Perfect.

De acordo com o enunciado temos: A frase "Aterramento significa que eles não podem sair, depois da escola ou nos finais de semana, por um determinado período de tempo". Precisamos identificar alguns elementos do texto para saber qual o tempo verbal do trecho. Antes de mais nada, precisamos relembrar que nem tudo o que tem "ing" está no presente contínuo, da mesma forma que nem tudo o que termina em "ed" está no passado. Seguem as palavras que poderiam causar confusão: grounding = aterramento; allowed = permitido. Poderíamos identificar que o trecho está no presente simples olhando para os verbos to be = are (ser/estar) e go out (sair).

GABARITO: C.

Lego wants to replace plastic blocks with sustainable materials

The Lego Group wants to replace the plastic in their products with a "sustainable material" by 2030, the company announced.

The world's largest toy company will invest $1 billion in their new LEGO Sustainable Materials Centre in Denmark, which _____(1) devoted to finding and implementing new sustainable alternatives for their current building materials. Lego plans on hiring 100 specialists for the center. There is no official definition of a sustainable material.

Legos _____(2) made with a strong plastic known as acrylonitrile butadiene styrene since 1963. The company uses more than 6,000 tons of plastic annually to manufacture its products, according to NBC News. Changing the raw material could have a large effect on Lego's carbon footprint, especially considering that only 10% of the carbon emissions from Lego products come from its factories. The other 90% is produced from the extraction and refinement of raw materials, as well as distribution from factories to toy stores.

The company _____(3) already taken steps to lower its carbon footprint, including a reduction of packaging size and an investment in an offshore wind farm.

Adapted from http://time.com/3931946/lego-sustainable-materials/

21. According to the text, choose the correct statement.
   a) A new sustainable material has already been chosen.
   b) Lego has already reduced the size of their packaging.
   c) Lego is planning to reduce the size of their products.
   d) Lego's raw material will continue to be the same.
   e) They are going to hire 100 specialists in 2030.

   Ao analisar o enunciado da questão, percebe-se que esse tem o seguinte significado: De acordo com o texto, escolha a afirmação correta. Dessa forma, a única alternativa que se enquadra nesse contexto é a B, que diz o seguinte: A Lego já reduziu o tamanho de suas embalagens.

   Segundo o último parágrafo, temos: "The company _____(3) already taken steps to lower its carbon footprint, including a reduction of packaging size and ..." (A empresa _____(3) já tomou medidas para diminuir sua pegada de carbono, incluindo uma redução no tamanho das embalagens e ...).

   GABARITO: B

22. Choose the alternative containing the correct verb forms to complete gaps (1), (2) and (3) in paragraphs 2, 3 and 4 respectively.
   a) have, will be, have
   b) are, have been, have
   c) will be, has been, hasn't
   d) will be, have been, has
   e) will be, haven't been, has

Nessa questão precisamos analisar alguns aspectos do texto para identificar qual a alternativa correta. Olhando para a primeira lacuna no primeiro parágrafo, temos: "The world's largest toy company will invest $1 billion in their new LEGO Sustainable Materials Centre in Denmark, which will be devoted to finding and implementing new sustainable alternatives for their current building materials". Diante disso, podemos identificar qual a resposta correta para essa primeira lacuna com base no próprio texto, onde fala "will invest" (investirá); buscando manter a mesma ideia de futuro do texto "will be devoted to" (será dedicado a).

Passado para a segunda lacuna, temos: "Legos have been made with a strong plastic...". Nesse caso, precisamos olhar para a frase e para a palavra "legos", que está no plural. Portanto, nossas únicas possibilidades seriam "have been" ou "haven't been". Ao traduzir o trecho do texto, teríamos: "Legos têm sido feitos com um plástico forte" ou "Legos não têm sido feitos com um plástico forte". Assim, deixamos a opção em que fala que Legos têm sido feitos com um plástico forte (have been made).

Na última ocorrência, temos: "The company has already taken steps to lower its carbon footprint". Nesse caso, precisamos olhar para "the company", que está no singular (terceira pessoa), por isso justifica-se o uso do "has".

GABARITO: D.

23. In the sentence "Changing the raw material could have a large effect on Lego's carbon footprint..." (paragraph 4), the expression carbon footprint means:
a) Carbon dioxide separation technology for industrial and gas treating applications.
b) Estimation of soil carbon saturation that indicates its potential to store more carbon.
c) The amount of carbon dioxide produced by the activities of a company.
d) Species that are particularly sensitive and disappear after a pollution event.
e) Long-term rise in the average temperature the Earth's climate system.

De acordo com o enunciado: Na frase "Alterar a matéria-prima pode ter um grande efeito na pegada de carbono da Lego ..." (parágrafo 4), a expressão pegada de carbono significa...

Ou seja, o enunciado está nos perguntando qual o significado de "carbon footprint" (pegada/restos de carbono). Alternativa C: the amount of carbon dioxide produced by the activities of a company. (a quantidade de dióxido de carbono produzido pelas atividades de uma empresa.)

GABARITO: C

Italian children have been told not to turn up to school unless they can prove they have been properly vaccinated. The deadline follows months of national debate over compulsory vaccination. The new law came amid a surge in measles cases – but Italian officials say vaccination rates have improved since it was introduced. Children must receive a range of mandatory immunisations before attending school. They include vaccinations for chickenpox, polio, measles, mumps and rubella.

Children up to the age of six years will be excluded from nursery and kindergarten without proof of vaccination under the new rules. Those aged between six and 16 cannot be banned from attending school, but their parents face fines if they do not complete the mandatory course of immunisations.

Italian media report that regional authorities are handling the situation in a number of different ways. In Bologna, the local authority has set letters of suspension to the parents of some 300 children, and a total of 5,000 children do not have their vaccine documentation up to date. In other areas there have been no reported cases, while still others have been given a grace period of a few days beyond the deadline.

The new law was passed to raise Italy's dropping vaccination rates from below 80% to the World Health Organisa- tion's 95% target.

Adapted from https://www.bbc.com/news/world-europe-47536981

24. In the sentence "...while still others have been given a grace period of a few days..." (paragraph 3), the expression grace period means:

a) Tiebreak.
b) Dead end.
c) Extra time.
d) Target.
e) Timetable.

De acordo com o enunciado, temos: Na sentença "... enquanto outros receberam um período de carência de alguns dias..." (parágrafo 3), a expressão período de carência significa...

A questão está nos perguntando o que significa "grace period" (período/prazo de carência). A única alternativa possível é a letra C, "extra time" (tempo extra), uma vez que as demais alterna- tivas não se aplicam. A) tiebreak (desempate); B) dead end (fim da linha / final mortal); D) target (alvo); E) timetable (horário).

GABARITO: C.

Teaching English in the Brazilian countryside

"In Brazil, countryside youth want to learn about new places, new cultures and people. However, they think their everyday lives are an obstacle to that, because they imagine that country life has nothing to do with other parts of the world", says Rafael Fonseca. Rafael teaches English in a language school in a cooperative coffee cultivation in Paraguaçu. His learners are the children of rural workers.

Rafael tells us that the objective of the project being developed in the cooperative is to give the young people more opportunities of growth in the countryside, and that includes the ability to communicate with international buyers. "In the future, our project may help overcome the lack of succession in countryside activities because, nowadays, rural workers' children become lawyers, engineers, teachers, and sometimes even doctors, but those children very rarely want to have a profession related to rural work", says Rafael.

"That happens", he adds, "because their parents understand that life in the countryside can be hard work and they do not want to see their children running the same type of life that they have. Their children also believe that life in the country does not allow them to have contact with other parts of the world, meet other people and improve cultural bounds. The program intends to show them that by means of a second language they can travel, communicate with new people and learn about new cultures as a means of promoting and selling what they produce in the country, and that includes receiving visitors in their workplace from abroad."

Rafael's strategy is to contextualize the English language and keep learners up-to-date with what happens in the global market. "Integrating relevant topics about countryside living can be transformative in the classroom. The local regional and cultural aspects are a great source of inspiration and learning not only for the young, but for us all."

Adapted from http://www.cambridge.org/elt/blog/2019/01/21/teaching-english-in-the-brazilian-classroom/

25. According to the text, read the statements and choose the correct alternative.

I. Rafael tries to show them that their everyday lives are not an obstacle.

II. Those children's parents don't want them to attend university.

III. Rafael brings classroom topics close to what the children see and live.

IV. Those children may replace their parents in the future as rural workers.

V. The language school reaffirms that country life has nothing to do with other parts of the world.

a) I, II and IV are correct.

b) II, IV, and V are correct.

c) All of them are correct.

d) I, III, IV and V are correct.

e) I, III and IV are correct.

De acordo com o enunciado: Conforme o texto, leia as frases e escolha a alternativa correta. Dessa forma, a assertiva correta é a letra E. Vejamos os trechos do texto em que podemos confirmar a veracidade das afirmações:

I – "Rafael tells us that the objective of the project being developed in the cooperative is to give the young people more opportunities of growth in the countryside, and that includes the ability to communicate with international buyers" ("Rafael nos diz que o objetivo do projeto que está sendo desenvolvido na cooperativa é dar aos jovens mais oportunidades de crescimento no campo, e isso inclui a capacidade de se comunicar com compradores internacionais".)

III – "Integrating relevant topics about countryside living can be transformative in the classroom. The local regional and cultural aspects are a great source of inspiration and learning not only for the young, but for us all." (A integração de tópicos relevantes sobre a vida no campo pode ser transformadora na sala de aula. Os aspectos regionais e culturais locais são uma grande fonte de inspiração e aprendizado, não apenas para os jovens, mas para todos nós.)

IV – "In the future, our project may help overcome the lack of succession in countryside activities because, nowadays, rural workers' children become lawyers, engineers, teachers, and sometimes even doctors, but those children very rarely want to have a profession related to rural work", says Rafael." ("No futuro, nosso projeto pode ajudar a superar a falta de sucessão nas atividades no campo, porque hoje em dia os filhos dos trabalhadores rurais se tornam advogados, engenheiros, professores e, às vezes, até médicos, mas essas crianças raramente querem ter uma profissão relacionada à área rural.", diz Rafael.)

GABARITO: E.

26. Choose the alternative with the correct reference for the underlined words from the text.
a) they (paragraph 1) = countryside youth
b) his (paragraph 1) = Paraguaçu
c) us (paragraph 2) = workers
d) their (paragraph 3) = rural workers' children
e) them (paragraph 3) = other parts of the world

De acordo com o enunciado, temos: Escolha a alternativa com a referência correta para as palavras sublinhadas do texto. Sendo assim, a alternativa correta é a letra A. Conforme o texto, temos: "In Brazil, countryside youth want to learn about new places, new cultures and people. However, they think their everyday lives are..." (No Brasil, os jovens do campo querem aprender sobre novos lugares, novas culturas e pessoas. No entanto, eles acham que suas vidas diárias são...).

GABARITO: A.

27. In the sentence "... our project may help overcome the lack of succession in countryside activities..." (paragraph 2), the word <u>overcome</u> means:
a) Increase a problem.
b) Hide a problem.
c) Control a problem.
d) Start a problem.
e) Neglect a problem.

De acordo com o enunciado, temos: Na frase "... nosso projeto pode ajudar a superar a falta de sucessão nas atividades no campo ..." (parágrafo 2), a palavra superar significa...

Se você olhar para as alternativas não encontrará uma equivalência de significado da palavra "overcome" (superar), porém, analisando a frase toda temos: "... nosso projeto pode ajudar a superar a falta de sucessão nas atividades no campo...". Nesse caso, podemos considerar que "overcome the lack of" (superar a falta de) como sinônimo de "Control a problem"/"Control de lack of " (Controlar um problema/controlar a falta de).

GABARITO: C.

Many graduates earn 'paltry returns' for their degree

Mr. Halfon, a former skills minister, stated in his speech that the nation has "become obsessed _____(1) full academic degrees".

"We are creating a higher education system that overwhelmingly favours academic degrees, while intermediate and higher technical offerings are comparatively tiny. The labour market does not need an ever-growing supply of academic degrees.

Between a fifth and a third of our graduates take non-graduate jobs. The extra return for having a degree varies wildly according to subject and institution. For many, the returns are paltry."

Mr Halfon said that there is a strong need for intermediate skills. "There are skills shortages in several sectors. And there are millions _____(2) people who want to get on in life – preferably without spending £50,000 on academic degrees," he added. "There has been growing concern about the amount of debt students are accumulating and the interest being charged on that debt."

A spokesman for UUK (a representative organisation for the UK's universities) said: "Official figures are clear that, on average, university graduates continue to earn substantially more than non-graduates and are more likely to be in employment. A university degree remains an excellent investment."

"We must, however, be careful to avoid using graduate salaries as the single measure of success in higher education. Many universities specialise in fields such _____(3) the arts, the creative industries, nursing and public sector professions that, despite making an essential contribution to society and the economy, pay less on average."

Adapted from http://www.bbc.co.uk/news/education-42923529

28. In the title "Many graduates earn 'paltry returns' for their degree", the word paltry means:
a) Big enough.
b) Huge.
c) Very small.
d) Expected.
e) Satisfactory.

De acordo com o enunciado, precisamos encontrar a alternativa em que expresse o significado de "paltry" (insignificante). Olhando para as alternativas, a que melhor se adequa à palavra é a letra C: muito pequeno. A) grande o suficiente; B) enorme; D) esperado; E) satisfatório.
GABARITO: C.

Mining tourism in Ouro Preto

Ouro Preto is surrounded by a rich and varied natural environment with waterfalls, hiking trails and native vegetation partially protected as state parks. Parts of these resources are used for tourism. Paradoxically, this ecosystem contrasts with the human occupation of the region that produced, after centuries, a rich history and a cultural connection to mining, its oldest economic activity which triggered occupation. The region has an unlimited potential for tourism, especially in specific segments such as mining heritage tourism, in association or not with the existing ecotourism market. In fact, in Ouro Preto, tourism, history, geology and mining **are often hard to distinguish**; such is the inter-relationship between these segments.

For centuries, a major problem of mining has been the reuse of the affected areas. Modern mining projects proposed **solutions to this problem** right from the initial stages of operation, which did not happen until recently. As a result, most quarries and other old mining areas that do not have an appropriate destination represent serious environmental problems. Mining tourism utilizing exhausted mines is a source of employment and income.

Tourism activities may even contribute to the recovery of degraded areas in various ways, such as reforestation for leisure purposes, or their transformation into history museums where aspects of local mining are interpreted. Minas Gerais, and particularly Ouro Preto, provides the strong and rich cultural and historical content needed for the transformation of mining remnants into attractive tourism products, especially when combined with the existing cultural tourism of the region. Although mining tourism is explored in various parts of the world in extremely different social, economic, cultural and natural contexts, in Brazil it is still not a strategy readily adopted as an alternative for areas affected by mining activities.

(Lohmann, G. M.; Flecha, A. C.; Knupp, M. E. C. G.; Liccardo, A. (2011). Mining tourism in Ouro Preto, Brazil: opportunities and challenges. In: M. V. Conlin; L. Jolliffe (eds). Mining heritage and tourism: a global synthesis. New York: Routledge, pp. 194-202.)

29. The opposite of the underlined word in "are **often** hard to distinguish" is:
a) Seldom.
b) Always.
c) At times.
d) Generally.
e) Frequently.

O termo "often" significa "frequentemente", e o termo oposto corresponde ao "seldom", que significa "raramente".

GABARITO: A.

30. The problem referred to in "solutions to this problem" is:
a) Using old machinery.
b) Cleaning the environment.
c) Opening new digging sites.
d) Reclaiming damaged areas.
e) Digging in unsuitable places.

A assertiva pode ser confirmada no trecho: a major problem of mining has been the reuse of the affected areas. (A solução seria recuperar essas áreas danificadas.)

GABARITO: D.

31. Choose the best alternative that shows the irregular plural form:
a) Mice, children, goose, woman.
b) Mice, children, geese, women.
c) Mouses, kids, goose, women.
d) Mice, child, geese, woman.
e) Kids, mouses, children, women.

A única alternativa correta é a letra B, que apresenta as formas corretas dos plurais dos substantivos ali mostrados. Vejamos todas as palavras que ali estão e seus respectivos plurais:

Mouse – mice (rato – ratos)

Child – children (criança – crianças)

Goose – geese (ganso – gansos)

Woman – women (mulher – mulheres)

Kid – kids (criança – crianças) – sim, child e kid são sinônimos.

GABARITO: B.

Mr. Day was a teacher at a school in a big city in the north of England. He usually went to France or Germany for a few weeks during his summer holidays, and he spoke French and German quite well.

But one year Mr. Day said to one of his friends, "I'm going to have a holiday in Athens. But I don't speak Greek, so I'll go to evening classes and have Greek lessons for a month before I go."

He studied very hard for a month, and then _____ holidays began and he went to Greece.

When he came back a few weeks later, his friend said to him, "Did you have any trouble with your Greek when you were in Athens, Dick?"

"No, I didn't have any trouble with it," answered Mr. Day. "But the Greeks did!"

(L. A. Hill. Elementary Stories for Reproduction, 1977.)

32. A palavra que completa corretamente a lacuna no texto é:
a) its
b) his
c) their
d) your
e) her

Analisando a sentença, onde existe a lacuna para ser preenchida, percebemos que o pronome sujeito é "He" (ele). Desta forma, o adjetivo possessivo que faz relação com o pronome de terceira pessoa é "his" (dele).

GABARITO: B.

33. The underlined words do not function as determinants in:
a) <u>an accessible and multiethnic</u> nation.
b) <u>an eightminute</u> pitch.
c) ready <u>to reengage</u> with the world.
d) <u>the most compelling</u> message.
e) <u>a stunning visual</u> backdrop.

Determinantes são palavras que geralmente precedem o nome e ajudam na construção do seu valor referencial. Dão indicações sobre aquilo que o nome expressa, limitando ou concretizando o seu significado. Concordam, em gênero e número, com o substantivo. Das opções apresentadas, a única que não apresenta essas características é a letra C.

GABARITO: C.

34. Qual a alternativa que possui a sequência correta dos adjetivos?
a) A leather light brown new suitcase.
b) Two long stainless steel practical zips.
c) A small Egyptian copper jar.
d) A square silk French red scarf.
e) A plastic small red doll.

Em inglês, a ordem dos adjetivos se dá de forma diferente em relação a língua portuguesa. Dessa forma, temos a seguinte ordem sequencial:

Opinion-size-age-shape-color-origin-religion-material.

Opinião-tamanho-idade-formato-cor-origem-religião-material.

Observando a frase "A small Egyptian copper jar" (small= pequeno; Egyptian= Egípcio; copper= cobre), temos: size – origin – material.

GABARITO: C.

Mount Roraima, a Mystified Hiking Experience

Hiking here is not hard and you can also get help from the indigenous population, as they organize tour guides in exchange for a small sum of money. If you are on your own however, try to reserve at least four days for this fantastic journey, as there are plenty of things to see and enjoy up there. Mount Roraima is said to have some of _____ hiking trails in the world.

You should not leave after 2 p.m. from the village as trekkers are no longer allowed after this hour. At the beginning of your climb, your baggages will be strictly checked and you can not take more than 15 kilos with you. So careful how you organize things. Being given that this is a national park , you are not permitted to take rocks or plants along the way.

1001 - Questões Comentadas - ESA

The top of the mountain measures 2772m, it offers amazing landscapes and establishing a tent around here is possible. However, you should know the weather changes suddenly in this area so be prepared.

(http://www.tourismontheedge.com/best-of/mount-roraima-a-mystified- hikingexperience. html Acesso em 01/09/2015)

35. Which alternative below contains an adjective in the superlative form that best complete the gap in the text?

a) the coldest
b) the most difficult
c) the toughest
d) the least difficult
e) the most fascinating

Levando em conta que todas as alternativas trazem a forma correta dos adjetivos no superlativo, devemos considerar a mensagem do texto.

Na primeira linha temos "Hiking here is not hard and..."; também na primeira linha do terceiro parágrafo o autor afirma: "The top of the mountain measures 2772m, it offers amazing landscapes....". Ou seja, além de não haver dificuldade em fazer caminhada, o topo da montanha oferece fascinantes paisagens.

GABARITO: C.

36. The lecture we've attended was not good. It was quite _____, and the audience was _____.

a) amusing – amused
b) bored – boring
c) amused – amusing
d) boring – bored
e) interesting – interested

Para a referida questão é necessário conhecer um pouco do uso gramatical dos adjetivos, bem como ter conhecimento de vocabulário básico da língua inglesa. Em "The lecture was not good" (a palestra não foi boa), descartamos os adjetivos amusing e interesting, cujos significados são divertido e interessante. Adjetivos com terminação -ing geralmente fazem referência a situações permanentes, e os terminados em ED a situações temporárias.

GABARITO: D.

37. Choose the item which best completes the sentence bellow:

"The _____ practical way to cement the memories of your dreams is _____ write them down as soon as you can."

a) good; for
b) but; or
c) most; to

d) more; from

e) mainly; near

Analisando a frase, temos uma mensagem no grau superlativo, a qual afirma que a forma mais prática para cimentar as memórias de seus sonhos é escreve-las o quanto antes. Dessa maneira, a estrutura aceita para o uso do superlativo é the most + adjetivo.

GABARITO: C.

38. 'In London there are lots of streets with the same name and it's very _____ if you are a tourist. Another problem is that it's a huge place. We walked everywhere on our last trip and we were _____ at the end of each day. But it's an _____ city, with so much to do.'

   a) confused – exhaust – excited
   b) confusing – exhausted – exciting
   c) confuse – exhausting – exciting
   d) confusing – exhaust – excited
   e) confused – exhausted – excited

   Quando falamos de qualidades de uma pessoa, coisa ou situação, podemos usar os adjetivos terminados em -ing para indicar aquelas qualidades que são fixas, e os terminados com -ed, para indicar as que são temporárias.

   GABARITO: B.

39. Indicate the alternative that best completes the following sentence: The flight lasted two hours. It was _____.

   a) a flight's two-hours's.
   b) a two-hours-flight.
   c) a two'-hours's flight.
   d) a two-hours.
   e) a two-hour flight.

   Em inglês os adjetivos não possuem número nem gênero. Dessa forma, o adjetivo correto para caracterizar o tempo de voo não terá a sua forma pluralizada.

   GABARITO: E.

40. Dark Deeds by Anne Marie Becker. Book 4, Mindhunters.

   Walking away from sexy Detective Diego Sandoval _____ one of _____ things security specialist Becca Haney ever had to do, but when he's assigned to help keep her safe from a human trafficking ring and an admirer _____ only as "the Fan,", he's determined to stay by her side and learn about the woman behind the passion – scars and all.

   a) was/the toughest/known
   b) were/toughest/known
   c) were/the toughest/knew
   d) was/tougher/know
   e) are/tougher/knowa

Observando a primeira linha, temos um sujeito chamada Diego Sandoval. Dessa forma, devemos usar o verbo TO BE no singular. Levando em conta que uma das coisas mais difíceis que a especialista em segurança Becca Haney já teve que fazer temos uma sentença no superlativo e tempo passado.

GABARITO: A.

41. Check the alternative that adequately fills the gaps:

She is Fernanda Montenegro, but _____ real name is Arlete Torres.

You are Grande Otelo, but _____ real name is Sebastião Prata.

He is Ringo Star, but _____ real name is Richard Stakney.

You are Gal, but _____ real name is Maria da Graça.

We are Pelé and Zico, but _____ real names are Edson and Artur.

a) her – your – his – our – your
b) her – your – his – your – our
c) your – your – his – your – their
d) her – his – his – your – their
e) her – your – his – your – their

A questão requer conhecimento dos adjetivos possessivos da língua inglesa. Cada possessivo faz referência a um pronome sujeito. Dessa forma temos:

Subject	Possessive adjective
I	My
You	Your
He	His
She	Her
It	Its
We	Our
You	Your
They	Their

GABARITO: B.

42. Indicate the alternative that best completes the following sentence: They finally decided to buy a _____.

a) four-doors car.
b) four doors car.
c) four-door car.
d) four-door-car.
e) four-car.

Em inglês, os adjetivos não possuem número nem gênero. Dessa forma, a opção correta para qualificar o carro de quatro portas (four-door car) não terá a sua forma pluralizada nem se juntará ao substantivo CAR por hífen, visto que esta classe gramatical não exige.

GABARITO: C.

43. The _____ we study, the _____ we know.
    a) most – best
    b) more – best
    c) less – worst
    d) more – more
    e) least – best

    Nesta questão temos uma relação de causa e efeito, ou seja, o resultado está ligado a execução e ocorre dentro da mesma proporção. Assim sendo, quanto mais estudamos, mais sabemos.

    GABARITO: D.

44. Assinale a opção correta com os adjetivos correspondentes ao substantivo em destaque:
    a) She has **charm**. She is a charming girl.
    b) He has **patience**. He is a patianting boy.
    c) There is **no hope**. It's hopeness.
    d) There is **no sun**. Ii's cloudness.
    e) He has **intelligence**. He is intelligenting.

    A questão exige conhecimento da formação de adjetivos a partir de substantivos. Alguns adjetivos em inglês são terminados em ING, o que não pode ser confundido com verbo no gerúndio. Por outro lado, não é regra geral o acréscimo do sufixo ING ao substantivo, a fim de convertê-lo em adjetivo. Vejamos:

Substantivos	Adjetivos
Charm	Charming
Patience	Patient
No hope	Hopeless
No sun	Not sunny
Intelligence	Inteligente

    GABARITO: A.

45. Peter is not from Italy. He is from Denmark. He is _____.
    a) Irish.
    b) Swedish.
    c) Danish.
    d) Dutch.
    e) Thai.

A questão exige conhecimento de vocabulário relacionado a adjetivos gentílicos, ou pátrios. Nascidos na Dinamarca "Denmark" terão como nacionalidade "Danish", ou seja, **Dinamarqueses**.

GABARITO: C.

46. The alternative that contains only adjectives is:
   a) Opportunities / new / better / around.
   b) Excellent / nearby / atmosphere / great.
   c) Search / stay / river / affordable.
   d) Snowy / business / housing / growing.
   e) Genuine / strong / historical / rural.

   Adjetivo é a classe gramatical que indica uma característica do sujeito. Observando as palavras de cada alternativa, podemos ver pelo menos um substantivo em meio delas, por exemplo: opportunity, atmosphere, river, business. Desta forma, a única que traz uma sequência de palavras em que são todos adjetivos é a alternativa E.

   GABARITO: E.

47. Choose the alternative which contains only adjectives.
   a) Online, worthwhile, hometown.
   b) Young, portrayal, known.
   c) Performance, according, soul.
   d) Features, literate, influential.
   e) Heartbreaking, interesting, remarkable.

   Das alternativas, a única que apresenta uma sequência de apenas adjetivos é a E: heartbreaking – comovente; interesting: interessante; remarkable: notável.

   GABARITO: E.

48. Was the game exciting? Oh, yes. It was _____.
   a) alarming.
   b) moving.
   c) tiring.
   d) thrilling.
   e) boring.

   Ao questionar se o jogo foi empolgante "exciting", vemos que a resposta foi positiva. Assim, a única palavra que traz o mesmo sentido é "moving", ou seja, comovente, emocionante.

   GABARITO: B

49. As palavras "independence" e "independent" são, respectivamente, um substantivo e um adjetivo. O mesmo ocorre, respectivamente, em:
   a) Reconciles – reconciliation .
   b) United – unity.

- c) Suggestion – suggested.
- d) Freedom – free.
- e) Practical – practically.

Das alternativas apresentadas, temos respectivamente um substantivo e um adjetivo nas palavras "freedom" e "free", as quais significam liberdade e livre/característica de quem tem liberdade.

GABARITO: D.

50. Her _____ eyes showed the happiness of that cheerful day.
- a) bright
- b) brightly
- c) brighten
- d) brightens
- e) brightness

A questão exige a forma correta do adjetivo que indique brilho nos olhos, em referência a felicidade daquele dia alegre. Desta forma, o termo bright completa a sentença de forma correta.

GABARITO: A.

51. Grandma always says that health _____ wealth.
- a) is good than
- b) is better than
- c) isn't so good
- d) more good
- e) "a" and "c" are correct.

Nesta questão temos uma comparação de superioridade entre os termos health (saúde) e wealth (riqueza). No caso, a avó considera a saúde melhor que riqueza "better than wealth".

GABARITO: B.

52. The sun _____ rises in the west.
- a) sometimes
- b) always
- c) usually
- d) never
- e) often

Questão que explora conhecimento dos advérbios de frequência (adverbs of frequency) na língua inglesa, bem como conhecimento geográfico e de vocabulário nível básico. Conforme a afirmação da questão, o sol nasce no Oeste (West); sabemos que geograficamente isso nunca acontece, visto que o seu nascimento acorre na verdade no Leste (East).

GABARITO: D.

53. As an American Express Card member, you will enjoy a relationship with us that goes beyond the ordinary. You will be treated as a MEMBER, not a number. And you will receive the respect and recognition "seldom" found today.

O termo seldom, entre aspas no trecho apresentado, poderia ser substituído por:

a) often.
b) usually.
c) always.
d) rarely.
e) occasionally.

O texto cita que os clientes serão tratados como membro e não número e, portanto, receberão respeito e reconhecimento, algo encontrado raramente hoje. O termo que pode substituir o advérbio de frequência "seldom" sem mudança de sentido é "rarely".

GABARITO: D.

54. After 20 years of scientific advances, "nearly" three out of four infertile couples seeking medical assistance to have a child still go home to an empty crib.

In the text bellow, the word nearly means:

a) hardly.
b) far.
c) almost.
d) close.
e) over.

O texto usa o termo "nearly" para indicar aproximação numérica referente a quantidade de casais inférteis que buscam tratamento. Neste sentido, a palavra sinônimo é "close", que traz uma ideia de estar próximo a/de; ação ou efeito de aproximar(-se).

GABARITO: D.

55. Choose the correct alternative to complete the sentence. "Mr. Myers told me he will leave _____."

a) by train; for Paris; at 8 o'clock; next week.
b) for Paris; at 8 o'clock; next week; by train.
c) next week; at 8 o'clock; by train; for Paris.
d) at 8 o'clock; next week; for Paris; by train.
e) for Paris; by train; at 8 o'clock; next week.

Ao citar um plano futuro de viagem, sequencialmente citamos o lugar, a hora, o tempo específico e o meio de transporte que utilizaremos.

GABARITO: B.

56. This is a _____ good course for you to take.
   a) enough
   b) only
   c) nearly
   d) much
   e) very

   Das opções apresentadas de advérbios de intensidade, o que aceita o artigo indefinido "a" é o termo "very", cuja função é intensificar a qualidade de algo ou alguém.
   GABARITO: E.

57. The suffix-LY in words like uncontroversially, simply, reliably and tightly indicates...
   a) manner.
   b) frequency.
   c) emphasis.
   d) comparison.
   e) quality.

   De forma bem resumida, -ly é um sufixo que colocamos no fim de algumas palavras (geralmente adjetivos) para formar os Adverbs of Manner (Advérbios de Modo).
   GABARITO: A.

58. A palavra "readily" pode ser substituída sem alteração do sentido por:
   a) hardly.
   b) promptly.
   c) mostly.
   d) practically.
   e) wildly.

   O termo em destaque "readily" tem por tradução "prontamente". Sendo assim, a única opção que pode substituir sem alteração de sentido é "promptly", cujo significado é imediatamente.
   GABARITO: B.

59. I noticed the student speak English _____.
   a) very fluent.
   b) fluente.
   c) more fluent.
   d) fluently.
   e) fluency.

   Das alternativas, a que completa a frase de forma a designar o modo fluente da fala do aluno é a opção com a terminação LY, sufixo para definir a forma modo adverbial do adjetivo.
   GABARITO: D.

60. In the sentence "He was fast asleep..." (last sentence in the text) a synonym for the word FAST is...
   a) Quick.
   b) Rapidly.
   c) Gradually.
   d) Completely.
   e) Permanently.

   A expressão "fast asleep" é utilizada para se referir a um estado de sono profundo. Outra forma de transmitirmos a mesma ideia é afirmar que alguém está completamente adormecido ("completely asleep") ou dormindo profundamente.

   GABARITO: D.

61. In the the text, the word SUDDENLY means:
   a) Bravely.
   b) Slowly.
   c) Unexpectedly.
   d) Calmly.
   e) Timely.

   O termo suddenly, em inglês, é classificado gramaticalmente por advérbio de tempo, cujo significado é subitamente ou inesperadamente.

   GABARITO: C.

62. They ran very _____ in the race but at the end they could _____ breathe.
   a) fast, harder
   b) fast, hardly
   c) fast, hard
   d) faster, hardly
   e) fastly, hard

   Questão que mensura o grau de conhecimento sobre os "adverbs" na língua inglesa. Em inglês, a maioria dos advérbios de modo é formada a partir da adição do sufixo LY ao adjetivo; contudo os que são considerados irregulares não seguem o mesmo padrão. Neste caso, temos FAST para indicar a forma que correram na competição e HARDLY para mencionar o modo que se sentiram ao finalizar a corrida.

   GABARITO: B.

63. Complete o diálogo, usando os advérbios corretos:

Hasn't anyone caught the thief _____?

No, he hasn't been caught _____. He will be caught _____.

a) already; still; just now.
b) yet; yet; soon.
c) now; already; tomorrow.
d) still; yet; immediately.
e) yet; already; at the moment.

Yet: usado para perguntar se algo já aconteceu ou para dizer que algo ainda não aconteceu.
Still: usado para falar sobre situações que continuam até o presente.
Already: usado quando falamos de uma ação que aconteceu antes do esperado.
Soon: indica brevidade no quesito tempo.

GABARITO: B.

64. Brazilian people _____ drink beer, mainly on weekends.

a) rarely
b) never
c) sometimes
d) seldom
e) usually

Pela afirmação, referente a frequência na qual os brasileiros bebem cerveja nos finais de semana, o advérbio de frequência que completa a frase levando em conta seu contexto e costume social é o que significa geralmente.

GABARITO: E.

65. I _____ go jogging. I need to lose weight, because I'm a bit fat.

a) never
b) rarely
c) seldom
d) always
e) sometimes

Pela afirmação apresentada, em que a pessoa menciona a necessidade e a razão de perder peso, o advérbio de frequência que completa a frase levando em conta seu contexto é o que transmite intensidade de rotina.

GABARITO: D.

66. You are a gentleman, and as _____ you must be polite to women.
a) yet
b) thus
c) so
d) sure
e) such

Analisando a afirmação mencionada, em que o homem é um cavalheiro e, como tal, deve ser educado com as mulheres, temos AS SUCH, uma expressão equivalente a COMO TAL em língua inglesa para indicar a mesma ideia.

GABARITO: E.

67. You won't convince me of your good intentions _____ hard you try.
a) whenever
b) whatever
c) whoever
d) wherever
e) however

A expressão necessária para completar a frase é a que transmita a ideia de falta de êxito em insistir em algo. Nesta afirmação é dito que a pessoa não se convencerá das boas intenções de outrem, por mais que a outra tente.

GABARITO: E.

68. Nora's husband is _____ mean _____ he never gives anything to anybody.
a) enough / that
b) hardly / so
c) perhaps / that
d) so / that
e) that / so

Observando a citação em que é dito que o marido de Nora é tão mesquinho que ele nunca dá nada a ninguém, temos um termo que intensifica a característica do marido (tão), o qual em inglês assume a forma de "so", e o pronome relativo (que), que tem por equivalência em inglês "that".

GABARITO: D.

69. They haven't _____ thought of it _____.
a) whether / yet
b) even / yet
c) then / also
d) ever / always
e) even / only

Even (como algo que dá ênfase ao que está sendo dito): pode ser interpretado como nem.
Yet: usado para dizer que algo ainda não aconteceu.
No caso da frase, a citação é que eles nem sequer pensaram ainda.
GABARITO: B.

70. We believe she's got talent _____ to win this prize.
a) ever
b) hardly
c) enough
d) possibly
e) however

Observando a citação e levando em conta o uso e o sentido dos advérbios, há uma crença expressa no talento de alguém, o que torna suficiente para ganhar o prêmio.
GABARITO: C.

71. - Hasn't he corrected the exercises _____?
- No, not _____.
a) yet / yet.
b) yet / ready.
c) already / never.
d) already / ever.
e) ever / yet.

Yet: usado para perguntar se algo já aconteceu ou para dizer que algo ainda não aconteceu.
Traduzindo a pergunta e a resposta teríamos algo do tipo:
- Ele já corrigiu os exercícios?
- Não, ainda não.
GABARITO: A.

72. The test was _____ no one passed.
a) very hard that
b) too hard for that
c) too hard, so
d) so hard so that
e) even / only

Os advérbios too e very, no Inglês, significam "muito", em quase todos os contextos. A diferença é que uma dessas palavras dá um tom negativo às suas frases. Então vejamos a diferença: o too tem uma conotação negativa e expressa a ideia de mais do que é necessário, mais do que é adequado ou mais do que o suficiente; por outro lado, so (tão) indica algo de menor intensidade que very e too.
GABARITO: C.

73. Hi, Geraldo! How do you feel _____?
   a) never
   b) often
   c) once
   d) yet
   e) today

   A questão requer o conhecimento dos advérbios de tempo "Adverbs of time". Levando em conta o tempo verbal da pergunta mencionada, a qual se encontra no presente simples, isso se observa pelo uso do auxiliar DO, devemos escolher um advérbio referente ao mesmo tempo verbal, ou seja, hoje.

   GABARITO: E.

74. This machine is to be operated very carefully. Operated _____ may damage it _____.
   a) often / serious.
   b) never / serious.
   c) otherwise / seriously.
   d) well / still.
   e) otherwise / yet.

   A questão traz um conselho quanto a operação de uma máquina, e uma advertência quanto ao mau manuseio da mesma, reforçando que pode gerar dano ao produto. Devemos, portanto, eleger um termo que descreva consequências ou que implique em condições contrárias.

   GABARITO: C.

75. The same as "Mr. Burton hardly talked to me" is:
   a) Hardly did Mr. Burton talked to me.
   b) Hardly Mr. Burton talked to me.
   c) Hardly did Mr. Burton talk to me.
   d) Did Mr. Burton hardly talk to me.
   e) Mr. Burton talked to me hardly.

   Se pesquisarmos em um dicionário inglês-português, vamos ler que o significado de HARDLY mais comum é "quase não" ou "mal". No caso em questão, a opção que traz o mesmo sentido da frase mencionada é "hardly did Mr. Burton talk to me", implicando que o senhor Burton mal ou quase nunca falava comigo.

   GABARITO: C.

76. A sentença "Mal sabia ele que ela era casada", em inglês, seria:
   a) He didn't little know that she married.
   b) Did he little know that she was married.
   c) Badly knew he that she married.
   d) Little did he know that she was married.
   e) Little knew he that she was married.

A questão pede a tradução da frase mencionada. O que se deve levar em conta, de fato, é a expressão equivalente a "mal sabia". Isso porque para dizer "mal sabia", em inglês, é bem diferente, pois troca-se a palavra "mal" pela palavra "pouco". "Mal sabia ele", em inglês, se diz "little did he know".

GABARITO: D.

77. Mark the sentence which contains an emphatic element.
- **a)** "The sky's the limit."
- **b)** "This too shall pass."
- **c)** "It can even be comforting."
- **d)** "First, sky watching gives you a break."
- **e)** "Sky watching reminds you that you're part of a much larger picture."

A questão solicita a alternativa que apresente um elemento enfático. Dessa forma, temos "Even", que significa "até" e "até mesmo", em frases afirmativas. Em frases negativas, "even" tem o sentido de "nem", "nem mesmo".

Ex: It is easy. Even I know it. [É fácil. Até (mesmo) eu sei.]

GABARITO: C.

78. Indicate the alternative that best completes the following sentence. "Seldom _____ such _____ an _____ intelligent man."
- **a)** talked – I – to
- **b)** have – I – talked to
- **c)** did – I – talked to
- **d)** I – have – talked to
- **e)** had – I – talk to

A questão solicita o tempo verbal que indique um relato de experiência; neste caso, o "present perfect", cuja estrutura é [have/has + participle]. Levando em conta a frase em português, temos: "Raramente conversei com um homem tão inteligente."

GABARITO: B.

79. Assinale a alternativa correta:
- **a)** He played the piano bad extremely.
- **b)** He played the piano extreme bad.
- **c)** He played the piano extreme badly.
- **d)** He played extremely the piano bad.
- **e)** He played the piano extremely badly.

A questão requer o uso e a escrita correta de advérbios de modo, a partir dos adjetivos "extreme" e "bad", para afirmar que ele tocou piano extremamente mal. Neste caso, teremos como conversão dos termos apresentados para advérbios "extremely" e "badly".

GABARITO: E.

80. Common gestures mean _____ different things in different cultures.
   a) surprisingly
   b) very surprise
   c) often surprise
   d) fast surprisingly
   e) soon surprise

   Para completar a lacuna da afirmação de que gestos comuns significam coisas surpreendentemente diferentes em diferentes culturas, devemos escolher o termo que traga equivalência com a palavra surpreendentemente. Desta forma, um advérbio de modo (geralmente formado pelo sufixo LY) em inglês.

   GABARITO: A.

81. The plane landed very _____, as if it were very light.
   a) seldom
   b) slowly
   c) only
   d) lately
   e) always

   Analisando os diferentes advérbios presentes nas alternativas e levando em conta o contexto da frase, o advérbio adequado para a citação é "slowly" (lentamente), visto que menciona a forma que o avião aterrissou.

   GABARITO: B.

Inside Lilium, The World's First Vertical Takeoff And

Landing Private Jet

Wonder what's in store for the future of private jet flying?

Here's a glimpse. A start-up company - hosted in a European Space Agency (ESA) business incubator center in Bavaria - released an idea for an egg-shaped two-seater plane called Lilium that's **currently** in the works. With a top speed of 250 mph and a range of 300 miles, the plane can travel roughly between Munich and Berlin in about 90 minutes. And according to the ESA, if testing succeeds, this _____ the world's first vertical takeoff and landing private jet.

The project came about when Daniel Wiegand - one of the four founders of Lilium - wanted to realize flying for the masses in a fast, inexpensive, efficient and eco-friendly way.

'Our goal is to develop an aircraft that doesn't need the complex and expensive infrastructure of an airport, can be used close to urban areas, and doesn't produce too much noise and pollution,' he said. So to produce this new class of airplanes that could take off and land vertically anywhere with a surface area of 250 square feet by 2018, Wiegand and his team in Germany came up with a design using electric engines and incorporated movable fan turbines.

Fonte: www.forbes.com GLOSSARY: glimpse - uma ideia para entender melhor algo

82. As used in 'currently' can be replaced by:
a) Now.
b) Finally.
c) Actually.
d) Eventually.
e) Tomorrow.

No enunciado, a questão nos pede por qual palavra o termo "currently" (atualmente/no momento presente) poderia ser substituído. Vejamos as alternativas: "now" (agora); "finally" (finalmente); "actually" (na verdade); "eventually" (eventualmente); tomorrow (amanhã). Nesse caso, a única opção que poderíamos utilizar para substituir "currently" (atualmente/no momento presente) é "now" (agora).

GABARITO: A.

Homeless crack addict revitalizes small square in downtown São Paulo

1 A homeless man has chosen to occupy his free time revitalizing a <u>small</u> square on the corner of avenues São João and Duque de Caxias, in downtown São Paulo. He planted pau-brasil, palm, banana and avocado trees. He also planted boldo, <u>sweet</u> potatoes, beans, peppers and <u>ornamental</u> plants, such as snake plants. Residents noticed the square's gradual changes and congratulated the author for the modifications.

Fonte: Folha de São Paulo Internacional – 21/03/2017

83. The words "small", "sweet" e "ornamental", underlined in the text, are _____.
a) nouns.
b) adverbs.
c) pronouns.
d) adjectives.
e) verbs.

Nessa questão, o enunciado pede a qual classe gramatical pertencem as palavras "small" (pequeno), "sweet" (doce) e "ornamental" (ornamental). Nas três ocorrências as palavras são seguidas por substantivos (nouns) e estão caracterizando o substantivo que segue: "small square" = pequeno quadrado; "sweet potatoes" = batatas doces; "ornamental plants" = plantas ornamentais. Vale lembrar que os adjetivos em inglês vêm sempre antes do substantivo, diferente das ocorrências em português.

GABARITO: D.

Chileans told to take off ties

The government in Chile has come up with a new way of saving energy. It's advised Chilean men to take off their ties during the summer months, so they won't need to switch on the air conditioning. It's a common sight during the Southern Hemisphere summer to see Chilean men sweltering in suits and neckties. From December to March, the temperature in the capital regularly tops 30 degrees Celsius. In the bonedry1 north of the country it gets even higher.

So the government's told the country's menfolk to shed their ties, undo their top buttons and turn down the air conditioning. It estimates that by doing so Chile can save around US$ 10 million during the four hottest months of the year, and save 120,000 tons in carbon emissions. The government launched its initiative with a video in which four ministers ripped off their ties. Energy conservation is a key issue in Chile, which, unlike many countries in Latin America, produces virtually no oil and gas. It relies heavily on hydro-electric power, but that often runs low during the summer, when the country's reservoirs are frequently hit by drought.

CHILEANS told to take off ties. Disponível em: <www.bbc.co.uk/worldservice/learningenglish/language/word-sinthenews/>. Acesso em:13 maio 2012.

84. The text says that, from December to March, the temperature in the capital of Chile:
   a) Drops below thirty degrees Celsius.
   b) Doesn't often reach thirty degrees Celsius.
   c) Is normally about thirteen degrees Celsius.
   d) Usually gets higher than thirty degrees Celsius.
   e) Isn't as high as in the northern part of the country.

   Verificando as alternativas:

   A) A opção defende que a temperatura fica abaixo de trinta graus no verão, quando na realidade é o oposto.

   B) A opção defende que dificilmente a temperatura atinge trinta graus Celsius, quando o próprio texto diz que a mesma é frequentemente superada.

   C) Há uma pequena confusão numérica, que diz ser mais alto que treze graus, entretanto o texto aponta trinta.

   D) Como o próprio texto aponta, a temperatura geralmente supera os trinta graus Celsius.

   E) A opção diz que a temperatura não é tão alta quanto a região Norte do país, o que não procede, e a informação nem está presente no texto.

   GABARITO: D.

85. Select the alternative that best completes the dialogue.

   Mr. O'Brian: Hi, I'm Paul O'Brian. I'm from _____ insurance company. Do you have _____ middle name? Mr. Calas: Yes, my full name is Antonio Carrera Calas. Mr. O'Brian: Right. Where do you live, Mr. Calas? Mr. Calas: I live in _____ apartment in San Colorado. Mr. O'Brian: San Colorado, I see. And what do you do for a living? Mr. Calas: I'm _____ real estate agent.

   a) an – a – an – a
   b) a – an – an – a
   c) an – an – a – a
   d) an – an – an – a
   e) a - a - a - a

Lembre-se da regra do uso dos artigos indefinidos em inglês. Antes de palavras iniciadas por vogal e "h" sem som usa-se "an" e antes de palavras iniciadas por consoante e "h" sonoro usa-se "a".

GABARITO: A.

Trucks, Trains and Trees

By THOMAS L. FRIEDMAN

No matter how many times you hear them, there are some statistics that just bowl you over. The one that always stuns me is this: Imagine if you took all the cars, trucks, planes, trains and ships in the world and added up their exhaust every year. The amount of carbon dioxide, or CO_2, all those cars, trucks, planes, trains and ships collectively emit into the atmosphere is actually less than the carbon emissions every year that result from the chopping down and clearing of tropical forests in places like Brazil, Indonesia and the Congo. We are now losing a tropical forest the size of New York State every year, and the carbon that releases into the atmosphere now accounts for roughly 17 percent of all global emissions contributing to climate change. [.]

"You need a new model of economic development - one that is based on raising people's standards of living by maintaining their natural capital, not just by converting that natural capital to ranching or industrial farming or logging," said José María Silva, a conservation expert. Right now people protecting the rainforest are paid a pittance - compared with those who strip it - even though we now know that the rainforest provides everything from keeping CO_2 out of the atmosphere to maintaining the fl ow of freshwater into rivers.

The good news is that Brazil has put in place all the elements of a system to compensate its forest-dwellers for maintaining the forests. Brazil has already set aside 43 percent of the Amazon rainforest for conservation and for indigenous peoples. Another 19 percent of the Amazon, though, has already been deforested by farmers and ranchers.

Source: The New York Times November 11, 2009 [slightly adapted]

86. The new model of economic development advocated in the text involves:
   a) Offering adequate financial reward to those who preserve the forest.
   b) Raising people's living standards through squandering natural capital.
   c) Putting a ban on large-scale cattle farming, planting and wood extraction.
   d) Making farmers pay for the fl ow of freshwater they use in the Amazon.
   e) Paying small sums of money to inhabitants who can keep trees standing.

   A alternativa pode ser justificada pelo seguinte trecho do texto: "You need a new model of economic development - one that is based on raising people's standards of living by maintaining their natural capital, not just by converting that natural capital to ranching or industrial farming or logging, said José María Silva, a conservation expert". O trecho em negrito diz (um que seja baseado em aumentar o padrão de vida das pessoas através de um gasto (excessivo) de capital natural) que, em outras palavras, nada mais é do que melhorar a vida das pessoas como forma de incentivo para que elas conservem o seu habitat.

   GABARITO: A.

"When I was younger, carrier pigeons like me were on the cutting edge of wireless communication technology. Unfortunately, I never bothered to update my training."

GLOSSARY
cutting edge – muito moderno e detentor de conhecimentos da tecnologia

87. By reading the cartoon, we can infer that if people don't seek to update, they'll get:
a) Retired.
b) Unemployed.
c) Overqualified.
d) Self-employed.
e) Hired.

Essa é uma questão de inferência. Temos que olhar para o texto e deduzir qual alternativa será nossa resposta correta. Vejamos o enunciado: "Lendo a charge, podemos inferir que se as pessoas não buscarem por uma atualização/inovação, elas serão/ficarão"... Olhando para as alternativas: A) retired (aposentadas); B) unemployed (desempregadas); C) overqualified (super qualificada); D) self-employed (autônomas); E) Hired (contratadas). Ao olhar para o texto e para a imagem, percebemos que um dos personagens está pedindo por ajuda; temos a impressão de que ele é um morador de rua pedindo dinheiro. Portanto, não podemos inferir que ele está aposentado, super qualificado, autônomo ou foi contratado. A única possibilidade seria a letra B – desempregado.

GABARITO: B.

88. Cartuns são produzidos com o intuito de satirizar comportamentos humanos e assim oportunizam a reflexão sobre nossos próprios comportamentos e atitudes. Nesse cartum, a linguagem utilizada pelos personagens em uma conversa em inglês evidencia a:
a) Predominância do uso da linguagem informal sobre a língua padrão.
b) Dificuldade de reconhecer a existência de diferentes usos da linguagem.
c) Aceitação dos regionalismos utilizados por pessoas de diferentes lugares.
d) Necessidade de estudo da língua inglesa por parte dos personagens.
e) Facilidade de compreensão entre falantes com sotaques distintos.

Vemos nas falas dos personagens a dificuldade de reconhecimento de variantes linguísticas. O primeiro, por criticar aqueles que não têm domínio do idioma sendo que ele próprio não possui esse domínio, e o segundo por não reconhecer que, em situações informais, o uso desviante da norma culta é aceitável.

GABARITO: B.

Quotes of the Day

Friday, Sep. 02, 2011

"There probably was a shortage of not just respect and boundaries but also love. But you do need, when they cross the line and break the law, to be very tough."

British Prime Minister DAVID CAMERON, arguing that those involved in the recent riots in England need "tough love" as he vows to "get to grips" with the country's problem families.

Disponível em: www.time.com. Acesso em: 5 nov. 2011 (adaptado).

89. A respeito dos tumultos causados na Inglaterra em agosto de 2011, as palavras de alerta de David Cameron têm como foco principal:
a) Enfatizar a discriminação contra os jovens britânicos e suas famílias.
b) Criticar as ações agressivas demonstradas nos tumultos pelos jovens.
c) Estabelecer relação entre a falta de limites dos jovens e o excesso de amor.
d) Reforçar a ideia de que os jovens precisam de amor, mas também de firmeza.
e) Descrever o tipo de amor que gera problemas às famílias de jovens britânicos.

Para chegar à resposta correta, o candidato deveria analisar com cautela as palavras "but" (mas) e "when" (quando), nas duas primeiras linhas, para perceber a ideia de oposição criada por elas no discurso do primeiro-ministro acerca dos tumultos: "falta de respeito, limites e amor x punição (ou seja, ser responsabilizado pelos atos praticados).

GABARITO: D.

National Geographic News

Christine Dell' Amore/Published April 26, 2010

Our bodies produce a small steady amount of natural morphine, a new study suggests. Traces of the chemical are often found in mouse and human urine, leading scientists to wonder whether the drug is being made naturally or being delivered by something the subjects consumed. The new research shows that mice produce the "incredible painkiller" – and that humans and other mammals possess the same chemical road map for making it, said study co-author Meinhart Zenk, who studies plant-based pharmaceuticals at the Donald Danforth Plant Science Center in St. Louis, Missouri.

Disponível em: www.nationalgeographic.com. Acesso em: 27 jul. 2010.

90. Ao ler a matéria publicada na National Geographic para a realização de um trabalho escolar, um estudante descobriu que:

a) Os compostos químicos da morfina, produzidos por humanos, são manipulados no Missouri.

b) Os ratos e os humanos possuem a mesma via metabólica para produção de morfina.

c) A produção de morfina em grande quantidade minimiza a dor em ratos e humanos.

d) Os seres humanos têm uma predisposição genética para inibir a dor.

e) A produção de morfina é um traço incomum entre os animais.

Para chegar à resposta correta, o candidato deveria identificar a afirmação no texto que diz: "The new research shows that mice produce the "incredible painkiller" – and that humans and other mammals possess the same chemical road map for making it", que indica: mamíferos possuem a mesma via metabólica e são capazes de produzir morfina.

GABARITO: B.

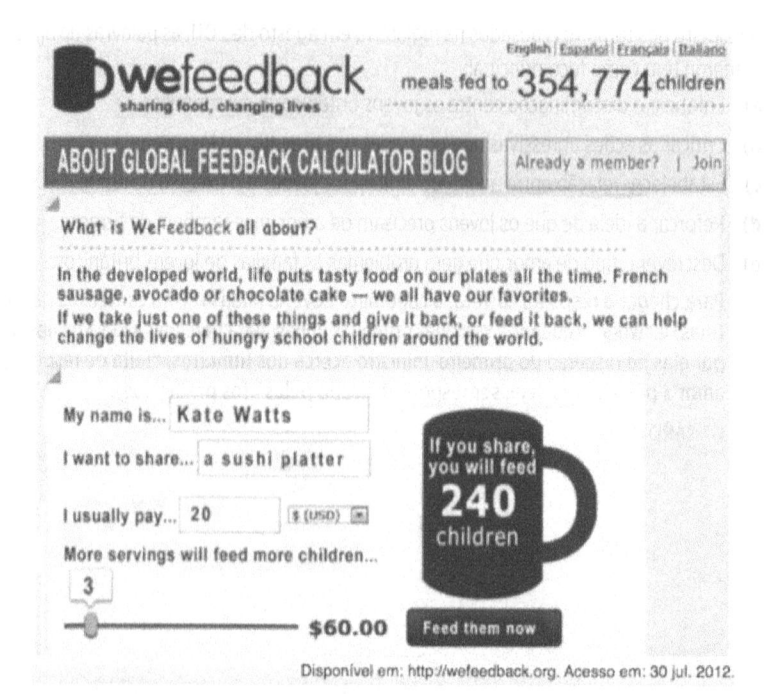

Disponível em: http://wefeedback.org. Acesso em: 30 jul. 2012.

91. A internet tem servido a diferentes interesses, ampliando, muitas vezes, o contato entre pessoas e instituições. Um exemplo disso é o site WeFeedback, no qual a internauta Kate Watts:
a) Comprou comida em promoção.
b) Inscreveu-se em concurso.
c) Fez doação para caridade.
d) Participou de pesquisa de opinião.
e) Voluntariou-se para trabalho social.

Para chegar à resposta correta, o candidato deveria compreender que o internauta fez uma doação para caridade por meio do site WeFeedback analisando as seguintes informações: o que ele deseja doar, quanto ele geralmente paga por esse alimento e quantas porções desse mesmo alimento ele pretende pagar.

GABARITO: C.

BOGOF is used as a noun as in 'There are some great bogofs on at the supermarket' or an adjective, usually with a word such as 'offer' or 'deal' — 'there are some great bogof offers in store'.

When you combine the first letters of the words in a phrase or the name of an organisation, you have an acronym. Acronyms are spoken as a word so NATO (North Atlantic Treaty Organisation) is not pronounced N-A-T-O. We say NATO. Bogof, when said out loud, is quite comical for a native speaker, as it sounds like an insult, 'Bog off!' meaning go away, leave me alone, slightly childish and a little old-fashioned.

BOGOF is the best-known of the supermarket marketing strategies. The concept was first imported from the USA during the 1970s recession, when food prices were very high. It came back into fashion in the late 1990s, led by big supermarket chains trying to gain a competitive advantage over each other. Consumers were attracted by the idea that they could get something for nothing. Who could possibly say 'no'?

Disponível em: www.bbc.co.uk. Acesso em: 2 ago. 2012 (adaptado).

92. Considerando-se as informações do texto, a expressão "bogof" é usada para:
a) Anunciar mercadorias em promoção.
b) Pedir para uma pessoa se retirar.
c) Comprar produtos fora de moda.
d) Indicar recessão na economia.
e) Chamar alguém em voz alta.

BOGOF é o acrônimo formado pelas primeiras letras das palavras "Buy one get one free" (compre um, leve outro grátis) e é usado no texto com o intuito de anunciar mercadorias em promoção.

GABARITO: A.

New vaccine could fight nicotine addiction

Cigarette smokers who are having trouble quitting because of nicotine's addictive power may some day be able to receive a novel antibody-producing vaccine to help them kick the habit.

The average cigarette contains about different chemicals that — when burned and inhaled — cause the serious health problems associated with smoking. But it is the nicotine in cigarettes that, like other addictive substances, stimulates rewards centers in the brain and hooks smokers to the pleasurable but dangerous routine Ronald Crystal, who chairs the department of genetic medicine at Weill-Cornell Medical College in New York, where researchers are developing a nicotine vaccine, said the idea is to stimulate the smoker's immune system to produce antibodies or immune proteins to destroy the nicotine molecule before it reaches the brain.

BERMAN, J. Disponível em: www.voanews.com. Acesso em: 2 jul. 2012.

93. Muitas pessoas tentam parar de fumar, mas fracassam e sucumbem ao vício. Na tentativa de ajudar os fumantes, pesquisadores da Weill-Cornell Medical College estão desenvolvendo uma vacina que:
   a) Diminua o risco de o fumante se tornar dependente da nicotina.
   b) Seja produzida a partir de moléculas de nicotina.
   c) Substitua a sensação de prazer oferecida pelo cigarro.
   d) Ative a produção de anticorpos para combater a nicotina.
   e) Controle os estímulos cerebrais do hábito de fumar.

Os pesquisadores da Weill-Cornell Medical College estão desenvolvendo uma vacina que ative a produção de anticorpos para combater a nicotina. Podemos encontrar a confirmação dessa informação no seguite trecho "the idea is to stimulate the smoker's immune system to produce antibodies or immune proteins to destroy the nicotine molecule before it reaches the brain."

GABARITO: D.

KEEFER, M. Disponível em: www.nj.com. Acesso em: 3 dez. 2018

94. No cartum, o estudante faz uma pergunta usando turn this thing on por:
   a) Suspeitar que o colega está com seu material por engano.
   b) Duvidar que o colega possa se tornar um bom aluno.

c) Desconfiar que o livro levado é de outra matéria.
d) Entender como desligada a postura do colega.
e) Desconhecer como usar um livro impresso.

Para se chegar à resposta correta, o candidato deve compreender a relação humorística "tecnologia x educação" criada a partir do uso da expressão "turn on" (ligar) e o livro na mão do aluno, dando a entender que o jovem não está familiarizado com seu uso.

GABARITO: E.

5 Ways Pets Can Improve Your Health

A pet is certainly a great friend. After a difficult day, pet owners quite literally feel the love. In fact, for nearly 25 years, research has shown that living with pets provides certain health benefits. Pets help lower blood pressure and lessen anxiety. They boost our immunity. They can even help you get dates.

Allergy Fighters: A growing number of studies have suggested that kids growing up in a home with "furred animals" will have less risk of allergies and asthma.

Date Magnets: Dogs are great for making love connections. Forget Internet matchmaking — a dog is a natural conversation starter.

Dogs for the Aged: Walking a dog or just caring for a pet — for elderly people who are able — can provide exercise and companionship.

Good for Mind and Soul: Like any enjoyable activity, playing with a dog can elevate levels of serotonin and dopamine — nerve transmitters that are known to have pleasurable and calming properties.

Good for the Heart: Heart attack patients who have pets survive longer than those without, according to several studies.

DAVIS, J. L. Disponível em: www.webmd.com. Acesso em: 21 abr. 2013 (adaptado).

95. Ao discutir sobre a influência de animais de estimação no bem-estar do ser humano, a autora, a fim de fortalecer seus argumentos, utiliza palavras e expressões como *research, a growing number of research e several studies* com o objetivo de:

a) Mostrar que animais de estimação ajudam na cura de doenças como alergias e asma.
b) Convencer sobre os benefícios da adoção de animais de estimação para a saúde.
c) Fornecer dados sobre os impactos de animais de estimação nas relações amorosas.
d) Explicar como o contato com animais de estimação pode prevenir ataques cardíacos.
e) Esclarecer sobre o modo como idosos devem se relacionar com animais de estimação.

Researh = pesquisa.

A growing number of studies = um crescente número de estudos.

According to several studies = De acordo com inúmeros estudos.

Sabendo das traduções das palavras do comando da questão, percebemos que todas elas têm, por intuito, embasar uma ideia e torná-la aceita.

GABARITO: B.

LETTER TO THE EDITOR: Sugar fear-mongering unhelpful

By The Washington Times Tuesday, June 25, 2013

In his recent piece "Is obesity a disease?" (Web, June 19), Dr. Peter Lind refers to high-fructose corn syrup and other "manufactured sugars" as "poison" that will "guarantee storage of fat in the body." Current scientific research strongly indicates that obesity results from excessive calorie intake combined with a sedentary lifestyle. The fact is Americans are consuming more total calories now than ever before. According to the U.S. Department of Agriculture, our total per-capita daily caloric intake increased by 22 percent from 2,076 calories per day in 1970 to 2,534 calories per day in 2010 — an additional 458 calories, only 34 of which come from increased added sugar intake. A vast majority of these calories come from increased fats and flour/ cereals. Surprisingly, the amount of caloric sweeteners (i.e. sugar, high-fructose, corn syrup, honey, etc.). Americans consume has actually decreased over the past decade. We need to continue to study the obesity epidemic to see what more can be done, but demonizing one specific ingredient accomplishes nothing and raises unnecessary fears that get in the way of real solutions.

JAMES M. RIPPE Shrewsbury, Mass.

96. Ao abordar o assunto "obesidade", em uma seção de jornal, o autor:
   a) Defende o consumo liberado de açúcar.
   b) Aponta a gordura como o grande vilão da saúde.
   c) Demonstra acreditar que a obesidade não é preocupante.
   d) Indica a necessidade de mais pesquisas sobre o assunto.
   e) Enfatiza a redução de ingestão de calorias pelos americanos.

No texto, o autor coloca que é necessário continuar estudando sobre o assunto. Por isso, a alternativa correta é D. A B não pode ser a alternativa correta, pois a maioria das calorias estão ligadas à gordura e farinha. Então, a gordura não pode ser a "grande vilã".

GABARITO: D.

ATTENTION! Female driver

STOP PREJUDICES! STOP DISCRIMINATION!
THE ANTI-DISCRIMINATION ACT is in force in Croatia.

Disponível em: http://bruketa-zinic.com. Acesso em: 3 ago. 2012.

97. A campanha desse pôster, direcionada aos croatas, tem como propósito:
   a) Alertar os cidadãos sobre a lei em vigor contra a discriminação.
   b) Conscientizar sobre as consequências do preconceito na sociedade.
   c) Reduzir os prejuízos causados por motoristas alcoolizadas.
   d) Fazer uma crítica à falta de habilidade das mulheres ao volante.
   e) Evitar os acidentes de trânsito envolvendo mulheres.

   De acordo com o pôster, a campanha tem como objetivo alertar os cidadãos sobre a lei em vigor contra a discriminação. Duas informações presentes no texto são importantes para chegarmos à resposta: a palavra prejudice (preconceito), e também a frase "THE ANTI-DISCRIMINATION ACT" (lei contra a discriminação).

   GABARITO: A.

Ebony and ivory

Ebony and ivory live together in perfect harmony
Side by side on my piano keyboard, oh Lord, why don't we?
We all know that people are the same wherever we go
There is good and bad in ev'ryone,
We learn to live, we learn to give
Each other what we need to survive together alive

McCARTNEY, P. Disponível em: www.paulmccartney.com. Acesso em: 30 maio 2016.

98. Em diferentes épocas e lugares, compositores têm utilizado seu espaço de produção musical para expressar e problematizar perspectivas de mundo. Paul McCartney, na letra dessa canção, defende:
   a) O aprendizado compartilhado.
   b) A necessidade de donativos.
   c) As manifestações culturais.
   d) O bem em relação ao mal.
   e) O respeito étnico.

   Para chegar à resposta correta, o candidato deveria analisar com cuidado as duas primeiras linhas da canção: "Ebony and ivory live together in perfect Harmony / Side by side on my piano keyboard, oh Lord, why don't we?", que provocam um questionamento acerca da ideia de respeito étnico "se o ébano e o marfim convivem em perfeita harmonia, por que nós (sociedade) não podemos?".

   GABARITO: E.

99. A partir da leitura dessa tirinha, infere-se que o discurso de Calvin teve um efeito diferente do pretendido, uma vez que ele:

Calvin and Hobbes by Bill Watterson

Disponível em: www.gocomics.com. Acesso em: 26 fev. 2012.

a) Decide tirar a neve do quintal para convencer seu pai sobre seu discurso.
b) Culpa o pai por exercer influência negativa na formação de sua personalidade.
c) Comenta que suas discussões com o pai não correspondem às suas expectativas.
d) Conclui que os acontecimentos ruins não fazem falta para a sociedade.
e) Reclama que é vítima de valores que o levam a atitudes inadequadas.

Para chegar à resposta correta, o candidato deveria reconhecer que Calvin tenta se isentar da culpa por todas suas falhas, porém, ao explicar seu ponto de vista a seu pai com o intuito de se safar de suas tarefas domésticas, Calvin é mandado retirar a neve da entrada de sua casa para "construir melhor seu caráter". O quarto quadrinho justifica a alternativa correta, pois, após a discussão, o menino afirma que as discussões nunca terminam como deveriam.

GABARITO: C.

100. Veja o texto:
Don't write in English, they said,
English is not your mother tongue...
...The language I speak
Becomes mine, its distortions, its queerness
All mine, mine alone, it is half English, half
Indian, funny perhaps, but it is honest,
It is as human as I am human...
...It voices my joys, my longings my
Hopes...

(Kamala Das, 1965:10) GARGESH, R. South Asian Englishes. In: KACHRU, B. B.; KACHRU, Y.; NELSON, C. L. (Eds.). The Handbook of World Englishes. Singapore: Blackwell, 2006.

A poetisa Kamala Das, como muitos escritores indianos, escreve suas obras em inglês, apesar de essa não ser sua primeira língua. Nesses versos, ela:

a) Usa a língua inglesa com efeito humorístico.
b) Recorre a vozes de vários escritores ingleses.
c) Adverte sobre o uso distorcido da língua inglesa.

d) Demonstra consciência de sua identidade linguística.

e) Reconhece a incompreensão na sua maneira de falar inglês.

Para chegar à resposta correta, o candidato deveria relacionar a presença dos vocábulos e expressões: distortions (distorções), queerness (esquisitice), funny (engraçada), half English (metade inglês) e half Indian (metade indiano), que ela utiliza para descrever a forma como as pessoas percebem seu modo de falar. Mesmo reconhecendo isso, Kamala afirma que, independente desse fator, a língua inglesa dá voz às suas alegrias (joys) e esperanças (hopes).

GABARITO: D.

101. Veja o texto:

Lava Mae: Creating Showers on Wheels for the Homeless

San Francisco, according to recent city numbers, has 4,300 people living on the streets. Among the many problems the homeless face is little or no access to showers. San Francisco only has about 16 to 20 shower stalls to accommodate them.

But Doniece Sandoval has made it her mission to change that. The 51-year-old former marketing executive started Lava Mae, a sort of showers on wheels, a new project that aims to turn decommissioned city buses into shower stations for the homeless. Each bus will have two shower stations and Sandoval expects that they'll be able to provide 2,000 showers a week.

ANDREANO, C. Disponível em: http://abcnews.go.com. Acesso em: 26 jun. 2015 (adaptado).

A relação dos vocábulos shower, bus e homeless, no texto, refere-se a:

a) Empregar moradores de rua em lava a jatos para ônibus.

b) Criar acesso a banhos gratuitos para moradores de rua.

c) Comissionar sem-teto para dirigir os ônibus da cidade.

d) Exigir das autoridades que os ônibus municipais tenham banheiros.

e) Abrigar dois mil moradores de rua em ônibus que foram adaptados.

Para chegar à resposta correta, o candidato deveria conhecer o significado dos vocábulos presentes no comando da questão: showers (chuveiros), wheels (rodas) e homeless (desabrigados). Além de relacionar essas ideias com a parte do texto na qual é dita que o projeto pretende transformar ônibus da cidade em locais onde os desabrigados possam tomar banho (a new project that aims to turn decommissioned city buses into shower stations for the homeless.).

GABARITO: B.

O **AlfaCon Notes** é um aplicativo perfeito para registrar suas **anotações de leitura**, deixando seu estudo **mais prático**. Viva a experiência Alfacon Notes. Para instalar, acesse o Google Play ou a Apple Store.

Se liga no **vídeo!**

Cada tópico de seu livro contém **um Código QR** ao lado.

Escolha o tópico e faça a leitura do Código QR utilizando o aplicativo AlfaCon Notes para registrar sua anotação.

Pronto para essa **nova experiência?** Então, baixe o App **AlfaCon Notes** e crie suas anotações.

Disponível na App Store

DISPONÍVEL NA Google play

Acesse seu material complementar:

1 Acesse o site **www.alfaconcursos.com.br** para se cadastrar **gratuitamente** ou para efetuar seu login.

2 Digite o código abaixo na aba **Regastar código**. Seu código estará disponível por 120 dias a partir do primeiro acesso.

CÓDIGO DE ACESSO

PAJA   MILUMESA   RESGATAR

3 Após a validação do código, você será redirecionado para a página em que constam seus materiais (cursos on-line, mentoria, atualizações, material complementar e erratas). Todo esse conteúdo está disponível gratuitamente.

Mais que um livro, é uma experiência!

Impresso por: